國譯 千字文釋義增解

국역 천자문석의증해

시습학사 편역

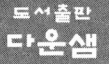

| 책을내며 |

    19세기 대표적인 지식인 이규경(李圭景, 1788~1856)은 '천자문(千字文)'을 '백수문(白首文)'이라 부르는 세간 학자들을 탐탁지 않게 생각하였다. 백수문은 양 무제(梁武帝)의 명령을 받은 은철석(殷鐵石)이 왕희지(王羲之)의 글씨에서 중복을 피해 두서없이 모은 천 개의 글자를 주흥사(周興嗣)가 편차에 맞게 정리해 무제에게 올리는 하루 사이에 백발로 변했다는 일화에서 유래한 말이다. 이규경은 왜 백수문이라는 단어를 꺼렸을까. 백수문 고사가 이른바 소설집으로 분류되는 ≪태평광기(太平廣記)≫를 출처로 하여 허황하기 때문인가. 아니면 양 무제의 본래 취지, 즉 여러 왕자(王子)들에게 글씨를 가르치고자 만든 학습서의 제목으로는 '백발의 문장(백수문)'이 부합되지 않아선가. 우리는 보통 '단기간에 머리가 허옇게 세다.'라는 표현을 '모종의 일에 전심전력을 다하다.'라는 뜻으로 받아들인다. ≪천자문≫은 천 개의 글자를 어떠한 규칙에 맞게 배열하기 위해 편자가 전심전력을 쏟은 결과물이므로 백수문이라는 이칭(異稱)이 와 닿는 책이다.

    정약용(丁若鏞, 1762~1836) 역시 ≪천자문≫에 대한 소신을 밝힌 바 있다. 아동 학습서라고 하기에는 ≪천자문≫은 너무 불친절하다는 것이 그의 주장이었다. ≪천자문≫의 1장(章) 1련(聯)은 '天地玄黃, 宇宙洪荒(하늘과 땅은 검으며 누르고, 우주는 크며 혼몽하다)'인데, 정약용은 하늘과 땅 뒤에 해와 달이나 산천과 구릉 등의 천지를 채우고 있는 자연물로 연결되지 않고 색깔이 묘사되며, 그 색깔도 세분화하여 가르쳐 주지 않은 채 다시 우주가 언급되어 아이들에게 혼란을 일으킨다고 평가하였다. 천 개의 글자를 배열하는데 우선된 규칙이 '만물의 체계적인 분류'가 아닌 것은 정약용의 지적에서 명확히 드러난다. 그렇다면 ≪천자문≫의 편자가 책을 엮으면서 고수한 대원칙은 무엇일까.

    그동안 시습학사(時習學舍) 시습고전연구회(時習古典研究會) 일원들은 ≪천자문≫과 관련된 책을 두 차례 출간하였다. ≪천자문≫이 중첩되지 않은 낱글자로 이루어졌다는 사실을 눈여겨보고 각 한자의 자형(字形) 해설에 주력한 ≪천자문자해(千字

文字解)≫(2012)와 청(淸) 왕소윤(汪嘯尹)이 저술한 주석서 ≪천자문석의(千字文釋義)≫에 관련 고문헌의 설명을 덧붙인 ≪천자문석의증해(千字文釋義增解)≫(2021)가 그것이다. 두 책은 글자의 본의와 문장의 본의를 전달하려는 목적이 강하였다.

이제 ≪천자문≫의 대원칙이 '대우(對偶)'와 '성률(聲律)'이라는 사실을 각 장 각 련을 실례로 들어 천명하고 ≪천자문석의증해≫를 꼼꼼히 번역한 ≪국역 천자문석의증해≫를 선보인다.

≪천자문≫ 번역서는 일일이 셀 수 없다. 그러나 ≪천자문≫ 속의 팔자대(八字對)·사자대(四字對)·삼자대(三字對)·이자대(二字對)·일자대(一字對)·겸대(兼對)의 실체, 그리고 격구(隔句)·출구각(出句脚)·운각(韻脚)·사성(四聲)의 운용을 자세히 풀이한 책은 전무하다고 해도 과언이 아니다. 대우와 성률에 대한 설명은 시습학사를 이끄는 일우 이충구 선생님께 전적으로 의존하였다. 그 밖의 내용은 이충구 선생님과 시습고전연구회 일원들의 긴밀한 협조로 메꾸어졌다. 여전히 존재할 오자·오역은 각계 연구자들의 엄정한 지도편달을 기대한다.

이 책은 사람들과의 대면에 제동이 걸린 언택트(Un-Contact) 시대에 나오게 되었다. 홍보를 위한 출판 기념회나 독자들의 적극적인 서점 방문을 기대하기 힘든 환경이다. 더욱 어려워진 형편에도 불구하고 다시 출판을 맡아주신 다운샘 김영환 사장님께 깊이 감사드린다.

2021. 2.
시습학사 시습고전연구회 김보성 씀

| 차 례 |

☞ 책을 내며 · 3
☞ 일러두기 · 8
≪천자문석의증해 서(千字文釋義增解序)≫ · 13
≪천자문≫ 내용 간개(簡介) · 15
양칙원외산기시랑주흥사차운(梁勅員外散騎侍郎周興嗣次韻) · 25

<第一章 天地人之道> · 29

1. 天地玄黃하고 宇宙洪荒이라 ········· 29
2. 日月盈昃하고 辰宿列張이라 ········· 30
3. 寒來暑往하고 秋收冬藏이라 ········· 32
4. 閏餘成歲하고 律呂調陽이라 ········· 32
5. 雲騰致雨하고 露結爲霜이라 ········· 38
6. 金生麗水하고 玉出崑岡이라 ········· 39
7. 劍號巨闕이요 珠稱夜光이라 ········· 40
8. 果珍李柰하고 菜重芥薑이라 ········· 41
9. 海鹹河淡하고 鱗潛羽翔이라 ········· 42
10. 龍師火帝요 鳥官人皇이라 ········· 44
11. 始制文字하고 乃服衣裳이라 ········· 44
12. 推位讓國은 有虞陶唐이라 ········· 47
13. 弔民伐罪는 周發殷湯이라 ········· 48
14. 坐朝問道하고 垂拱平章이라 ········· 50
15. 愛育黎首하고 臣伏戎羌이라 ········· 51
16. 遐邇壹體하면 率賓歸王이라 ········· 51
17. 鳴鳳在竹하고 白駒食場이라 ········· 53
18. 化被草木하고 賴及萬方이라 ········· 53

<第二章 君子修身之道> · 57

19. 蓋此身髮은 四大五常이라 ········· 57
20. 恭惟鞠養하면 豈敢毁傷이리오 ····· 57
21. 女慕貞烈하고 男效才良이라 ········· 59
22. 知過必改하고 得能莫忘하라 ········· 60
23. 罔談彼短하고 靡恃己長하라 ········· 60
24. 信使可覆이요 器欲難量이라 ········· 61
25. 墨悲絲染하고 詩讚羔羊이라 ········· 62
26. 景行維賢하고 克念作聖이라 ········· 63
27. 德建名立하고 形端表正이라 ········· 63
28. 空谷傳聲하고 虛堂習聽하니라 ···· 65
29. 禍因惡積이요 福緣善慶이라 ········· 65
30. 尺璧非寶요 寸陰是競하라 ········· 66
31. 資父事君하니 曰嚴與敬이라 ········· 67
32. 孝當竭力하고 忠則盡命하라 ········· 68
33. 臨深履薄하고 夙興溫淸하라 ········· 69
34. 似蘭斯馨하고 如松之盛이라 ········· 70
35. 川流不息하고 淵澄取映이라 ········· 70
36. 容止若思하고 言辭安定이라 ········· 71
37. 篤初誠美하고 愼終宜令이라 ········· 72
38. 榮業所基요 籍甚無竟이라 ········· 73

39. 學優登仕하여 攝職從政이라 …… 73	46. 交友投分하고 切磨箴規라 ……… 82
40. 存以甘棠하니 去而益詠이라 …… 75	47. 仁慈隱惻을 造次弗離라 ………… 83
41. 樂殊貴賤하고 禮別尊卑라 …… 76	48. 節義廉退는 顚沛匪虧라 ………… 85
42. 上和下睦하고 夫唱婦隨라 …… 77	49. 性靜情逸하고 心動神疲라 ……… 86
43. 外受傅訓하고 入奉母儀라 …… 79	50. 守眞志滿하고 逐物意移라 ……… 87
44. 諸姑伯叔은 猶子比兒라 ……… 79	51. 堅持雅操하면 好爵自縻라 ……… 88
45. 孔懷兄弟는 同氣連枝라 ……… 81	

<第三章 王天下之基> · 91

52. 都邑華夏는 東西二京이라 ……… 91	67. 磻溪伊尹이 佐時阿衡이라 ……… 107
53. 背邙面洛하고 浮渭據涇이라 …… 91	68. 奄宅曲阜하니 微旦孰營이리오 ·· 108
54. 宮殿盤鬱하고 樓觀飛驚이라 …… 93	69. 桓公匡合하여 濟弱扶傾이라 …… 108
55. 圖寫禽獸하고 畫綵仙靈이라 …… 93	70. 綺回漢惠하고 說感武丁하니라 ·· 108
56. 丙舍傍啓하고 甲帳對楹이라 …… 94	71. 俊乂密勿하여 多士寔寧이라 …… 109
57. 肆筵設席하고 鼓瑟吹笙이라 …… 94	72. 晉楚更覇하고 趙魏困橫이라 …… 113
58. 陛階納陛하니 弁轉疑星이라 …… 94	73. 假途滅虢하고 踐土會盟이라 …… 113
59. 右通廣內하고 左達承明이라 …… 95	74. 何遵約法하고 韓弊煩刑이라 …… 116
60. 旣集墳典하고 亦聚群英이라 …… 98	75. 起翦頗牧은 用軍最精이라 ……… 118
61. 杜稾鍾隷요 漆書壁經이라 ……… 99	76. 宣威沙漠하고 馳譽丹靑이라 …… 118
62. 府羅將相하고 路挾槐卿이라 …… 102	77. 九州禹跡이요 百郡秦幷이라 …… 121
63. 戶封八縣하고 家給千兵이라 …… 102	78. 嶽宗恒岱하고 禪主云亭하니라 ·· 121
64. 高冠陪輦하고 驅轂振纓이라 …… 102	79. 雁門紫塞요 雞田赤城이라 ……… 121
65. 世祿侈富하니 車駕肥輕이라 …… 103	80. 昆池碣石과 鉅野洞庭이라 ……… 122
66. 策功茂實하고 勒碑刻銘이라 …… 107	81. 曠遠綿邈하고 巖岫杳冥이라 …… 122

<第四章 處身治家之道> · 129

82. 治本於農하여 務玆稼穡이라 …… 129	85. 孟軻敦素하고 史魚秉直이라 …… 131
83. 俶載南畝하고 我藝黍稷하니라 · 129	86. 庶幾中庸이면 勞謙謹勅하라 …… 132
84. 稅熟貢新하고 勸賞黜陟이라 …… 130	87. 聆音察理하고 鑒貌辨色이라 …… 132

88. 貽厥嘉猷하니 勉其祇植이라 …… 133
89. 省躬譏誡하고 寵增抗極하라 …… 135
90. 殆辱近恥하니 林皐幸卽이라 …… 135
91. 兩疏見機하니 解組誰逼이리오 ·· 136
92. 索居閒處하고 沈默寂寥라 ……… 138
93. 求古尋論하고 散慮逍遙라 ……… 138
94. 欣奏累遣하고 感謝歡招라 ……… 139
95. 渠荷的歷하고 園莽抽條라 ……… 140
96. 枇杷晚翠하고 梧桐早凋라 ……… 141
97. 陳根委翳하고 落葉飄颻라 ……… 141
98. 遊鵾獨運이라가 凌摩絳霄라 …… 141
99. 耽讀翫市하니 寓目囊箱이라 …… 144
100. 易輶攸畏니 屬耳垣牆이니라 … 145
101. 具膳飡飯하니 適口充腸이라 … 146
102. 飽飫烹宰하고 飢厭糟糠이라 … 146
103. 親戚故舊는 老少異糧이라 …… 147
104. 妾御績紡하고 侍巾帷房이라 … 148
105. 紈扇圓潔하고 銀燭煒煌이라 … 149
106. 晝眠夕寐하니 藍筍象牀이라 … 150
107. 絃歌酒讌하고 接杯擧觴이라 … 153
108. 矯手頓足하니 悅豫且康이라 … 153
109. 嫡後嗣續하여 祭祀蒸嘗이라 … 155
110. 稽顙再拜하고 悚懼恐惶이라 … 155
111. 牋牒簡要하고 顧答審詳이라 … 157
112. 骸垢想浴하고 執熱願涼이라 … 158
113. 驢騾犢特이 駭躍超驤이라 …… 159
114. 誅斬賊盜하고 捕獲叛亡이라 … 160
115. 布射僚丸하며 嵆琴阮嘯라 …… 161
116. 恬筆倫紙하고 鈞巧任釣라 …… 162
117. 釋紛利俗하니 竝皆佳妙라 …… 163
118. 毛施淑姿하여 工嚬姸笑라 …… 167
119. 年矢每催하고 曦暉朗曜라 …… 168
120. 璇璣懸斡하고 晦魄環照라 …… 169
121. 指薪修祜하면 永綏吉邵라 …… 169
122. 矩步引領하고 俯仰廊廟라 …… 172
123. 束帶矜莊하면 徘徊瞻眺라 …… 172
124. 孤陋寡聞하면 愚蒙等誚라 …… 174

<語助> · 177

125. 謂語助者는 焉哉乎也라 ……………………………… 177

<부록(附錄)>

☞ 주흥사열전(周興嗣列傳) · 180
☞ ≪천자문(千字文)≫의 구문(構文)과 성률(聲律) · 183
☞ 천자문각련운각여출구각지사성(千字文各聯韻脚與出句脚之四聲) · 212
☞ 참고문헌(參考文獻) 및 약호(略號) · 214

| 일러두기 |

1. 본서는 ≪천자문석의증해(千字文釋義增解)≫(약칭 ≪증해(增解)≫)(시습학사 편저, 도서출판 다운샘 발행. 2021)를 저본(底本)으로 국역(國譯) 주해(註解)한 것이다.

2. 각 장(章)·련(聯)의 차례를 본문 각 련의 앞에 숫자로 표시하였다. 그 표시와 내용은 다음과 같다.

    1·3·4 閏餘成歲 律呂調陽 : 1장, 3련, ≪천자문≫ 전체의 일련번호 4련.

    4·16·117. 釋紛利俗 並皆佳妙 : 4장, 16련, ≪천자문≫ 전체의 일련번호 117련.

3. 문장 안배는 ≪천자문≫ 본문을 '국음/(원문(原文))/현토'로 앞에 제시하고, 그 뒤에 번역을 별행으로 제시하고, ≪석의≫는 국음 없이 '원문/현토'를 앞에 제시한 뒤 번역을 별행으로 제시하였다. 예를 들면 다음과 같다.

    1·1·1. 천지현황(天地玄黃)하고 우주홍황(宇宙洪荒)이라

    하늘과 땅은 검으며 누르고, 우주는 크며 혼몽하다.

    易坤卦云호대 易曰 天玄而地黃이라하고 …

    ≪주역≫〈곤괘(坤卦) 문언전(文言傳)〉에 "하늘은 검고 땅은 누렇다."라고 하였고, …

4. 구결(口訣)은 구두처(口讀處)에 다는 것을 원칙으로 하고, 경우에 따라 가감하였다. 그리하여 '故로'라고 하지 않고 '이라 故'로 하고, '則'은 '하면 則' 등으로 하였다.

5. 주석은 ≪천자문주해(千字文註解)≫ 등의 해설서, 각종 번역서, ≪한어대사전(漢語大詞典)≫ 등에서 채택하여 보충하였다.

6. 독자의 이해를 돕기 위하여 부록(附錄)으로 〈주홍사열전(周興嗣列傳)〉(≪梁書≫ 卷49)의 번역, '≪천자문(千字文)≫의 구문(構文)과 성률(聲律)' 논고, '천자문각련운각여출구각지사성(千字文各聯韻脚與出句脚之四聲) 일람표'를 수록하였다.

7. 이 책의 사용 부호는 다음과 같다.

    " " : 각종 인용

    ≪ ≫ : 서명(書名)이나 출전(出典)

    〈 〉 : 편장절명(篇章節名), 작품명(作品名). 또는 보충

    ' ' : 재인용, 강조(強調)

    ( ) : 한자

    〔 〕 : 원문

①②③… : 동일 자구(字句)의 중복(重複) 주석(註釋) 번호.

(◉) : 주석자(註釋者) 자신의 주석.

8. 출전표시는 약호(略號)를 사용하기도 하였는데, 정명(正名, 정식 호칭)과 약호는 참고문헌에 제시하였다. 그 예는 다음과 같다.(앞의 ≪ ≫가 약호임)

≪增解≫ : ≪千字文釋義增解≫, 時習學舍 編著, 도서출판 다운샘 발행. 2021. (底本)

≪釋義≫ : ≪千字文釋義≫, 淸 汪嘯尹 纂輯, 孫謙益 參注, 吳蒙標點, 上海古籍出版社, 上海, 1989. 2次印刷.(≪千字文釋義≫·≪三字經≫·≪百家姓≫이 합본되어 있음)

≪註解≫ : ≪註解千字文≫, 洪聖源 著, 洪泰運 新刊.(≪千字文≫, 檀國大學校出版部, 1984. ≪註解千字文≫·≪光州千字文≫·≪石峯千字文≫이 합본되어 있음)

國譯 千字文釋義增解

第一章 天地人之道 1~18聯

第二章 君子修身之道 19~51聯

第三章 王天下之基 52~81聯

第四章 處身治家之道 82~124聯

語助 125聯

국역 천자문석의증해(國譯千字文釋義增解)

○ ≪천자문석의증해 서(千字文釋義增解序)≫

千字文是周興嗣所撰이요 而其冒頭之天地玄黃宇宙洪荒等句는 自童蒙으로 至宿儒히 無不誦之하니 則其久傳廣布者를 不待言說而知之也라

然而是書之文은 四言古詩요 四章百二十五聯에 汎引故事하며 相合對偶하고 運用聲律하며 或有異字하고 又有倒置省略連綿語하고 無有疊字하니 則可謂長篇古詩最高傑作之天下奇書也로되 而其義之難解者가 頗多矣라 此增解之所以起也니라

自來註釋千字文者는 有釋義註解等書호대 而釋義者는 淸汪嘯尹所述이니 可謂精而博者也요 註解者는 朝鮮洪聖源所述이니 可謂簡而要者也라 兩書之於攻治千字文者에 甚所重호대 而釋義尤有勝焉者하니 以其有分章析節之體制하고 又有解字釋句之該博也라

然而世降時異하여 有昔日易知而今日難知者하고 或有先學註釋之之際에 千慮一失者하고 又有諸說相異者하니 則當加追補及評說焉이라 例如天地玄黃之句에 釋義云 易乾卦云 天玄而地黃이라한대 此云 乾卦는 卽坤卦之誤也요 戶封八縣之句에 釋義云 八縣은 未知何所指라한대 此指後漢王常與寇恂各食八縣之故事也라

於是에 余與時習學舍諸友로 講讀釋義에 多叅諸說하고 博採旁搜하여 增其註解하고 名之曰增解라하니라 竊以吾等之淺見으로 誠不足以盡得古人之蘊奧로되 而忘其孤陋하고 補其闕略하여 以俟後之君子하니 庶幾有愚者鈞一之補하여 以進吾等學業之寸步요 或供後來君子叅考之一資云耳라

2020年 冬至節에 後學李忠九는 書於時習學舍하다

≪천자문≫은 주흥사(周興嗣)가 지은 것이고, 그 첫머리의 '천지현황 우주홍황(天地玄黃 宇宙洪荒)' 등 구절은 아동으로부터 노숙(老宿)한 선비까지도 외우지 않는 이가 없으니, ≪천자문≫이 오래 전해지고 널리 배포된 것을 말할 필요가 없이 알겠다.

그러나 이 책의 글은 바로 사언고시(四言古詩)이고, 4장(章) 125련(聯)에 널리 고사(故事)를 인용하였으며 서로 대우(對偶)를 맞추고 성률(聲律)을 운용하였으며, 혹은 이자(異字)가 있기도 하고 또 도치(倒置)·생략(省略)·연면어(連綿語) 등도 있으며 첩자(疊字, 겹쳐 쓴 글자)가 없으니, 장편(長篇) 고시(古詩) 최고 걸작의 세계적 기서(奇書)라고 할 수 있으나 그 뜻을 이해하기 어려운 것이 꽤 많다. 이것이 ≪증해≫를 짓게 된 이유이다.

이전부터 ≪천자문≫을 주석한 것은 ≪천자문석의(千字文釋義)≫와 ≪천자문주해(千字文註解)≫ 등 책이 있는데 ≪석의≫는 청(淸) 왕소윤(汪嘯尹)이 저술한 것으로 정밀하며 해박하다고 말할 수 있고, ≪주해≫는 조선(朝鮮) 홍성원(洪聖源)이 저술한 것으로 간결하며 요약된 것이라고 말할 수 있다. 두 책이 ≪천자문≫을 공부하는 사람들에게는 매우 귀중한데 ≪석의≫가 더욱 우월한 점이 있으니, 장(章)을 나누고 절(節)을 분석한 체제가 있고 또 글자와 구절을 풀이한 해박함이 있다.

　　그러나 세대가 내려오고 시기가 달라서 옛날에는 알기가 쉬웠으나 오늘날에는 알기가 어려운 것이 있고, 혹은 선배 학자님들께서 주석할 때에 천백번 생각한 것 중에 한 가지 놓친 것도 있고, 또 여러 가지 설명에 서로 차이가 나는 것도 있으니, 당연히 추후 보충이나 해설을 가해야 하는 것이다. 예를 들면 '천지현황(天地玄黃)'의 구절에 ≪석의≫에서 "≪주역≫ 건괘(乾卦)에서 '하늘은 검고 땅은 누렇다.'"라고 했는데, 여기에 말한 '乾卦'는 '곤괘(坤卦)'의 오류이다. '호봉팔현(戶封八縣)'의 구절에 ≪석의≫에서 "8현은 무엇을 가리키는 것인지 모르겠다."라고 했는데, 이것은 후한(後漢) 왕상(王常)과 구순(寇恂)의 식읍(食邑)이 각각 8현이었던 고사(故事)를 가리키는 것이다.

　　이에 나는 시습학사(時習學舍)의 여러 학우들과 함께 ≪석의≫를 강독할 적에 여러 가지 해설들을 많이 참고하고 널리 채집하여 그 주석을 증보하고 명칭을 ≪증해(增解)≫라고 하였다. 적이 생각해보면 우리들의 낮은 견해로는 진실로 옛 사람의 심오한 뜻을 다 알기에는 부족하지만 고루함을 잊고 그 누락된 것을 보충하여 후일의 학자님들을 기다린다. 바라건대 어리석은 자의 한 번 낚아채는 보충이 있어 우리들 학업이 조금이라도 진보하게 되고, 혹은 후배 학자님들이 참고할 한 가지 재료로 제공되게 할 뿐이다.

　　　　2020년 동지절에 후학 이충구(李忠九)는 시습학사(時習學舍)에서 쓴다.

○ ≪천자문≫ 내용 간개(簡介)

　서(序)에서 말한 "≪천자문≫은 사언고시(四言古詩)이고 125련(聯)이다."라고 한 것은 해설할 필요가 없이 그 본문을 읽으면 절로 알 수 있는 것이다. 4장(四章)·고사(故事)·대우(對偶)·성률(聲律)·이체자(異體字)·도치(倒置)·생략(省略)·연면어(連綿語), 그리고 첩자(疊字)가 없는 등은 혹은 해설을 해야 알게 되는 것이 있으므로, 그 본문 중에서 각각 해설하고, 여기 소개에서도 간략히 그 실증을 들어서 그 대개를 알게 한다.(상세한 해설은 해당 본문을 참고하라)

　1. 4장(四章)은 그 장(章)을 나눈 것이 다음과 같다.
　　제1장은 1련(聯) '天地玄黃'부터 18련 '賴及萬方'까지 모두 18련이다.
　　제2장은 19련 '蓋此身髮'부터 51련 '好爵自縻'까지 모두 33련이다.
　　제3장은 52련 '都邑華夏'부터 81련 '巖岫杳冥'까지 모두 30련이다.
　　제4장은 82련 '治本於農'부터 124련 '愚蒙等誚'까지 모두 43련이다.
　　끝에는 어조사(語助辭)를 첨부하였는데 125련으로, '謂語助者' 1련 뿐이다.
　2. 고사(故事)는 "호봉팔현(戶封八縣, 공신 집에 8현을 봉해 주었다)"의 구절이 있는데, ≪석의(釋義)≫에 "여기서 8현이라고 말한 것은 무엇을 가리키는지 모르겠다.〔玆云八縣, 未知何所指也.〕"라고 하였으니, 모른 채로 전래된 것이다. 그러나 이는 후한(後漢) 왕상(王常)이 8현을 식읍(食邑)으로 받고, 또 후한 구순(寇恂) 및 그 가족들이 8현을 책봉 받은 일을 가리키는 것이다.
　3. 대우(對偶)는 팔자대(八字對)·사자대(四字對)·삼자대(三字對)·이자대(二字對)·일자대(一字對), 그리고 겸대(兼對)가 있다.
　팔자대(八字對)는 양련대(兩聯對)이다. 1개련(8자)과 1개련(8자)으로 이룩되니, 16자로 1대우가 된다. 그 예는 "仁慈隱惻, 造次弗離. 節義廉退, 顚沛匪虧.(仁·慈·隱·惻을 다급할 때도 떠나지 말아야 한다. 節·義·廉·退를 위급한 중에서도 이지러뜨리지 말라)"이다.
　사자대(四字對)는 양구대(兩句對)이다. 1개구(4자)와 1개구(4자)로 이룩되니, 8자로 1대우가 된다. 그 예는 "金生麗水, 玉出崑岡.(沙金은 여수에서 생산되고, 구슬은 곤강에서 출토된다)"이다.
　삼자대(三字對)는 역시 양구대(兩句對)이다. 1련 2구(8자) 중에 각각 3자와 3자로 이룩되니, 6자로 1대우가 된다. 그 예는 "旣集墳典, 亦聚群英(글자 아래에 그은 선은 대우 표시임. 아래도 같음)(이미 ≪삼분(三墳)≫과 ≪오전(五典)≫을 모으고, 또한 여러 영웅을 모았다)", "高冠陪輦, 驅轂振纓(높은 모자 쓴 이들이 임금 손수레를 모시고, 수레바퀴를 몰아가면 갓끈이 흔들거린다)"이다. 이는 2구 중에서 '旣集典'과 '亦聚英', '冠陪輦'과 '轂振纓'은 대우를 이루지만, '墳'과 '群', '高'와 '驅'는 대우를 이루지 못한다.

이자대(二字對)는 1련 2구(8자) 중에 각각 2자와 2자로 이룩되는데, 두 가지로 분류된다. 첫째는 단구이자대(單句二字對), 즉 단구대(單句對)이다. 둘째는 양구이자대(兩句二字對), 역시 양구대(兩句對)이다. 단구이자대는 1구 중에 2자와 2자로 이룩되니, 4자로 1대우가 된다. 그 예는 "絃歌酒讌, 接杯擧觴."(현악기로 노래하며 술로 잔치하고, 술잔을 받으며 술잔을 든다)"이다. 이는 '絃歌'와 '酒讌', '接杯'와 '擧觴'이 각각 대우를 이루고 있다. 양구이자대는 2구 8자 중에 2자와 2자로 이룩되니, 4자로 1대우가 되고, 그 이외 4자는 대우가 되지 않는다. 그 예는 "墨悲絲染, 詩讚羔羊.(묵자(墨子)는 〈성품의 나빠짐이〉 실이 물들듯이 되는 것을 슬퍼하였고, ≪시경(詩經)≫은 〈고양편(羔羊篇)〉에서 〈절검·정직을〉 찬미하였다)", "世祿侈富, 車駕肥輕.(대물려 봉급을 받아 호사(豪奢)하며 부유하니, 수레와 멍에 씌운 말이 살찌고 가뿐하다)"이다. '墨悲'는 '詩讚'과 대우이지만, '絲染'은 '羔羊'과 대우가 되지 않으니, 이는 1련 2구 중에 앞의 2글자만 대우이다. '侈富'는 '肥輕'과 대우이지만, '世祿'은 '車駕'와 대우가 되지 않으니, 이는 1련 2구 중에 뒤의 2글자만 대우이다. 단구이자대도 이자대이지만 1구(句, 4字) 안에 있을 뿐이고, 1구 밖에 있지 않다. 그러나 양구이자대는 1구 밖에 있다.

일자대(一字對)는 반구(半句, 2자) 중에 1자와 1자로 이룩된다. 즉 반구가 각각 1자씩 대우를 이룬 반구대(半句對)이다. 그 예는 "圖寫禽獸(새와 짐승을 그렸다)", "律呂調陽(률과 려로 음양을 조화해 다스린다)"이다. 이는 '圖·寫', '禽·獸', '律·呂'가 각각 1자씩 대우를 이루고 있다.

겸대(兼對)는 위의 팔자대(八字對)·사자대(四字對)·삼자대(三字對)·이자대(二字對)·일자대(一字對)에서 2가지 이상을 겸한 대우이다. 팔자대·사자대·이자대의 겸대는 그 용례에 '안문자새(雁門紫塞) 계전적성(雞田赤城) 곤지갈석(昆池碣石) 거야동정(鉅野洞庭)'이 있는데, '雁門紫塞' 이하의 16자는 전련(前聯) 8자와 후련(後聯) 8자가 '雁門紫塞 雞田赤城'과 '昆池碣石 鉅野洞庭'으로 대우를 이루어 팔자대가 되고, 또 전련 8자의 전구(前句)와 후구(後句) 그리고 후련 8자의 전구와 후구가 각자 4자씩 '雁門紫塞'와 '雞田赤城', '昆池碣石'과 '鉅野洞庭'으로 대우를 이루어 사자대가 되기도 하고, 또 4구가 각자 반구(半句, 2자)로 서로 대우를 이루어 즉 '雁門'과 '紫塞', '雞田'과 '赤城', '昆池'와 '碣石', '鉅野'와 '洞庭'으로 이자대가 되기도 한다. 이자대·일자대의 겸대는 그 용례에 '제사증상(祭祀蒸嘗)'이 있는데, '祭祀·蒸嘗'으로 이자대가 되고, 또 각자 1자로 대우를 이루어 즉 '祭·祀·蒸·嘗'으로 일자대가 된다. 또 '祭·祀·蒸·嘗'은 그 순서를 바꾸어 '嘗·祭·祀, 蒸' 등 변모된 배열이라도 또한 모두 대우가 된다.

4. 성률(聲律)은 전체 문장에 처음과 끝에는 구(句)마다 압운을 하였으나 중간에는 격구(隔句, 2구) 압운을 하고, 출구각(出句脚, 上句末字)과 운각(韻脚, 下句末韻字)의 평측(平仄)을 서로 반대로 하고〔出句脚與韻脚之平仄相對〕, 측성운각(仄聲韻脚)의 출구각의 평측을 교체(交替) 사용하고〔仄聲韻脚之出句脚平仄遞用〕, 1구 안에 사성(四聲)을 교체 사용하고, 상미(上尾)를 회피한 것이 있다. 이와 같은 성률은 우연히 이룩된 것이 아니라, 심사숙고하여 이룩된 것이다.

내가 일찍이 '出句脚與韻脚之平仄相對·仄聲韻脚之出句脚平仄遞用'의 뜻을 알게 되었을 때 《천자문》의 전체 글자들마다 홀연히 황금색으로 변하였다. 기쁜 마음을 더 이상 가누지 못할 지경이었고 그 체제는 볼수록 더욱 아름다웠다. 《천자문》을 기서(奇書, 기이한 글)라고 하는 데에는 이 성률의 오묘함이 큰 역할을 했을 것이다.

처음과 끝에는 구마다 압운을 하였으나 중간에는 격구 압운을 한 것은 첫 련(聯)의 '天地玄黃, 宇宙洪荒'의 '黃·荒'이 구마다 압운한 것이고, 2련부터 124련까지는 모두 격구 압운을 하였고, 끝 련 '謂語助者, 焉哉乎也'의 '者·也'에 가서도 구마다 압운을 하였다. 격구 압운은 처음부터 끝까지 그 편의함을 따라 각각 운자(韻字)를 바꾸었고, 일운도저(一韻到底, 1개 운자만 사용하는 일)로 압운(押韻)하지 않았다.

출구각(出句脚)과 운각(韻脚)의 평측(平仄)이 서로 반대인 것은 평운각(平韻脚)의 출구각이 모두 측성(仄聲)인 것을 말한다. 평운(平韻)은 초련(初聯) 이외에 2련부터 25련까지(24개련), 41련부터 81련까지(41개련), 92련부터 114련까지(23개련) 도합 88련이다. 이 88개련은 평성 출구각을 사용한 것이 없으니, 평운각과 측출구각(仄出句脚)의 평측이 서로 반대된 것은 《천자문》에서 4분의 3을 차지한다. 그 중에 '交友投分·切磨箴規'(46련), '府羅將相·路俠槐卿'(62련)의 평운각 '규(規)·경(卿)'과 측출구각 '분(分, 거성, 정분)·상(相, 거성, 정승)'의 평측이 서로 반대인 것은 평출구각(平出句脚) '분(分, 평성, 나누다)·상(相, 평성, 서로)'을 쓰지 않은 것이니, 여기에서 평측이 서로 반대인 성률에 더욱 마음을 쓴 곳을 볼 수 있다. (측운각(仄韻脚)의 평출구각(平出句脚)은 17개련이 있다. 그 예는 "資父事君·曰嚴與敬", "稅熟貢新·勸賞黜陟" 등인데, 역시 平仄이 반대된 것이지만, 이는 평측의 반대에 깊은 의식을 두고 이룩된 것이 아니니, 측운각의 측출구각(仄出句脚)의 련에 섞여 있기 때문이다. 그 예를 들어보면 '資父事君·曰嚴與敬'의 전련(前聯)은 "尺璧非寶·寸陰是競"이고, 후련(後聯)은 "孝當竭力·忠則盡命"인데, 그 운각 경(競)·명(命)과 출구각 보(寶)·력(力) 자는 모두 측성이어서 평측이 반대되지 않는다. "稅

熟貢新·勸賞黜陟" 등도 이와 같다. 이 때문에 측운각의 평출구각은 평측의 반대 문제를 논하지 않고 평측의 체용(遞用, 교체 사용함)을 논의하겠다)(평측의 반대 등 표시는 이 책 끝에 수록된 '千字文各聯韻脚與出句脚之四聲'을 참고하라)

측성운각(仄聲韻脚)의 출구각의 평측을 체용한 것은 앞 련(聯)의 출구각이 측성이면 그 후련의 출구각이 평성이고, 그 다음 련의 출구각은 측성이고, 또 그 다음 련의 출구각은 평성인 것을 말한다. 출구각으로만 보면 '仄·平·仄·平'의 중복이 되고, 또 '平·仄·平·仄'의 중복이 된다. 그 예는 다음과 같다.

臨深履薄(仄) 夙興溫凊
似蘭斯馨(平) 如松之盛
川流不息(仄) 淵澄取映
容止若思(平) 言辭安定
篤初誠美(仄) 愼終宜令
榮業所基(平) 籍甚無竟
學優登仕(仄) 攝職從政
存以甘棠(平) 去而益詠

출구각이 '薄(仄)·馨(平)·息(仄)·思(平)·美(仄)·基(平)·仕(仄)·棠(平)'으로 배열되었는데 이는 '1측·1평', 또는 '1평·1측'을 교체 사용한 것이다.

1구(句) 안에 사성(四聲)을 교체 사용한 것은 1구 안에 사성이 모두 갖춰진 것을 말한다. 이는 혹 우연히 이룩된 것이라고도 말할 수 있겠다. 그 예는 다음과 같다.

弔(去)民(平)伐(入)罪(上)
蓋(去)此(上)身(平)髮(入)
福(入)緣(平)善(上)慶(去)
造(上)次(去)弗(入)離(平)

상미(上尾)를 회피한 것은 상구(上句, 1구)와 하구(下句, 2구)의 끝 자, 혹은 1구와 3구의 끝 자의 성조가 서로 같음을 회피한 것을 말한다. 《천자문》의 각 련(聯)은 출구각과 운각의 사성을 반드시 다르게 하여 압운을 제외하고는 동일한 성조인 것이 하나도 없으니, 1구와 2구의 끝 자가 같은 성조로 상미가 되는 것은 절로 회피하게 되었다. 1구와 3구의 끝 자의 성조가 서로 같은 것은 간혹 있는데 출구각의 '雨·水'(5·6련)는 모두 상성이고, '柰·淡·帝·字'(8·9·10·11련)는 모두 거성이어서 상미를 저촉하였으나, 여러 련의 앞뒤 출구각들은 대부분 그 성조를 서로 달리하여 상미를 회피하였다.

　5. 이자(異字)는 판본(板本)이 다름에 따라 서로 같지 않은 글자가 있는 것이다. 그 예는 다음과 같다.(이자(異字)는 ( )로 표시하였다)

　　天地(玄元)黃　女慕貞(潔烈)　鳴鳳在(樹竹)　嶽宗(恒泰)岱
　　孟(軻某)敦素　布射(僚遼)丸　指薪修(祐祜)

　玄·元: ≪석의(釋義)≫에는 '元(검을/현)'으로 되어 있다. '玄'(검을/현)은 청(淸) 성조(聖祖) 인황제(仁皇帝, 康熙皇帝)의 이름〔廟諱, 종묘에 기록하는 선군(先君) 이름〕이므로, '元'으로 바꾸어 쓴 것이다. ≪석의≫의 저자 왕소윤(汪嘯尹)은 청나라 사람이므로 '玄'을 피하고 '元'으로 대용한 것이다. '元'은 '玄'과 통(通)한다.
　潔·烈: ≪석의≫에는 '潔(깨끗할/결)'로 되어 있고, ≪주해≫에는 '烈'(절조/렬)로 되어 있다. 105련의 앞 구절이 ≪주해≫에는 '환선원결(紈扇圓潔, 비단 부채가 둥글며 깨끗하다)'로 되어 있고, ≪석의≫에는 '환선원결(紈扇圓絜, … 묶였다)'로 되어 있는데, ≪주해≫에는 '潔'의 중첩 사용을 피하여 '여모정결(女慕貞潔, 여자는 곧음과 깨끗함을 사모한다)'을 '여모정렬(女慕貞烈, … 절조를 …)'로 하였으나, 저자 주흥사의 글이 아니다.
　樹·竹: ≪석의≫에는 '竹(대나무/죽)'으로 되어 있고, 해설하기를 "고본에는 '在樹'로 썼으나 지금은 '在竹'으로 되어 있으니, 그것을 따른다.〔古本作在樹, 今作在竹, 從之.〕"라고 하였다. ≪주해≫에 "봉황은 대나무 열매가 아니면 먹지 않는다〔鳳非竹實不食.〕"라고 하였으니, '竹'이 더욱 적합하다.
　恒·泰: ≪주해≫에 "'항(恒)'은 당본(唐本, 중국 본)에 '태(泰)'로 되어 있으니, '태대(泰岱)'는 동악(東嶽, 泰山)이다."라고 하였다. 한국과 중국의 속본(俗本)에는 '泰'로 쓰인 것이 상당히 많다. 비록 두 가지로 쓸 수 있으나 대우(對偶)로 살피면 다음 구(句)의 '云·亭' 두 개 산에 '泰岱' 한 개 산을 상대하는 것은 대우를 이루지 않지만 '恒·岱'는 대우를 이룬다. 그러므로 '恒·岱'로 하는 것이 더욱 적합하다.
　軻·某: ≪석의≫에 '모(某, 어느 분)'로 되어 있고, 해설하기를 "원본에는 맹자(孟子)의 이름 '가(軻)'를 지적해 기록하여 후학들이 읽기에 온당치 않아 지금 외람되이 고쳐서 '某'라 한다."라고 하였으니, 성인(聖人)을 존경하여 이름을 안 불러 '軻'를 '某'로 대용했던 것이다. 주흥사가 ≪천자문≫을 지을 무렵에는 맹자가 성인(聖人)이 되지 않았고 송나라에 이르러 비로소 추국공(鄒國公)에 봉해지고, 지성(至聖, 孔子)에게 배향(配享)되었으며, 원나라에 이르러 추국아성공(鄒國亞聖公)에 고쳐 봉해졌다. 청나라 초기에 이르러 왕소윤(汪嘯尹)이 ≪천자문석의≫를 지을 때에는 맹자가 이미 성인이 되었으니, 맹자의 이름 '軻'를 피하여 '某'라고 고쳐 말할 것은 당연한 도리이다. 그 성인을 높이며 경서를 높이는 뜻이 자연히 발로된 것이다. 그러나 현재는 글에 임하여 이름을 피하지 않는 법에 의해 곧바로 '軻'라고 읽을 것이다.

僚·遼: '료(僚)'는 춘추(春秋) 초(楚)나라 사람 웅의료(熊宜僚)이다. ≪광주천자문(廣州千字文)≫·≪석봉천자문(石峰千字文)≫에는 모두 '료(遼)'로 되어 있는데, ≪주해≫에 "'僚는 속본에 遼로 되어 있으나 잘못이다.〔僚, 俗本作遼, 誤.〕"라고 하였다. 사람 이름 '僚'는 '遼'로 바꿔 쓸 수 없는 것이다.

祐·祜: ≪석의≫에는 '호(祜, 복/호)'로 되어 있고, ≪주해≫에는 '우(祐, 복/우)'로 되어 있다. '祐'로 되어 있는 것은 상미(上尾)를 저촉하게 되니 '祐'는 오자이다. 출구각 '祐'와 운각 '邵'는 모두 거성(去聲)이니, 1구(句)의 끝 자와 2구의 끝 자가 같은 성조인 상미가 된다. ≪석의≫의 '祜'는 상성(上聲)이니, '祜'(상성)와 '邵'(거성)는 다른 성조가 되어 상미를 회피한다. '祜'는 '祐'와 자형이 유사한 동의(同義) 이자(異字)이기 때문에 혼용되었을 것이다.

6. 도치(倒置)는 압운(押韻), 대우(對偶), 상미(上尾) 회피 등의 구절에 대부분 나타난다.

"유우도당(有虞陶唐)"의 구절은 도당(陶唐)이 유우(有虞)보다 이전이어서 마땅히 "도당유우(陶唐有虞)"라고 할 것이지만, 압운 '唐' 자 때문에 도치한 것이다.

"주발은탕(周發殷湯)"의 구절은 역시 은탕(殷湯)이 주발(周發)보다 이전이어서 "은탕주발(殷湯周發)"이라고 할 것이지만 압운 '湯' 자 때문에 도치한 것이다.

"거가비경(車駕肥輕)"의 구절은 ≪석의≫에 "肥言其馬, 輕言其車.(肥는 그 말을 말하였고, 輕은 그 수레를 말하였다)"라고 하였으니, 정치법으로 말하면 '車輕駕肥'가 되어야 할 것인데, 압운 '輕' 자 때문에 도치한 것이다. 또 ≪주해≫에 말하기를 "其所乘之車輕, 其所駕之馬肥也.(탄 수레가 가뿐하고 멍에 메운 말이 살졌다)"로 풀이하였는데, 이를 줄여 제시하면 '(탄) 수레가 가뿐하고 멍에 메운 (말이) 살졌다. ((乘)車輕 駕(馬)肥)'의 (괄호가 생략된) 호문(互文)이라고 할 수도 있다.

"포사료환(布射僚丸), 혜금완소(嵇琴阮嘯)"는 춘추(春秋) 시대의 웅의료(熊宜僚)가 후한(後漢)의 여포(呂布)보다 이전이어서 '僚丸布射'라고 해야 할 것이지만 상미를 피하기 위하여 도치되었다. 운각 '嘯'는 소운(嘯韻) 거성이고 '射'는 마운(禡韻) 거성이니, 두 자는 모두 거성이다. 만약 '僚丸布射, 嵇琴阮嘯.'로 한다면 출구각 '射'(去)와 운각 '嘯'(去)가 같은 거성이 되어 상미를 저촉하게 된다. 출구각 '丸'(平)과 운각 '嘯'(去)는 동성(同聲)이 아니므로 상미를 피하고, 또 平(丸)·仄(嘯)의 대응도 이루어지는 것이다.

7. 생략(省略)은 부분으로 전체의 의미를 포함하는 것이다.

"윤여성세(閏餘成歲), 율려조양(律呂調陽)(윤률(閏率)의 남는 시간으로 해를 이루고, 율과 여로 음양(陰陽)을 조화(調和)해 다스린다)"의 구절은 ≪주해≫에 "양을 들면 음은 그 속에 있다[擧陽則陰在中.]"라고 하였으니 '陽'은 '陰陽'의 생략이다.

"과진리내(果珍李柰), 채중개강(菜重芥薑)(과일은 오얏과 능금을 보배로 여기고, 채소는 겨자와 생강을 중히 여긴다)"의 구절은 ≪석의≫에 "초목의 아름다운 것에는 이(李)·내(柰)·개(芥)·강(薑)의 부류가 있는데 하나 둘을 들어서 그 나머지를 포괄하였다.[至於草木之美者, 則有李柰芥薑之屬, 擧一二以該其餘也.]"라고 하였으니, 과일 중에 다만 '李'와 '柰' 두 종류만 말하고, 채소 중에 다만 '芥'와 '薑' 두 종류만 말한 후 다른 종류를 말하지 않은 것은 생략이다.

8. 생략에는 또 호문(互文)이 있다. '互文'은 호문견의(互文見義)의 준말로, 바로 호문생략(互文省略)이다.

"일월영측(日月盈昃), 신수열장(辰宿列張)(해는 기울며 달은 차고, 12신(辰) 별자리와 28수(宿) 별자리가 벌려 있다)"의 구절은 ≪주역(周易)≫〈풍괘(豐卦) 단전(彖傳)〉의 "日中則昃, 月盈則食.(해가 중천이면 기울고 달이 차면 이지러진다)"에서 유래된 것이고, '日昃月盈'의 변문(變文)이다. '日昃月盈'은 '日(中則)昃, 月盈(則食)'의 괄호 부분이 생략된 호문이다. 만약 이를 변문으로 만든다면 '日月昃盈'으로 하여 아래 구절의 '辰宿列張'과 서로 대우(對偶)가 되어야 할 것인데, 또 변문을 만들어 '日月盈昃'이라고 하여 '昃盈'을 '盈昃'으로 도치하였다. 이는 또한 출구각 '昃'과 운각 '張'을 측(仄, 昃)·평(平, 張)이 서로 반대되게 한 것이니, 평성운각(平聲韻脚)이 측성출구각(仄聲出句脚)으로 반대되게 한 것이다. 만약 '盈'(平)을 출구각으로 하면 '盈'(平)과 '張'(平)이 모두 평성이어서 평·측 서로 반대가 되지 못할 뿐만 아니라, 상미(上尾, 上句의 끝 자[盈]와 下句의 끝 자[張]가 똑같이 평성이 되거나, 1句의 끝 자[黃]와 3구의 끝 자[盈]가 똑같이 평성이 되는 병)의 결함을 저촉한다.

"노협괴경(路挾槐卿)(대궐 길에는 삼공(三公)과 구경(九卿)이 끼어 있다)"의 구절은 ≪석의≫에 "삼괴(三槐)를 정면에 심어 삼공이 자리하고, 구극(九棘)을 왼쪽에 심어 고(孤)·경(卿)·대부(大夫)가 자리한다. 괴(槐)를 말하면서 극(棘)을 말하지 않았으며, 경을 말하면서 공·고·대부를 말하지 않은 것은 글을 생략한 것이다.[面三槐, 三公位焉. 左九棘, 孤卿大夫位焉. 言槐而不言棘, 言卿而不言公孤大夫, 省文也.]"라고 하였다. 이에 의거하여 보충하면 '路挾槐(公, 路挾棘)卿.'이 되어 대우를 이룬다.

"반계이윤(磻溪伊尹)(반계의 여상(呂尙)과 신야(莘野)의 이윤은)"의 구절은, '磻溪'

는 장소이고, '伊尹'은 인물이니, 마땅히 여기에 장소와 인물을 보충해야 완전한 문장이 된다. ≪주해≫에 "주 문왕은 여상을 반계에서 초빙하고, 은 탕왕은 이윤을 신야에서 초빙하였다.〔周文王聘呂尙于磻谿, 殷湯聘伊尹于莘野也.〕"라고 하였다. 이에 의거하여 보충하면 '(呂尙)磻溪, 伊尹(莘野)' 또는 '磻溪(呂尙), (莘野)伊尹.'이 되어 대우를 이룬다.

 "년시매최(年矢每催), 희휘랑요(羲暉朗曜). 선기현알(璇璣懸斡), 회백환조(晦魄環照)(세월은 물시계 바늘이 늘 재촉하고, 햇빛은 밝게 비춘다. 선기옥형(璇璣玉衡)은 매달려 돌고, 그믐달에는 〈밝음이 소진되었다가 보름달 뒤에는〉 검은 부분이 생겨 순환하여 비춘다)"의 구절은 ≪석의≫에 "연시(年矢)에는 일휘(日暉)를 말하고 선기(璇璣)에는 월백(月魄)을 말한 것은 또한 호문이다.〔於年矢則言日暉, 於璇璣則言月魄, 亦互文也.〕"라고 하였다. 그 구절 속에 생략된 것을 보충하면, '年矢每催, 羲暉朗曜, (晦魄環照). 璇璣懸斡, (羲暉朗曜), 晦魄環照.'가 되어, '年矢'에도 '月魄'이 올 수 있는 것이고, '璇璣'에도 '日暉'가 올 수 있는 것이다. 또 '晦魄' 두 자는 ≪주해≫에 "晦魄, 月影晦則明盡, 朔則明蘇, 望後生魄也.('晦魄'은 달그림자가 그믐이면 밝음이 소진하고, 초하루면 밝음이 소생하며, 보름 뒤에는 백(魄, 달의 검은 부분)이 생긴다)"라고 하였으니, '晦(則明盡) … (望後生)魄'의 괄호 부분이 생략된 호문이고, '晦'와 '魄'의 중간에 또 '朔則明蘇'가 생략된 것이다.

 9. 연면어(連綿語)는 두 글자의 한자음이 한 의미의 단어를 가리키는 것이니, 조차(造次)·전패(顚沛)·밀물(密勿)·면막(綿邈)·묘명(杳冥)·열예(悅豫)·적력(的歷)·배회(徘徊)·소요(逍遙)·비파(枇杷)·표요(飄颻)·전첩(牋牒)·희휘(曦暉)·고루(孤陋) 등이 있다. 조차(造次, 다급한 경우)가 연면어로 쓰이고 나서는 '造次' 두 자를 한 가지 뜻으로 풀이해야지 '造'와 '次'를 두 가지 뜻으로 나누어 풀이해서는 안 된다. 그 아래 '顚沛' 등도 이와 같다.

 10. ≪천자문≫은 동자(同字)를 겹쳐 사용하지 않았으나 혹은 "'여모정결(女慕貞潔)'(21련)의 '결(潔)'과 '환선원결(紈扇圓絜)'(105련)의 '결(絜)'이 이체(異體) 동자(同字, '絜'이 '潔'의 古字)이므로, ≪천자문≫은 동자를 겹쳐 사용하여 실로 999글자이다."라고 하니, 그 겹쳐 사용한 여부를 논변해야 하겠다.

 ≪석의≫에 "결(絜)은 '결(潔, 깨끗할/결)'과 같고, 또 '약속(約束, 묶다)'의 뜻이다. … 깁으로 부채를 만들어서 둥글게 묶였다.〔絜, 與潔同, 又約束之義. … 以紈爲扇, 而團圓約束.〕"라고 하였으니, '潔과 같다.'는 것은 '絜' 자와 같다는 관계만 밝혔을 뿐이지 이 구절 안의 쓰인 의미를 가리킨 것이 아니고, '約束'은 '絜' 자의 별도 의미를 풀이하고 또 이 구절 안의 쓰인 의미를 가리킨 것이다. '絜(潔同)'이 '潔'이라는 의미는 이 구절에서 쓰이지 않고 '約束'의 의미가 이 구절에서 쓰였으니, ≪석의≫

의 '絜(約束)'과 '潔(靜)'은 각각 별도 자이지 같은 자가 아니다. 그러므로 ≪석의≫는 같은 자를 겹쳐 사용하지 않았으니, 그 글자 수효는 1,000자이지 999자가 아니다.

≪주해≫는 '女慕貞烈'과 '紈扇圓潔'로 되어 있어, '烈'과 '潔'은 같은 자가 아니므로, 그 글자 수효는 역시 1,000자이다.

≪천자문역주(千字文譯注)≫(蔡國根譯注)는 '女慕貞潔'과 '紈扇圓絜'로 되어 있고, 그 주석(注釋)에 "결(絜)은 바로 결(潔)이다."라고 하였으니, '絜'과 '潔'은 같은 자이어서 겹쳐 사용함이 있으므로, 그 글자 수효는 999자이다.

이에 '絜'과 '潔'을 같은 자로 인정하면 그 글자 수효가 999자이고, 같은 자가 아닌 것으로 인정하면 그 글자 수효가 1,000자이다. 부채의 형용에는 '約束'이라는 주석이 아마 '潔白'보다 나을 것 같다.

양칙원외산기시랑주흥사차운(梁勅員外散騎侍郎周興嗣次韻)1)

　梁은 郡名으로 即今歸德府라 武帝初封梁公2)이라가 進爵爲王이라 後簒齊位하여 因以爲國號라 勅者는 君令臣之辭라 員外者는 官有常員이로되 於常員之外에 又設是官하여 比於正員이라 故云員外也라 散騎侍郎은 官名이니 隷門下省3)이라 其官始於秦時하고 在乘輿左右騎而散從4)이로되 無常職이라 漢因之하여 以爲加官5)하여 有常侍侍郎等號라 至魏時하여 始揷貂璫6)하고 掌規諫하고 又置員外焉

---

1) 勅:天子 制誥(명령서)의 한 가지이다. '敕'・'勑'과 통한다.[勅, 天子制誥之一. 與'敕''勑'通.](≪中≫)
　周興嗣:①?-521. 南朝 梁나라 陳郡 項 사람으로, 字는 思纂이다. 역사 傳記를 널리 통하고, 작문에 능하였다. 齊나라 시대에, 州에서 秀才로 추천하여, 桂陽郡丞에 임명되었다. 蕭衍(梁武帝)이 군사를 일으키자 주흥사가 〈休平賦〉를 올렸는데, 그 글이 매우 아름다워서 소연이 그 글을 아름답게 여겼다. 관직은 給事中에 이르렀다. ≪皇帝實錄≫・≪皇德記≫ 등 저술이 있었으나 모두 없어졌고, 지금 겨우 ≪천자문≫만 남았다.[?-521. 南朝梁陳郡項人, 字思纂. 博通記傳, 善屬文. 齊世, 州擧秀才, 除桂陽郡丞. 蕭衍(梁武帝)起兵, 興嗣奏休平賦, 其文甚美, 衍嘉之. 官至給事中. 有皇帝實錄皇德記等, 均佚, 今僅存千字文.](≪人≫) ②469-537. 江南 姑熟에 대물려 살았다. 梁 武帝 大同 3년 7월 15日에 서거하였다.[469-537. 世居江南姑熟. 梁武帝大同三年七月十五日, 卒.](百度, http://www.baidu.com/) ③서거한 해가 521년과 537년으로 두 가지 설이 있다. 서거한 해 521년은 ≪梁書≫(卷49 〈周興嗣列傳〉)의 '보통 2년에 서거하였다.[普通二年卒]'에 의거한 것이고, 537년은 ≪千字文≫全解(揷圖本)(百度)의 '양무제 대동 3년 7월 15일이다.[梁武帝大同三年七月十五日]'에 의거한 것이다. 두 가지 설을 제시하여 후일의 학자를 기다린다.(●)
　次韻:①和韻의 一體. 原韻(애초에 지은 원래 시)에 화답하여 〈詩韻의〉 앞뒤 차례를 모두 따라 짓는 것을 말한다.[次韻, 和韻之一體. 謂和其原韻, 而先後次第皆因之也.](≪中≫) *다시 말하면, '이미 지은 시의 韻字의 순서대로 따라서 시를 짓는 일'이다. ②高祖(梁 武帝, 蕭衍)는 王羲之가 쓴 千字로 주흥사에게 차운하여 ≪천자문≫을 짓게 하였다.[高祖以羲之書千字, 使興嗣次韻爲文.](宋 王應麟 ≪玉海≫ 卷45 '梁千字文')
2) 武帝:梁 武帝. 464~549. 즉 蕭衍. 南朝 梁나라 開國 君主이다. 齊나라에서 벼슬하여 雍州刺史가 되었고, … 梁王에 봉해졌다. … 佛敎를 信奉하여, 寺院을 크게 세웠고, 모두 3차례나 同泰寺에서 捨身(苦行을 함)하였다. 中大同 2년에 東魏의 반란 장군 侯景의 항복을 접견해 받아들였는데, 곧 또다시 東魏의 화친 요구를 허락하자, 후경은 의심하여 난동을 일으켰고 서울이 함락되고 굶주려 죽었다. 在位 48년이고, 廟號는 高祖이다.[武帝, 梁武帝. 464~549. 即蕭衍. 南朝梁開國君主. 仕齊爲雍州刺史, … 封梁王, … 信奉佛敎, 大建寺院, 幷三次捨身同泰寺. 中大同二年, 接納東魏叛將侯景歸降, 旋又許東魏求和, 景疑作亂, 京都陷, 飢困而死. 在位四十八年, 廟號高祖.](≪人≫)
3) 門下省:또한 '門下'라고 생략하여 일컫는다. 官署 이름이다. 後漢에서는 侍中寺(시)라고 일컬었다. 晉나라 때에는 門下의 여러 가지 일을 관장함으로 말미암아 비로소 門下省이라고 일컬었다. 南北朝 시대에는 그대로 따랐고, 中書省・尙書省과 병립하였고, 侍中이 長官이었다. 천하의 결정된 일을 받아 다루고, 詔令을 審査하여 잘못을 논박해 바로잡고, 奏狀을 접수하여 보내고, 寶印 사용을 청하는 등을 관장하였다.[門下省, 亦省稱'門下'. 官署名. 後漢謂侍中寺. 晉時因其掌管門下衆事, 始稱門下省. 南北朝因之, 與中書省尙書省並立, 侍中爲長官. 掌受天下之成事, 審査詔令, 駁正違失, 受發通進奏狀, 進請寶印等.](≪漢≫)
4) 乘輿:또한 '乘轝'라고도 한다. 고대에 특히 天子와 諸侯가 올라앉는 수레를 가리킨다.[乘輿, 亦作'乘轝'. 古代特指天子和諸侯所乘坐的車子.](≪漢≫)
5) 加官:本職 이외에 겸해 담당하는 기타 官職.[加官, 於本職外兼領的其他官職.](≪漢≫)
6) 貂璫:담비 꼬리와 금은 귀걸이로, 고대에 시중・상시의 冠 장식이다.[貂璫, 貂尾和金銀璫, 古代侍中

이라 梁初自爲散騎省7)하고 後仍隷門下하니 乃文學侍從之臣也8)라 周는 姓이라 興嗣는 名이라 次는 比也라 韻은 聲之諧者니 蓋以此千字編集成文한대 而比之於 韻하여 使讀者諧於口也라

　　양(梁)나라에서 원외산기시랑(員外散騎侍郎) 주흥사(周興嗣)에게 조칙(詔勅)을 내려 차운(次韻)하게 하다

　　양(梁)은 군(郡) 이름으로, 곧 지금의 귀덕부(歸德府)이다. 양나라 양무제(梁武帝, 蕭衍. 464~549)는 처음에 〈제(齊)나라〉 양공(梁公)으로 책봉되었다가 작위가 진급되어 양왕(梁王)이 되었고 뒤에 제나라 지위를 찬탈하여 이어서 양(梁)을 나라 이름으로 삼았다. 칙(勅)은 임금이 신하에게 명령하는 말이다. 원외(員外)는, 관직은 일상 인원이 있으되 일상 인원 이외에 또 이 관직을 설치하여 정식 인원에 견주므로 〈'정원 이외'라는〉 원외라고 한다. 산기시랑(散騎侍郎)은 관직 이름이니, 문하성(門下省, 관청 이름)에 속한다. 그 관직은 진(秦)나라 때에 시작되었고 승여(乘興, 임금 수레) 측근에 있으면서 말 타고 흩어져 따르는데 일정한 직무가 없다. 한나라는 그것을 따라 가관(加官, 겸직 관원)으로 하여 상시(常侍)·시랑(侍郎) 등의 호칭이 있었다. 위(魏)나라 때에 이르러 비로소 초당(貂璫)을 꽂고 바른 말로 간언함을 담당하였고 또 원외(員外)를 두었다. 양나라 초기에 자연히 산기성(散騎省, 관청 이름)이 되고 뒤에 이어서 문하(門下, 문하성의 생략)에 속하였는데 문학(文學)·시종(侍從, 임금 측근)의 신료였다. 주(周)는 성이고, 홍사(興嗣)는 이름이다. 차(次)는 따름이고, 운(韻)은 소리가 어울리는 것이니, 이 1,000자로 엮어 모아 글을 이루었는데 운에 따라서 독자들이 말함에 잘 어울리도록 하였다.

○按梁史9)하면 興嗣字思纂이요 陳郡項人이라 上以王羲之書千字로 使興嗣次韻 爲文커늘 奏之한대 稱善하고 加賜金帛하니라 太平廣記云10) 梁武帝敎諸王書에 令殷鐵石於大王書中搨一千字不重者11)어늘 每字片紙하고 雜碎無序라 帝召興嗣謂

　　常侍的冠飾.](≪漢≫)
7) 散騎省 : 官署 이름.[散騎省, 官署名.](≪中≫)
8) 侍從 : 帝王 혹은 尊長을 따르는 측근.[侍從, 隨侍帝王或尊長左右.](≪漢≫)
9) 梁史 : ≪梁書≫ 49권 <周興嗣列傳>.(●)
10) 太平廣記 : ≪太平廣記≫ 207권 <書2 僧智永>.(●)
11) 大王: 晉나라 書法家 王羲之를 일컫는다.[大王, 稱晉書法家王羲之.](≪漢≫)
　　　殷鐵石 : 梁 武帝 때의 大臣. ≪千字文≫의 1,000자를 殷鐵石이 梁 武帝의 명을 받들어 書聖 王羲之의 書法 작품에서 뽑아낸 것이다.[殷鐵石, 梁武帝時大臣. 千字文中的一千個漢字是殷鐵石奉梁武帝之命, 從書聖王羲之的書法作品中挑選出來的.](百度百科)

曰 卿有才思하니 爲我韻之하라한대 興嗣一夕編綴進上하여 鬢髮皆白[12])하니 賞賜甚厚라하니라

양나라 역사를 살펴보면 주흥사(周興嗣)는 자가 사찬(思纂)이고 진군(陳郡) 항(項) 출신이다. 양(梁) 무제(武帝)가, 왕희지(王羲之)가 쓴 천자(千字)로 주흥사에게 차운하여 글을 만들게 하였는데, 〈주흥사가〉 그 글을 올리자 훌륭하다고 칭찬하고 황금과 비단을 더 내려주었다. ≪태평광기(太平廣記)≫에 말하였다. "양나라 무제가 여러 왕(王)들에게 글씨를 가르칠 적에 은철석(殷鐵石)에게 대왕(大王, 왕희지(王羲之)) 글씨 중에서 겹치지 않는 1천 자를 탁본하게 하였는데 글자마다 종이 쪽지이었고 섞이며 부서져 순서가 없었다. 무제가 주흥사를 불러 말하였다. '경은 재주와 사고력이 있으니, 나를 위하여 운문을 만들라.' 주흥사가 하루 저녁에 글을 지어 올려서 수염과 머리털이 모두 희어졌다. 무제의 포상이 매우 많았다."

---

12) 鬢髮皆白 : ≪千字文≫은 梁나라 周興嗣가 편찬하였다. 주흥사가 하루 저녁에 편찬하여 임금에게 올렸는데, 수염과 머리가 모두 세었고 임금의 포상이 매우 많았으므로 白首文((머리 센 글)이라고 일컫는다.[千字文, 梁周興嗣編次. 興嗣一夕編綴進上, 而鬢髮皆白, 賞賜甚厚云, 故稱白首文.](≪五洲衍文長箋散稿≫<經史篇4/經史雜類2・其他典籍・千字文辨證說>)

第一章 天地人之道 하늘·땅·사람의 도리

1·1·1

천지현황(天地玄黃)¹⁾하고 우주홍황(宇宙洪荒)²⁾³⁾이라

하늘과 땅은 검으며 누렇고, 우주는 크며 혼몽하다.

원문

玄者는 天之色이요 黃者는 地之色⁴⁾이라 易乾[坤]卦云⁵⁾ 天玄而地黃이라하고 淮南子云⁶⁾ 四方上下謂之宇하고 往古來今謂之宙라하니라 洪은 大也라 荒은 草昧也라⁷⁾ 揚子云 洪荒之世⁸⁾라하니라 言天地開闢之初에 其時則草昧也라

---

1) 天地玄黃 : ①이는 하늘과 땅의 시초를 말한 것이다. 하늘은 위에서 덮고 있으면서 그 색깔이 검고, 땅은 아래에서 싣고 있으면서 그 색깔이 누렇다.[此言天地之始也. 天覆於上, 而其色玄, 地載於下, 而其色黃也.](《註解》) ②살펴보니, '天玄地黃'을 '天地玄黃'으로 변경한 것은 아래 구절 '宇宙洪荒'과 서로 對偶가 되게 한 것이다.(◉)
　　　玄 : ①聖祖 仁皇帝의 廟諱여서 元(검을/현)으로 고쳐 쓴다.[玄, 聖祖仁皇帝廟諱, 改作'元'.](《白話千字文》) ②聖祖仁皇帝는 곧 淸나라 康熙皇帝이다.(◉) ③聖祖 仁皇帝의 묘휘를 玄燁이라고 하여 玄은 '元'으로 대신한다. 玄德·玄黃 등의 글자는 모두 사용하지 못한다. 弦·絃·炫·率등의 글자는 모두 한 점을 뺀다.[聖祖仁皇帝廟諱曰玄燁, 玄用'元'代之. 玄德玄黃等字, 皆不得用. 弦絃炫率等字, 皆缺一點.](《和》<國行政法汎論 皇室 敬避>) ④玄에서 한 점을 뺀 것은 끝 획의 점을 없애서 '𢆯'으로 쓴 것이다.(◉)
2) 宇宙洪荒 : 천지의 안을 橫[空間]으로 말하면 上下·四方이 되고, 縱[時間]으로 말하면 往古來今[옛날과 지금]이 되는데, 넓고 멀어서 가장자리가 없고 끝이 없다.[天地之內, 橫說則爲上下四方, 豎說則爲往古來今. 洪廣而荒遠, 無涯涘, 無終極也.](《註解》)
3) 天地玄黃 宇宙洪荒 : ①天地玄黃이 宇宙洪荒과 상대되니, 兩句의 對偶이다. 天地와 宇宙는 名詞의 상대이고, 玄黃와 洪荒은 形容詞의 상대이다. 이 兩句 對偶는 兩句 8字가 나누어 1구 4자씩 되어 對偶가 되었는데, 《千字文》 중에 이러한 종류가 가장 많다. 예를 들면 아래 글의 '日月盈昃, 辰宿列張.', '金生麗水, 玉出崑岡.', '劍號巨闕, 珠稱夜光.' 등등은 모두 이 兩句 對偶이니, 이 이하의 兩句 對偶의 해설은 특수 구문을 제외하고는 생략한다.(◉) ②…黃 …荒 : 이것은 이 글 첫 련이 구절마다 押韻이 된 것이다. 黃·荒은 모두 下平聲 11'唐'韻(206韻)이다. 제2련 이하는 모두 隔句 押韻이다. 끝 련의 '謂語助者, 焉哉乎也.'에 가서는 者·也가 모두 上聲 35'馬'韻이니, 또한 구절마다 押韻하여 맺었다.(◉)
4) 玄者, 天之色, 黃者, 地之色 : 《千字文集註》(國立中央圖書館本)에 의거하여 보충하였다.(◉)
5) 乾卦 : '坤卦'의 잘못이다. 坤卦 <文言傳>에 "天玄而地黃."이라고 하였다.(◉)
6) 淮南子 : 《淮南鴻烈解》 卷11 <齊俗訓>.(◉)
7) 草昧 : 천지가 처음 생겼을 때의 혼돈 상태. 蒙昧.[草昧, 天地初開時的混沌狀態. 蒙昧.](《漢》)
8) 揚子云 洪荒之世 : 《揚子雲集》 卷1 <法言 問道篇>에는 "鴻荒之世."로 되어 있다. 살펴보니, 鴻은 또한 大라는 뜻이 있으니, 洪荒은 鴻荒과 같은 뜻이다. 《揚子雲集》은 漢나라 揚雄이 지은 것이다.(◉)

○此一節은 爲下十二節之綱領이라

해설

현(玄)은 하늘의 색깔이고, 황(黃)은 땅의 색깔이다. ≪주역(周易)≫ 곤괘(坤卦) <문언전(文言傳)>에 "하늘은 검고 땅은 누렇다."라고 하였고, ≪회남자(淮南子)≫에 "사방상하를 우(宇)라고 하고, 왕고내금을 주(宙)라 한다."라고 하였다. 홍(洪)은 크다는 뜻이다. 황(荒)은 혼몽(昏蒙)함이다. ≪양자운집(揚子雲集)≫에 "크고 혼몽한 세상."이라고 하였다. 이는 '천지가 열린 초기, 그 때에는 혼몽하였다.'라고 말한 것이다.

○이 1구절은 아래 12구절의 강령이다.

1·2·2

일월영측(日月盈昃)9)하고 신수열장(辰宿列張)10)이라

해는 <중천(中天)에서> 기울며 달은 <이지러졌다가> 차고, 12신(辰) 별자리와 28수(宿) 별자리가 벌려 있다.

---

9) 日月盈昃 : ①≪周易≫ 豊卦 <象傳>에 "해는 中天에 있게 되면 기울고 달은 차면 이지러진다."라고 하였다. 해는 하루 안에 중천에 있게 되었다가 기울고, 달은 한 달 안에 찼다가 이지러져 經緯錯綜(이리저리 왔다 갔다)함이 고리와 같아 끝이 없다.[易(豊卦 <象傳>)曰, "日中則昃, 月盈則虧." 日一日之內中而昃, 月一月之內盈而虧, 經緯錯綜, 如環無端.](≪註解≫) ②만약 '日(中則)昃 月盈(則虧)'의 괄호 부분을 생략하면 '日昃月盈'이 되어 이는 '中則'과 '則虧'를 보충해야 하는 互文이 된다. '日昃月盈'을 변하여 '日月盈昃'으로 하면 아래 구절 '辰宿列張'과 서로 對偶가 되고, 出句脚 '昃'과 韻脚 '張'이 平(張)·仄(昃)의 상대가 된다. 만일 '盈'(平)을 出句脚으로 하면 '盈'·'張'이 모두 평성이어서 平·仄이 상대가 되지 않고, 또 上尾의 결함(상구(上句)의 끝 자(盈)와 하구(下句)의 끝 자(張)가 똑같이 평성이 되거나, 1구(句)의 끝 자(黃)와 3구의 끝 자(盈)가 똑같이 평성이 되는 병)을 저촉한다.(●)

10) 辰宿列張 : 周天(天體 주위)의 度數를 12방위로 나누면 이것이 辰(신)이 되고, 해와 달이 만나는 곳을 나누어 28위치를 삼는데, 28宿(수)가 운행하면서 둥글게 나열되어 분포하고 있다.[周天之度, 分爲十二次, 是爲辰, 而日月會, 分爲二十八次, 而二十八宿行, 環列而分張也.](≪註解≫)

辰宿 : ①해와 달이 만나는 곳과 사방 가운데의 별이 모두 28宿이다. 사람의 눈에 보는 것을 들면 星이라 말하고 해와 달이 만나는 곳을 논하면 辰이라 말하지만 실상은 한 물건이므로, 星辰으로 글을 함께 쓴다.[辰宿, 日月所會與四方中星, 俱是二十八宿. 擧其人目所見, 以星言之, 論其日月所會, 以辰言之, 其實一物, 故星辰共文.](≪尙書要義≫ 卷1 <堯典> 21 星與辰實一物 鄭玄禮自異) ②星의 형체를 가리켜서 말하면 星이라 말하고 해와 달이 그 星에서 만나는 것은 바로 宿라고 하고 또한 辰이라고 하고 또한 次라고 하고 또한 房이라 한다.[若指星體而言, 謂之星, 日月會於其星, 即名宿, 亦名辰, 亦名次, 亦名房.](≪御定孝經衍義≫ 卷43 <天子之孝 事天地>) ③만일 辰·宿가 하늘에 걸려 있지 않는다면 하늘은 소용이 없는 것이 된다.[苟辰宿不麗於天, 天爲無用.](≪晉書≫<天文志上>) ④辰, 별신. 日月會次. 又北辰, 北極也. 又미르 진. 地支屬龍."이라고 하다.[辰, 별신. 日月會次. 又北辰, 北極也. 又미르진, 地支屬龍.](≪訓蒙字會≫) ⑤살펴보니 '미르'는 龍이다. 辰은 韻書에 1음뿐이다. 그런데 韓國에는 '신'과 '진' 2음이 있어 星宿의 辰은 音이 '신'이고, 地支의 辰은 音이 '진'이다. 辰과 申의

원문

天地既開闢이면 則有日月星辰垂象于上矣니라

日은 陽精이요 月은 陰精이라 盈者는 月光滿也요 昃者는 日西斜也니 月至望則盈하고 日過午則昃이라 辰者는 日月所會之次11)라 分周天爲十二宮12)하니 子丑寅卯辰巳午未申酉戌亥가 是也라 宿者는 日所躔之星也13)라 蓋日行於天에 其所當度之星을 取而識之하여 名之曰宿라하니 凡二十有八焉이라 東方七宿는 角亢氐房心尾箕요 北方七宿는 斗牛女虛危室壁이요 西方七宿는 奎婁胃昴畢觜參이요 南方七宿는 井鬼柳星張翼軫이 是也라 列은 陳也요 張은 布也니 謂辰宿陳布於天也라 淮南子云14) 天設日月하고 列星辰하여 調陰陽하며 張四時라하니라

해설

천지가 이미 열렸으면 일·월·성·신이 위에서 상징을 내려주고 있다.

일(日, 해/일)은 양(陽)의 정수이고, 월(月, 달/월)은 음(陰)의 정수이다. 영(盈)은 월광(月光, 달빛/광)이 가득함이고, 측(昃)은 해가 서쪽으로 기움이니, 달은 보름에 이르면 차고 해는 낮이 지나면 기운다. 신(辰)은 해와 달이 만나는 자리이다. 둥근 하늘을 나누어 12궁(宮)으로 하니, 자(子)·축(丑)·인(寅)·묘(卯)·진(辰)·사(巳)·오(午)·미(未)·신(申)·유(酉)·술(戌)·해(亥)가 그것이다. 수(宿)는 해가 운행하는 별이다. 해가 하늘을 운행할 적에 만나는 도수의 별을 취해 표시하여 명칭하기를 '宿'라고 하니, 모두 28수이다. 동방(東方) 칠수(七宿)는 각(角)·항(亢)·저(氐)·방(房)·심(心)·미(尾)·기(箕)이고, 북방(北方) 칠수는 두(斗)·우(牛)·여(女)·허(虛)·위(危)·실(室)·벽(壁)이고, 서방(西方) 칠수는 규(奎)·루(婁)·위(胃)·묘(昴)·필(畢)·자(觜)·삼(參)이고, 남방(南方) 칠수는 정(井)·귀(鬼)·류(柳)·성(星)·장(張)·익(翼)·진(軫)이 그것이다. 렬(列)은 진열함

聲韻은 "辰은 植과 鄰의 반절, 平聲, 眞韻母, 禪聲母."이고, "申은 失과 人의 반절, 平聲, 眞韻母, 書聲母."이다.(《漢字典》) 그렇다면 辰·申 2자는 眞으로 韻母가 같고, 禪(辰)과 書(申)로 聲母가 다른 것이다. 辰과 申은, 중국음은 다르지만 한국음은 같은 것이다. 辰을 만약 한국에서 1음만 있게 하여 모두 '신'으로 讀音을 낸다면 申(신)과 음이 같아서 地支 안에 2개의 '신' 음이 있게 된다. 예를 들면 甲申·甲辰, 壬申·壬辰 등이 모두 '신'이라고 말하게 되어, 구별할 수 없다. 이에 음을 나누어 辰이 星宿를 말하면 表音을 '신'으로 하고, 地支를 말하면 表音을 '진'으로 하여 혼동을 피하게 하였다.(◉)
⑥宿는 음이 秀이다. 별이 나열된 것을 宿라고 한다.[宿, 音秀. 列星曰宿.](《形》)
11) 次 : 黃道帶(黃道의 양쪽 곁 각각 8도의 띠 모양 범위)를 12부분으로 나눈 각 부분.[次, 古代將黃道帶分成十二部分, 各稱之爲次.](《漢》)
12) 宮 : 古代 曆法에서 둥근 하늘 360도를 12부분으로 나눈 30도 구역. 고대에는 별이 있는 하늘 구역을 나눈 것을 역시 宮이라고 하였다.[宮, 古代曆法以周天三百六十度的十二分之一即三十度爲一宮. 古代劃分星空的區域亦稱爲宮.](《漢》)
13) 躔 : 日月星辰이 黃道로 運行하는 것. 또한 그 運行하는 軌跡을 가리킨다.[躔 : 日月星辰在黃道上運行. 亦指其運行的軌跡.](《漢》)
14) 淮南子 : 《淮南鴻烈解》 卷20 <泰族訓>.(◉)

[陳]이고 장(張)은 널림[布]이니, 신수(辰宿)가 하늘에 분포됨을 말한다. ≪회남자(淮南子)≫에 "하늘이 해와 달을 설치하고 성신을 늘어놓아 음양을 조화하며 사시를 펼친다."라고 하였다.

1·3·3
한래서왕(寒來暑往)하고 추수동장(秋收冬藏)15)이라
추위가 오면 더위는 가고, 가을에는 거두며 겨울에는 보관한다.

1·3·4
윤여성세(閏餘成歲)16)하고 율려조양(律呂調陽)17)이라
윤률(閏率, 10 827/940일)의 남는 시간으로 해를 이루고, 율(律)과 려(呂)로 음양(陰陽)을 조화(調和)해 다스린다.

---

15) 寒來暑往 秋收冬藏 : ①만물이 봄에 생겨나고 여름에 자라며 가을에 거두고 겨울에 간직하는 것은 天道의 大經이다. 순응하지 못하면 천하의 기강이 되지 못하므로, 四時의 큰 순응을 그르쳐서는 안 된다고 하는 것이다.[夫春生夏長秋收冬藏, 此天道之大經也. 弗順則無以爲天下綱紀, 故曰四時之大順不可失也.](≪史記≫<太史公自序>) ②萬物이 봄에는 나오고, 여름에는 자라며, 가을이 되어 성숙하면 거두어들이고, 겨울이 되어 肅殺(숙살, 추워 죽게 함)하면 닫아 보관한다.[秋收冬藏, 萬物春生夏長, 秋而成熟則斂而收之. 冬而肅殺則閉而藏之.](≪註解≫) ③鬼神은 屈伸往來의 자취이니, 예를 들면 寒來暑往·日往月來·春生夏長·秋收冬藏이 모두 鬼神의 功用이다.[鬼神者, 有屈伸往來之迹, 如寒來暑往, 日往月來, 春生夏長, 秋收冬藏, 皆鬼神之功用.](≪朱子五經語類≫ 卷8 <易8 上經>) ④'寒來暑往'을 '暑往寒來'로 하면 더욱 말이 순조롭다. 그러나 來는 平聲이고, 藏도 平聲이어서, 上句와 下句의 끝 자가 모두 平聲이 되어 上尾를 저촉한다. 上句의 끝 자가 '往'(上聲)이 되었으니, 平·仄이 相對되고, 또 上尾도 피하였다.(●)

藏 : 감춘다는 뜻이다.[藏, 匿也.](≪註解≫)

16) 閏餘成歲 : ①1년은 12개월에 24절기이니, 氣盈과 朔虛가 32개월이 쌓이면 29일 남짓이 된다. 이것을 가지고 윤달을 두어 四時를 정하고 1년을 이룬다.[一歲十二朔, 二十四氣. 氣盈朔虛, 積三十二朔則爲二十九日餘, 以置閏而定四時成歲矣.](≪註解≫) ②氣盈은 24절기에서 360보다 많은 것을 계산해낸 것이고, 朔虛는 12달에서 360보다 적은 것을 계산해낸 것이다. 1歲의 閏率은 氣盈과 朔虛를 합한 수효이다. … 24절기에서 계산해낸 것은 日이 天과 만나고서 5日 235/940分이 많아 氣盈이 된다. 12달에서 계산해낸 것은 月이 日과 만나고서 5日 592/940分이 적어 朔虛가 된다. 氣盈과 朔虛가 합하여 閏이 생긴다. 1년의 閏率은 10日 827/940分이다. … 19년이 쌓이면 190日 15713/940分이 되는데, 206日 673/940分으로 정리되고, 나누어 7閏을 두면, 閏마다 29日 499/940分이고, 모두 정리되어 餘閏(남음)가 없으므로, 氣朔分齊(기영과 삭허의 분수가 같아짐)라고 하고 이를 1章이라고 한다.[氣盈者, 從二十四氣筭來三百六十之外所多者也. 朔虛者, 從十二月朔筭來三百六十之內所少者也. 一歲閏率者, 合氣盈朔虛之數也. … 從二十四氣筭來, 則日與天會多五日二百三十五分, 爲氣盈. 從十二月朔筭來, 則月與日會少五日五百九十二分, 爲朔虛. 合氣盈朔虛而閏生焉. 一年閏率十日八百二十七分. … 十九年積一百九十日一萬五千七百一十三分, 除爲二百六日六百七十三分, 分爲七閏, 每閏二十九日四百

九十九分, 除盡無餘, 故曰氣朔分齊, 謂之一章.](≪書蔡氏傳旁通≫ 卷一 <上>) ③940分은 歷家(曆象관측자)가 정수를 설정한 1일을 세분한 수효이다. 235/940는 바로 1/4이다.[九百四十分者, 歷家額設一日細數也. 九百四十分日之二百三十五者, 即四分日之一也.](≪書蔡氏傳旁通≫ 卷1 <上>) ④살펴보면, 19年의 閏率은 19年의 氣盈과 朔虛의 수효를 합한 것이니, 10 827/940日×19年을 하면 206 673/940日이 된다. 19年에 7閏月을 둔 日數는 29 499/940日×7閏月을 하면 206 673/940日이 된다. 19年 日의 運行 日數는 365 1/4日×19年을 하면 6939 3/4日이 된다. 19年 月의 運行 日數는 29 499/940日×12月×19年+29 499/940日×7閏을 하면 6939 3/4日이 된다. 19年의 月數는 19年×12月+7閏月을 하면 235月이 된다. 日이 月과 만나는 기간은, 年으로는 19年, 月로는 235月, 日로는 6939 3/4日이 된다. 19年의 日의 運行 日數는 月의 運行 日數와 똑같이 6939 3/4日(235月, 19年)이 되므로, 19年(6939 3/4日, 235月)은 日의 運行 수효와 月의 運行 수효의 最小公倍數가 되고, 이 수효는 또 日과 月이 太陽系에 운행하는 始終이 되는데, 이를 1章이라고 한다.(◉)

　閏餘 : ①음력 1년과 1回歸年(태양이 黃道를 따라서 天球를 일주하는 주기. 1회귀년은 365일 5시간 48분 46초)을 비교하여 남아도는 시간이다.[閏餘, 農曆一年和一回歸年相比所多餘的時日.](≪漢≫) ②閏은 곧 남는다는 뜻이고, 餘는 閏이라는 뜻이므로, "閏餘成歲."라고 한다.[閏, 即餘也, 餘, 即閏也, 故曰, "閏餘成歲."](≪曆算全書≫ 권22 <歷學源流>) *閏은 곧 남는다는 뜻이고, 餘는 閏이라는 뜻이니, 閏餘 2글자는 뜻이 같아서 다음 구절 '律呂'와 對偶가 된다. 이를 적용하면 '윤율 여분으로'라고 국역하는 것이 이상적일 것이다.(◉) ③閏은 餘分의 달이다. 成은 다한다는 뜻이다.[閏, 餘分之月. 成, 畢也.](≪註解≫) ④살펴보면, 閏은 곧 閏率로, 氣盈(5 235/940日)과 朔虛(5 592/940日)를 합한 數이니, 10 827/940日이다. 이것은 1歲의 日의 운행 數(365 235/940日)와 1歲의 月의 운행 數(354 348/940日)의 차이의 數이다.(◉) ⑤閏은 '여분의 달(윤달) / 윤'이다. 5년에 두 번 윤달이 든다. 告朔(곡삭)의 예법은 천자가 종묘에 있게 되고, 윤월에는 문 안에 있게 된다. 王(임금/왕)이 門(문/문) 안에 있음을 따랐다. 주례에 윤월에는 王이 門 안에 있으면서 달을 마친다고 하였다.[閏, 餘分之月. 五歲再閏也. 告朔之禮, 天子居宗廟, 閏月居門中. 从王在門中. 周禮, 閏月王居門中, 終月也.](≪說文≫) ⑥閏은 王이 <종묘 안에서 告朔을 하지 않고> 門 안에 있음을 따랐으니, 王과 門의 결합 글자이어서 會意이다.(◉) ⑦中氣가 없는 달에 前月에 딸려 윤달을 둔다.[以無中氣之月, 從前月置閏.](≪清史稿≫<時憲4>) ⑧中氣는 古代 曆法에 太陽曆 24氣를 陰曆 12월에 배당하여 陰曆 每月에 2氣인데, 月初에 있는 것을 節氣라고 하고, 月中에 이후에 있는 것을 中氣라고 한다. 예컨대 立春은 正月의 節氣이고, 雨水는 正月의 中氣이다.[中氣, 古代曆法以太陽曆二十四氣配陰曆十二月, 陰曆每月二氣, 在月初的叫節氣, 在月中以後的叫中氣. 如立春爲正月節氣, 雨水爲正月中氣.](≪漢≫) ⑨告朔(곡삭)은 (1)天子가 매년 季冬에 다음해의 曆書를 諸侯들에게 나누어주는 것이다.[告朔,, 天子于每年季冬把第二年的曆書頒發給諸侯.](≪漢≫) (2)제후가 매월 초하루(陰曆, 1일)에 사당에 고하여 정무를 듣는 예를 행하는 것이다.[告朔, 指諸侯於每月朔日(陰曆初一)行告廟聽政之禮.](≪漢≫)

17) 律呂 : ①律은 12율로, 黃鍾・太簇(태주)・沽洗(고선)・蕤賓(유빈)・夷則・無射(무역)・大呂・夾鍾・仲呂・林鍾・南呂・應鍾이다. 이 중에 6은 律이고 6은 呂로, 모두 12개의 관인데 지름이 3分 남짓이고 구멍의 둘레는 9분이다. 黃鍾의 길이는 9촌이고 大呂 이하는 律과 呂가 번갈아가며 차례로 짧아져서 應鍾에 이르러 가장 짧다. 이것을 가지고 악기를 만들어 소리를 조절하면 긴 것은 소리가 낮고 짧은 것은 소리가 높은데, 낮은 것은 무겁고 탁하며 느리고, 높은 것은 가벼우며 맑아 빠르다. 이것을 가지고 度[자]를 살펴 길이를 헤아리면, 黃鍾의 길이(9寸)를 90으로 나누어서 그 중 1을 1分으로 하고 10분을 1寸으로 하고 10촌을 1尺으로 하고 10척을 1丈으로 하고 10장을 1引으로 한다. 이것을 가지고 量[말]을 살펴 부피를 헤아리면, 黃鍾의 管은 낱알 곡식의 중간 크기의 검은 기장[秬黍] 1,200개가 들어가는데 이것을 龠으로 하고 10약을 1合으로 하고 10홉을 1升으로 하고 10승을 1斗로 하고 10두를 1斛으로 한다. 이것을 가지고 衡[저울]을 고르게 해서 무게를 달아보면, 黃鍾의 龠에 들어가는 1천 2백 개의 기장은 그 무게가 12銖이고 2龠이면 24銖로 이것을 1兩으로 하고 16냥을 1斤으로 하고 30근을 1鈞으로 하고 4균을 1石으로 한다. 이는 黃鍾이 만사의 근본이 되는 것이다. 제후국에 통일되지 않은 것이 있으면 살펴서 같게 한다. 四時와 달의 차이는 날짜가 누적되기 때문에 생기는 것이니 그 법은 대체적인 것을 먼저하고 정밀한 것을 뒤에 하며, 度・量・衡은 律에서 법을 받으니 그 법은 근

[원문]

　　日月運行於天하고 而辰宿紀其次舍度數라 於是日行一週天하여 而爲一日하고 月行二十九日有奇18)에 與日相會하여 而爲一月이라 積三月而成時하고 積四時而成歲焉이라

　　冬之氣寒하고 夏之氣暑라 易云19) 寒往則暑來하고 暑往則寒來라하니 言四時相代也라 萬物生於春하고 長於夏하고 收於秋하고 藏於冬이니 言秋冬에 而春夏在其中矣라

　　四時旣定하고 又以其餘日置而爲閏이라 蓋三十日爲一月하고 十二月爲一歲하니 是每歲有三百六十日也20)라 然而天氣一週하면 則不止於此하고 自今歲立春之日至來歲立春

본을 먼저하고 말단을 뒤에 한다. 그러므로 날짜를 바로잡는 것은 四時와 달을 맞추는 것보다 뒤에 있고, 律을 통일하는 것은 度・量・衡보다 앞에 있음을 말하였으니, 말을 하는 차례가 이와 같은 것이다.[律謂十二律, 黃鍾大蔟沽洗蕤賓夷則無射大呂夾鍾仲呂林鍾南呂應鐘也. 六爲律六爲呂. 凡十二管皆徑三分有奇, 空圍九分, 而黃鍾之長九寸. 大呂以下, 律呂相間, 以次而短, 至應鍾而極焉. 以之制樂而節聲音, 則長者聲下 短者聲高. 下者則重濁而舒遲, 上者則輕淸而剽疾, 以之審度而度長短, 則九十分黃鍾之長, 一爲一分, 十分爲寸, 十寸爲尺, 十尺爲丈, 十丈爲引, 以之審量而量多少, 則黃鍾之管. 其容子穀秬黍中者一千二百, 以爲龠. 而十龠爲合, 十合爲升, 十升爲斗, 十斗爲斛, 以之平衡而權輕重, 則黃鍾之龠. 所容千二百黍, 其重十二銖, 兩龠則二十四銖爲兩, 十六兩爲斤, 三十斤爲鈞, 四鈞爲石, 此黃鍾所以爲萬事根本. 諸侯之國, 其有不一者, 則審而同之也. 時月之差, 由積日而成, 其法則先粗而後精, 度量衡受法於律. 其法則先本而後末, 故言正日在協時月之後, 同律在度量衡之先, 立言之叙, 蓋如此也.](≪書經≫<舜典> '同律度量衡'<集傳>) ②律은 고대에 竹管 혹은 金屬管을 사용하여 만든 음을 정하는 계측 기구이다. 管의 長短으로 音階의 高低를 결정하고, 또한 이를 사용하여 季節의 변화를 헤아리는 계측 기구로도 한다.[律, 古代用竹管或金屬管製成的定音儀器. 以管的長短確定音階高低, 亦用作測候季節變化的儀器.](≪漢≫ ③度(자. 길이를 재는 단위)는 分・寸・尺・丈・引이니, 길이를 재는 것이다. 황종의 길이에서 생겨났는데, 알곡 '검은 기장[秬黍]' 중간 크기 90알로 길이를 재니, 1알의 길이가 1분이다.(기장을 관 속에 채우면 13 1/3알이 1분 높이를 채운다. 90분을 쌓으면 기장 알 1,200개가 들어간다. 그러므로 여기에서의 기장 알의 수 90은 다음 章에서 말하는 기장 알의 수 1,200과 사실은 한가지이다) 10분이 1촌이고, 10촌이 1척이며, 10척이 1장이고, 10장이 1인이다.[度者, 分寸尺丈引, 所以度長短也. 生於黃鍾之長, 以子穀秬黍中者九十枚度之, 一爲一分.(凡黍實於管中, 則十三黍三分黍之一, 而滿一分. 積九十分, 則千有二百黍矣. 故此九十黍之數, 與下章千二百黍之數, 其實一也) 十分爲寸, 十寸爲尺, 十尺爲丈, 十丈爲引.]≪律呂新書 卷1 審度≫ 1黍의 너비가 바로 1분이 된다.[一黍之廣, 卽爲一分.](≪律呂新書≫ 卷2 <候氣>)

18) 奇 : 나머지 수로, 499/940일을 말한다.(●)
19) ≪易≫ : <繫辭傳下> 5章.(●)
20) 每歲有三百六十日也 : 천체는 지극히 둥근데 주위가 365 1/4도이다. 땅을 둘러 왼쪽으로 선회하는데 항상 하루에 한 바퀴를 돌고 1도를 지나쳐간다. 태양은 하늘에 붙어있는데 조금 늦기 때문에 태양의 운행이 하루에 또한 땅을 둘러 한 번 돌지만 하늘에 있어 1도를 못 미쳐간다. 365 235/940일이 누적되어 하늘과 만나니, 이것이 한 해에 태양이 운행하는 수이다. 달은 하늘에 걸려 있는데 더욱 느려서 하루에 항상 13 7/19도를 하늘에 못 미쳐간다. 29 499/940일이 누적되어 태양과 만나니, 12번 만나면 온전한 날 348일을 얻고 그 여분의 누적된 것이 또한 5988/940일(499/940×12번)이다. 5988/940일을 日法의 940분모로 정리하면 1일을 6번 얻고 다하지 않은 나머지가 348이어서(6 348/940일) 통틀어 계산하면 얻는 날은 354 348/940일로 1년에 달이 운행하는 수이다. 1년에는 12달이 있고 1달에는 30일이 있으니, 360은 1년의 常數이다. 그러므로 해가 하늘과 만날 적에 5 235/940일이 더 많은 것은 氣盈이 되고, 달이 해와 만날 적에 5 592/940일이 적은 것은 朔虛가 되는데, 기영과 삭허가 합해져서 閏率이 그것에서 생긴다. 그러므로 1년의 윤율은 10 827/940일이 되니, 3년에 1번 윤달을 두면 32 601/940일(10 827/940×3년)이 되고, 5년에 2번 윤달을 두면 54 375/940일(10 827/940×5년)이 되며, 19년에 7번 윤달을 두면 기영・삭허와 7閏의 분수가 같아지게

之日히 共三百六十五日有奇하여 是每歲餘五日有奇하니 此謂之氣盈이요 又謂之大餘라 하니라 至於三十日爲一月하면 則又不足이라 自今月合朔之時21)로 至來月合朔之時히 約二十九日有半이라 故有小盡之月22)하고 積至終歲하면 則少五日有奇하니 此謂之朔虛라하고 又謂之小餘라하니라 合二者計之하면 則每歲餘十日有奇하고 三歲約餘一月하고 五歲約餘二月하고 八歲約餘三月하여 而春入於夏矣니라 積至十七歲하면 約餘六月하여 而夏反爲冬하며 冬反爲夏하니 寒暑變易而歲不成矣니라 於是唐堯置爲閏月23)하여 以歸其餘하니 書堯典云 以閏月定四時하고 成歲라하니 是也라

歲時旣成에 春夏得陽氣하고 秋冬得陰氣한대 又恐其有差錯하여 於是用律管以候之라 後漢書律曆志云24) 候氣之法25)은 爲室三重하고 戶閉하여 塗釁必周密하고 布緹縵室

되는데[氣朔分齊] 이것이 1章이다. 그러므로 3년 동안 윤달을 두지 않으면 봄의 1달이 여름으로 들어가서 계절이 점차 정해지지 않고, 子月(동짓달) 1달이 丑月(동지 다음달)로 들어가서 해가 점차 이루어지지 않게 된다. 이것을 누적시킴이 오래되어 세 번 윤달을 놓치는 데에 이르면 봄이 모두 여름으로 들어가서 계절이 전혀 정해지지 않고, 12번 윤달을 놓치면 子年이 모두 丑年으로 들어가서 해가 전혀 이루어지지 않게 된다. 그 명칭과 실상이 어긋나고 추위와 더위가 뒤바뀌어서 農業·蠶業의 여러 일이 모두 계절을 그르치게 된다. 그러므로 반드시 이 여분의 날로 그 사이에 윤달을 둔 이후에야 4계절이 어그러지지 않고 1년의 공적이 이루어질 수 있으니, 이것으로 진실로 백관을 다스려서 여러 공적이 다 넓어지게 된다.[天體至圓, 周圍三百六十五度四分度之一, 繞地左旋, 常一日一周而過一度. 日麗(리)天而少遲, 故日行一日亦繞地一周, 而在天爲不及一度. 積三百六十五日九百四十分日之二百三十五而與天會, 是一歲日行之數也. 月麗(리)天而尤遲, 一日常不及天十三度十九分度之七, 積二十九日九百四十分日之四百九十九, 而與日會. 十二會, 得全三百四十八, 餘分之積, 又五千九百八十八, 如日法九百四十, 而一得六, 不盡三百四十八, 通計得三百五十四九百四十分日之三百四十八. 是一歲月行之數也. 歲有十二月, 月有三十日, 三百六十者, 一歲之常數也. 故日與天會而多五日九百四十分日之二百三十五者, 爲氣盈. 月與日會而少五日九百四十分日之五百九十二者, 爲朔虛, 合氣盈朔虛而閏生焉. 故一歲閏率, 則十日九百四十分日之八百二十七. 三歲一閏, 則三十二日九百四十分日之六百單一. 五歲再閏, 則五十四日九百四十分日之三百七十五. 十有九歲七閏, 則氣朔分齊, 是爲一章也. 故三年而不置閏, 則春之一月, 入于夏, 而時漸不定矣. 子之一月, 入于丑, 而歲漸不成矣. 積之之久, 至於三失閏, 則春皆入夏, 而時全不定矣. 十二失閏, 子皆入丑, 歲全不成矣. 其名實乖戾, 寒暑反易, 農桑庶務, 皆失其時. 故必以此餘日, 置閏月於其間. 然後四時不差, 而歲功得成, 以此信治百官, 而衆功皆廣也.](≪書經≫ <堯典> <集傳>)]

21) 合朔 : 日·月이 운행하여 같은 宮 같은 度數에 처하는 것을 合朔이라 한다. 일반적으로 夏曆(지금의 음력)의 매월 초하루를 가리킨다.[合朔, 日月運行處於同宮同度, 謂之合朔. 一般指夏曆每月初一.] (≪漢≫)
22) 小盡 : 夏曆의 작은 달을 가리킨다. 또 작은 달의 末日(29일)을 가리키기도 한다. 唐 韓鄂의 ≪歲華紀麗≫ <晦日>의 "大酺小盡" 原注에 "달은 小盡과 大盡이 있는데 30일은 大盡이고, 29일은 小盡이다." 하였다.[小盡, 指夏曆小月. 亦指小月的末日. 唐韓鄂歲華紀麗晦日, "大酺小盡" 原注, "月有小盡大盡, 三十日爲大盡, 二十九日爲小盡."](≪漢≫)
23) 唐堯 : 옛날 帝의 이름. 帝嚳의 아들이다. 성은 이기(伊祁)이고(또 이기(伊耆)로도 쓴다), 이름은 방훈(放勛)이다. 처음에 陶에 봉해지고, 또 唐에 봉해져서 陶唐氏라고 호칭한다. 아들 丹朱가 못나서 <唐堯가> 舜에게 帝位를 전하였다.[唐堯, 古帝名. 帝嚳之子, 姓伊祁(亦作伊耆), 名放勛. 初封於陶, 又封於唐, 號陶唐氏. 以子丹朱不肖, 傳位於舜.](≪漢≫)
24) 後漢書律曆志 : 底本에 '漢書律曆志'로 되어 있는데, '後' 자가 탈락되었다.(●)
25) 候氣 : 節氣의 변화를 검증하는 것이다.[候氣, 占驗節氣的變化.](≪漢≫)

中26)하고 以木爲案호대 每律各一하니 內卑外高하고 從其方位하여 加律其上하고 以葭莩灰抑其內端27)하고 案律而候之에 氣至者灰去라하니라 若此하면 則節令不爽28)하고 而陰陽之氣和矣29)하니라 是律呂者가 所以調和陰陽이라 言陽而不言陰者는 省文以就韻也30)니라

律呂始於黃帝한대 命其臣伶倫하여 取嶰谷之竹31)하여 截以爲筒하니 陰陽各六이라 六陽管爲律은 黃鍾・太簇・姑洗・蕤賓・夷則・無射이 是也32)요 六陰管爲呂는 大呂・夾鍾・仲呂・林鍾・南呂・應鍾이 是也라 黃鍾長九寸으로 應十一月하고 大呂長八寸三分有奇로 應十二月하고 太簇長八寸으로 應正月하고 夾鍾長七寸四分有奇로 應二月하고 姑洗長七寸一分으로 應三月하고 仲呂長六寸五分有奇로 應四月하고 蕤賓長六寸二分有奇로 應五月하고 林鍾長六寸으로 應六月하고 夷則長五寸五分有奇로 應七月하고 南呂長五寸三分으로 應八月하고 無射長四寸八分有奇로 應九月하고 應鍾長四寸六分有奇로 應十月이라

해설

해와 달이 하늘에서 운행하고 12신(辰) 별자리와 28수(宿) 별자리가 그 자리 도수를 기강잡고 있다. 이에 해가 운행하여 하늘을 한 번 돌아 1일이 되고, 달이 운행하여 29일 남짓(499/940日)에 해와 서로 만나서 1달이 된다. 3개월이 누적되어 1계절이 되고, 4계절이 누적되어 1년을 이룬다.

겨울의 기후는 차고 여름의 기후는 덥다. ≪주역(周易)≫<계사전(繫辭傳) 하(下)>에 "추위가 가면 더위가 오고 더위가 가면 추위가 온다."라고 하였으니, 4계절이 서로 바뀜을 말한 것이다. 만물이 봄에 생겨나고 여름에 자라며 가을에 거두고 겨울에 간직한다. 추(秋)・동(冬)을 말하였으면 춘(春)・하(夏)는 그 속에 있는 것이다.

---

26) 緹縵 : 橘紅色의 휘장.[緹縵, 橘紅色的帷幕.](≪漢≫)
27) 葭莩灰 : 갈대 껍질 재이다. 옛 사람이 갈대 속껍질을 불살라서 재를 만들어 律管 속에 넣어 密室 안에 놓아서 氣候를 점치는 것이다. 어느 한 節候가 되면 어느 律管 속의 갈대의 재가 바로 날려 나오니, 해당 절후가 이미 이른 것을 보이는 것이다.[葭莩灰, 葭莩之灰. 古人燒葦膜成灰, 置於律管中, 放密室內, 以占氣候. 某一節候到, 某律管中葦灰即飛出, 示該節候已到.](≪漢≫)
28) 節令 : 節氣와 時令.[節令, 節氣時令.](≪漢≫)
29) 和 : 底本에 '利'로 쓰였으나, ≪千字文集註≫(國立中央圖書館本)에 의해 '和'로 고쳐 썼다.(●)
30) 言陽而不言陰者 省文以就韻也 : '律呂調陽'은 "律呂調陰陽"이라고 해야 하는데 四韻詩의 1句 4字에 제약을 받고, 또 위・아래 구절의 藏・霜 등 글자의 압운에 맞추어야 하므로, '陰' 글자를 생략한 것이다.(●)
31) 嶰谷之竹 : 嶰谷에서 생산하는 대나무이다. 傳說에 黃帝가 伶倫을 시켜서 嶰谷의 대나무를 취하여 악기를 만들게 하였다고 한다. 嶰谷은 昆侖山 북쪽의 골짜기 이름이다.[嶰谷之竹, 產於嶰谷的竹. 傳說黃帝使伶倫取嶰谷之竹以制樂器. 嶰谷, 昆侖山北谷名.](≪漢≫)
32) 太簇 … : 簇는 음이 奏이다. 洗은 음이 跣이다. 射은 음이 亦이다.[簇, 音奏. 洗, 音跣. 射, 音亦.] (≪詩傳大全綱領≫)

4계절이 정해지고 나서 또 그 나머지 날을 두어서 윤률(閏律)로 삼는다. 30일로 1달을 삼고 12달로 1년을 삼으니, 1년마다 360일이 있다. 그러나 하늘의 기운이 한 번 돌면 여기에 그치지 않고 올해 입춘일로부터 내년 입춘일까지는 공통으로 365일 남짓(1/4日)이어서 1년마다 5일 남짓이 남는데, 이를 기영(氣盈, 5 1/4日)이라고 하고 또 대여(大餘)라고도 한다. 30일을 1달로 하는 데에 이르면 또 <365 1/4일에> 부족하다. 이 달 합삭(合朔, 해와 달의 운행이 만나는 초하루) 때부터 다음 달 합삭 때까지 약 29.5일이므로 소진월(小盡月, 1개월이 29일인 달)이 있게 되고, 누적된 것이 1년을 마치는 데에 이르면 5일 남짓(592/940日)이 적은데 이를 삭허(朔虛, 5 592/940日)라고 하고 또 소여(小餘)라고도 한다. 두 가지를 합하여 계산하면 해마다 10일 남짓(10 827/940日) 남고 3년에는 약 1달이 남고 5년에는 약 2달이 남고 8년에는 약 3달이 남아서 봄이 여름으로 들어가게 된다. 누적된 것이 17년에 이르면 약 6달이 남아서 여름이 도리어 겨울이 되며 겨울이 도리어 여름이 되니 추위와 더위가 바뀌어 1년이 이루어지지 않는다. 이에 당요(唐堯, 요임금)가 윤월(閏月)을 두어서 그 나머지를 귀결시켰으니, ≪서경(書經)≫<요전(堯典)>에 "윤달을 사용하여 네 계절이 확정되고 한 해가 이루어진다."라고 한 것이 이것이다.
　해와 계절이 이루어지고 나면 봄·여름에는 양기(陽氣)를 얻고 가을·겨울에는 음기(陰氣)를 얻는데, 또 착오가 있을까 우려하여 이에 율관(律官)을 써서 절기(節氣)를 검증(檢證)한다. ≪후한서(後漢書)≫<율력지(律曆志)>에 "절기를 검증하는 방법은 실(室)을 3중(重)으로 만들고 호(戶, 외짝문/호)를 닫아 틈을 바르기를 반드시 주밀하게 하고 명주를 실내에 펴고 나무로 상을 만드는데 율(律)마다 각각 하나씩 한다. 안쪽을 낮게 바깥쪽을 높게 하고 그 방위에 따라 율관(律管)을 그 위에 얹고 가부회(葭莩灰, 갈대 껍질 재)로 그 안쪽 끝을 막아 율관을 살피면서 절기를 검증하는데 절기가 이른 것은 재가 떨어진다."라고 하였다. 이와 같이 하면 절령(節令, 절기의 월령(月令))이 어긋나지 않고 음양의 절기가 화합한다. 이것이 율려(律呂)가 음양을 조화하는 것이다. '陽'만 말하고 '陰'을 말하지 않은 것은 글을 생략하여 운(韻)을 맞춘 것이다.
　율려(律呂)는 황제(黃帝)에게서 시작되었는데 그의 신하 영륜(伶倫)에게 명령하여 해곡(嶰谷)의 대나무를 가져다가 잘라서 통(筒)을 만들었으니, 음(陰)과 양(陽) 각각 6개로 하였다. 6양관(陽管)이 율(律)이 된 것은 황종(黃鍾)·태주(太簇)·고선(沽洗)·유빈(蕤賓)·이칙(夷則)·무역(無射)이 그것이고, 6음관(陰管)이 여(呂)가 된 것은 대려(大呂)·협종(夾鍾)·중려(仲呂)·임종(林鍾)·남려(南呂)·응종(應鍾)이 그것이다. 황종은 길이가 9촌(寸)으로 11월에 응하고, 대려는 길이가 8촌 3분(分) 남짓으로 12월에 응하고, 태주는 길이가 8촌으로 정월에 응하고, 협종은 길이가 7촌 4분 남짓으로 2월에 응하고, 고선은 길이가 7촌 1분으로 3월에 응하고, 중려는 길이가 6촌 5분 남짓으로 4월에 응하고, 유빈은 길이가 6촌 2분 남짓으로 5월에 응하고, 임종은 길이가 6촌으로 6월에 응하고, 이칙은 길이가 5촌

5분 남짓으로 7월에 응하고, 남려는 길이가 5촌 3분으로 8월에 응하고, 무역은 길이가 4촌 8분 남짓으로 9월에 응하고, 응종은 길이가 4촌 6분 남짓으로 10월에 응한다.

1·4·5

운등치우(雲騰致雨)33)하고 노결위상(露結爲霜)34)이라

구름이 올라서 비를 이르게 하고, 이슬이 <추울 때> 맺혀 서리가 된다.

원문

陰陽之氣既調하면 於是陽氣則蒸而爲雲雨하고 陰氣則凝而爲霜露라

說文云 雲은 山川氣也라하니라 騰은 升也라 致者는 使之至也라 釋名云35) 雨는 水從雲下也라하니라 蓋雲升於天하여 所以致雨니 禮記云36) 天降時雨인댄 山川出雲이 是也라 蔡邕月令云37) 露者는 陰之液也라하니라 結은 凝也라 易坤卦云38) 履霜堅冰은 陰始凝也라하니라 蓋霜露本一物이로되 其潤澤則爲露하고 其凝結則爲霜하니 詩秦風云39) 白露爲霜이 是也라

此言四時之中에 有陽氣爲雲雨하여 以生萬物하고 有陰氣爲霜露하여 以成萬物하고 而後歲功乃成이라 上句言陽하고 下句言陰也라

---

33) 雲騰致雨 : ①산과 못에서 구름이 나오고 구름이 엉기어 오르면 비를 이르게 하니, 이는 구름과 비가 서로 이어짐을 말한 것이다.[山澤出雲, 雲凝而騰則致雨. 此言雲雨之相仍也.](《註解》) ②조칙을 내렸다. "… 郡 경내에 名山·大川으로서 구름을 일으켜서 비를 내리게 할 수 있는 것은 고급 관리가 깨끗이 齋戒하여 기도해 청함으로써 아름다운 비의 은택을 받도록 기대하라."[詔曰, "…郡界有名山大川能興雲致雨者, 長吏各潔齋禱請, 冀蒙嘉澍."](《後漢書》<明帝紀>)
34) 露結爲霜 : ①밤공기가 이슬을 이루고 이슬이 차가워져 맺히면 서리가 되니, 이는 서리와 이슬이 서로 바뀜을 말한 것이다.[夜氣成露, 露寒而結則爲霜. 此言霜露之相嬗也.](《註解》) ②露는 '하늘의 액체가 내려와 만물을 적셔주는 것이니, 雨(비/우)를 따르고 路(길/로)가 소리이다. 지면의 수증기가 차가운 기운을 만나 풀·나무·흙·돌 등에 부착되고 더운 물체에 쉽게 흩어졌다가 엉겨 이루는 작은 물방울인데, 고대에는 하늘에서 내리는 것으로 잘못 인식하였다. 또한 만물을 적셔주고 또 형태와 바탕이 비와 똑같으므로 雨를 따랐다.[露, 天之津液下, 所潤萬物也. 从雨, 路聲. 乃地面水蒸氣, 遇冷附著於草木土石等易散熱物體而凝成之小水滴, 古代誤爲天所降者. 以其亦能潤澤萬物, 而又形質與雨同, 故从雨.](《形》) ③嬗(선)은 禪(바뀔/선)과 통한다.[嬗, 與禪通.](《中》)
35) 釋名 : 책 이름. 또 《逸雅》라고도 한다. 모두 8권. 漢나라 劉熙가 지었다.[釋名, 書名. 亦名逸雅. 凡八卷. 漢劉熙撰.](《中》)
36) 禮記 : 《禮記》<孔子閒居>.(●)
37) 蔡邕月令 : 蔡邕이 지은 《月令章句》를 말한다. 蔡邕(133-192)은 後漢의 文學家이다.(●)
38) 易坤卦 : 《周易》 坤卦 初六 象傳.(●)
39) 詩秦風 : 《詩經》<秦風 蒹葭>.(●)

해설

음양의 기운이 고르게 되고 나면 이에 양기(陽氣)가 피어올라 구름과 비가 되고 음기(陰氣)는 엉겨서 서리와 이슬이 된다.

≪설문(說文)≫에 "운(雲)은 산과 내의 기운이다."라고 하였다. 등(騰)은 올라감이다. 치(致)는 이르게 함이다. ≪석명(釋名)≫에 "우(雨)는 물이 구름에서 내려오는 것이다."라고 하였다. 구름이 하늘로 올라가서 비를 이르게 하는 것이니, ≪예기(禮記)≫<공자한거(孔子閒居)>에 "하늘이 때맞춘 비를 내리려 할 적에는 산천이 미리 구름을 일으킨다."라고 한 것이 이것이다. 채옹(蔡邕)의 ≪월령(月令)≫에 "로(露)는 음(陰)의 액체이다."라고 하였다. 결(結)은 엉김이다. ≪주역(周易)≫ 곤괘(坤卦) 초육(初六) 상전(象傳)에 "서리를 밟으면 단단한 얼음이 이르게 되는 것은 음이 비로소 엉긴 것이다."라고 하였다. 서리와 이슬은 본래 한 가지 물건인데 그것이 젖으면 이슬이 되고 그것이 응결하면 서리가 되니, ≪시경≫<진풍(秦風) 겸가(蒹葭)>에 "흰 이슬이 서리가 된다."라고 한 것이 이것이다.

이는 사철 중에 양기는 구름과 비가 되어 만물을 생겨나게 하고, 음기는 서리와 이슬이 되어 만물을 이룩하게 하고, 그 뒤에 그 해의 공적이 이루어지게 됨을 말한 것이다. 위 구절은 양(陽)을 말하였고 아래 구절은 음(陰)을 말하였다.

1·5·6

금생려수(金生麗水)하고 옥출곤강(玉出崑岡)40)이라

사금(沙金)은 여수에서 생산되고, 구슬은 곤강에서 출토된다.

---

40) 玉出崑岡 : ①崑岡은 또한 "崑崗"이라고도 쓰고, 또한 "崐岡"으로도 쓴다. 곧 昆侖山이다.[崑岡, 亦作"崑崗." 亦作"崐岡." 卽昆侖山.](≪漢≫) ②崑崙은 또 崐崙으로도 쓰고, 고대에는 昆侖으로도 썼다. 昆侖山이다. 新疆과 西藏의 사이에 있어 서쪽으로는 파미르 고원과 닿고 동쪽으로는 靑海 경내까지 뻗어 들어간다. 형세가 매우 높고 눈 덮인 봉우리와 얼음 덮인 내가 많다. 최고봉은 7,719m에 달한다.[崑崙, 亦作崐崙. 古代亦寫作昆侖. 昆侖山, 在新疆西藏之間, 西接帕米爾高原, 東延入靑海境內. 勢極高峻, 多雪峰冰川, 最高峰達七七一九米.](≪漢≫) ③≪註解≫에 "崑은 산 이름이니 형산(湖北省에 속함)의 남쪽에 있다. 초나라 사람 변화가 이 산에서 옥을 얻어 성왕에게 바치니, 화씨벽이라고 불렸다. 뒤에 진나라의 옥새로 되었다.[崑, 山名, 在荊山(屬湖北省)之陽. 楚人卞和得玉於此, 獻於成王, 名和氏璧. 後爲秦璽.]"하고, 또 ≪輿地紀勝≫에 "崑山은 華亭縣 서북 23里 長谷의 동쪽에 있다. …사람들은 옥이 崑岡에서 나온다고 하여 마침내 이 산을 이름하여 崑山이라고 하였다.[崑山, 在華亭縣西北二十三里長谷之東. …人以爲玉出崑岡, 遂名山曰崑山.]"라고 하였으니, 荊山은 湖北省에 속하고, 華亭縣은 江蘇省 松江府에 속하여, 이 두 개 崑山은 ≪釋義≫에서 일컬은 西番에 있는 산과 또한 다르다. 崑山을 산 이름이라고 한 곳은 몇 곳에서 볼 수 있다. '獻於成王'의 成王은 혹은 文王, 혹은 共王이라고 한 곳도 있다.(◉)

1·5·7

검호거궐(劍號巨闕)41)이요 주칭야광(珠稱夜光)42)이라

칼은 거궐이 이름났고, 구슬은 야광이 일컬어진다.

[원문]

上文言天時備矣하고 然後地利興焉이라 地生萬物에 而莫貴於寶라 故先言之하니라

金은 黃金也라 麗水는 在今雲南麗江府한대 一名金沙江43)이요 金生水底沙中하여 土人淘而出之44)니라 崑은 崑崙山也이니 在今西番45)이니라 爾雅云 山脊曰岡이라하고 又云 西北之美者는 有崑崙墟之璆琳琅玕焉46)이라하니 則此山出玉者也라

劍은 兵器라 巨闕은 寶劍之名이라 越王允常令歐冶子鑄寶劍五47)하니 巨闕·次純鉤·湛盧·莫邪·魚腸이라 珠者는 蚌之精이니 珠之美者는 入夜有光이라 搜神記云48) 隋

---

41) 劍 : ①'사람이 차는 무기(양날 칼/검)'이다. 刃(칼날/인)을 따르고 僉(다/첨)이 소리이다. 양면에 날이 있는 짧은 병기 이름이므로, 刃를 따랐다.[劒, 人所帶兵. 从刃, 僉聲. 乃兩面有刃之短兵器名, 故从刃.(≪形≫) ②劎(양날 칼/검)은 劍의 주문이다.[劎, 劍之籒文.](≪中≫) ③劒(양날 칼/검)은 劍의 속자이다.[劒, 劍之俗字.(≪中≫) ④劍은 兩面에 칼날이 있다.[劍, 兩面有刃.](≪漢≫) ⑤刀는 칼등과 칼날이다.[刀, 背與刃也.](≪說文解字詁林正補合編, 部首箋正≫) ⑥劍은 '양날 칼'이고, 刀는 '외날 칼'이다. 예를 들면 帶劍은 '양날 칼'이고, 食刀는 '외날 칼'이다. 예컨대 帶劍은 '양날 칼'이고, 食刀는 '외날 칼'이다.(◉) ⑦刀는 예변에서 刂(외날 칼/도)로 쓴다.[刀, 隸變作刂.](≪形≫)
42) 珠稱夜光 : 야광은 진주의 이름이다. 춘추시대에 수나라 임금이 용의 아들을 살려주자 용은 지름이 한 치가 되는 진주를 주어 그 은혜에 보답하니, 진주가 밤에도 빛나 대낮과 같이 환하였다. 이것을 초왕에게 바치자, 초왕은 크게 기뻐하여 몇 대가 지나도록 수나라에 전쟁을 걸어오지 않았다.[夜光, 珠名. 春秋時, 隨侯活龍子, 報以徑寸珠, 照夜如晝, 獻于楚王. 王大悅, 數世不加兵於隨.]≪註解≫
43) 金沙江 : 長江의 상류이다. 강에서 金沙가 생산되므로 이름으로 하였다. 또 神川、麗水、麗江이라고 부른다.[金沙江, 長江之上游也. 江産金沙, 故名. 又名神川、麗水、麗江.](≪中≫)
44) 淘 : 물로 일어내어 잡물을 제거하는 것이다.[淘, 用水沖洗, 汰除雜質.](≪漢≫)
45) 西番 : "西藩"、"西番"으로도 쓴다. 중국 고대의 西域 일대와 西部 변경 지구에 대한 범칭이다.[西蕃, 亦作"西藩"、"西番." 我國古代對西域一帶及西部邊境地區的泛稱.](≪漢≫)
46) 璆琳琅玕 : 璆琳은 아름다운 玉이고, 琅玕은 옥돌로 진주와 비슷한 것이다. ≪爾雅≫에 "서북쪽에서 아름다운 것은 곤륜허의 구림과 낭간이 있다."라고 하였다.[璆琳, 美玉也. 琅玕, 石之似珠者. 爾雅曰, "西北之美者, 有昆侖虛之璆琳琅玕."≪書經≫≪禹貢≫<大全>]
47) 允常 : 春秋 때에 越國 國君이다. 吳王 闔廬와 전쟁을 하여 오나라와 월나라가 마침내 원한을 맺었다. 후에 아들 구천이 이어서 지위를 계승하였다.[允常, 春秋時越國國君. 與吳王闔廬戰, 吳越遂結怨. 後子句踐繼位.](≪人≫)
　歐冶子 : ①춘추시대 越나라 사람이다. 검을 잘 주조해 만들었다. 전해오기를 越王 구천 때에 歐冶子가 주조하여 만든 다섯 검은 이름을 湛盧·純鉤·勝邪·魚腸·巨闕이라고 한다.[歐冶子, 春秋時越國人. 善鑄劍. 相傳越王句踐時, 歐冶子鑄成五劍, 名曰湛盧·純鉤·勝邪·魚腸·巨闕.](≪人≫) ②歐冶子가 주조하여 만든 검의 이름은 이설이 있다.(◉)
48) 搜神記 : 書名. 舊本은 晉 干寶 撰이라고 기록되었다. 역사에 일컫기를 干寶가 아버지의 하녀가 다시 살아난 일에 감격하여 마침내 古今의 靈異한 神祇와 人物의 變化를 저술하여 이 책을 이루었다고 하였다.[搜神記, 書名. 舊本題晉干寶撰. 史稱寶感父婢再生事, 遂撰集古今靈異神祇人物變化爲此書.]

侯見大蛇傷49)하고 救之어늘 後蛇銜珠以報하니라 夜光可以燭堂이라 故歷世稱焉이라하니라

해설
윗글에서는 천시(天時)가 구비되고, 그 뒤에 땅의 이로움이 일어남을 말하였다. 땅이 만물을 내는데 보배보다 귀한 것이 없으므로 우선 이를 말하였다.

금(金)은 황금이다. 여수(麗水)는 현재 운남(雲南) 여강부(麗江府)에 있는데 일명 금사강(金沙江)이고 황금이 물 밑의 모래 속에서 나와 지역 주민들이 일어내어 황금을 산출한다. 곤(崑)은 곤륜산(崑崙山)이니, 지금 서번(西番)에 있다. ≪이아(爾雅)≫에 "산등성이를 강(岡)이라 한다."라고 하였고, 또 "서북의 아름다운 것은 곤륜허(崑崙墟)의 구림낭간(璆琳琅玕) 옥이 있다."라고 하였으니, 이 산에서 옥이 산출되는 것이다.

검(劍)은 병기이다. 거궐(巨闕)은 보검의 이름이다. 월왕(越王) 윤상(允常)이 구야자(歐冶子)를 시켜 보검 5개를 주조하였는데, 거궐 다음에 순구(純鉤)·담로(湛盧)·막야(莫邪)·어장(魚腸)이다. 주(珠)는 조개의 정기이니, '珠' 중에 아름다운 것은 밤이 되어서도 광채가 있다. ≪수신기(搜神記)≫에 "수후(隋侯)가 상처 난 큰 뱀을 보고 구조해 주었는데 뒤에 뱀이 구슬을 물어 와서 보답하였다. 밤에 빛이 나서 집을 비출 수 있으므로 지나온 대대로 그것을 일컬었다."라고 하였다.

1·6·8

과진리내(果珍李柰)50)하고 채중개강(菜重芥薑)51)이라

과일은 오얏과 능금을 보배로 여기고, 채소는 겨자와 생강을 소중히 여긴다.

(≪中≫)

49) 隋侯 : 周나라 때 姬姓 국가로서 漢中에 있던 것이다. 隋는 隨와 같다.[隋侯, 周時姬姓國之在漢中者. 隋, 與隨同.](≪中≫)

50) 果珍李柰 : ①오얏에 좋은 품종이 있었는데 진나라 왕융은 남에게 종자가 전해질까 염려하여 씨에 구멍을 뚫어 놓았다. 柰는 일명 蘋婆[頻婆]인데 甘味가 마름 열매와 비슷하며, 涼州에서 생산되는 柰는 脯[乾果]로 만들 수 있으니, 모두 진귀한 과일이다.[李有佳品, 晉王戎恐人傳種, 鑽其核. 柰名蘋婆, 甘如蘋實. 涼州柰可作脯, 皆果之貴者.](≪註解≫) ②果는 菓(과실/과)와 같다.[果, 仝菓.](≪註解≫) ③나무에 있는 것을 果(나무 열매/과)라고 하고, 땅에 있는 것을 瓜(풀 열매/과)라 한다.[在木曰果 在地曰瓜.](≪形≫) ④柰는 속자를 奈(능금/내)로 쓴다.[柰, 俗作奈.](≪註解≫) ⑤왕융은 집에 좋은 오얏이 있어 항상 이를 내다가 팔았는데, 남이 종자를 얻어 갈까 염려하여 항상 그 씨에 구멍을 뚫어서 이것으로 세상에서 비방을 받았다.[王戎, 家有好李, 常出貨之. 恐人得種, 恒鑽其核, 以此獲譏於世.](≪晉書≫ 卷43 <王戎列傳>)

원문

至於草木之美者하여는 則有李奈芥薑之屬한대 擧一二以該其餘也니라

木實之可食者曰果라 珍은 重也라 本草云52) 李味酸甘하니 去痼熱하고 調中이라하고 奈味苦하니 補中焦하고53) 和脾라하니 皆果之美者라 草之可食者曰菜니 本草云 芥味辛하니 除腎邪하고 利九竅하며54) 明耳目이라하고 薑味辛하니 通神明하며 去臭氣라하니 皆菜之美者也라

해설

초목(草木) 중 아름다운 것에는 이(李)·내(奈)·개(芥)·강(薑)의 부류가 있는데 하나 둘을 들어서 그 나머지를 포괄하였다.

먹을 수 있는 나무 열매를 과(果)라고 한다. 진(珍)은 소중함이다. 《본초강목(本草綱目)》에 "이(李)는 맛이 새콤달콤하니 오래된 열을 제거하고 속을 조화시킨다. 내(奈)는 맛이 쓰니 중초(中焦, 배의 상부)를 보호하고 비장(脾臟)을 조화시킨다."라고 하니, 모두 아름다운 과일이다. 먹을 수 있는 풀을 채(菜)라 한다. 《본초강목》에 "개(芥)는 맛이 매우니 신장(腎臟)의 사기(邪氣)를 제거하고 구규(九竅)를 이롭게 하며 귀와 눈을 밝게 한다."라고 하고, "강(薑)은 맛이 매우니 신명(神明)을 통하게 하며 냄새를 제거한다."라고 하니, 모두 좋은 채소이다.

1·7·9

해함하담(海鹹河淡)55)하고 인잠우상(鱗潛羽翔)56)이라

바닷물은 짜며 하수(河水)는 싱겁고, 비늘 달린 고기는 물속에 잠기며 깃 달린 새는 공중을 난다.

---

51) 芥薑 : 겨자는 胃腸을 따뜻하게 하고 기운을 유통하게 하며, 생강은 신명을 통하게 하고 穢惡(악취)을 제거한다. 채소는 한 종류가 아니지만 이 두 가지를 소중히 여긴다.[芥能溫胃行氣. 薑能通神明, 去穢惡, 菜非一種, 而重此二者.](《註解》)
52) 本草 : 《本草綱目》의 省略. 明 李時珍이 지었다.(●)
53) 中焦 : 中醫學 名詞이다. 三焦의 하나이다. 배의 상부를 가리킨다.[中醫學名詞. 三焦之一. 指腹腔的上部.](《漢》)
　　三焦 : 上焦·中焦·下焦의 총칭이다.[三焦, 上焦中焦下焦的合稱.](《漢》)
54) 九竅 : 사람에게 있는 아홉 구멍. 두 눈, 두 코, 두 귀, 입, 요도·항문의 아홉 구멍을 가리킨다.[九竅, 指耳目口鼻及尿道肛門的九個孔道.](《漢》)
55) 海鹹河淡 : ①바다는 모든 물이 귀착되는 곳이어서 모여 흩어지지 않고 적시어 내려가서 짜게 된다. 황하의 근원은 곤륜산에서 나와 여러 물이 침입하지 않으므로 그 맛이 가장 싱거우니,

원문

至於水之大者하여는 則有河海요 而蟲魚鳥獸不可勝擧57)하여 總以見地之廣生也라

海者는 衆水所歸之壑이라 博物志云58) 天地四方이 皆海水相通하고 地在其中이라 總而言之하면 謂之四海라하니라 海水味鹹이라 故曰海鹹이라하니라 河는 水名이니 出今西番朶甘思西鄙59)하여 有泉百餘泓하고 名星宿(수)海60)니 此其源也라 東北流至積石山하여 始入中國하고 又東北出塞外하고 又轉而南入中國하여 至今河間府界하여 分爲九河61)하고 而入於海하니 此古道也라 今則南徙하여 與淮合流하고 至淮安府界入海라 河水味淡이라 故曰河淡이라하니라 鱗은 魚甲也요 潛은 藏也요 羽는 鳥毛也요 翔은 飛也니 言魚藏於淵하고 鳥飛於天也라

해설

물의 큰 것에 이르러서는 하수와 바다가 있고, 벌레·물고기·새·짐승을 다 들 수 없어서 총괄적으로 땅의 광범한 생물을 나타냈다.

해(海)는 모든 물이 귀착되는 웅덩이이다. ≪박물지(博物志)≫에 "하늘과 땅의 사방이 모두 바닷물로 서로 통하고 땅이 그 속에 있다. 총괄하여 말하면 사해(四海)라고 말한다."라고 하였다. 바닷물은 맛이 짜므로 해함(海鹹)이라고 하였다. 하(河)는 물 이름이다. 지금 서번(西番) 타감사(朶甘思) 서쪽 변방에서 나와서 샘이 백여 개의 못이 있는데 이름은 성수해(星宿海)이니 이곳이 원류(源流)이다. 동북으로 흘러 적석산(積石山)에 이르러 비로소

이치가 아닌 것이 없다.[海爲衆水所歸, 積而不散, 潤下作鹹. 河源出於崑崙, 諸水不侵, 其味最淡, 莫非理也.](≪註解≫) ②鹹(짤/함)은 鹹(짤/함)의 속자이다.[醎, 鹹之俗字.](≪中≫) ③淡은 진함과 짭짤함의 반대이다.[淡, 濃與鹹之反.](≪註解≫) ④潤下는 물의 성향이 아래로 내려가서 만물을 적심을 말한다.[潤下, 謂水性就下以滋潤萬物.](≪漢≫) ⑤물을 말한다면 潤下이다. 潤下는 젖고 또 내려가는 것이다.[水曰潤下, 潤下者, 潤而又下也.](≪書經≫<洪範><集傳>)

56) 鱗潛羽翔 : ≪禮記≫<月令>에 "비늘이 있는 동물 360가지에서 龍이 으뜸이고, 깃이 달린 동물 360가지에서 鳳이 으뜸이다."라고 하였다. 비늘이 있는 동물은 물속에 숨어들고 깃이 있는 동물은 공중에서 나니, 모두 그 天性이다.[記曰, "鱗蟲三百六十, 龍爲長, 羽蟲三百六十, 鳳爲長." 鱗蟲藏於水, 羽蟲飛於空, 皆其性也.](≪註解≫)

57) 不可勝擧 : 하나하나 낱낱이 들을 방법이 없는 것이니, 많음을 극도로 말한 것이다.[不可勝擧, 無法一一枚擧, 極言其多.](≪漢≫)

58) 博物志 : 西晉 張華 著. 10卷. 1~6卷은 地理·風俗·動物·植物과 方士·奇技·名物·考證을 雜記하고, 7~10卷은 각종 神話·傳說·人物·逸事 등을 敍述하였다.[博物志, 西晉張華著. 十卷. 其中一至六卷雜記地理風俗動物植物乃至方士奇技名物考證. 七至十卷敍述各種神話傳說人物逸事等.](≪漢≫)

59) 朶甘思 : 地名이다. 靑海 河源 동남에서 西康에 이르는 일대의 땅이다.[朶甘思, 地名. 在靑海河源東南至西康一帶之地.](≪中≫)

60) 星宿海 : 地名이다. 靑海省에 있다. 옛날 사람이 이곳을 黃河의 發源地라고 여겼던 곳이다.[星宿海, 地名. 在靑海省. 古人以之爲黃河的發源地.](≪漢≫)

61) 九河 : 禹임금 때에 黃河의 아홉 개의 지류이다. 근대 사람들은 대부분 고대 황하 하류의 많은 지류의 총칭이라고 인식한다.[九河, 禹時黃河的九條支流. 近人多認爲是古代黃河下遊許多支流的總稱.](≪漢≫)

중국(中國)으로 들어간다. 또 동북으로 가서 요새(要塞) 밖으로 나가고 또 돌아 남으로 가서 중국으로 들어가 오늘의 하간부(河間府) 지역에 이르러서 나뉘어 9개의 하(河)가 되고 바다로 들어가니, 이것이 옛 물길이다. 지금은 남으로 <물길이> 옮겨가서 회수(淮水)와 합류하고 회안부(淮安府) 지역에 이르러서 바다로 들어간다. 하수의 물은 맛이 싱거우므로 하담(河淡)이라고 하였다. 린(鱗)은 물고기 비늘이고, 잠(潛)은 숨음이고, 우(羽)는 새 날개이고, 상(翔)은 낢이니, 물고기가 연못에 숨고 새가 하늘에 낢을 말한 것이다.

1·8·10
용사화제(龍師火帝)요 조관인황(鳥官人皇)이라

용(龍)으로 관직 이름을 붙인 복희(伏羲), 불[火]로 관직 이름을 붙인 신농(神農), 새로 관직 이름을 붙인 소호(少昊), 인문(人文)을 갖춘 황제(黃帝)가 있다.

1·8·11
시제문자(始制文字)62)하고 내복의상(乃服衣裳)63)이라

<복희는> 비로소 문자를 지었고, <황제는> 이에 웃옷과 치마를 <지어> 입었다.

원문

上言天地變化가 無不具備하니 於是人生其間에 備三才之位64)하니라 自洪荒之世65)와 三皇五帝66)로 傳至三代67)하고 而後爲極盛也니라

師는 官也라 太昊伏羲氏時에 龍馬負圖出於河하여 因以龍紀官68)이라 爾雅云69) 帝는

---

62) 文字 : ①單獨 글자체가 文이고, 複合 글자체가 字이다.[文字, 獨體爲文, 合體爲字.](≪註解≫) ② 예를 들면 文은 一·木·文 등의 단독 글자체이니 象形·指事 글자이고, 字는 江·林·字 등의 복합 글자체이니 會意·形聲 글자이다. 文이 모이면 字가 되고, 字가 나누어지면 文이 된다. 이 4가지는 六書의 文字를 제조하는 방법이다. 假借·轉注는 文字를 운용하는 방법이지 文字를 제조하는 방법이 아니다.(●)
63) 服 : 몸에 입는 것이다.[服, 被也.](≪註解≫)
64) 三才 : 하늘·땅·사람.[三才, 天地人.](≪漢≫)
65) 洪荒 : 混沌·曚昧한 상태. 이를 빌어 遠古時代를 가리킨다.[洪荒, 混沌曚昧的狀態. 借指遠古時代.](≪漢≫)
66) 五帝 : 오제는 상고 전설 속의 5분의 제왕으로, 말하는 것이 한결같지 않다. ①黃帝(軒轅)·顓頊(高陽)·帝嚳(高辛)·唐堯·虞舜. ②太昊(伏羲)·炎帝(神農)·黃帝·少昊(摯)·顓頊. ③少昊·顓頊·高辛·唐堯·虞舜. ④伏羲·神農·黃帝·唐堯·虞舜.[五帝, 上古傳說中的五位帝王, 說法不一. ①黃帝(軒轅)顓頊(高陽)帝嚳(高辛)唐堯虞舜 ②太昊(伏羲)炎帝(神農)黃帝少昊(摯)顓頊 ③少昊顓頊高辛唐堯虞舜 ④伏羲神農黃帝唐堯虞舜.](≪漢≫)
67) 三代 : 指夏·商·周.[三代, 指夏·商·周.](≪漢≫)

君也라하니라 上古之世에 燧人氏爲君하여 始鑽木取火하여 敎民烹飪焉이라 少昊氏時에 有鳳鳥至어늘 因以鳥紀官이라 春秋左傳云70) 太昊氏以龍紀官하고 爲龍師而龍名이라 少昊氏以鳥紀官하고 爲鳥師而鳥名하니라 按史컨대 春官爲靑龍氏하고 夏官爲赤龍氏하고 秋官爲白龍氏하고 冬官爲黑龍氏하고 中官爲黃龍氏하니라 又命其臣朱襄爲飛龍氏하고 昊英爲潛龍氏하고 大庭爲居龍氏하고 渾沌爲降龍氏하고 陰康爲土龍氏하고 栗陸爲水龍氏하니 此太昊之官也니라 鳳鳥氏는 歷正也요 玄鳥氏는 分司也요 伯趙氏는 司至也요 靑鳥氏는 司啓也요 丹鳥氏는 司閉也요 祝鳩氏는 司徒也71)요 雎鳩氏는 司馬也72)요 鳲鳩氏는 司空也73)요 爽鳩氏는 司寇也74)요 鶻鳩氏는 司事也요 五雉爲五工正75)이요 九扈爲九農正76)이니 此少昊之官也니라 皇은 大也니 言其爲天下之大君也니라 上古之世에 有天皇氏地皇氏人皇氏하니 是謂三皇이라 言人皇而不及天地는 擧一以該其二也니라

始는 初也라 制는 造也라 上古結繩而治77)라가 伏羲始造文字78)에 其制有六이니 象

---

68) 紀 : ①紀는 용으로 관직 이름을 붙인 것이다. 龍馬의 상서로움을 말미암아서 용으로 관직 이름을 붙여 龍師라고 하였다.[紀, 以龍紀官, 因龍馬之瑞, 故以龍名官號曰龍師.(≪御批歷代通鑑輯覽≫ 卷1 <伏羲氏>)"라고 하여, 紀를 名으로 풀이하였다. ②살펴보면, 紀는 이름 붙임이다.(●)
69) ≪爾雅≫ : ≪爾雅≫<釋詁>.
70) 春秋左傳 : ≪春秋左傳≫ 昭公 17年.
71) 司徒 : 관직 이름. 전해오기를 소호가 처음 설치했고 요·순이 그대로 따랐다고 한다. 주나라 때에는 6경의 하나로 지관대사도라고 하고 국가의 토지와 백성의 교화를 담당하였다. 뒤에는 호부상서의 별칭을 대사도라고 하였다.[司徒, 官名. 相傳少昊始置, 唐虞因之, 周時爲六卿之一, 曰地官大司徒. 掌管國家的土地和人民的敎化, 後別稱戶部尙書爲大司徒.](≪漢≫)
72) 司馬 : 관직 이름. 전해오기를 소호가 처음 설치했고 요·순이 그대로 따랐다고 한다. 주나라 때에는 6경의 하나로 하관대사마라고 하고 군대의 일을 담당하였다. 뒤에는 병부상서의 별칭으로 사용하였다.[司馬, 官名. 相傳少昊始置, 周時爲六卿之一, 曰夏官大司馬. 掌軍旅之事, 後世用作兵部尙書的別稱.](≪漢≫)
73) 司空 : 관직 이름. 전해오기를 소호 때에 설치했고 주나라에서는 六卿의 하나가 되었는데, 곧 동관대사공이며 土木工事를 맡았다.[官名. 相傳少昊時所置, 周爲六卿之一, 卽冬官大司空, 掌管工程.](≪漢≫)
74) 司寇 : 관직 이름. 夏나라와 殷나라에 이미 있었다. 주나라에서는 六卿의 하나가 되었으며 추관대사구라고 하였다. 刑獄·糾察 등의 일을 맡았다.[官名. 夏殷已有之. 周爲六卿之一, 曰秋官大司寇. 掌管刑獄糾察等事.](≪漢≫)
75) 五雉 : 전해오기를 少皡(少昊) 때에 工務를 담당한 다섯 개 관명을 합한 칭호라고 한다.[五雉, 相傳少皡時掌工務的五個官名的合稱.](≪漢≫)
76) 九扈 : 전해오기를 少皡 때에 農事를 주관하던 관명이라고 한다. 본래 농사·양잠을 알리는 철새인데, 이를 빌려서 농사의 관명으로 하였다.[九扈, 相傳爲少皡時主管農事的官名. 本是農桑候鳥, 借以作農事官名.](≪漢≫)
77) 結繩 : 上古에는 文字가 없어서, 줄을 묶어서 일을 기록하였다. 큰일은 줄을 크게 묶었고 작은 일은 줄을 작게 묶었다.[結繩, 上古無文字, 結繩記事. 事大大結其繩, 事小小結其繩.](≪中≫)
　　而 : 底本에 '者'로 쓰였으나, ≪千字文集註≫(國立中央圖書館本)에 의해 '而'로 고쳐 썼다.(●)
78) 伏羲始造文字 : 文字를 처음 만든 說은 그 논의가 한결같지 않아서 혹은 伏羲라고도 하고, 혹은 蒼頡이라고도 하는데 모두 명확하지 않다. 금일 보는 仰韶文化와 大汶口文化 遺物에 나타난 象形符號文

形會意假借指事轉注諧聲是也79)라 乃者는 繼事之辭라 服은 身之飾也니 上曰衣라하고 下曰裳이라하니라 白虎通曰80) 衣는 隱也요 裳은 障也니 所以隱形하여 自障蔽也라하니라 上古之民은 衣鳥獸之皮라가 至黃帝하여 命其臣胡曹하여 始作衣裳81)하니라

[해설]

윗글에서는 하늘과 땅의 변화가 구비되지 않음이 없음을 말하였으니, 이에 사람이 그 사이에서 태어나 삼재(三才)의 지위를 갖추었다. 크며 혼몽한 시대[原始時代]와 삼황(三皇)·오제(五帝)부터 전하여 삼대(三代)에 이른 뒤에 지극히 성대하게 되었다.

사(師)는 관직이다. 태호(太昊) 복희씨(伏羲氏) 때에 용마(龍馬)가 그림을 지고 황하(黃河)에서 나온 것으로 해서 용(龍)으로 관직을 명명(命名)하였다. ≪이아(爾雅)≫<석고(釋詁)>에 "제(帝)는 임금이다."라고 하였다. 상고 시대에 수인씨(燧人氏)가 임금이 되었을 적에 나무를 뚫어 비벼서 불을 만들어 백성들에게 삶아 익히는 것을 가르쳤다. 소호씨(少昊氏) 때에 봉조(鳳鳥)가 나타난 적이 있었는데 그것으로 인하여 조(鳥, 새)로 관직을 명명하였다. ≪춘추좌전(春秋左傳)≫ 소공(昭公) 17년에 "태호씨(太昊氏)는 용(龍)으로 관직을 명명하여 용 관직을 삼아 용으로 명칭을 삼고, 소호씨는 새[鳥]로 관직을 명명하여 새 관직을 삼아 새로 명칭을 삼았다."라고 하였다. 역사(歷史)를 살펴보면 춘관(春官)은 청룡씨(靑龍氏)이고, 하관(夏官)은 적룡씨(赤龍氏)이고, 추관(秋官)은 백룡씨(白龍氏)이고, 동관(冬官)은 흑룡씨(黑龍氏)이고, 중관(中官)은 황룡씨(黃龍氏)이다. 또 그 신하 주양(朱襄)을 명하여 비룡씨(飛龍氏)라고 하고, 호영(昊英)을 잠룡씨(潛龍氏)라고 하고, 대정(大庭)을 거룡씨(居龍氏)라고 하고, 혼돈(渾沌)을 강룡씨(降龍氏)라고 하고, 음강(陰康)을 토룡씨(土龍氏)라고 하였으니, 이것이 태호(太昊)의 관직이다. 봉조씨(鳳鳥氏)는 역정(歷正)이고, 현조씨(玄鳥氏)는 분사(分司)이고, 백조씨(伯趙氏)는 사지(司至)이고, 청조씨(靑鳥氏) 사계(司啓)이고, 단조씨(丹鳥氏)는 사폐(司閉)이고, 축구씨(祝鳩氏)는 사도(司徒)이고, 저구씨(睢鳩氏)는 사마(司馬)이고, 시구씨(鳲鳩氏)는 사공(司空)이고, 상구씨(爽鳩氏)는 사구(司寇)이고, 골구씨(鶻鳩氏)는 사사(司事)이고, 오치(五雉)는 오공정(五工正)이고, 구호(九扈)는 구농정

字는 5천여 년 이전에 쓰인 것으로 추정되니, 그 오래됨을 알 수 있다. 또 漢字는 한 사람 한 시대에 창조된 것이 아니라고 한다. 蒼頡은 전해오기를 지금부터 약 4,500년 전 인물이라고 하니, 그 이전에 본래 漢字가 있었다.(≪中國語文學譯叢≫, 第10輯, 嶺南大學校中國文學硏究室, 1999.3. 395~402面 참조)(●)

79) 諧聲 : 形聲.(●)
80) 白虎通 : ≪白虎通義≫를 또 ≪白虎通≫이라고도 일컫는다. 中國 漢代에 五經의 同異를 강론하여 今文 經義를 통일한 一部의 중요 著作이다. 班固 등이 漢 章帝 建初四年(79년) 經學 辯論의 결과에 근거하여 저술한 것이다. 白虎觀에서 논변했기 때문에 이 호칭이 되었다.[白虎通, 白虎通義又稱白虎通, 是中國漢代講論五經同異, 統一今文經義的一部重要著作. 班固等人根據漢章帝建初四年 (公元79) 經學辯論的結果撰集而成. 因辯論地點在白虎觀而得名.](百度百科)
81) 胡曹 始作衣裳 : 胡曹가 옷을 만들었다.[胡曹作衣.](≪呂氏春秋≫<勿躬>)

(九農正)이니, 이것이 소호(少昊)의 관직이다. 황(皇)은 크다는 뜻이니, 천하에 대군(大君, 큰 임금)이 됨을 말한다. 상고 시대에 천황씨(天皇氏)·지황씨(地皇氏)·인황씨(人皇氏)가 있었는데 이를 삼황(三皇)이라 한다. 인황만 말하고 천황·지황을 언급하지 않은 것은 하나를 들어 그 둘을 포괄한 것이다.

시(始)는 처음이다. 제(制)는 만듦이다. 상고(上古)에는 결승(結繩)을 하여 다스리다가 복희(伏羲)가 처음으로 문자를 만들었는데 그 방식은 6가지이니, 상형(象形)·회의(會意)·가차(假借)·지사(指事)·전주(轉注)·해성(諧聲, 形聲)이 그것이다. 내(乃)는 일을 잇는 말이다. 복(服)은 몸의 꾸밈이니, 위의 것을 의(衣)라고 하고, 아래의 것을 상(裳)이라 한다. ≪백호통(白虎通)≫에 "의(衣)는 감춤이고, 상(裳)은 가림이니, 형체를 숨겨 스스로 가리기 위한 것이다."라고 하였다. 상고의 백성들은 새·짐승의 가죽을 입다가 황제(黃帝) 때에 이르러 그 신하 호조(胡曹)에게 명령하여 처음으로 의상을 만들었다.

1·9·12

추위양국(推位讓國)은 유우도당(有虞陶唐)[82]이라

<천자의> 지위를 넘겨주고 나라를 양여(讓與)한 이는 유우[순(舜)]와 도당[요(堯)]이다.

원문

嗣是而堯舜은 則以禪讓而有天下[83]하니라

推는 使之去己也라 讓은 以之與人也라 位는 君位也라 國은 土地也라 虞는 舜氏니 因以爲有天下之號하니라 堯初封陶하고 後封唐이라 故稱陶唐氏하니라 陶는 今兗州府 定陶縣이요 唐은 今平陽府라 堯在位七十載而禪於舜하고 舜在位五十載而禪於禹하니라

此言堯舜以天子之位와 土地之富로 推讓以與人也하니라

해설

이것을 이어서 요·순은 선양하여 천하를 소유하였다.

추(推)는 이것을 자기에게서 떠나가게 함이다. 양(讓)은 이것을 남에게 줌이다. 위(位)는

---

82) 有虞陶唐 : ①陶唐이 有虞보다 앞이니 "陶唐有虞"라고 해야 할 것인데, 押韻 '唐' 字 때문에 倒置한 것이다. 下聯의 "周發殷湯" 등도 이와 같다.(◉) ②有는 어조사이다. 한 글자로 말을 이루지 못하면 有 글자를 보태어 짝하니, 예를 들면 우·하·은·주는 모두 나라 이름인데, 유우·유하·유은·유주라고 하는 것이 그것이다.[有, 語助也. 一字不成詞, 則加有字以配之, 若虞夏殷周皆國名. 而曰有虞有夏有殷有周是也.](≪經傳釋詞≫ 3)
83) 禪讓 : 天子가 자리를 賢者에게 양보해주는 것을 말한다.[禪讓, 謂天子讓位於賢者也.](≪中≫)

임금의 지위이다. 국(國)은 토지이다. 우(虞)는 순(舜)의 씨(氏)인데, 그것으로 해서 천하를 소유한 호칭이 되었다. 요(堯)는 처음에 도(陶)에 봉해지고 뒤에 당(唐)에 봉해졌으므로 도당씨(陶唐氏)라고 일컫는다. 도(陶)는 지금의 연주부(兗州府) 정도현(定陶縣)이고, 당(唐)은 지금의 평양부(平陽府)이다. 요가 제위(帝位)에 있은 지 70년 만에 순(舜)에게 물려주고, 순이 제위에 있은 지 50년 만에 우(禹)에게 물려주었다.

이는 요·순이 천자의 지위와 토지의 부유함을 넘겨 양보하여 남에게 주었음을 말한 것이다.

1·10·13
조민벌죄(弔民伐罪)84)는 주발은탕(周發殷湯)85)이라
백성을 위로하고 죄인을 토벌한 이는 주나라 무왕(武王) 희발(姬發)과 은나라 성탕(成湯, 湯王)이다.

[원문]

嗣是而湯武는 則以征誅而得天下하니라

弔는 慰也라 伐은 正其罪而討之也라 周는 武王有天下之號라 發86)은 武王名이라 殷은 亳都也라 契封於商87)하고 其後成湯滅夏88)하니 因以爲有天下之號하니라 至盤庚遷

---

84) 弔民伐罪 : ①백성을 구휼하여 위로함을 弔라고 하고, 죄를 밝혀 토벌함을 伐이라 한다.[恤民而慰之曰弔, 聲罪而討之曰伐.](《註解》) ②弔는 속자를 吊로 쓴다.[弔, 俗吊.](《註解》) ③伐은 전쟁에 종과 북을 치는 것을 伐이라고 하고, 없는 것을 侵이라 한다.[伐, 凡師有鐘鼓曰伐, 無曰侵.](《春秋左氏傳》 莊公29年) ④罪는 법을 침해함이다. 皋(법을 침범할/죄, 허물/죄)는 진나라에서 고쳐 罪로 썼다. 罪는 '그물 죄'로 '대나무에 달린 그물'이다.[罪, 犯法. 皋, 秦改作'罪', 罪則'그물죄竹網'.](《註解》) ⑤"罪則'그물죄竹網'"은 《說文》<段注>에 "'罪는 물고기를 잡는 대나무 달린 그물이다.'라고 하는데, '竹'글자는 더 들어간 것이다.[罪, 捕魚竹网, 竹字蓋衍.]"라고 하였으니, '竹'자는 빼야 할 것이다. 이에 의하면, '竹網'은 '網'으로 되어야 한다.(●) ⑥皋는 '법을 저촉하다 / 죄'이다. 辛(괴로울/ 신)·自(코/자)를 따랐다.(辛·自는 곧 '코를 시큰하게 함'이다) 죄인이 코를 찡그리고 괴로워하는 근심을 말한다. 진나라는 皋가 皇(임금/황) 글자와 비슷하다고 하여 바꾸어 罪(죄/죄)를 썼다.[皋, 犯法也. 从辛自.(辛自, 卽酸鼻也) 言皋人戚鼻苦辛之憂. 秦以皋佀皇字, 改爲罪.](《說文》 及 《段注》) ⑦罪는 '그물 / 죄'이다. 网(그물/망)을 따르고, 非(어긋날/비)가 소리이다. 바로 대나무를 엮어서 고기를 잡는 그물을 만들기 때문에 网을 따랐다.[罪, 捕魚竹网. 从网, 非聲. 乃編竹而成之捕魚網, 故从网.](《形》) ⑧罪의 본래 음은 '그물 죄'이고, 网을 따르며 非가 소리로 작용한 形聲 글자이다.(●)
85) 弔民伐罪 周發殷湯 : 각각 1句 안에서 스스로 대우가 되니, 弔民·伐罪, 周發·殷湯은 각각 스스로 1句 안에서 서로 대우가 된다.(●)
86) 發 : 姓이 姬이다.(●)
87) 契 : 私와 列의 반절(설)로, 사람 이름이다. 傳說 속에 商나라의 祖先이며, 帝嚳의 아들이다. 舜임금 때 禹임금의 治水를 도와 공이 있어 司徒로 임명되었고, 商에 봉해졌고, 姓 子氏를 하사받았다. [契, 私列切, 人名. 傳說中商的祖先, 爲帝嚳之子. 舜時佐禹治水有功, 任爲司徒, 封於商, 賜姓子氏.](《漢》)

於殷89)하니 則兼稱殷이라 此言殷湯은 據其後而言也라 禹受舜禪而有天下하고 傳四百餘年하여 其後王夏桀無道어늘 成湯放之南巢하고 而代其位하니라 傳六百餘年하여 其後王殷紂無道어늘 武王誅之하고 而代其位하니라

　此言湯武慰安夏商無罪之民하고 而誅伐有罪之桀紂也라 孟子云, 誅其君而弔其民90)이라하니라

　○坊本作商91)이어늘 今從古本作殷이라

해설

　이것을 이어서 탕왕(湯王)과 무왕(武王)은 정벌하고 주살하여 천하를 얻었다.

　조(弔)는 위로함이다. 벌(伐)은 그 죄를 바로잡아 토벌함이다. 주(周)는 무왕이 천하를 소유한 호칭이다. 발(發)은 무왕(武王) 이름이다. 은(殷)은 박도(亳都)이다. 설(契)이 상(商)에 책봉을 받고 그 뒤에 성탕(成湯)이 하(夏)나라를 멸망시키니, 이어서 상으로 천하를 소유한 호칭을 삼았다. 반경(盤庚)에 이르러 은으로 천도하니 은이라고 겸하여 일컬었다. 여기서 '은탕(殷湯)'이라고 말한 것은 은(殷)이 된 뒤를 의거하여 말한 것이다. 우왕(禹王)

---

88) 成湯 : ①또한 '成商'으로도 쓴다. 商나라 開國 임금이다. 子 姓이고, 이름이 履이고, 또 天乙이라고도 한다. 《書經》<仲虺之誥>에 "成湯이 桀을 南巢로 내치고, 부끄러워하는 德을 지녔다."하고, 그 陸德明釋文에 "湯이 桀을 정벌하여 武勇의 功이 이루어졌으므로 成湯이라고 호칭한다. 한편 '成은 諡號이다.'라고 한다."라고 하였다.[成湯, 亦作'成商'. 商開國之君. 子姓, 名履, 又稱天乙. 《書經》<仲虺之誥>, "成湯放桀于南巢, 惟有慚德." 陸德明釋文, "湯伐桀, 武功成, 故號成湯, 一云, '成, 諡也.'"](《漢》) ②主癸가 서거하자 아들 天乙이 즉위하니, 이 사람이 成湯이다. 그 集解에 "禹와 湯은 모두 字이다. … 諡法에 '殘虐함을 제거함을 湯이라 한다.'." 하였다.[主癸卒, 子天乙立, 是爲成湯. 集解 : "禹湯, 皆字也. … 諡法曰, '除虐去殘曰湯'."](《史記》<殷本紀>) ③살펴보면 成은 武勇의 功이 이루어짐을 말하고 또 諡號를 말한다. 湯은 字를 말하고 또 諡號를 말한다.(◉)
89) 盤庚 : 殷나라의 제 17代 왕이다. … 盤庚이 즉위하여 황하를 건너서 남쪽으로 가려고 하다가 다시 殷으로 옮겼는데 곧 成湯의 옛 도읍인 西亳이다. … 마침내 殷으로 도읍을 옮기고 국호를 고쳐서 殷이라고 하고, 湯의 德을 따르며 湯의 정치를 행하자, 諸侯들이 와서 인사하였고, 商나라 道가 復興하였으니, 在位 28년이었다. 王國維의 考證에 의하면, 盤庚은 亳에 도읍하지 않고 殷 땅에 도읍하였는데, 지금 河南省 安陽縣 부근의 殷墟가 바로 그 땅이다.[盤庚, 殷第十七代王. … 盤庚立, 欲渡河而南, 復徙殷, 卽成湯故都西亳也. … 卒徙都之, 改國號曰殷, 遵湯之德, 行湯之政, 諸侯來朝, 商道復興, 在位二十八年. 遽王國維考證, 盤庚不都亳, 而都殷地, 今河南省安陽縣附近殷墟, 卽其地也.](《中》)
90) 孟子云 誅其君而弔其民 : 《千字文集註》(國立中央圖書館本)에 의해 보충하였다. 이 구절은 《孟子》<梁惠王下>에 있다.(◉)
91) 坊本 : 과거에 民間 書坊(책의 인쇄 판매처)에서 刻印한 書籍. 官本·書塾本과 구별된다.[坊本, 舊時民間書坊刻印的書籍. 區別於官本書塾本.](《漢》)
　　商 : 朝代 명칭. 서기 기원 전 16세기에 商湯이 夏나라를 멸망시키고 亳에 도읍하였다. 중간에 누차 遷都를 겪고 나서 盤庚 때에 殷(지금 河南 安陽縣 小屯)으로 천도하고 그것으로 해서 또한 殷이라고도 일컫는다. 전래하여 紂王에 이르러 周나라 武王에게 멸망되었다. 전래한 것은 17代이고, 31王이다. 대략 서기 기원 전 16세기에서 서기 기원 전 11세기까지 이르렀다.[商, 朝代名. 公元前十六世紀商湯滅夏所建, 都亳. 中經幾次遷都, 盤庚時遷殷(今河南安陽縣小屯), 因亦稱殷. 傳至紂, 爲周武王所滅. 共傳十七代, 三十一王. 約當公元前十六世紀至前十一世紀.](《漢》)

이 순제(舜帝)의 양보를 받아 천하를 소유하고 4백여 년을 전하여 그 후왕(後王) 하(夏)나라 걸왕(桀王)이 무도(無道)하자 성탕이 그를 남소(南巢)로 내치고 그 지위를 대신하였다. <성탕이> 6백여 년을 전하여 그 후왕 은나라 주왕(紂王)이 무도하자 무왕(武王)이 그를 주살하고 그 지위를 대신하였다.

이는 탕왕·무왕이 하(夏)·상(商)의 죄 없는 백성을 위로하고 죄가 있는 걸왕·주왕을 주살하여 주벌하였음을 말한 것이다. ≪맹자(孟子)≫<양혜왕(梁惠王) 하(下)>에 "그 임금을 주살하고 그 백성을 위로하였다."라고 하였다.
○방본(坊本, 민간 서방(書房)에서 각인한 책)에는 '상(商)'으로 되어 있는데, 지금 고본을 따라 '은(殷)'으로 한다.

1·11·14

좌조문도(坐朝問道)92)하고 수공평장(垂拱平章)93)이라

<임금은> 조정에 앉아 도를 묻고, <일을 직접 함이 없이> 옷을 드리우고서 두 손을 마주잡고만 있어도 고르며 밝은 치적을 이룬다.

원문

承上三節而言이라

朝는 朝廷也요 道는 理也라 自上至下曰垂라 拱은 斂手也라 書武成云 垂拱而天下治94)라하니 言垂衣拱手而治也라 平者는 正之使不傾이요 章者는 明之使不昧니 堯典云 平章百姓이라하니라

此總言上文諸君이 皆坐於朝廷하여 訪問治道하고 垂衣拱手하여 平正章明하여 以治天下하니 言其有道之形容也라

○按古之人君은 皆立朝以聽政이러니 至秦尊君抑臣하여 始有坐朝之禮하니라 此云坐朝는 亦據後世而言之耳라

---

92) 坐朝問道 : ①임금이 치적을 이루는 요체는 다만 몸을 공손히 하고 조정에 앉아 賢者를 존경하고 도리를 묻는 데에 달려 있을 뿐이다.[人君爲治之要, 只在恭己而坐朝, 尊賢問道而已.](≪註解≫) ②'爲治'의 治는 '直吏翻'(≪資治通鑑≫ 卷73 <魏紀五 烈祖明皇帝中之下> 景初元年 '爲治之要' 胡三省注)이다. 이에 의하면 治는 去聲이 되어 '理效(치적, 다스려지다)'(≪全韻玉篇≫)로 독해되고, 平聲의 '理(다스리다)'로 독해되지 않는다.(●)
93) 垂拱 : 옷을 드리우고 두 손을 마주잡은 것이다. 직접 일을 다스리지 않음을 말한다.[垂拱, 垂衣拱手. 謂不親理事務.](≪漢≫)
94) 治 : 直과 吏의 反切이다.[治, 直吏反.](≪書經≫<武成> 陸德明音義) * 이 반절은 위의 '直吏翻'(反과 翻은 모두 反切 표시임)과 같은 去聲이다.(●)

○朝는 平聲95)이라

해설

위의 3절(節)을 이어서 말한 것이다.

조(朝)는 조정이다. 도(道)는 다스림이다. 위에서 아래에 이르는 것을 수(垂)라 한다. 공(拱)은 두 손을 마주잡은 것이다. ≪서경(書經)≫<무성(武成)>에 "옷을 드리우며 두 손을 마주잡고 있어도 천하가 다스려진다."라고 하였으니, 옷을 드리우며 두 손을 마주잡고 있어도 다스려짐을 말한 것이다. 평(平)은 바르게 하여 기울지 않게 함이다. 장(章)은 밝혀서 어둡지 않게 함이니, ≪서경(書經)≫<요전(堯典)>에 "백성을 고루 밝힌다."라고 하였다.

이것은 위 글의 여러 임금들이 모두 조정에 앉아서 치적을 내는 방도를 묻고 의상을 드리우며 두 손을 마주잡고만 있어도 고르게 바로잡아 밝혀서 천하를 다스림을 총괄하여 말했으니, 그 도가 있는 모습을 말한 것이다.

○살펴보면 옛날 임금은 모두 조정에 서서 정무를 다스렸는데 진(秦)나라에 이르러 임금을 높이며 신하를 억제하여 비로소 조정에 앉는 예(禮)가 있었다. 여기서 '좌조(坐朝)'라고 말한 것은 역시 후세에 의거하여 말했을 뿐이다.

○조(朝)는 평성이다.

1·12·15

애육려수(愛育黎首)하고 신복융강(臣伏戎羌)이라

<임금은> 백성을 사랑하여 기르고, 오랑캐들을 신하로 하여 복종시켜야 한다.

1·12·16

하이일체(遐邇壹體)96)하면 솔빈귀왕(率賓歸王)97)이라

멀고 가까운 곳을 일체로 보면, 이끌면서 와서 복종하여 왕에게 의귀한다.

---

95) 朝 平聲 : 朝는 2음이 있는데 모두 平聲이지만 여기서 '平聲'이라고 말한 것은 本音을 가리키는 것이 아니라 別音을 가리키는 것이다. 朝는 本音義가 '陟과 遙의 반절, 平聲調, 宵韻母, 知聲母이고, 음이 昭이고, 早(일찍)의 뜻이다.'(≪漢≫과 ≪中≫에 의거함. 아래도 같다)이고, 그 別音義가 '直과 遙의 반절, 平聲調, 宵韻母, 澄聲母이고, 음이 潮, 謀政事之處(정사를 계획하는 곳. 조정)의 뜻이다.'이니, 本音과 別音이 모두 平聲調와 宵韻母로 같으나, 그 聲母는 知와 澄으로 다르다. 그 두 가지 음은 同韻母와 異聲母의 다른 음이다. 本音 平聲('일찍/조')에는 평소 平聲이라고 註를 달지 않고, 別音 平聲('조정/조')에는 평소 平聲이라고 註를 달았으므로, 여기서 말한 '朝. 平聲.'은 本音 平聲('일찍/조')을 가리키는 것이 아니라 別音 平聲('조정/조')을 가리키는 것이다.(◉)

원문

此言其德澤之及於人者라

育은 養也라 黎는 黑也요 首는 頭也니 人首皆黑이라 故稱民曰黎首라하니라 臣은 事之也라 伏은 屈服也라 戎者는 四裔之一[98]이라 羌者는 西戎之一種[99]이라 言上文有道之君이 皆愛養中國之民하고 至於外裔[100]히 亦能屈服而臣事之하고 使不叛也라 上句言中國하고 下句言外裔하니라

遐는 遠也니 承上文戎羌而言이라 邇는 近也니 承上文黎民而言이라 體는 身體也라 率은 偕也라 賓은 服也라 歸는 往也라 王은 君也니 說文云 天下所歸往也[101]라하니라 言遠而外裔로 近而中國히 有道之君이 視之如一身然하면 無遠無近이 皆被其澤이라 故民相率服從하여 而歸往於我王也니라

해설

이는 덕과 은택이 사람에게 미쳐 감을 말한 것이다.

육(育)은 기른다는 뜻이다. 려(黎)는 검다는 뜻이고, 수(首)는 머리이니, 사람의 머리는 모두 검기 때문에 백성을 일컫기를 여수(黎首, 검은 머리)라고 한다. 신(臣)은 섬긴다는 뜻이다. 복(伏)은 굴복한다는 뜻이다. 융(戎)은 사방 오랑캐의 하나이다. 강(羌)은 서쪽 융족(戎族)의 일종이다. 이것은 위 글의 도가 있는 임금이 중화(中華, 중원(中原))의 백성들을 모두 사랑하여 양육하고, 외방 오랑캐에 이르기까지 또한 능히 굴복시켜서 신하로 삼아서 섬기게 하고 배반하지 않게 하는 것을 말하였다. 위 구절은 중화를 말하였고 아래 구절은 외방 오랑캐를 말하였다.

하(遐)는 멀다는 뜻이니, 위 글의 융강(戎羌)을 이어서 말하였다. 이(邇)는 가깝다는 뜻이니, 위 글의 여민(黎民)을 이어서 말하였다. 체(體)는 신체이다. 솔(率)은 모두이다. 빈

---

96) 壹 : 壹은 一(하나/일)과 같다.[壹, 소一.](《註解》)
97) 率 : 《註解》에 "사람들이 모두 이끌며 와서 복종한다.[人皆相率而賓服.]"라고 하니, 이 率은 動詞(率領하다)로 풀이한 것이고, 《釋義》에 "率은 모두[偕]이다."라고 하니, 副詞로 풀이한 것이다. 《書經》<舜典>에 "먼 곳 사람을 회유하고 가까운 사람을 위무하며 덕 있는 사람을 후대하고 인후한 사람을 믿으며 흉악한 사람을 거절하면 오랑캐도 이끌면서 와서 복종할 것이다.[柔遠能邇, 惇德允元, 而難任人, 蠻夷率服.]"라고 하였는데, 그 註釋 <孔傳>에 "모두 서로 이끌면서 와서 복종한다.[皆相率而來服.]"라고 하고, <集傳>에 "또한 서로 이끌면서 와서 복종한다.[亦相率而服從矣.]"라고 하니, 두 곳 주석이 모두 率領(動詞)으로 풀이한 것이고, 또 오래 전해온 것이므로 動詞를 따른다.](●)
　　歸王 : 《釋義》는 "우리 왕에게 의귀한다.[歸往於我王.]"로 풀이하였으니, 王이 명사 평성이고, 《註解》는 "의귀해 가서 왕으로 삼는다.[歸往而王之.]"로 풀이하였으니, 王이 동사 측성이다. 王은 韻脚으로, 平聲 陽韻이 되어야 하니, 釋義의 풀이(명사 帝王)가 적절한 것이다.(●)
98) 四裔 : 사방 변경 지대의 사람을 가리킨다[四裔, 指四方邊遠地帶的人.](《漢》)
99) 西戎 : 고대 서북 융족의 총괄 칭호이다.[西戎, 古代西北戎族的總稱.](《漢》)
100) 外裔 : 변두리 먼 지방을 말한다.[外裔, 謂邊遠的地方.](《漢》)
101) 歸往 : 의귀해 복종할 데로 향해 감을 말한다.[歸往, 謂歸伏向往也.](《中》)

(賓)은 복종함이다. 귀(歸)는 돌아감이다. 왕(王)은 임금이니, ≪설문(說文)≫에 "천하 사람들이 의귀하여 가는 것이다."라고 하였다. 이는 '멀리 외방 오랑캐로부터 가까이 중화에 이르기까지 도가 있는 임금이 그들을 보기를 한 몸과 같이 하면 먼 곳 가까운 곳 할 것 없이 모두 그 은택을 입기 때문에 백성들이 서로 모두 복종하여 우리 왕에게 귀순한다.'라고 말한 것이다.

1·13·17

명봉재죽(鳴鳳在竹)102)하고 백구식장(白駒食場)이라

<도리가 시행되어> 우는 봉황새는 대나무에 있고, <현자가 타고 온> 흰 망아지는 마당의 풀을 먹는다.

1·13·18

화피초목(化被草木)103)하고 뇌급만방(賴及萬方)104)이라

덕화(德化)가 풀과 나무에도 파급되고, 이로움이 모든 곳에 미친다.

---

102) 鳴鳳在竹 : ①≪詩經≫<大雅 卷阿>에 "봉황새가 우니, 오동나무가 생장한다."라고 하였다. 鳳凰은 오동나무가 아니면 깃들지 않고 대나무 열매가 아니면 먹지 않으니, 吉士(善人)가 거주할 곳을 얻음을 비유한 것이다.[詩曰, "鳳凰鳴矣, 梧桐生矣." 蓋鳳非梧桐不棲, 非竹實不食. 喻吉士之得所止也.](≪註解≫) ②鳳은 鳳凰이니 鳳皇으로도 쓴다. 고대에 전설 속의 모든 새의 왕이다. 수놈을 鳳이라고 하고 암놈을 凰이라고 하는데, 통칭하여 鳳 혹은 鳳凰이라 한다.[鳳, 鳳凰, 亦作鳳皇, 古代傳說中的百鳥之王, 雄的叫鳳, 雌的叫凰, 通稱爲鳳或鳳凰.](≪漢≫) ③周나라가 한창 隆盛하게 되자, 우는 봉황이 교외에 있었다.[周方隆盛, 鳴鳳在郊.](≪書經≫<君奭> '鳴鳥' <集傳>)

103) 化被草木 : ①中和를 지극히 하여 비 오며 맑은 것이 때맞추어 순조로우면 풀과 나무들은 지각이 없으나 인자한 敎化를 입게 된다. ≪詩經≫<大雅 行葦>에 周나라 王室을 찬미하여 "周王이 仁慈하고 厚德하여 은택이 초목에 미쳤다."라고 한 것이 이것이다.[極其中和, 雨暘時若, 則草木無知, 而霑被仁化. 詩之美周家曰, "周王仁厚, 澤及草木"者, 是也.](≪註解≫) ②광채가 사방에 입혀지시며 상하에 이르셨다.[光被四表, 格于上下.](≪書經≫<虞書 堯典>)

　草木 : <行葦>는 충후함이다. 周家의 忠厚는 仁이 草木에 미치는 것이다.[<行葦>, 忠厚也. 周家忠厚, 仁及草木.](≪詩經≫<行葦·小序>)

　雨暘 : ≪書經≫<洪範>의 "비 내림과 맑음이다."에 근거하였는데, 비 오는 날씨와 맑은 날씨를 말한다.[雨暘, 語本書洪範曰雨曰暘, 謂雨天和晴天.](≪漢≫)

　時若 : 사계절이 온화하게 순조로움이다.[時若, 四時和順.](≪漢≫)

104) 賴及萬方 : 赤子(갓난아기)를 보호하듯이 백성을 아껴 仁德과 은택이 널리 퍼지면 萬方(萬國)이 지극히 넓지만 영원히 의뢰하지 않음이 없게 된다. ≪書經≫<益稷>에 夏后(禹王)를 칭찬하여 "백성이 米穀을 먹어 모든 나라가 잘 다스리는 공을 이뤘다."라고 한 것이 이

원문

此言其德澤之及於物者라

鳥出聲曰鳴이라 鳳은 靈禽也니 有道則見105)이라 孔演圖云106) 鳳非竹實不食이라하니라 駒는 馬之小者이요 白은 言其色이라 場은 治穀之地라 詩小雅云 皎皎白駒는 食我場苗107)라하니라

仁風動物曰化라 被는 及也라 賴는 利也라 春秋左傳云 萬은 盈數也라하니라 方은 謂東西南北이라 萬方은 則盡乎天下矣라 極言有道之君은 仁德及物하여 如鳳如駒도 盡得其所하고 至於草木히 亦皆被化하여 而利賴萬方하여 無一物不蒙其澤也라

○古本作在樹어늘 今作在竹하니 從之108)하니라

해설

이는 그 덕택이 만물에 미쳐 감을 말한 것이다.

새가 소리를 내는 것을 명(鳴)이라 한다. 봉(鳳)은 신령한 새이니 도가 있으면 나타난다. ≪공연도(孔演圖)≫에 "봉(鳳)은 죽실(竹實, 대나무 열매)이 아니면 먹지 않는다."라고 하였다. 구(駒)는 말 중에 작은 것이고, 백(白)은 그 색깔을 말한다. 장(場, 타작장/장)은 곡식을 다루는 곳이다. ≪시경(詩經)≫<소아(小雅) 백구(白駒)>에 "흰 망아지가 우리 마당에서

것이다.[如保赤子, 仁恩覃敷, 則萬方至廣, 而罔不永賴. 書之稱夏后曰, "烝民乃粒, 萬方作乂"者, 是也.](≪註解≫)

　如保赤子 : 周나라 武王이 말하였다. "아. 封아. 형벌에 질서가 있어야 이에 크게 밝혀 굴복시켜서 백성들이 서로 경계하여 화합을 힘쓸 것이다. 마치 몸에 병이 있는 것처럼 여기면 백성들이 모두 허물을 버릴 것이며, 마치 赤子를 보호하듯이 하면 백성들이 편안히 다스려질 것이다."[王曰, "嗚呼. 封有敍. 時乃大明服, 惟民其勅懋和. 若有疾, 惟民其畢棄咎, 若保赤子, 惟民其康乂."](≪康誥≫)

　烝民乃粒 : 烝은 많음이고, 쌀알 음식을 粒이라고 하니, 많은 백성이 낱알 곡식을 먹어 모든 나라가 잘 다스리는 공을 이룩하였다.[烝, 衆也. 米食曰粒, 庶民粒食, 萬邦興起治功也.](≪書經≫<益稷><集傳>)

105) 見 : 賢과 遍의 반절(현)이다.[見, 賢遍反.](≪論語≫<泰伯> '有道則見' <集註>)

106) 孔演圖 : ≪春秋孔演圖≫의 略稱. ≪四庫全書≫에 실렸는데, 六家詩名物疏引用書目의 '凡經解十一部'에 속해 있다. 百度快照(인터넷)에 "≪春秋孔演圖≫ 1卷, 淸 殷元正 原輯, 淸 陸明睿 增訂, …"이라고 하였다.(●)

107) 皎皎白駒 食我場苗 : ①깨끗하고 깨끗한 흰 망아지가 우리 마당의 곡식 싹을 먹는다 하여, 망아지 발을 동여매고 고삐를 매어 오늘 아침을 더 오래 있게 하여 이른바 그 분이 여기에서 소요하게 하리라.[皎皎白駒, 食我場苗, 縶之維之, 以永今朝, 所謂伊人, 於焉逍遙.](≪詩經≫<小雅 白駒>) ②이 시를 지은 자는 현자가 떠나도 만류할 수가 없었다. 그러므로 그가 타고 온 망아지가 우리 마당의 곡식 싹을 먹는다고 칭탁하여, 망아지 발을 묶어 매고 고삐를 동여매어 행여 오늘 아침 더 머무르게 하여 그 사람이 이곳에서 소요하게 하여 떠나지 않기를 바란 것이다.[爲此詩者, 以賢者之去而不可留也. 故託以其所乘之駒食我場苗而縶維之, 庶幾以永今朝, 使其人得以於此逍遙而不去.](<白駒> <集傳>)

108) … 今作'在竹'從之 : "鳳非竹實不食"의 글에 의거하면 '竹'이 '樹'보다 낫다.(●)

곡식 싹을 뜯어 먹는다."라고 하였다.

 인애(仁愛)의 기풍이 만물을 감동시킴을 '화(化, 교화/화)'라고 한다. 피(被)는 미쳐간다는 뜻이다. 뢰(賴)는 이익이다. ≪춘추좌씨전(春秋左氏傳)≫ 민공(閔公) 원년에 "만(萬)은 가득 찬 수효이다."라고 하였다. 방(方)은 동서남북(東西南北)을 이른다. 만방(萬方)은 천하를 다한 것이다. 이는 '도리가 있는 임금은 인애의 은덕(恩德)이 사물에 미쳐가서, 봉황과 망아지와 같은 동물도 모두 제자리를 얻고 심지어 초목까지도 모두 교화를 입어, 모든 곳을 이롭게 하여 한 물건이라도 그 은택을 입지 않음이 없다.'라고 극도로 말한 것이다.
 ○고본에는 '在樹'로 썼는데 지금 '在竹'으로 쓰니, 그것을 따른다.

[원문]

 右第一章이라 此章言天地人之道하여 爲千字文之發端하니라 首節從天地初闢之時說起하여 見自有天地之由來라 第二節至第四節히 承首節天道而言하니라 天有日月星辰雲雨霜露하여 以成四時二氣109)하니 見天道之大也라 第五節至第七節히 承首節地道而言이라 地之生物하여 有金玉珠寶之異와 山川草木之盛과 鳥獸蟲魚之繁하니 見地道之廣也라 第八節至第十三節히 承首節宇宙而言이라 洪荒以來로 三皇五帝三王110)이 開物成務111)하여 以前民用112)하고 仁民愛物하여 以廣德澤하니 見人事之盛也라

[해설]

 위는 제1장이다. 이 장은 하늘·땅·사람의 도를 말하여 ≪천자문≫의 발단으로 삼았다.
 1절은 천지가 처음 열릴 때부터 설명하기 시작하여 천지의 유래가 본래 있음을 나타낸 것이다.
 제2절에서 제4절까지는 1절의 천도(天道)를 이어서 말하였다. 하늘은 해·달과 28수(宿)·12신(辰, 해와 달이 만나는 12자리)과 구름·비·서리·이슬이 있어 4계절과 2기(二氣, 음(陰)과 양(陽))를 이루니, 천도의 위대함을 나타낸 것이다.
 제5절에서 제7절까지는 1절의 지도(地道)를 이어서 말하였다. 땅이 만물을 내어 금·옥·진주·보배의 진기함, 산·천·초·목의 성대함, 새·짐승·벌레·물고기의 번다함이 있으니, 지도의 광대한 것을 나타낸 것이다.

---

109) 二氣 : 음과 양을 가리킨다.[二氣, 指陰陽.](≪漢≫)
110) 三王 : 夏·商·周 3대의 임금을 가리킨다. 夏나라 禹王, 商나라 湯王, 周나라 武王이다.[三王, 指夏·商·周三代之君. 夏禹·商湯·周武王.](≪漢≫)
111) 開物成務 : ①易은 사물을 열어주고 일을 이루어 천하의 道를 포괄하니, 이와 같을 뿐이다.[夫易, 開物成務, 冒天下之道, 如斯而已者也.](≪周易≫<繫辭 上>) ②開物成務는 易이 萬物의 뜻을 열어 통하여 天下의 일을 성취시킴을 말한 것이다.[開物成務, 言易能開通萬物之志, 成就天下之務."](<繫辭上> 孔穎達疏)
112) 以前民用 : 역시 <繫辭上>의 말이다.(●)

제8절에서 제13절까지는 1절의 우주(宇宙)를 이어서 말하였다. 홍황(洪荒, 원고시대(遠古時代)) 이래로 삼황(三皇)·오제(五帝)·삼왕(三王)이 만물을 열어주어 일을 이룩하여 백성의 적용에 미리 인도하고, 백성을 사랑하며 사물을 아껴서 덕택을 넓게 함으로써 사람 일의 성대한 것을 나타낸 것이다.

第二章 君子修身之道 군자가 몸을 닦는 도리

2·1·19

개차신발(蓋此身髮)¹⁾은 사대오상(四大五常)²⁾이라
무릇 이 몸과 털은 네 가지 큰 것과 다섯 가지 떳떳함이 있다.

2·1·20

공유국양(恭惟鞠養)³⁾하면 기감훼상(豈敢毀傷)이리오
<부모께서> 키워 주고 길러 주심을 공손히 생각하면, <부모께 받은 몸을> 어찌 감히 헐고 훼상할까.

원문

此以下言學者修身之事니라

　蓋는 發語辭라 四大는 地水火風也라 圓覺經云⁴⁾ 此身四大和合이니 毛髮爪齒와 皮肉筋骨과 腦髓垢色은 皆歸於地하고 唾涕膿血과 涎沫津液과 痰淚精氣와 大小便利⁵⁾는 皆

---

1) 蓋此 : ①범자(凡玆, 무릇 이것)라는 말과 같다.[蓋此, 猶言凡玆也.](≪註解≫) ②蓋는 속자가 盖(발어사/개)이다.[蓋, 俗盖.](≪註解≫) ③≪註解≫는 蓋를 凡으로 풀이하였으나, ≪釋義≫에 "蓋는 發語辭이다."라고 하고, ≪小學≫<嘉言>에 말한 '스스로 자기의 악행을 공격해야 한다.[蓋自攻其惡]'의 <集註>에 "蓋는 發語辭이다."라고 하였으니, '蓋此'의 蓋는 구절 앞에 사용하는 發語辭인 듯하다.(⦿)
2) 四大五常 : ①四大는 五常과 상대가 되니, 이는 1句 안의 2字 對偶이다.(⦿) ②四大는 ≪註解≫에서, "하늘·땅·임금·부모이다.[天地君親]"라고 하였다. 그런데 칙명을 내려 ≪千字文≫을 저술하게 한 이는 梁武帝이고, 양무제는 佛敎를 받들어 믿은 이이니, 불교에서 말한 '땅·물·불·바람[地水火風]'이 보다 우월한 뜻이 있다.(⦿)
3) 恭惟鞠養 : 아버지께서 나를 낳으시고, 어머니께서 나를 길러 주시니, 나를 어루만지고 나를 길러 주시며, 나를 자라게 하고 나를 키워 주시며, 나를 돌아보고 나를 다시 돌아보시고, 출입할 때엔 나를 가슴속에 품으시니, 그 은혜를 갚고자 할진댄, 저 하늘처럼 끝이 없도다.[父兮生我, 母兮鞠我, 拊我畜我, 長我育我, 顧我復我, 出入腹我, 欲報之德, 昊天罔極.](≪詩經≫<小雅 蓼莪>)
4) 圓覺經 : 全 1卷. ≪大方廣圓覺修多羅了義經≫의 略稱. 또 ≪大方廣圓覺經≫·≪圓覺了義經≫이라고도 한다. 唐代 佛陀多羅譯. 전체 經文의 주요 설명은 大乘 圓頓(圓滿頓足)의 원리와 觀行 實踐의 法을 어떻게 할 것인지에 두었다.[圓覺經, 全一卷. 爲大方廣圓覺修多羅了義經之略稱. 又作大方廣圓覺經·圓覺了義經. 唐代佛陀多羅譯. 全經主要說明大乘圓頓之理及如何觀行實踐之法.](佛光大辭典)
5) 便利 : ①똥과 오줌.[便利, 屎尿.](≪漢≫) ②便, 婢와 面의 반절(변)이다.[便, 婢面切.](≪漢字典≫) ③利 : 대소변을 가리킨다.[利, 指大小便.](≪漢≫)

歸於水하고 煖氣歸火하며 動轉歸風이 是也라 五常은 仁義禮智信也라 恭은 敬也라 惟者는 專辭라 鞠은 卽養也라 豈敢은 猶云不敢이라 毁는 壞也라 傷은 損也라 孝經云 身體髮膚6)는 受之父母니 不敢毁傷이라하니 言此身髮乃父母所鞠養하여 而不敢損壞也라

此將言修身之事라 故先言身之至重하여 以見其不可不修니라 外而形體는 則有四大요 內而心性은 則有五常하니 修身者는 惟修其五常之德하고 而後能不虧四大之體라 蓋不敢毁傷者는 在四大요 而所以不毁傷者는 在修其五常也라

해설

이 이하는 배우는 자가 몸을 닦는 일을 말한 것이다.

개(蓋)는 발어사이다. 사대(四大)는 땅[地]·물[水]·불[火]·바람[風]이다. ≪원각경(圓覺經)≫에 "이 몸은 4가지 큰 것이 화합되었으니, 털·머리칼·손톱·치아, 가죽·살·힘줄·뼈, 뇌·골수·때·안색은 모두 땅으로 귀속된다. 침·눈물·고름·피, 군침·분비물, 가래·정액, 똥과 오줌은 모두 물로 귀속된다. 더운 기운은 불로 귀속되고, 움직여 전환되는 것은 바람으로 귀속된다."라고 한 것이 그것이다. 오상(五常)은 인(仁)·의(義)·예(禮)·지(智)·신(信)이다. 공(恭)은 공경함이다. 유(惟)는 전념하는 말이다. 국(鞠)은 즉 양육함이다. 기감(豈敢)은 불감(不敢, 감히 못 한다)과 같다. 훼(毁)는 파괴함이다. 상(傷)은 손상함이다. ≪효경(孝經)≫에 "몸뚱이·팔다리·머리털·살갗은 부모에게서 받은 것이니 감히 훼손하지 않는다."라고 하였으니, 이 몸·털은 부모가 길러준 것이어서 감히 손상하거나 헐뜯어서는 안 됨을 말한 것이다.

이는 장차 몸을 수련하는 일을 말하고자 하므로, 우선 몸이 지극히 중요한 것을 말하여 수련하지 않으면 안 됨을 보인 것이다. 외면으로 형체(形體)는 사대(四大)가 있고 내면으로 심성(心性)은 오상(五常)이 있으니, 몸을 수련하는 사람은 오상의 덕을 수련한 뒤에야 사대의 형체를 훼손하지 않을 수 있다. 감히 훼손하지 않아야 하는 것은 '四大'에 있고, 훼손하지 않아야 할 까닭은 '五常'을 수련하는 데에 있다.

---

6) 身體髮膚 : ①그 큰 것을 들어서 말하면 一身과 四體이고, 그 작은 것을 들어서 말하면 毛髮과 肌膚니 이는 모두 부모에게서 받은 것이다.[身體髮膚, 擧其大而言之, 則一身四體, 擧其細而言之, 則毛髮肌膚, 此皆受之於父母者.](≪孝經大義≫ 經1章 注) ②본래 몸뚱이·사지·머리털·살갗을 가리키는데, 뒤에는 또한 자기 신체의 전부인 자신을 가리킨다.[本指身軀四肢鬚髮皮膚, 後亦泛指自己身體的全部, 自身.](≪漢≫)

> 2·2·21

여모정결(女慕貞潔)⁷⁾하고 남효재량(男效才良)⁸⁾이라

여자는 곧음과 청정함을 사모하고, 남자는 재주와 덕행이 있는 이를 본받아야 한다.

원문

雖男女有異나 而五常之修一也라

慕는 愛也라 貞潔은 正而靜也라 效는 法也라 才는 有能者라 良은 有德者라

---

7) 女慕貞潔 … : ①이 이하는 감히 몸을 훼상하지 않아야 할 도를 말한 것이다. 여자는 그 뜻이 바르고 그 행실이 충직한 뒤에야 그 몸을 욕되지 않게 할 수 있다. 그러므로 이렇게 하는 자가 있으면 반드시 그를 사모한다.[此下, 言不敢毁傷之道. 女子其志貞, 其行烈, 然後可以不辱其身, 故有如此者, 則必慕之也.](≪註解≫) ②潔이 ≪註解≫에는 '烈'로 되어 있다.(◉) ③潔은 명나라 荊山 文徵明(1470~1559)이 쓴 草·楷·篆·隸의 ≪四體千字文≫에는 '女慕貞烈'의 烈이 絜로 되어 있는데, 絜은 潔과 같다.[皇明文衡山徵明所書草楷篆隸四體, 烈作'絜', 同'潔'.](≪註解≫ "焉哉乎也"附錄) 皇은 옛적에 봉건 왕조에 대한 존칭이다.(皇, 舊時代封建王朝的尊稱)(≪漢≫) 형산 문징명(1470~1559)은 명나라 소주부 장주 사람이다. 초명은 璧, 자를 사용하다가, 다시 徵仲으로 자를 지었고, 호는 형산이다. 정덕 말기에 세공생으로 이부에 추천되어 쓰여 한림원 대조를 임명받았다. 시문을 잘하였고, 행서·초서에 능하였고, 작은 楷書 글씨에 정밀하였다. 그림에 더욱 뛰어나서 산수·화훼·난죽·인물 그림을 독점하였다. 집 이름으로 옥경산방이 있다.(文衡山徵明, 明蘇州府長洲人. 初名璧, 以字行, 更字徵仲, 號衡山. 正德末以歲貢生薦試吏部, 授翰林院待詔. 善詩文, 工行草, 精小楷, 畵尤勝, 擅山水花卉蘭竹人物, 有室名玉磬山房)(≪人≫) ④'女慕貞絜 紈扇圓潔'의 絜·潔 두 글자는 글자가 다르면서 뜻이 같다. 古字에는 潔(깨끗할/결)이 없어서 다만 絜만 썼으니, 李斯의 會稽頌에 "남녀가 깨끗하며 성실하다."가 그것이다. 세속 책에서는 '女慕貞絜'의 '絜'을 혹은 또 '潔'로 쓰고 일을 꾸미기를 좋아하는 자들이 아마 ≪천자문≫은 거듭 나오는 것이 있어서는 안 될 것이라고 하여 그 때문에 고쳐서 烈로 하니, 이는 모두 글자의 뜻을 알지 못하는 것이다.('女慕貞絜''紈扇圓潔'二字, 字異而義同. 盖古無'潔'字, 只作'絜', 李斯會稽頌'男女絜誠'是也. 俗本'女慕貞絜', 或亦作'潔', 好事者疑千文不當有重出, 因改爲'烈', 此皆不知字義者也)(≪字詁≫<俠>) *烈로 쓰인 것은 원래 絜(깨끗할/결)로 쓰였던 것인데 뒤에 烈(충렬/렬)로 바꾸어 쓰인 것이고, 絜은 潔과 同字이다. 이 견해에 의하면 絜은 古字(同字 중에 이전 글자)이고, 潔은 今字(同字 중에 나중 글자)이니, 두 글자는 古今字(同字로서 고금에 자형을 달리한 글자)이므로 1글자가 된다.(◉) ⑤≪註解≫는 絜을 潔과 同字로 하였는데, 이는 音·義가 같은 同字異形의 古今字이어서 중첩된 글자가 있는 것이니, 같지 않은 글자는 999자이므로, 潔을 烈로 바꾸어 써서 1,000자 수효를 채웠다. ≪釋義≫는 '女慕貞潔'과 '紈扇圓絜'로 쓰고 潔 자는 '靜(고요하다)'으로 풀이하고 絜 자는 '約束(묶다)'으로 풀이하였으니, '絜'과 '潔'은 같은 자가 아니고 다른 글자이므로, 그 수효는 1,000자이다.(◉)

8) 男效才良 : ①남자는 재주와 지혜가 뛰어나고 성실과 어짊이 드러난 뒤에야 성취할 수 있다. 그러므로 이렇게 하는 자가 있으면 반드시 그를 본받는다. 이 두 글귀를 알면 어버이를 섬길 수 있을 것이다.[男子才智優忠良著, 然後可以成立. 故有如此者, 則必效之也. 知此二句, 則可以事親矣.](≪註解≫) ②效는 効(본받을/효)와 통한다.(效, 與効通)(≪中≫)

해설

비록 남녀가 다름이 있지만 오상(五常)의 수련은 동일한 것이다.

모(慕)는 사랑한다는 뜻이다. 정결(貞潔)은 바르면서 청정함이다. 효(效)는 본받음이다. 재(才)는 능력이 있는 사람이다. 량(良)은 덕행이 있는 사람이다.

2·3·22

지과필개(知過必改)9)**하고 득능막망(得能莫忘)**10)**하라**

허물을 알면 반드시 고치고, 능함을 얻으면 잊지 말라.

2·3·23

망담피단(罔談彼短)11)**하고 미시기장(靡恃己長)**12)13)**하라**

상대방의 단점을 말하지 말고, 자기의 장점을 자신(自信)하지 말라.

원문

此與下節은 皆言修五常之事라

改는 更也라 得은 求而獲之也라 能은 有諸己者也라 忘은 失也라 言於五常而有過失이면 則必改之하고 於五常而有所能이면 必守而勿失也라

罔者는 戒之之辭라 談은 言也라 彼者는 對己而言이라 短은 即過也라 靡는 無也라

---

9) 知過必改 : ①仲由는 잘못을 듣기를 좋아하여 남이 잘못을 말해 주면 기뻐하였다. 그는 잘못을 들어 알면 반드시 고쳤으니, 百代의 스승이 될 수 있다.[仲由喜聞過, 人有告之以過則喜, 其聞知而必改之, 可爲百世師也.](≪註解≫) ②허물이 있으면 고치기를 꺼리지 말라.[過則勿憚改.](≪論語≫<學而>)
10) 得能莫忘 : ≪論語≫<子張>에 "달마다 그 능함을 잊지 말라." 한 것이 이것이다. 능하면서 잊지 않는다면 얻음이 더욱 견고하여 잃지 않을 것이다. 이 두 글귀를 알면 학문을 진취할 수 있다.[論語曰, "月無忘其所能." 是也. 能而無忘, 則得愈堅而不失, 知此二句, 則可以進學矣.](≪註解≫)
11) 罔談彼短 : 군자는 스스로 수련하기에 시급해 하기 때문에 남의 장점과 단점을 점검할 겨를이 없다. ≪孟子≫<離婁 下>에 "남의 착하지 않음을 말하다가 그 후의 우환을 어찌하겠는가."라고 하였으니, 마땅히 이해해야 할 것이다.[君子急於自修, 故不暇點檢人之長短也. 孟子曰, "言人之不善, 其如後患何." 所當體念.](≪註解≫)
12) 靡恃己長 : 자신이 장점을 가졌더라도 스스로 자신해서는 안 되니, 믿으면 진전하는 바가 없다. ≪書經≫<說命 中>에 "그 장점을 가졌다고 생각하면 그 장점을 잃는다."라고 하였으니, 가장 경계하고 살펴야 할 일이다. 이 두 글귀를 알면 자기 자신을 수련할 수 있다.[己有長不可恃, 恃則無所進益. 書曰, 有厥善喪厥善, 最宜警省, 知此二句, 則可以修己矣.](≪註解≫)
13) 罔談彼短 靡恃己長 : 남의 단점을 말하지 말고, 자기의 장점을 믿지 말라.[無道人之短, 無說己之長.] (≪文選≫ 崔子玉 <座右銘>)

恃者는 矜誇之意라 長은 即能也라 言人於五常而有過면 則不詆之요 己於五常而有所能하면 則不矜之也라

해설

이 구절과 아래 구절은 모두 오상(五常)을 수련하는 일을 말하였다.

개(改)는 고침이다. 득(得)은 구하여 얻음이다. 능(能)은 자기에게 있는 것이다. 망(忘)은 잊음이다. 이는 '오상(五常)에 과실이 있으면 반드시 고치고 오상에 능한 것이 있으면 반드시 지켜서 잃지 말아야 한다.'라고 한 것이다.

망(罔, 말라/망)은 경계하는 말이다. 담(談)은 말함이다. 피(彼)는 나를 상대하여 말한 것이다. 단(短)은 즉 잘못이다. 미(靡)는 말음이다. 시(恃)는 자랑하는 뜻이다. 장(長)은 즉 능함이다. 이는 '남이 오상(五常)에 과실이 있으면 비방하지 말아야 하고 자기가 오상에 능한 것이 있으면 자랑하지 말아야 한다.'라고 한 것이다.

2·4·24

신사가복(信使可覆)14)이요 기욕난량(器欲難量)15)이라

약속은 실천할 수 있게 하고, 기량은 헤아리기 어려울 만큼 크게 하려 해야 한다.

원문

信은 實也라 覆은 復(복)驗也라 言與人約信에 務爲誠實하고 使可以復驗하면 則言不妄矣16)라 器는 量也라 量은 度(탁)也라 言人之器量은 欲其廣大하여 使人難以度(탁)量하니 恃己之長하면 則人得而測之矣라

○量은 平聲17)이라

---

14) 信使可覆 : ①有子가 "약속이 옳음에 가까우면 약속한 말을 실천할 수 있다."라고 하였으니, 약속을 하고서 그 일이 마땅함에 맞으면 약속한 말을 실천할 수 있음을 말한 것이다.[有子曰, "信近於義, 言可復也." 言約信而其事合宜, 則其言可踐也.](≪註解≫) ②信은 약속함이다.[信, 約信也.](≪論語≫<學而><集註>) ③覆은 復과 같다.[覆, 소復.](≪註解≫) ④復은 말을 실천함이다.[復, 踐言也.](≪論語≫<學而><集註>)
15) 器欲難量 : 그릇에는 크고 작음이 있으니, 斗와 筲는 진실로 말할 것이 없고, 長江과 黃河도 또한 끝이 있다. <사람의 器局은> 반드시 天地와 같게 한 뒤에야 측량하기에 어렵게 되는 것이다. 이 두 글귀를 알면 사물에 대응할 수 있다.[器有大小斗筲, 固無論. 江河亦有涯, 必與天地同, 然後難於測量, 知此二句, 則可以應物矣.](≪註解≫)
16) 言與人約信 … 則言不妄矣 : ≪註解≫의 "약속이 옳음에 가까우면 약속한 말을 실천할 수 있다.[信近於義, 言可復也]"라는 해석이 보다 우월한 뜻이 있겠다.(◉)
17) 量 平聲 : '度(탁. 徒와 落의 반절)量'의 量은 平聲 動詞(度, 헤아리다/탁)로 풀이된다. '器는 量이다.'

해설

신(信)은 알참이다. 복(覆)은 증험됨이다. 이는 '남과 약속했을 적에 힘써 성실하게 하고 증험될 수 있게 하면 말이 허망하지 않다.'라고 말한 것이다. 기(器)는 기량(器量)이다. 량(量)은 헤아림이다. 이는 '사람의 기량은 광대하게 하여 남이 헤아리기 어렵도록 해야 하니, 자기의 장점을 자부하면 남이 넘겨짚을 수 있게 된다.'라고 말한 것이다.

○량(量)은 평성(平聲, 헤아리다)이다.

2·5·25

묵비사염(墨悲絲染)[18]하고 시찬고양(詩讚羔羊)[19]이라

묵자(墨子)는 <성품의 나빠짐이> 실이 물들 듯이 되는 것을 슬퍼하였고, ≪시경(詩經)≫은 <고양편(羔羊篇)>에서 <절검·정직을> 찬미하였다.

원문

此言修五常者는 欲其純一而不雜也하니라

墨은 姓이요 名翟[20]이라 悲는 痛而泣之也라 絲는 蠶所吐也라 以色加素曰染이라 墨翟見染絲者而泣曰 染於蒼則蒼하고 染於黃則黃하니 不可不愼也[21]라하니라

詩는 召南羔羊之篇이라 讚은 美之也라 羔는 羊之小者라 羊은 畜名이라 詩云 羔羊之皮여 素絲五紽[22]로다하니라 按詩本義는 美大夫之節儉正直이어늘 此引詩는 則但取羔羊素絲에 其色之純一耳라

의 量은 去聲 名詞(器量. 局量)로 풀이된다.(◉)
18) 墨悲絲染 : 묵적은 실을 물들이는 것을 보고 슬퍼하였으니, 人性은 본래 착하나 습관과 물듦에 이끌려 착하지 않은 일을 하는 것이 마치 실이 본래 희나 지금 검어져서 다시 희어질 수 없음과 같음을 말한 것이다.[翟見染絲而悲, 謂人性本善, 誘於習染, 而爲不善, 如絲本白而今黑, 不可復白也.](≪註解≫)
19) 墨悲絲染 詩讚羔羊 : ①이 두 글귀는 人性이 변하기 쉬워 악해질 수도 있고 착해질 수도 있음을 말한 것이다.[此二句, 言人性易移, 可惡可善也.](≪註解≫) ②'墨悲'는 '詩讚'과 대우이지만, '絲染'은 '羔羊'과 대우가 되지 않으니, 이는 一聯 兩句 중에 앞의 2글자끼리만 대우이다.(◉)
20) 墨姓 名翟 : 墨子. 대략 기원전 468~376. 戰國 초기 魯나라 사람이다. 일설에 宋나라 사람이라 한다. 墨家의 創始者이다. 兼愛說을 주장하였다.[墨子. 約前468~前376. 戰國初魯國人, 一說宋國人. 墨家創始者. 主張兼愛.](≪人≫)
21) 染於蒼則蒼 … : ≪墨子≫ 卷1 <所染>에 보인다.(◉)
22) 紽 : 자세히 알지 못하겠으나, 실로 갖옷을 꾸미는 것의 이름(꿰맨 솔기)일 것이다.[紽, 未詳, 蓋以絲飾裘之名也.](≪詩經≫<羔羊><集傳>)

해설 이는 오상(五常)을 수련하는 사람은 순일(純一)하여 섞이지 않으려 한다는 것을 말하였다. 묵(墨)은 성이고 이름이 적(翟)이다. 비(悲)는 애통해하여 울음이다. 사(絲)는 누에가 토해낸 것이다. 색깔을 흰 것에 더한 것을 염(染)이라 한다. 묵적(墨翟)이 실을 물들이는 것을 보고 울면서 "푸른색에 물들이면 푸르게 되고 노란색에 물들이면 노래지니, 삼가지 않을 수 없다."라고 하였다.

≪시(詩)≫는 <소남(召南) 고양(羔羊)> 편이다. 찬(讚)은 아름다워 함이다. 고(羔)는 양 중에 작은 것이다. 양(羊)은 가축 이름이다. ≪시경≫<고양>편에 "양 가죽 옷이여, 흰 실 다섯 군데 솔기로다."라고 하였다. 살펴보면 ≪시경≫의 본래 뜻은 대부들의 절검과 정직을 찬미한 것인데, 이 시를 인용한 것은 다만 양가죽의 흰 실 솔기에서 그 색깔의 순일함을 취했을 뿐이다.

2·6·26

경행유현(景行維賢)[23]하고 극념작성(克念作聖)[24]이라

우러러보아 사적(事迹)을 본받으면 현자(賢者)이고, 능히 생각하면 성인(聖人)이 된다.

2·6·27

덕건명립(德建名立)하고 형단표정(形端表正)[25]이라

공덕(功德)이 서면 명예가 확립되고, 몸이 바르면 그림자가 바르며 해시계막대가 바르면 그림자가 똑바르듯이 <단정>해야 한다.

---

[23] 景行維賢 : ①≪詩經≫<車舝> <集傳>에는 "景行은 큰 길이다. … 큰 길은 갈 수 있다.[景行, 大道也. …景行則可行.]"라고 하고, ≪註解≫에는 "大道를 행할 줄을 알면 賢者가 될 수 있음을 말한 것이다.[言知大道之可由, 則可以爲賢也.]"라고 하고, ≪釋義≫에서는 "경(景)은 우러러봄이다. 行은 일의 자취이다. … 우러러보아 그 행적의 일을 본받아야 한다.[景, 仰也. 行者, 事之迹也. …當景仰而效法其行事也.]"라고 풀이하였다. <集傳>은 '큰 길은 갈 수 있다.[大路可行]'를 말한 것이고, ≪註解≫는 '道理를 행하여야 함을 안다.[知道理之可由]'를 말한 것이고, ≪釋義≫는 '우러러보아 그 행적의 일을 본받아야 한다.[景仰而效法其行事也]'를 말한 것이니, 견해가 각각 달라 참고해 살펴야 할 것인데, ≪註解≫의 소견이 나은 뜻이 있는 듯하다.(◉) ②賢은 賢(어질/현)과 같다.[賢, 賢소.](≪註解≫)

[24] 克 : 㝹(능히/극)은 克과 같다.[㝹, 소克.](≪註解≫)

[25] 表正 : ①表正은 해시계막대가 여기에서 바르게 되어 그림자가 저기에서 바르게 되는 것이다.[表正者, 表正於此, 而影直於彼也.](≪書經≫<仲虺之誥> '表正萬邦' <集傳>) ②그림자가 바른 것은 해시계막대

[원문]

　景은 仰也라 行者는 事之迹也라 詩小雅云 景行行止[26]라하니라 維는 與惟同이라 賢者는 能修五常之善人也라 言此善人은 當景仰而效法其行事也라 克은 能也라 念은 思也라 作은 爲也라 聖者는 不思不勉[27]하고 自合於五常之人也라 書多方篇云 惟狂克念作聖[28]이라하니라 言人能以五常之道思之於心而力行之하면 則可以造於聖人之域也라

　德은 即五常之德이라 建은 即立也라 名은 賢人聖人之名也라 形은 體也라 端은 即正也라 立木以示爲表라 形端則影亦端하고 表正則影亦正이라 言此賢聖之人은 惟能建立五常之德하여 因以有聖賢之名이 如形表之端正하면 則影自隨之而不爽[29]이라 蓋修德者는 必有名譽하여 而人不可以不效法之也라

○行은 去聲[30]이라

[해설]

　경(景)은 우러러봄이다. 행(行)은 일의 자취이다. ≪시경(詩經)≫<소아(小雅) 거할(車舝)>에 "큰일을 향해 나아간다."라고 하였다. 유(維)는 유(惟, 어조사/유)와 같다. 현(賢)은 능히 오상(五常)을 수련하는 훌륭한 사람이다. 이는 '이 훌륭한 사람은 마땅히 우러러보고 그 행적의 일을 본받아야 한다.'라고 말한 것이다. 극(克)은 '능히'라는 뜻이다. 념(念)은 생각한다는 뜻이다. 작(作)은 된다는 뜻이다. 성(聖)은 생각할 것이 없이 노력할 것이 없이 스스로 오상(五常)에 합치되는 사람이다. ≪서경(書經)≫<다방(多方)>에 "어리석은 이도 잘 생각하면 성인(聖人)이 된다."라고 하였다. 이는 '사람이 능히 오상의 도를 마음에 생각하여 힘써 시행하면 성인의 경지에 이를 수 있다.'라고 말한 것이다.

　덕(德)은 즉 '五常'의 덕이다. 건(建)은 곧 선다는 뜻이다. 명(名)은 현인·성인의 호칭이

가 똑바른 것에 말미암는다.[影端由表正.](≪舊唐書≫<魏玄同傳>) ③表는 시각을 재는 기구이니, 고대에 해 그림자를 재는 막대이다.[表, 計時器, 古代測日影的竿柱.](≪漢字典≫) ④해시계막대가 그림자와 함께함과 같고, 외침이 메아리와 함께함과 같다.[猶表之與影, 若呼之與響.](≪呂氏春秋≫<功名>) ⑤天下에 儀表가 되어 萬國을 법으로 바로잡는다.[儀表天下, 法正萬國.](≪書經≫<仲虺之誥> '表正萬邦' <孔傳>) ⑥무릇 윗사람은 백성의 의표이니, 의표가 바르면 어느 인물인들 바르지 않겠는가.[凡上者民之表也, 表正則何物不正.](≪孔子家語≫<王言解>) ⑦살펴보면 表는 '해 그림자를 재는 막대[測日影的竿柱]'라고 하기도 하고, '儀表'라고 하기도 하는데, 두 가지 주장을 모두 유지해도 되겠다. 儀表의 주장을 따른다면 形端表正은 '몸이 바르면 儀表도 바르다'로 해석된다.(●)

26) 行 : 위의 行 글자는 道를 말한다. 아래의 行 글자는 사람의 걸어감을 말한다.[上行字, 謂道也. 下行字, 謂人之步趨也.](≪詩經世本古義≫ 卷18 上 <車舝>)
　　止 : 語助辭.(●)
27) 聖者 不思不勉 : 성실한 자는 힘쓰지 않고도 道에 맞으며, 생각하지 않고도 알아서 從容히 道에 맞으니, 聖人이다.[誠者, 不勉而中, 不思而得, 從容中道, 聖人也.](≪中庸≫ 20章)
28) 惟狂克念作聖 : 어리석은 이도 잘 생각하면 聖人이 된다.[愚而能念則爲聖矣.](≪書經≫<多方><集傳>)
29) 爽 : 差失이다. 맞지 않음이다.[爽, 差失. 不合.](≪漢≫)
30) 行 去聲 : 去聲이면 '行蹟'(명사)이라는 뜻이다. '가다[行走]'라는 行은 平聲(동사)이다.(●)

다. 형(形)은 몸이다. 단(端)은 곧 바르다는 뜻이다. 나무를 세워 보여서 해시계막대를 만든다. 몸이 바르면 그림자 역시 바르고, 해시계막대가 바르면 그림자 역시 바르다. 이는 '이러한 현인·성인은 오직 오상의 덕을 세워 그것으로 인하여 성인과 현인의 명예가 마치 형체와 해시계막대가 바르면 그림자가 저절로 따라서 어긋나지 않게 되는 것과 같게 된다. 덕을 닦는 자는 반드시 명예가 있어서 사람들이 본받지 않을 수 없다.'라고 말한 것이다.

○행(行, 행적)은 거성(去聲)이다.

2·7·28
공곡전성(空谷傳聲)하고 허당습청(虛堂習聽)31)이라
빈 골짜기에 <사람이 있으면> 소리가 <메아리쳐 응해> 전해지고, 빈집에 <사람 소리가 있으면> 들음이 <울려서> 반복된다.

2·7·29
화인악적(禍因惡積)이요 복연선경(福緣善慶)32)이라
재화는 악행(惡行)의 쌓임에 기인하고, 행복은 선행(善行)의 경사(慶事)에 인연한다.

[원문]
空은 卽虛也라 谷은 兩山中之相夾處라 傳은 續也라 堂은 屋之高大者라 習은 重也라 聽者는 耳所聞也라 言聲在空谷之中이면 則相傳續而不已하고, 在虛堂之中이면 則聲發於此하여 響應於彼하여 使聽者重複也라

禍는 災殃也라 惡은 悖於五常之事也라 積은 累也니 言惡非一端也라 緣은 卽因也라 善者는 修五常之事也라 慶者는 善之著也라 言天之降禍於人엔 必因其悖於五常하여 爲

---

31) 聽 : 平(下平聲9靑)과 仄(去聲25徑) 兩韻의 의미가 같은 것[兩韻義同, 通高低]으로, 그 의미는 '듣다[聆]'인데, 여기서는 仄聲을 사용하여 押韻하였다.(◉)
32) 禍因惡積 福緣善慶 : ①복을 얻는 것은 실로 선행을 쌓음의 경사가 남은 것에 인연한 것이다. ≪孟子≫<公孫丑 上>에서 孟子가 "화와 복은 자기로부터 구하지 않는 것이 없다."라고 하였으니, 화와 복이 선행과 악행을 따름은 마치 그림자와 메아리가 몸과 소리를 따름과 같은 것이다.[獲福者, 寔緣積善之餘慶. 孟子曰, "禍福無不自己求之." 禍福之隨善惡, 猶影響之隨形聲也.](≪註解≫) ②惡(악할/악)은 惡의 속자이다.(惡 惡之俗字)(≪中≫) ③선행을 쌓는 집에는 반드시 많은 경사가 있고, 불선을 쌓은 집안에는 반드시 <후손에게> 남는 재앙이 있다.[積善之家, 必有餘慶. 積不善之家, 必有餘殃.](≪周易≫<坤卦·文言傳>) ④影響은 우임금이 말하였다. "도를 따르면 길하고 거역을 따르면 흉하니, <응함이> 그림자나 메아리 같다." 길흉이 선악에 응함이 그림자와 메아리가 형체와 소리에서 나오는 것과 같다."[影響, 禹曰, "惠迪吉, 從逆凶, 惟影響." 吉凶之應於善惡, 猶影響之出於形聲也."](≪書經≫<大禹謨>及<集傳>)

惡多端而然이라 天之降福於人엔 必因其能修五常하여 善著於身而然也라
○上節에 言人事之不爽은 修德必獲令名이 如影之隨形表하고 此節에 言天道之不爽은 爲惡得禍하며 爲善得福이 如響之赴聲也라

해설

공(空)은 곧 비움이다. 곡(谷)은 두 산속의 서로 끼고 있는 곳이다. 전(傳)은 이음이다. 당(堂)은 집이 높으며 큰 것이다. 습(習)은 거듭함이다. 청(聽)은 귀로 듣는 것이다. 이는 '소리가 빈 골짜기 안에 있으면 서로 전해 이어져 그치지 않고, 빈 집 안에 있으면 소리가 여기에서 나서 메아리가 저기에서 호응하여 듣는 이에게 중복되도록 한다.'라고 말한 것이다.

화(禍)는 재앙이다. 악(惡)은 오상(五常)에 어긋나는 일이다. 적(積)은 쌓음이니, 악행이 한 가지가 아님을 말한다. 연(緣)은 곧 말미암는다는 뜻이다. 선(善)은 오상을 수련하는 일이다. 경(慶)은 선행이 드러남이다. 이는 '하늘이 사람에게 재앙을 내리는 데에는 반드시 오상에 어긋남으로 말미암아 악행을 함이 여러 가지여서 그렇게 된 것이다. 하늘이 사람에게 행복을 내리는 데에는 반드시 오상을 잘 수련함으로 말미암아 선행이 몸에 나타나서 그렇게 된 것이다.'라고 말한 것이다.

○ 앞 구절(2·6·26/2·6·27)에서 사람의 일이 어긋나지 않음은 덕을 닦아 반드시 좋은 명예를 얻게 됨이, 마치 그림자가 몸과 해시계막대를 따름과 같다고 말하였다. 이 구절(2·7·28/2·7·29)에서 하늘의 도리가 어긋나지 않음은 악행(惡行)을 하여 화를 얻으며 선행(善行)을 하여 복을 얻는 것이, 마치 메아리가 소리에 호응하는 것과 같다고 말하였다.

2·8·30

척벽비보(尺璧非寶)요 촌음시경(寸陰是競)33)34)하라
한 자의 구슬이 보배가 아니고, 한 치 쯤의 작은 시간을 다투어 아껴야 한다.

---

33) 寸陰是競 : ①'競寸陰'의 도치문이다. 정치문은 淸 乾隆皇帝의 "大禹競寸陰"(御製詩初集, 卷32, 競渡) 등이 있다.(◉) ②是는 목적어를 술어 앞으로 도치하여 강조시키는 조사.[是, 助詞. 用在賓語和它的動詞之間, 起著把賓語提前的作用, 以達到強調的目的.](≪漢≫) *'寸陰'을 '是' 앞에 놓아 강조한 것이다. 따라서 是는 '-을(를)'로 국역된다.(◉) ③寸陰은 해 그림자가 1치를 옮겨가는 시간으로, 시간이 매우 짧음을 가리킨다.[寸陰, 日影移動一寸的時間, 指極短的時間.](≪現代漢語詞典≫) ④競은 競(다툴/경)과 같다.(競, 與競同)(≪中≫)
34) 尺璧非寶 寸陰是競 : '尺璧非'는 '寸陰是'와 대우가 되니, 이는 兩句 대우이지만, 3글자만 대우가 될

원문

天道人事不爽如此하여 而人當力行其五常矣니라

尺은 度名이니 十寸爲尺이라 璧은 玉之圓者라 寶는 貴之也라 寸은 亦度名이라 陰은 日影也라 競은 爭也니 昔禹惜寸陰35)이라 淮南子云 聖人不貴尺之璧하고 而重寸之陰이라하니라

此言尺璧至重하되 而不以爲寶하고 惟以寸陰當爭하여 而孜孜然修其五常호대 惟日不足也라

해설

하늘의 도리와 사람의 일이 어긋나지 않음이 이와 같아서 사람은 당연히 그 오상(五常)을 힘써 시행해야 한다.

척(尺)은 길이의 명칭이니, 10촌(寸)이 1척(尺)이 된다. 벽(璧)은 옥의 둥근 것이다. 보(寶)는 귀중히 여김이다. 촌(寸)도 길이의 명칭이다. 음(陰)은 해 그림자이다. 경(競)은 다툼이니, 옛날에 우왕(禹王)은 촌음(寸陰)을 아꼈다. ≪회남자(淮南子)≫<원도훈(原道訓)>에 "성인은 한 자 구슬을 귀하게 여기지 않고 한 치만큼 그늘져가는 시간을 중시하였다."라고 하였다.

이는 한 자 구슬이 지극히 소중하되 보배로 여길 것이 못 되고, 오직 촌음을 마땅히 다투어서 부지런히 오상을 수련하는데 오직 날이 부족함을 말한 것이다.

2·9·31

자부사군(資父事君)하니 왈엄여경(日嚴與敬)36)이라

<효도로> 부모 섬김을 의거하여 <충성으로> 임금을 섬기니, <그 마음은> 엄숙함과 공경함이다.

원문

上言五常之當修한대 而所謂五常者는 在於人倫之內라 蓋仁爲父子之德하고 義爲君臣

뿐이고, '寶'와 '競'은 대우가 되지 않는다.(●)
35) 禹惜寸陰 : ①대우는 성인인데도 촌음을 아꼈으니, 보통 사람들의 경우에는 분음을 아껴야 할 것이다.[大禹聖者, 乃惜寸陰, 至於衆人, 當惜分陰.](≪晉書≫ 卷66 <陶侃列傳>) ②分陰은 寸陰의 1/10이다.(●)
36) 曰 : 曰은 조사이다. 글귀 앞에 사용한다. 楊樹達의 ≪詞詮≫ 권8에 "曰은 말 머리의 조사이다."라고 하였다.[曰, 助詞, 用于句首. 楊樹達≪詞詮≫ 卷8 "曰, 語首助詞."](≪漢字典≫)

之德하고 長幼之有序는 卽禮之德이요 夫婦之有別은 卽智之德이요 而信又爲朋友之德也라 此下十四節은 皆言人倫한대 而人倫之中엔 莫大於父子君臣이라 故又別而言之라

資는 藉也라 事는 奉也라 嚴者는 畏憚之意라 敬은 心無所慢也라 孝經云 資於事父以事君而敬同이라하고 又云 孝莫大於嚴父라하니라 言用事父之道하여 卽可以事君이니 其嚴憚恭敬之心則同하여 蓋移孝以作忠也라

[해설]

윗글에서 오상(五常)을 당연히 수련해야 한다고 말하였는데 이른바 오상은 인륜의 안에 있는 것이다. 인(仁)은 아버지와 아들의 덕이 되고, 의(義)는 임금과 신하의 덕이 되고, 어른과 어린이의 순서가 있는 것은 곧 예(禮)의 덕이고, 남편과 아내의 구별이 있는 것은 곧 지(智)의 덕이고, 신(信)은 또 붕우의 덕이 된다. 이 아래 14절은 모두 인륜을 말하였는데, 인륜 중에는 부자(父子)·군신(君臣)보다 큰 것이 없으므로 또 별도로 말하였다.

자(資)는 의거함이다. 사(事)는 받듦이다. 엄(嚴)은 두려워하는 뜻이다. 경(敬)은 마음에 거만함이 없음이다. ≪효경(孝經)≫에 "아버지를 섬기는 것에 의거하여 임금을 섬기되 공경함은 같다."라고 하고, 또 "효도는 아버지를 존경함보다 큰 것이 없다."라고 하였다. 이는 '아버지를 섬기는 도리를 사용하여 곧 임금을 섬길 수 있으니, 그 두려워하며 공경하는 마음은 같아서 효도를 옮겨 충성하게 된다.'라고 말한 것이다.

2·10·32

효당갈력(孝當竭力)하고 충즉진명(忠則盡命)하라

효도는 마땅히 힘을 다해야 하고, 충성은 목숨을 다해야 한다.

[원문]

善事父母爲孝라 當은 合也니 謂理合如是也라 竭은 亦盡也라 論語云 事父母에 能竭其力이라하니라 盡己之心爲忠이라 論語云 臣事君以忠이라하니라 言忠臣之事君엔 有死無二하여 盡己之命而不惜也라 孝承上資父而言하고 忠承上事君而言하니라

[해설]

부모를 잘 섬기는 것이 효(孝)이다. 당(當)은 합당함이니, 이치에 합당함이 이와 같아야 함을 말한다. 갈(竭)은 또한 다함이다. ≪논어(論語)≫<학이(學而)>에 "부모를 섬기는 데에 자기의 힘을 능히 다한다."라고 하였다. 자신의 마음을 다하는 것이 충(忠)이다. ≪논어

(論語)≫<팔일(八佾)>에 "신하는 임금을 충성으로 섬긴다."라고 하였다. 이는 '충신이 임금을 섬기는 데에는 죽음만 있고 두 마음은 없어서 자기의 목숨을 다하여 아끼지 않는다.'라고 말한 것이다. 효(孝)는 위 글의 자부(資父)를 이어서 말하였고, 충(忠)은 위 글의 사군(事君)을 이어서 말하였다.

2·11·33

임심리박(臨深履薄)하고 숙흥온청(夙興溫凊)[37]하라

<몸을 훼상하지 않는 방도는> 깊은 물에 임한 듯이 얇은 얼음을 밟는 듯이 조심하고, <부모님을 섬김은> 일찍 일어나 <부모의> 덥고 서늘함을 살핀다.

[원문]

上言忠孝之道하여 而事君即資於父라 故此又專言孝也라

臨은 泣也라 深은 深淵也라 履는 踐也라 薄은 薄冰也[38]라 詩云 戰戰兢兢하여 如臨深淵[39]하여 如履薄冰이라하니라 夙은 早也라 興은 起也라 詩云 夙興夜寐하며 無忝爾所生[40]이라하니라 溫者는 使之暖也라 凊者는 使之涼也라 曲禮云 凡爲人子之禮는 冬溫而夏凊이라하니라

此言嚴敬之實은 子之事親에 謹畏小心하여 如臨深淵而踐薄冰하고 夙興夜寐하고 冬溫夏凊이라야 而後爲孝也라

[해설]

윗글에서 충효의 도리를 말하여 임금을 섬기는 것은 곧 부모를 섬김에 바탕을 두어야 하기 때문에 여기서는 또 효도를 전적으로 말하였다.

임(臨)은 임함이다. 심(深)은 깊은 연못이다. 리(履)는 밟음이다. 박(薄)은 얇은 얼음이다. ≪시경≫<소아(小雅) 소민(小旻)>에 "두려워하며 조심하여 깊은 연못가에 다다른 듯, 살얼음을 밟는 듯이 하라."라고 하였다. 숙(夙)은 일찍이다. 흥(興)은 일어남이다. ≪시경(詩經)≫<소아(小雅) 소완(小宛)>에 "일찍 일어나고 밤늦게 잠들어 너를 낳아주신 부모를

---

37) 冬溫夏凊 : 王延은 부모를 섬길 적에 안색을 살펴 봉양하여 여름에는 잠잘 자리를 부채질해 드렸고, 겨울에는 몸으로 이불을 따뜻하게 해 드렸다.[王延事親色養, 夏則扇枕席, 冬則以身溫被.](≪晉書≫ 卷88 <王延傳>)
38) 冰 : 俗字는 氷(얼음/빙)으로 쓴다.(≪中≫) [冰, 俗作氷.](≪中≫)
39) 戰戰兢兢 : 戰戰은 두려워함이다. 兢兢은 경계함이다.[戰戰, 恐也. 兢兢, 戒也.](≪詩經≫<小雅 小旻> 毛傳)
40) 無忝爾所生 : 忝은 辱됨이다. 所生은 父母를 말한다.[忝, 辱也. 所生, 謂父母.]≪孝經≫<士章 音義>

욕되게 하지 말라."라고 하였다. 온(溫)은 따뜻하게 해줌이다. 청(淸)은 시원하게 해줌이다. ≪예기(禮記)≫<곡례상(曲禮上)>에 "사람의 자식이 된 자의 예절은 겨울에는 따뜻하게 해 드리고 여름에는 시원하게 해 드린다."라고 하였다

이는 '엄경(嚴敬)의 실상은 자식이 부모를 섬기는 데에 신중하고 조심하여 깊은 못에 임한 듯이 살얼음을 밟는 듯이 하고, 일찍 일어나고 밤늦게 자고 겨울에는 따뜻하게 해 드리고 여름에는 시원하게 해 드린 뒤에 효도가 된다.'라고 말한 것이다.

2·12·34

사란사형(似蘭斯馨)41)하고 여송지성(如松之盛)42)이라

<지조는> 난초의 향기와 같이 하고, <절개는> 소나무의 무성함과 같이 한다.

2·12·35

천류불식(川流不息)43)하고 연징취영(淵澄取映)44)이라

<노력은> 냇물이 흘러 쉬지 않은 듯이 하고, <견해는> 못 물이 맑아 비침을 취하듯이 한다.

원문

孝爲百行之原하여 能孝於親하면 則爲有德之人矣라 故設喩以贊美之라

似如는 皆比也라 蘭은 香草也라 易繫辭云 其臭如蘭이라하니라 斯는 語辭45)라 馨은

---

41) 似蘭斯馨 : 난초는 깊은 골짜기에 있으면서 홀로 향기 피우니, 군자의 지조가 여유롭고 그윽함을 비유한 것이다.[蘭之爲艸, 處幽谷而孤馨, 以喩君子之志操閒遠也.](≪註解≫)
42) 如松之盛 : ①소나무의 무성함과 같다.[如松茂矣.](≪詩經≫<斯干> '如竹苞矣, 如松茂矣.' <集傳>) ②소나무는 서리와 눈을 업신여기며 홀로 무성하니, 군자의 기개가 우뚝함을 비유한 것이다.[松之爲木, 傲霜雪而獨茂, 以喩君子之氣節磊落也.](≪註解≫)
43) 川流不息 : ①孔子가 냇가에 있으면서 말하였다. "진행하는 것은 이와 같구나. 밤낮 쉬지 않는다."[子在川上曰, "逝者如斯夫, 不舍晝夜."](≪論語≫<子罕>) ②물이 흘러가는 것을 내라고 하는데, 그 흐름이 밤낮으로 쉬지 않으니, 군자가 힘쓰고 두려워하여 그치지 않음을 비유한 것이다.[水之逝者爲川, 其流日夜不息, 以喩君子乾惕不已也.](≪註解≫)
44) 淵澄取映 : ①정신은 지혜의 못이다. 정신이 맑으면 지혜가 밝아진다. … 사람은 흐르는 장마 물에서 보는 것이 없으나 맑은 물에서 보게 되는데 맑고 또 고요하기 때문이다. 그러므로 정신이 맑고 뜻이 평안해야 사물의 실정을 형용할 수 있다.[神者智之淵也. 神淸則智明, … 人莫鑒於流潦而鑒於澄水, 以其淸且靜也, 故神淸意平, 乃能形物之情.](≪文子≫ 卷上 <守淸>) ②물이 고여 있는 것을 못이라고 하는데, 그 맑음이 충분히 비추어낼 수 있으니, 군자가 홀로 보는 것이 밝으며 활달함을 비유한 것이다.[水之停者爲淵, 其澄足以取映, 以喩君子獨觀昭曠也.](≪註解≫)
45) 斯 : 助詞이다. 結構(구조)를 표시하여 '之'(~의)·'的'(~의)에 상당한다.[斯, 助詞. 表示結構, 相當于

香也라 松은 木名이라 盛은 茂也라 松至冬而不凋46)라 故云盛이라

川은 水之流者라 流는 行也라 息은 止也라 淵은 水之止者라 澄은 淸也요 映은 照也니 水淸而可以照物也라

言其德之馨香則如蘭47)하고 其德之茂盛則如松하고 其德純常而不間斷하면 則如川之流而不止라 其德潔淸而無汚染이면 則如淵之淸而可照也라

해설

효도는 온갖 행실의 근원이 되어서 능히 부모에게 효도하면 덕이 있는 사람이 되므로, 비유를 설정하여 찬미하였다.

사(似)・여(如)는 모두 견줌이다. 란(蘭)은 향초이다. ≪주역(周易)≫<계사(繫辭) 상(上)>에 "그 향취가 난초와 같다."라고 하였다. 사(斯)는 어조사이다. 형(馨)은 향기로움이다. 송(松)은 나무 이름이다. 성(盛)은 무성함이다. 소나무는 겨울에 이르러도 시들지 않으므로 성(盛)이라고 말하였다.

천(川)은 물이 흐르는 것이다. 류(流)는 진행함이다. 식(息)은 그침이다. 연(淵)은 물이 그친 것이다. 징(澄)은 맑음이고, 영(映)은 비춤이니, 물이 맑으면 사물을 비출 수 있다.

이는 '그 덕(德)이 향기로운 것은 난초와 같고, 그 덕이 무성한 것은 소나무와 같고, 그 덕이 순수하여 일정하면서 끊어지지 않으면 냇물이 흘러서 그치지 않는 것과 같고, 그 덕이 청결하여 더러움이 없으면 연못이 맑아서 사물을 비추는 것과 같다.'라고 말한 것이다.

2·13·36

용지약사(容止若思)48)하고 언사안정(言辭安定)49)이라

용모와 행동거지는 생각하는 듯이 하고, 말은 안정되어야 한다.

'之''的'.](≪漢字典≫)
46) 松至冬而不凋 : 날씨가 추워진 다음에야 송백이 뒤늦게 시든다는 것을 알 수 있다.[歲寒然後, 知松柏之後凋也.](≪論語≫<子罕>)
47) 其德之馨香則如蘭 : 지초와 난초는 깊은 숲에 생장하여 사람이 없다고 해서 향기를 안 피우지 않고, 군자가 도를 수련하여 도덕을 세우는 데에는 곤궁하다고 해서 절개를 파괴하지 않는다.[芝蘭生於深林, 不以無人而不芳. 君子修道立德, 不謂窮困而敗節.](≪家語≫<在厄>)
48) 容止若思 : ①그 용모는 반드시 단정 엄격하여 생각하는 듯이 한다.[其容貌, 必端嚴而若思.](≪禮記≫<曲禮上 集說>) ②容止는 용모와 행동이다.[容止, 儀容擧止.](≪漢≫) ③행동거지는 보고 배울 만하고, 일 처리는 본보기가 될 만하며, 덕행은 본받을 만하고, 음성은 즐겁게 여길 만하며, 동작에는 문채가 있고, 언어에는 조리가 있으면서 아랫사람들을 다스렸기에 위의가 있다고 말한 것이다.[容止可觀, 作

원문

容은 貌也라 止者는 對作而言이니 一身之擧動也라 心所運曰思라하니라 人有思者는 貌必沉靜이니 若思者는 喩其容之肅也라 言은 語也라 辭는 說也니 言之成文者也라 安定은 亦沉靜之意라 曲禮云 母不敬하며 儼若思하여 安定辭라하니라

言有德之人은 其貌言如是也라

해설

용(容)은 용모이다. 지(止)는 동작을 상대하여 말한 것이니, 한 몸의 거동이다. 마음이 운용하는 것을 사(思)라고 한다. 생각이 있는 사람은 모습을 반드시 침착하며 조용히 하니, 약사(若思)는 용모의 엄숙함을 비유한 것이다. 언(言)은 말이다. 사(辭)는 해설함이니, 말이 아름다움을 이룬 것이다. 안정(安定)은 역시 침정(沈靜)의 뜻이다. ≪예기(禮記)≫<곡례상(曲禮上)>에 "공경하지 않음이 없으며 생각하는 듯이 엄숙히 하여 말을 안정되게 하라."라고 하였다.

이는 '덕이 있는 사람은 그 모습과 말이 모두 이와 같아야 한다.'라고 말한 것이다.

2·14·37

독초성미(篤初誠美)나 신종의령(愼終宜令)50)이라
시작에 독실하게 함이 진실로 아름다우나, 마무리를 신중히 하여 마땅히 아름답게 해야 한다.

원문

篤은 厚也라 初는 始也라 誠은 信也라 美令은 皆善也라 愼은 謹也라 終者는 事之成也라 宜는 當也라 言人有德者는 能厚之於始가 信爲善矣나 又當謹之於終이라야 而後爲德之成也라

蓋人少則慕父母는 誠厚於始也라 及知好色하면 則慕少艾하고 有妻子則慕妻子하고 仕

事可法, 德行可象, 聲氣可樂, 動作有文, 言語有章, 以臨其下, 謂之有威儀也.](≪春秋左氏傳≫ 襄公 31年)
49) 容止若思 言辭安定 : '容止'와 '言辭'는 대우이지만 '若思'와 '安定'은 대우가 되지 않으니, 이는 兩句 對偶이지만 上半 2글자만 대우가 될 뿐이다.(●)
50) 愼終宜令 : ①반드시 그 마침을 신중히 해야 지극히 훌륭한 것이 되니, ≪詩經≫<大雅 蕩>에 "좋은 처음은 있지 않은 이가 없으나 능히 좋은 마침이 있는 이는 적다."라고 한 것이 바로 이 뜻이다.[必克愼其終, 乃爲盡善. 詩曰, "靡不有初, 鮮克有終." 卽此意也.](≪註解≫) ②그 끝을 삼가려면 시작을 잘해야 한다.[愼厥終, 惟其始.](≪書經≫<仲虺之誥>)

則慕君51)하여 善於終者鮮矣라 惟終身慕父母者라야 乃爲大孝52)라 故勉人修德에 當終如其始也라

해설
독(篤)은 후하다는 뜻이다. 초(初)는 처음이다. 성(誠)은 '진실로'라는 뜻이다. 미(美)·령(令)은 모두 좋다는 뜻이다. 신(愼)은 삼간다는 뜻이다. 종(終)은 일의 완성이다. 의(宜)는 '마땅히'라는 뜻이다. 도덕이 있는 사람은 능히 시작에 근후(謹厚)한 것이 진실로 좋으나, 또한 마땅히 끝맺음을 신중히 한 뒤에야 덕이 이룩됨을 말한 것이다.

사람이 어릴 때에 부모를 그리워하는 것은 진실로 시작에 근후한 것이다. 여색을 좋아할 줄을 알게 되고 나면 젊고 아름다운 여자를 그리워하고, 처자식이 있게 되면 처자식을 그리워하고, 벼슬하면 임금을 그리워하여 끝맺음을 잘하는 이가 적다. <순(舜) 임금처럼> 오직 죽을 때까지 부모를 그리워하는 사람이라야 큰 효도라고 할 수 있으므로, 사람을 면려하여 도덕을 수련하는 데에는 당연히 끝맺음도 그 처음과 같이 해야 하는 것이다.

2·15·38

영업소기(榮業所基)요 적심무경(籍甚無竟)53)이라

<효도는 임금을 섬기는> 영화로운 사업의 근본이 되는 것이고, <근본이 있으면> 명예가 성대하여 끝이 없게 된다.

2·15·39

학우등사(學優登仕)하여 섭직종정(攝職從政)54)55)이라

배우고서 여유가 있으면 벼슬에 올라서, 직책을 집행하여 정무에 종사한다.

---

51) 人少則慕父母, … 仕則慕君 : ①이 글은 ≪孟子≫<萬章上>에 있다.(◉) ②少艾는 나이 적은 예쁜 여자를 가리킨다. ≪孟子≫<萬章上> 趙岐 注에 "소는 나이가 적음이고, 艾는 예쁨이다."라고 하였다. [少艾, 指年輕美麗的女子. 趙岐注, "少, 年少也. 艾, 美好也."](≪漢≫)
52) 惟終身慕父母者, 乃爲大孝 : 큰 효자는 종신토록 부모를 사모하나니, 쉰 살이 되어서도 부모를 사모한 사람을 나는 순 임금에게서 보았다.[大孝終身慕父母, 五十而慕者, 予於大舜見之矣.](≪孟子≫<萬章上>)
53) 籍 : ①藉(자·적)과 통용한다.[籍, 通藉.](≪漢≫) *籍는 '자'·'적' 양음으로 쓴다.(◉) ②藉는 '잡란', '성대히 많음'이다. 낭자·자자와 같다. ≪史記≫<酈生陸賈列傳>에 "명성이 많아 성대하다." 하였고, 배인의 <집해>에 "≪漢書音義≫에 이르기를 '많아 성대함을 말한다.' 하였다."라고 하였다.[藉, 雜亂, 盛多. 如狼藉藉藉. 史記酈生陸賈列傳, "名聲藉甚." 裴駰集解, "漢書音義曰, '言狼藉甚盛.'"](≪漢字典≫)
54) 攝職從政 : ①배우고서 여유가 있으면 官守(맡은 관직)의 직책을 집행하고 국가의 정사에 종사할 수

원문

上言孝成而德備하고 事父之道盡矣라야 然後可資之以事君焉하니 此以下言事君之事라
榮은 顯榮也라 業은 事業也니 卽下攝職從政이 仕者之事也라 基는 本也라 籍者는 有聲譽也라 甚은 太過也라 漢書陸賈傳云 名聲籍甚이라하니라 竟은 已也라
學은 講習討論也라 優는 有餘也라 登은 升也라 仕는 爲官也라 攝은 治也라 職은 官所掌之事也라 從은 就也라 政은 國政也라
言能孝而有德하면 則異日事君顯榮之業이 皆本於此라 蓋孝德之人은 必有名譽하여 以聞於上하고 籍甚而不已焉이라 又必俟學古有獲之後에 知所以致君하며 知所以澤民하고 然後可升於朝而爲官하여 而治理政事也라 論語云 學而優則仕라하니라

해설

윗글에서는 효도가 이루어져 도덕이 갖추어지고 아버지를 섬기는 도리가 극진한 뒤에야 그것에 의뢰하여 임금을 섬길 수 있음을 말하였다. 이 이하는 임금을 섬기는 일을 말하였다.

영(榮)은 영화로움이다. 업(業)은 일이니, 곧 아래의 '섭직종정(攝職從政)'이 벼슬하는 사람의 일이다. 기(基)는 근본이다. 적(籍)은 명예가 있음이다. 심(甚)은 매우 지나침이다. ≪한서(漢書)≫<육가열전(陸賈列傳)>에 "명성이 많아 성대하다."라고 하였다. 경(竟)은 그침이다.

학(學)은 강습하고 토론함이다. 우(優)는 남음이 있음이다. 등(登)은 오름이다. 사(仕)는 벼슬을 함이다. 섭(攝)은 다스림이다. 직(職)은 벼슬에 맡은 일이다. 종(從)은 나아감이다. 정(政)은 국가 행정이다.

능히 효도하여 덕이 있으면 뒷날 임금을 섬기는 영화로운 일이 모두 여기에 근본함을 말한 것이다. 효도하며 덕이 있는 사람은 반드시 명예가 있어 위로 보고되고 명예가 성대하여 그치지 않는다. 또 반드시 고전을 배워서 터득함이 있기를 기다린 뒤에 임금을 성취시켜 줄 것을 알며, 백성을 윤택하게 해줄 것을 알고 그러한 뒤에 조정에 올라 벼슬을 하여 정사를

있으니, 예를 들면 子路의 과단성, 子貢의 통달함, 冉有의 재주를 夫子(孔子)께서 모두 정사에 종사할 수 있다고 인정한 것과 같다.[學優則可以攝官守之職, 從國家之政. 如子路之果, 子貢之達, 冉有之藝, 夫子皆許從政也.](≪註解≫) ②季康子가 물었다. "仲由는 정사에 종사하게[從政] 할 만합니까." 孔子가 말하였다. "중유는 과단성이 있으니 정사에 종사하는 데에 무슨 어려움이 있겠습니까." "賜(子貢)는 정사에 종사하게 할 만합니까." "賜는 사리에 통달했으니 정사에 종사하는 데에 무슨 어려움이 있겠습니까." "冉求는 정사에 종사하게 할 만합니까." "求는 다재다능하니 정사에 종사하는 데에 무슨 어려움이 있겠습니까."[季康子問, "仲由可使從政也與." 子曰, "由也果, 於從政乎何有." 曰, "賜也達, 於從政乎何有." 曰, "求也, 可使從政也與." 曰, "求也藝, 於從政乎何有."](≪論語≫<雍也>)

55) 學優登仕 攝職從政 : '登仕'와 '從政'은 대우이지만 '學優'와 '攝職'은 대우가 되지 않으니, 이는 兩句 對偶이지만 下半 2글자만 대우가 될 뿐이다.(◉)

다스릴 수 있다. ≪논어(論語)≫<자장(子張)>에 "배우고서 여유가 있으면 벼슬한다."라고 하였다.

> 2·16·40
>
> # 존이감당(存以甘棠)56)하여 거이익영(去而益詠)57)이라
> <소공(召公)이 쉬었던> 감당(甘棠)나무를 남겨두어, <소공이> 떠나가도 더욱 노래한 듯이 해야 한다.

원문

存은 留也라 甘棠은 木名이니 草木疏云58) 今棠梨也라하니라 去는 離也라 而는 轉語辭라 益은 增也라 詠은 歌也라 昔召公循行南國59)할새 嘗止於甘棠樹下러니 後人思

---

56) 以 : ①介詞. '在', '於'의 뜻이다.[介詞. 在, 於.](≪漢≫) ②≪註解≫에 "於甘棠之下"라고 하였으니, '以'를 '於'로 풀이한 것이다.(◉) *이 '以'는 '-에', '-에서'로 국역된다.(◉)
57) 存以甘棠 去而益詠 : ①周나라 召公 姬奭이 남쪽 諸侯國에 있을 때에 甘棠나무 아래에 머물렀더니, 남쪽 제후국의 사람들이 그 교화를 따르지 않는 이가 없었다. 그가 떠나가고 나서, 백성들이 더욱 그를 사모하여 <甘棠>詩를 지어 "무성한 감당나무를 베지 말고 치지 말라. 召伯(召公)께서 草幕으로 삼으셨던 곳이다." 하였으니, 그 恩澤이 사람들에게 들어간 것이 깊음을 알 수 있다.[周召公奭在南國之日, 止舍於甘棠之下, 南國之人, 無不從其敎化焉. 及其去也, 則民益思慕, 作甘棠詩曰, "蔽芾甘棠, 勿翦勿伐, 召伯所茇." 可見其澤之入人深也.](≪註解≫) ②≪詩經≫ <甘棠> 鄭玄 <箋>에 "召伯이 남녀의 송사를 다스릴 적에 백성들에게 거듭 번거롭게 하지 않게 하고 작은 감당나무 아래에 머물면서 송사를 판결하였다.[召伯聽男女之訟, 不重煩勞百姓, 止舍小棠之下而聽斷焉.]"라고 하였으니, 召公이 그곳에 머문 것은 백성들이 번거로움을 받게 하지 않으려는 것이었다.(◉) ③'存以'는 ≪註解≫에 "<소공이> …에 머물다[止舍於]"로 해설하고, ≪釋義≫에 "<백성들이 소공이> 머물던 나무를 남겨두어 베지 않다.[留所止之樹而不伐]"로 해설하였다. '存'은 ≪註解≫에 '소공이 머물다[召公止舍]'라고 말하였고, ≪釋義≫에 '나무를 머물러 두다.[留樹]'라고 말한 것이다. 이 存의 의미는 <甘棠>詩의 '勿翦勿伐'을 해설한 것이어서 '留樹'가 '召公止舍'보다 나은 듯하다.(◉) ④詠은 咏(읊을/영)과 같다.[詠, 咏소.](≪註解≫) ⑤'存以'와 '去而'는 대우이지만 '甘棠'과 '益詠'은 대우가 되지 않으니, 이는 兩句 對偶이지만 上半 2글자만 대우가 될 뿐이다.(◉)
58) 草木疏 : ≪草木疏校正≫. 三國 吳나라 陸機 撰. 淸나라 趙佑가 교정한 一部 ≪詩經≫의 名物訓詁의 저작 2卷을 淸나라 乾隆 44年(1779)에 간행하였다.(百度快照)
59) 召公 : ①혹은 邵公·召康公으로도 쓴다. 西周 초기 인물이다. 姬가 姓이고, 이름이 奭이다. 처음에 采邑을 召로 받았다. 武王을 도와 殷나라 紂王을 멸망시키고, 周公의 동쪽 정벌을 지지하여 공로로 北燕에 봉해져 燕國의 始祖가 되고, 실로 그 아들을 통해 封地에 나아가게 하였다. 成王 때에 太保가 되어 周公과 陝(섬)을 기준으로 <천하를> 나누어 다스려서 陝 서쪽 지역을 다스렸다. 서거하자 백성들이 그 정치를 사모하여 <甘棠>시를 지어서 읊었다. 시호는 康이다.[或作邵公·召康公. 西周初人. 姬姓, 名奭. 初受采邑于召. 佐武王滅紂, 支持周公東征, 以功封于北燕, 爲燕國始祖, 實由其子就封地. 成王時爲太保, 與周公分陝而治, 治陝以西地. 卒, 民思其政, 作詩甘棠詠之. 諡康.](≪人≫) ②周나라 文王의 庶子이다. 成王 때에 三公이 되어 周公과 陝을 기준으로 <천하를> 나누어 다스려서 <천하의> 2伯이 되었으므로, 또 召伯이라고 일컫는다.[周文王庶子. 成王時爲三公, 與周公分陝而治, 爲二伯, 故又稱召伯.](≪中≫) ③≪詩經≫ <甘棠> 孔穎達 <疏>에는 "召公은 西伯이 되어 남쪽 지방에서 정무를 행

其德하고 因愛其樹而不忍伐이라 其詩云 蔽芾甘棠60)을 勿翦勿伐하라 召伯所茇61)이라 하니라

言人臣之事君엔 必當體君心以愛民하고 亦如召公之去南國而人思慕之하여 留所止之樹而不伐하고 愈歌詠於無窮也라

해설

존(存)은 머물음이다. 감당(甘棠)은 나무 이름이니, ≪초목소(草木疏)≫에 "지금의 당리(棠梨)이다."라고 하였다. 거(去)는 떠남이다. 이(而)는 말을 돌리는 말이다. 익(益)은 더함이다. 영(詠)은 노래함이다. 옛날에 주(周)나라 소공(召公) 희석(姬奭)이 남국(南國)을 순행할 때에 감당나무 아래에 머문 적이 있었는데, 후인들이 그 공덕을 사모하고 그 때문에 그 나무를 아껴서 차마 베지 못하였다. 그 시(詩, ≪시경≫<소남(召南) 감당(甘棠)>)에 "무성한 감당나무를 베지 말고 치지 말라. 소백(召伯, 소공(召公))께서 초막으로 삼으셨던 곳이다."라고 하였다.

이는 '신하가 임금을 섬기는 데에는 반드시 임금의 마음을 알아서 백성을 아껴야 하고, 또 소공이 남국(南國)을 떠나도 사람들이 사모하여 그가 쉬었던 나무를 남겨두어 베지 않고 더욱 노래하기를 끝없이 하듯이 해야 한다.'라고 말한 것이다.

2·17·41

악수귀천(樂殊貴賤)62)하고 예별존비(禮別尊卑)63)라

음악은 귀하며 천함이 다르고, 예절은 높으며 낮음이 구별된다.

할 적에 송사를 甘棠 아래에서 판결하였다.[召公爲西伯, 行政於南土, 決訟于甘棠之下.]"라고 하였으니, 天下의 二伯(東伯과 서백) 중에 召公은 서백으로서 南國을 다스렸던 것이다.(●)
60) 蔽芾 : 蔽芾(폐패)는 성대한 모양이다.[蔽芾, 盛貌.].(≪詩經≫<召南 甘棠> <集傳>)
61) 茇(발)은 草家이다. 그 아래에 머물러 스스로 가려 초가와 같을 뿐이니, 집을 지음을 말한 것이 아니다.[茇, 草舍也. 止於其下以自蔽, 猶草舍耳. 非謂作舍也.](≪詩經≫<召南 甘棠> <大全>)
62) 樂殊貴賤 : ①음악은 등위(等威, 등급과 위의)가 있으니, 천자는 팔일, 제후는 육일, 대부는 사일, 사·서인은 이일과 같은 따위이니, 이는 귀천이 달라서이다.[樂有等威, 如天子八佾, 諸侯六佾, 大夫四佾, 士庶人二佾之屬. 此貴賤之殊也.](≪註解≫) ②聖人이 鞀(흔들어서 소리를 내는 작은 북/도)·鼓(북/고)·椌(축/강)·楬(어/갈)·壎(질나발/훈)·篪(피리/지)를 만드시니, 이 여섯 가지는 덕음의 음이다. 그런 뒤에 종·경쇠·竽(피리/우)·瑟로 화합하게 하고 방패·도끼·들소 꼬리·꿩 깃털로써 춤을 추었으니, 이것은 선왕의 사당에서 제사할 때 쓰는 것이며, 제사에서 잔을 주고받고 술로 입을 헹구고 잔을 돌릴 때 쓰는 것이며, 관직의 차례와 귀천이 각각 이것으로 마땅함을 얻는 것이며, 존비와 장유의 차례가 있음을 후세에 보여주는 것이다.[聖人作爲鞀鼓椌楬壎篪, 此六者, 德音之音也. 然後鐘

원문

上言父子君臣之倫하고 至此又推其類而盡言之하고 因以此二語爲發端이라

言五倫之中에 有貴有賤하고 有尊有卑한대 而先王制禮作樂하니 所以殊異而分別之也라

해설

윗글에서는 부자(父子)·군신(君臣)의 윤리를 말하였고, 이에 이르러서는 또 그 부류를 미루어가서 극도로 말하고 이어서 이 두 가지 말로 발단을 삼았다.

오륜(五倫) 중에 귀함이 있으며 천함이 있고 높음이 있으며 낮음이 있는데, 선왕(先王)께서 예절을 제정하고 음악을 만드니, 그것을 달리하여 분별하게 된 이유를 말하였다.

2·18·42

상화하목(上和下睦)64)하고 부창부수(夫唱婦隨)65)라

위에서 화합하며 아래에서 화목하고, 남편은 선창하고 부인은 따른다.

磬竽瑟以和之, 干戚旄狄以舞之, 此所以祭先王之廟也, 所以獻酬酳酢也, 所以官序貴賤各得其宜也, 所以示後世有尊卑長幼之序也.](《禮記》<樂記>)

佾 : ①舞의 줄이다. 天子는 8줄, 諸侯는 6줄, 大夫는 4줄, 士는 2줄이고, 줄마다 사람 수효는 그 줄의 수효와 같다. 혹은 줄마다 8인이라고 한다.[舞列也. 天子八, 諸侯六, 大夫四, 士二, 每佾人數, 如其佾數. 或曰每佾八人.](《論語》<八佾> '八佾舞於庭' <集註>) ②'如其佾數'의 《大全》에 "天子는 8×8=64人, 諸侯는 6×6=36人이고, 나머지는 이와 같다.[天子八八六十四人, 諸侯六六三十六人, 餘倣此.]"라고 하였으니, 제곱으로 계산한 것이고, '혹은 줄마다 8인이라고 한다[或曰每佾八人]'의 《大全》에 "六佾은 6×8=48人이고, 나머지는 이와 같다.[六佾六八四十八人, 餘倣此.]"라고 하였으니 줄마다 사람 수효가 모두 8인이어서 고정불변이다. 이 두 說은, 天子는 모두 64인으로 같은 수효이지만, 諸侯 이하는 다른 수효이어서, 諸侯는 36인과 48인, 大夫는 16인과 32인, 士는 4인과 16인의 차이가 있다.(●)

63) 禮別尊卑 : ①선왕이 오례를 제정하여 조정에는 임금과 신하의 의식이 있고 가정에는 부모와 자식의 윤리가 있어서, 부부·장유·붕우의 등속에도 모두 높음과 낮음의 구별이 있다.[先生制五禮, 朝廷有君臣之儀, 家庭有父子之倫, 以至夫婦長幼朋友之屬, 皆有尊卑之別.](《註解》) ②禮가 아니면 천지의 神을 절도에 맞게 섬길 수 없으며, 禮가 아니면 군신과 상하와 長幼의 자리를 분변할 수 없으며, 禮가 아니면 남녀·부자·형제의 친함과 혼인·疏數(소삭, 만남이 드물거나 잦음)의 사귐을 분별할 수 없으니, 군자가 이 때문에 禮를 높이고 공경하는 것입니다.[非禮無以節事天地之神也, 非禮無以辨君臣上下長幼之位也, 非禮無以別男女父子兄弟之親昏姻疏數之交也. 君子以此之爲尊敬然.](《禮記》<哀公問>)

　　五禮 : 吉禮, 凶禮, 軍禮, 賓禮, 嘉禮.[五禮, 吉, 凶, 軍, 賓, 嘉也.](《書經》<舜典> '五禮' <集傳>)

64) 上和下睦 : 위에 있는 이가 사랑하여 가르쳐 줌을 和라고 하고, 아래에 있는 이가 공손하여 예의를 다함을 睦이라고 하니, 아버지는 자애하고 아들은 효도하며, 형은 사랑하고 아우는 공경하는 따위가

원문

上은 即尊貴者라 下는 即卑賤者라 和는 諧也라 睦은 親也라 言五倫雖有貴賤尊卑上下之不同이나 而皆以和諧親睦爲善也라

五倫之中에 始於夫婦66)라 夫者는 男子之稱이라 爾雅曰 女子已嫁曰婦67)라하니라 婦之言服也68)니 服事於夫也라 唱은 導也라 隨는 從也라

夫理外事하여 導之於前하고 婦爲內助하여 從之於後也라

해설

상(上)은 바로 존귀한 사람이다. 하(下)는 바로 비천한 사람이다. 화(和)는 화합함이다. 목(睦)은 친함이다. 이는 '오륜이 비록 귀천·존비·상하의 같지 않음이 있으나, 모두 화해·친목으로 착하게 하는 것이다.'라고 말한 것이다.

오륜 중에 부부(夫婦)를 시작으로 하였다. 부(夫)는 남자의 칭호이다. ≪이아(爾雅)≫에 "여자가 이미 시집간 이를 '부(婦)'라 한다."라고 하였는데, 부(婦)라는 말은 복종함이니, 남편에게 복종하여 섬김이다. 창(唱)은 인도함이다. 수(隨)는 따름이다.

남편은 바깥일을 다스려서 앞에서 인도하고, 아내는 안에서 도와 뒤에서 따른다.

이것이다.[在上者愛而有敎曰和, 在下者恭而盡禮曰睦, 父慈子孝兄愛弟敬之類是也.](≪註解≫)

65) 夫唱婦隨 : ①남편은 강함과 옳음으로 선창하고, 부인은 유순함으로 따른다.[夫以剛義而倡之, 婦以柔順而隨之.](≪註解≫) ②陽이 선창하고 陰이 화합하며, 남자가 행하고 여자가 따른다.[陽倡陰和, 男行女隨.](≪白虎通義≫<嫁娶>) ③唱은 倡(인도할/창)과 같다.[唱, 仝倡.](≪註解≫)

66) 五倫之中 始於夫婦 : ①夫婦가 五倫의 첫머리가 되는 것은 丁茶山(丁若鏞)이 논의한 것이 자세하다. ②夫婦有別은 각자가 그 짝을 배필로 삼고 서로 어지럽지 않은 것이다. ≪禮記≫<郊特牲>에 "남녀가 분별이 있은 뒤에 부자가 친하고 부자가 친한 뒤에 의리가 생기고 의리가 생긴 뒤에 예가 일어나고 예가 일어난 뒤에 만물이 안정되니, 구별이 없으며 의리가 없는 것은 새·짐승의 도이다."라고 하였다. ○지금 사람들이 남편과 아내의 분별을 엄격히 하는 것으로 夫婦有別이라고 하는 것은 잘못이다.[夫婦有別者, 各配其匹, 不相瀆亂也. 郊特曰, "男女有別然後父子親, 父子親然後義生, 義生然後禮作, 禮作然後萬物安, 無別無義, 禽獸之道也." ○今人以嚴內外之分, 爲夫婦有別, 誤.](≪與猶堂全書≫ 第2集 <經集> 第2卷, ≪小學枝言≫<立敎>) ③夫婦有別은 각자가 그 짝을 배필로 삼고 서로 남의 배필을 침범하지 않는 것이다. 그러므로 '부부가 분별이 있은 뒤에 부자가 친하게 된다.'라고 한 것이다. 창부의 자식은 그 아비를 알지 못한다.[夫婦有別者, 各配其耦而不相侵越也. 故曰, "夫婦別而後父子親." 娼嫶之子, 不知其父也.](≪與猶堂全書≫ 第1集 <詩文集> 第21卷 文集 書 示兩兒)

67) 爾雅曰 女子已嫁曰婦 : ≪爾雅≫는 오류인 듯하다. 이 글귀는 ≪公羊折諸≫ 卷1에 실려 있다.(●)

68) 婦之言服也 : '之言'은 雙聲(聲이 반복됨) 또는 疊韻(韻이 겹침)으로 주석하는 訓詁 용어. '之爲言'과 같다. 雙聲과 疊韻을 써서 풀이하는 것이다. 被註釋字(標題字) 婦는 奉聲母 有韻母이고 註釋字(說明字) 服은 奉聲母 屋韻母이므로, 婦·服 2자는 奉聲母가 같아 쌍성이 된다.(●)

2·19·43

외수부훈(外受傅訓)69)하고 입봉모의(入奉母儀)70)라

<남자는> 밖에서는 선생의 가르침을 받고, 집에 들어서는 어머니의 거동을 받든다.

2·19·44

제고백숙(諸姑伯叔)71)은 유자비아(猶子比兒)72)라

<여자는> 여러 고모(姑母)와 백부(伯父)·숙부(叔父)는 <조카를> 아들처럼 여기고 자기 아이에 견준다.

[원문]

此推父子之倫而廣言之라

外者는 出而在鄕黨之間이라 受는 承也라 傅는 師也라 訓은 敎也라 入은 進也니 進於家內也라 奉은 亦承也라 儀는 範也라 言外而在鄕黨하여는 則承師之敎訓하고 入於其家하여는 則奉母之儀範也라

---

69) 外受傅訓 : ①남자는 10세가 되면 바깥의 스승에게 나아가 배운다. 그러므로 "밖에서 스승의 가르침을 받는다."라고 한 것이다.[男子十秊, 出就外傅而學焉. 故曰, "外受傅訓."](《註解》) ②<남자는> 열 살이 되면 안채에서 나가 바깥채의 선생에게 가서 바깥에서 거처하며, 六書와 계산을 배운다. 저고리와 바지를 비단으로 만든 것을 입지 않으며, 예절은 초기 단계의 것들을 따르며, 아침저녁에 어린이의 예의를 배우되 간편하고 진실한 것을 배워서 익혀야 한다.[十年出就外傅, 居宿於外, 學書計, 衣不帛襦袴, 禮帥初, 朝夕學幼儀, 請肄簡諒.](《禮記》<內則>)

70) 入奉母儀 : ①여자는 10세가 되면 밖에 나가지 않으며 여스승의 가르침을 들어 따른다. 그러므로 "집 안에서 어머니의 거동을 받든다."라고 한 것이다.[女子十秊, 不出聽從姆敎. 故曰, "入奉母儀."](《註解》) ②여자는 열 살이 되면 밖에 나가지 않는다. 여선생이 여아에게 말을 상냥하게 하고 용모를 부드럽게 하여 어른들의 말에 순종하며, 삼과 모시를 매만지며, 生絲와 누에고치를 다루며, 비단을 짜고 둥근 끈을 짜서 여자의 일을 배워 의복을 장만하며, 제사를 살펴서 술과 초, 籩(대그릇/변)과 豆(나무그릇/두), 김치와 젓갈 등을 올려 禮로 <어른을> 도와 제물 올리는 것을 거들도록 하는 것을 가르친다.[女子十年不出. 姆敎婉娩聽從, 執麻枲, 治絲繭, 織紝組紃, 學女事, 以共衣服. 觀於祭祀, 納酒漿籩豆菹醢, 禮相助奠.](《禮記》<內則>)

71) 諸 : ①章과 魚의 반절이고, 음이 渚이니, 많대[衆]는 뜻과 語助辭의 뜻이다.[章魚切, 音渚, 衆也, 語助辭也.](《中》) ②살펴보면 諸는 一音多義(1음에 많은 뜻)의 글자이어서 애초에 '저'와 '제' 음의 구별이 없었다. 한국 또한 옛날에 1음으로 쓰이다가 오늘날 2음으로 나누어졌다. 1909년 池錫永이 엮은 《字典釋要》에 "諸, 져, 衆也, 語辭."라고 하고, 또 1915년 崔南善 등이 엮은 《新字典》에 "諸, 져, 衆也, 모듬, 모들. ○語助辭, 어조사."라고 하였으니, '衆'과 '語辭'가 모두 '져' 1음으로 표기되었을 뿐이다. 그러나 1920년 朝鮮總督府에서 엮은 《朝鮮語辭典》에는 "제[諸], 諸家[제가], 諸國[제국], …"이라고 하였으니, '제' 음으로 '衆'의 뜻을 표기하였다. 이에 오늘날 '諸' 음은 마침내 兩分되고, 또 單母音化되어 '제' 음으로 '衆'의 뜻을 표기하고, '저' 음으로 '語辭'의 뜻을 표기하였다.(◉)

72) 猶子比兒 : 뒤에 의미가 전의되어 猶子는 '조카[侄子]'로, 比兒도 '조카[侄兒]'로 일컫게 되었는데, 侄子와 侄兒는 의미가 같다.(◉)

諸는 衆也라 父之姊妹曰姑라하고 父之兄曰伯이라하고 父之弟曰叔이라하니라 猶는 同也라 比는 並也라 禮檀弓篇云 兄弟之子는 猶子也라하니라 言兄弟所生之子는 與己子同하여 而得比並於兒也라

上文止言資父하여 而父子之倫有所未盡이라 與父同尊者는 有師焉이요 與父同親者는 有母焉이라 以及諸姑伯叔은 皆從父以推者也라 至於兄弟之子하면 則從子以推者也니 而父子之倫全矣라

○古者民生於三하여 事之如一하니 父生之하고 師敎之하고 君食(사)之가 是也73)라 禮檀弓篇云 事親服勤至死74)하며 致喪三年75)하고 事君服勤至死하며 方喪三年76)하고 事師服勤至死하며 心喪三年77)이라하니 蓋師與父並重이라 後世師道不講하여 唐韓愈作師說78)이어늘 擧世皆非之하니 風之不古也久矣라

[해설]

이는 아버지와 아들의 윤리를 미루어나가 확장해 말한 것이다.

외(外)는 나가서 마을 속에 있는 것이다. 수(受)는 받음이다. 부(傅)는 선생이다. 훈(訓)은 가르침이다. 입(入)은 진입함이니, 집안에 진입함이다. 봉(奉)은 역시 받음이다. 의(儀)는 본보기이다. 이는 '밖에 나가 마을에서는 선생의 가르침을 받고 그 집에 들어서는 어머니의 의범을 받든다.'라고 말한 것이다.

제(諸)는 여럿이다. 아버지의 자매를 고(姑, 고모/고)라고 하고, 아버지의 형(兄)을 백(伯, 큰아버지/백)이라고 하고, 아버지의 아우를 숙(叔, 작은아버지/숙)이라 한다. 유(猶)는 같음이다. 비(比)는 견준다는 뜻이다. ≪예기(禮記)≫<단궁(檀弓) 상(上)>에 "형제의 아들은 아들과 같다."라고 하였으니, 이는 '형제가 낳은 아들은 자기의 아들과 같아서 자기 아이에 견줄 수 있다.'라고 말한 것이다.

윗글에서는 다만 아버지에게 의지한다고만 말하여 아버지와 아들의 윤리가 다하지 못한

---

73) 民生於三 … 君食之 : ①이 문장은 ≪國語≫<晉語1>에 있다.(●) ②三은 임금·아버지·선생이다. 如一은 수고로운 일을 할 적에는 죽음에 이르도록 하는 것이다. 食(사)는 녹봉을 말한다.[三, 君父師也. 如一, 服勤至死也. 食, 謂禄也.](<晉語>1 '民生於三, … 君食之' 韋昭 <注>) ③食는 音이 似이다.(≪小學≫≪明倫≫ '君食之' <集註>)
74) 服勤 : 직책을 지니고 근로함을 말한다.[服勤, 謂服持職事勤勞.](≪漢≫)
75) 致喪 : 슬퍼하여 수척해지는 예절을 지극히 하는 것이다.[致喪, 極其哀毁之節也.](≪禮記≫<檀弓上> <集說>)
76) 方喪 : 부모의 상에 비유하여, 의리로 은혜를 합하는 것이다.[方喪, 比方於親喪, 而以義並恩也.](≪禮記≫<檀弓上> <集說>)
77) 心喪 : 몸에 상복은 입지 않고, 마음에 슬퍼하는 情이 있으니, 이른바 아버지의 상처럼 하면서 상복이 없는 것이다.[心喪, 身無衰麻之服, 而心有哀戚之情, 所謂若喪父而無服也.](≪禮記≫<檀弓上> <集說>)
78) 師說 : 文章 이름. 唐 韓愈 作. 당시에 선생의 도리가 퇴폐한 것에 감개하였으므로 <師說>을 지어서 진작시켰다.[文章名. 唐韓愈作. 感慨當世師道頹廢, 故作師說以振之.](≪中≫)

바가 있다. 아버지와 똑같이 높은 사람으로는 선생이 있고, 아버지와 똑같은 친한 사람으로는 어머니가 있다. 여러 고모(姑母)와 백부(伯父)·숙부(叔父)에 미쳐가는 것은 모두 아버지로부터 미루어나간 것이다. 형제의 아들에 이르러서는 아들로부터 미루어나간 것이니, 아버지와 아들의 윤리가 온전하다.

○ 옛날에 "백성은 세 분에 의해 살아가서 섬기기를 한결같이 하였으니, 아버지가 출생시키고 선생이 가르치고 임금이 먹여준다."라고 한 것이 이것이다. ≪예기(禮記)≫<단궁편(檀弓篇) 상(上)>에 "부모를 섬기는 데에는 힘써 할 일을 행하여 죽음에 이르며 치상(致喪, 극진한 상례) 3년을 하고, 임금을 섬기는 데에는 힘써 할 일을 행하여 죽음에 이르며 방상(方喪, 부모에 견주는 상례) 3년을 하고, 선생을 섬기는 데에는 힘써 할 일을 행하여 죽음에 이르며 심상(心喪, 상복 없이 아버지처럼 애모하는 상례) 3년을 한다."라고 하였으니, 선생은 아버지와 대등하게 존중되는 것이다. 후세에는 사도(師道, 선생의 도)를 강구하지 않아서 당나라 한유(韓愈)가 <사설(師說)>을 지었는데 온 세상이 그를 비난하였으니, 풍조가 옛날답지 못한 것이 오래되었다.

2·20·45

공회형제(孔懷兄弟)79)는 동기연지(同氣連枝)80)라

깊이 아껴주는 형과 아우는 <부모께 받은> 기질이 같으며 가지처럼 이어져 있다.

[원문]

此言兄弟之倫이라

孔은 大也라 懷는 愛也라 爾雅云 男子先生爲兄하고 後生爲弟라하니라 同은 共也라 氣는 父母之氣也라 連은 合也라 木生條曰枝라하니라 言兄弟當大相友愛라 蓋形雖分이

---

79) 孔懷兄弟 : ≪詩經≫<小雅 常棣>에 "죽을 두려움에는 형제가 깊이 생각해 준다."라고 하였으니, 죽을 일에는 오직 형제의 친함으로 생각해 줌이 갑절이나 절실함을 말한 것이다.[詩曰, "死喪之威, 兄弟孔懷." 言死喪之事, 獨於兄弟之親, 思念倍切也.](≪註解≫)
80) 同氣連枝 : ①형제는 부모의 기운을 함께 받았으니, 나무에 견주면 부모는 뿌리이고 형제는 가지가 이어진 것이다. 형제인 자가 이것을 안다면 어찌 서로 사랑하지 않을 자가 있겠는가.[兄弟同受父母之氣, 比諸樹, 父母, 根也, 兄弟, 枝之連也. 爲兄弟者知此, 則豈有不相愛者乎.](≪註解≫) ②형제는 가지와 잎에 인연하여, 정분을 맺음에 또한 서로 따르노라. 세계가 모두 형제이니, 누군들 길 가는 사람처럼 하겠는가. 하물며 우리는 나무에 가지가 연이은 듯하여, 그대와 한 몸인 것임에랴.[骨肉緣枝葉, 結交亦相因. 四海皆兄弟, 誰爲行路人. 況我連枝樹, 與子同一身.](≪文選≫<古詩四首> 蘇子卿) ③무릇 일개 필부일지라도 오히려 한 소쿠리 밥의 은혜도 잊지 않거늘 하물며 臣은 宰相의 지위와 同氣의 친속에 있는 것이겠습니까.[凡匹夫一介, 尙不忘簞食之惠, 況臣居宰相之位, 同氣之親哉.](≪後漢書≫<東平憲王蒼傳>)

나 而同受父母之氣하여 猶木有岐枝81)나 本合於一木也82)라

[해설]
이는 형제(兄弟)의 윤리(倫理)를 말하였다.

공(孔)은 '크게'라는 뜻이다. 회(懷)는 사랑함이다. ≪이아(爾雅)≫<석친(釋親)>에 "남자로서 먼저 태어난 이가 형(兄)이 되고 뒤에 태어난 이가 제(弟)가 된다."라고 하였다. 동(同)은 '함께'라는 뜻이다. 기(氣)는 부모의 기운이다. 연(連)은 합함이다. 나무가 가지를 낸 것을 지(枝, 가지/지)라고 한다. 이는 '형제는 크게 서로 우애해야 한다. 형체는 비록 나누어졌으나 부모의 기운을 함께 받아서 마치 나무가 갈라진 가지가 있으나 본래 한 나무에 합해진 것과 같다.'라고 말한 것이다.

2·21·46

교우투분(交友投分)83)하고 절마잠규(切磨箴規)84)라

벗을 사귀어 정분(情分)을 의탁하고 절차탁마(切磋琢磨)하며 경계시킨다.

[원문]
此言朋友之倫이라

交는 相合也라 友는 朋友也라 投는 托也라 分은 情分也라 切은 割也요 磨는 礪也니 治骨角者는 旣切而復磋之하고 治玉石者는 旣琢而復磨之라 詩衛風云 如切如磋하고 如琢如磨라하니 喩爲學者已精而益求其精也라 有所諷諭하여 以救其失者爲箴이라 規는 戒也라 言朋友之合은 以情相托하여 平日爲學하면 則切磋琢磨하여 相勉以求其精하고 至於有過하면 則諷諭規戒하여 相救以正其失也라

○分은 去聲85)이라

---

81) 岐 : 歧(갈라질/기)와 같다[岐, 同歧.](≪漢≫)
82) 木 : 底本에 '枝'로 되어 있으나, ≪千字文集註≫(國立中央圖書館本)에 의거하여 '木'으로 고쳤다.(●)
83) 交友投分 : ①붕우는 義理로 결합하였는데, 부자·군신·장유·부부의 윤리가 붕우를 의뢰하여 밝아진다. 그러므로 반드시 붕우의 정분에 의탁하는 것이다.[朋友以義合, 而父子君臣長幼夫婦之倫, 賴朋友而明. 故必託之以朋友之分焉.](≪註解≫) ②정분을 투합하여 금석 같은 교제를 기탁하고, 머리 세도록 함께 귀결될 것이라.[投分寄石友, 白首同所歸.](≪文選≫<金谷集作詩一首> 潘安仁)
84) 切磨箴規 : ①절차탁마는 강습하고 私慾을 이겨 다스리는 공부이며, 경계하고 일깨워 줌은 선행을 권하여 서로 닦는 뜻이니, 이것이 없으면 붕우의 정분을 다했다고 말할 수 없는 것이다.[切磋琢磨, 講習克治之功. 箴戒規警, 責善交修之意. 無此則不可謂盡朋友之分也.](≪註解≫) ②責善은 선행을 따르도록 권면함이다.[責善, 勸勉從善.](≪漢≫)

해설

이는 붕우(朋友)의 윤리(倫理)를 말하였다.

교(交)는 서로 결합함이다. 우(友)는 친구이다. 투(投)는 의탁함이다. 분(分)은 정분이다. 절(切)은 자름이고, 마(磨)는 갈음이니, 뼈와 뿔을 다루는 이는 자르고 나서 다시 갈고, 구슬과 돌을 다루는 이는 쪼고 나서 다시 갈아낸다. ≪시경(詩經)≫<위풍(衛風) 기욱(淇奧)>에 "자르듯이 갈듯이 하고 쪼듯이 갈듯이 한다."라고 하였으니, 학자가 이미 정밀히 했어도 더욱 그 정밀함을 구함을 비유한 것이다. 풍유하여 그 잘못을 구제함이 있는 것을 잠(箴)이라고 한다. 규(規)는 경계함이다.

이는 '붕우의 결합은 정분으로 서로 의지하여, 평소 학문을 하면 절차탁마하여 서로 권면하여 그 정밀함을 구하고, 과실이 있는 데에 이르면 풍유하며 경계하여 서로 구원함으로써 그 잘못을 바로잡는다.'라고 말한 것이다.

○분(分, 정분/분)은 거성(去聲)이다.

2·22·47

인자은측(仁慈隱惻)86)을 조차불리(造次弗離)87)라

인자하고 측은하게 여기는 마음을, 다급할 때도 떠나지 말아야 한다.

원문

上言五倫備矣로되 而五常之德을 猶未明指之也라 故於此詳言之하니 此言仁之德也라
仁者는 心之德이요 愛之理88)라 慈는 愛也라 隱은 痛之深也라 惻은 傷之切也라 孟

---

85) 分 去聲 : '分'은 平仄 兩韻이 있어서 平聲이면 '劃分'(나누다)의 뜻이고, 去聲이면 '情分'의 뜻인데, 여기서는 仄韻 去聲이 사용되었다. 出句脚 '分'이 仄聲이고 韻脚 '規'가 平聲이니 平仄이 相對된다. 여기에서 出句脚과 韻脚에 聲律의 平仄이 相對되는 規則이 있음을 더욱 볼 수 있다. 51聯의 '操'·'糜', 62聯의 '卿'·'相'도 이와 같다.(●)

86) 仁慈隱惻 : ①자애는 인의 用이요, 측은은 인의 단서이다.[慈愛, 仁之用也. 惻隱, 仁之端也.](≪註解≫) ②端은 실마리이니, 물건의 실마리이다. 고치실[繭絲]로 비유하면 바깥에 한 가닥 실마리가 있으면 바로 속에 한 뭉치 실이 있음을 알 수 있다. 만약 실이 안에 없다면 실마리가 무엇을 말미암아 밖에 보이겠는가.[端者, 端倪也. 物之緖也. 譬之繭絲, 外有一條緖, 便知得內有一團絲, 若其無絲在內, 則緖何由而見於外.](≪孟子≫<公孫丑上> '惻隱之心 仁之端也'<大全>)

87) 造次弗離 : ①≪論語≫<里仁>에 공자가 "군자는 밥 한 그릇을 먹는 짧은 시간도 인을 떠남이 없어 다급할 때에도 반드시 仁으로 한다."라고 하였으니, 인을 떠날 수 없는 것이 이와 같다.[孔子曰, "君子無終食之間, 違仁, 造次必於是."仁之不可離如此.](≪註解≫) ②造次는 급하고 구차한 때이다.[造次, 急遽苟且之時.](≪論語≫<里仁> '造次必於是'<集註>)

88) 仁者 心之德 愛之理 : ≪孟子≫<梁惠王上>의 '亦有仁義而已矣'<集註>에 보인다.(●)

子云 惻隱之心은 人皆有之라하니라 造次는 急遽苟且之時[89]라 弗者는 禁止之辭라 離는 去也라

言仁主於愛하여 而遇不忍之事하면 則傷之切而痛之深하니 此乃人之本心이라 雖當急遽苟且之時라도 而不可舍去也라 按仁義禮智信이 爲五常之德호대 而仁義爲大라 故明指之하니 猶上文五倫도 亦以君臣父子爲大也라 然仁義二者는 而仁包四德하여 尤大於義라 故又別而言之하니 猶上文君父並重하되 而事君之道는 資於事父하여 又以孝爲本也라 雖其文有詳畧[90]이나 而理實貫通하여 先後差次截然不紊하니 讀者宜熟玩之하라

해설

윗글에서 오륜이 갖추어졌음을 말하였으나 오상(五常)의 덕을 아직도 명확히 지적하지 않았으므로, 여기에서 자세히 말하였으니, 이는 인(仁)의 덕을 말한 것이다.

인은 마음의 덕이고, 사랑의 이치이다. 자(慈)는 사랑함이다. 은(隱)은 통렬함이 심함이다. 측(惻)은 서글퍼하기를 절실하게 함이다. ≪맹자(孟子)≫<고자(告子) 상(上)>에 "측은한 마음은 사람이 모두 가지고 있다."라고 하였다. 조차(造次)는 다급하고 구차할 때이다. 불(弗)은 금지하는 말이다. 이(離)는 떠남이다.

이는 '인은 사랑을 주로 하여 차마 못해 하는 일을 만나면 서글퍼하기를 절실하게 하여 통렬함이 심하니, 이는 사람의 본심이어서 비록 황급하며 구차한 때를 당하더라도 버릴 수 없다.'라고 말한 것이다. 살펴보면 인(仁)·의(義)·예(禮)·지(智)·신(信)은 오상(五常)의 덕이 되는데 인·의가 크므로 밝게 지적하였으니, 마치 위 글의 오륜에서도 군신(君臣)·부자(父子)를 크게 여긴 것과 같다. 그러나 인·의 두 가지에서도 인이 나머지 사덕(四德, 의·예·지·신)을 포괄하여 의보다 더욱 크므로 또 구별하여 말하였으니, 마치 윗글에서 군(君)·부(父)를 아울러 중시하였으나 임금을 섬기는 도리는 아버지를 섬기는 도리에 의지하여 또 효(孝)로 근본을 삼은 것과 같다. 비록 그 글에 자세하고 간략함이 있으나 이치는 실로 관통되어서 앞뒤의 차등 순서가 자른 듯이 어지럽지 않으니, 독자는 마땅히 자세하게 완미해야 할 것이다.

---

89) 造次 急遽苟且之時 : 造次는 連綿字이니, '造次' 두 자를 한 가지 뜻으로 풀이해야지 '造'와 '次'를 나누어 두 가지 뜻으로 풀이해서는 안 된다. 아래 글의 顚沛·密勿·綿邈·杳冥·悅豫·的歷·徘徊·逍遙·枇杷·飄颻·餞牒·曦暉·孤陋 등도 이와 같다.(●)

90) 畧 : 略과 같다.[畧, 與略同.](≪中≫)

> 2·23·48
>
> # 절의염퇴(節義廉退)[91]는 전패비휴(顚沛匪虧)[92][93]라
> 절도·의리·청렴·겸양은 위급한 지경에도 이지러뜨리지 말라.

원문

此言義禮智信之德이라

有所守而不變을 謂之節하니 信之德也라 義者는 心之制니 事之宜也[94]라 廉은 有分辨하니 智之德也라 退는 謙讓也니 禮之德也라 顚沛는 傾覆流離之際라 匪는 非也니 亦禁止之辭라 虧는 缺也라

言義禮智信之德은 皆人所不能無하고 雖當傾覆流離之際라도 而不可虧缺也라 論語云 造次必於是하며 顚沛必於是[95]라하니라

해설

이는 의(義)·예(禮)·지(智)·신(信)의 덕을 말한 것이다.

지키는 바가 있어 변하지 않음을 절(節)이라고 하니 신(信)의 덕이다. 의(義)는 심(心)의 제재(制裁)이며 일의 마땅함이다. 렴(廉)은 분별함이 있음이니, 지(智)의 덕이다. 퇴(退)는 겸양함이니, 예(禮)의 덕이다. 전패(顚沛)는 엎어져 흩어질 때이다. 비(匪)는 아니라는 뜻이고, 또 금지하는 말이기도 한다. 휴(虧)는 결함됨이다.

이는 '의·예·지·신의 덕은 모두 사람에게 없어서는 안 되는 것이고 비록 위급하게 떠날 때를 당하더라도 이지러지게 해서는 안 된다.'라고 말한 것이다. ≪논어≫<이인(里仁)>에 "다급해도 반드시 인(仁)으로 하며, 위급해도 반드시 인으로 한다."라고 하였다.

---

91) 節義廉退 : 절개에 힘쓰고 의리를 지키며 청렴에 애쓰고 물러나기를 용감히 함은 사대부가 마음을 유지하고 몸을 삼가는 것이다.[砥節守義, 礪廉勇退, 士大夫之所以操心飭躬者也.](≪註解≫)
92) 顚沛匪虧 : 비록 환난과 위급할 때라도 조금이라도 節義廉退의 지조를 이지러뜨림이 있게 해서는 안 된다.[雖患難顚沛之際, 不可使節義廉退之操, 有一分虧缺也.](≪註解≫)
93) 仁慈隱惻 造次弗離 節義廉退 顚沛匪虧 : 仁慈隱惻은 節義廉退와 상대되고, 造次弗離는 顚沛匪虧와 상대되니, 兩聯對偶이다. 仁慈隱惻과 節義廉退는 4德이 상대되고, 造次와 顚沛는 불안한 때가 상대되고, 弗과 匪는 부정이 상대되고, 離와 虧는 처신의 태도가 상대된다.(◉)
94) 義者 心之制 事之宜也. : 또한 ≪孟子≫<梁惠王上> '亦有仁義而已矣' <集註>에 보인다.(◉)
95) 顚沛 : 顚覆하고 流離하는 때이다.[顚沛, 傾覆流離之際.](≪論語≫<里仁> '顚沛必於是' <集註>)

> 2·24·49
>
> # 성정정일(性靜情逸)96)하고 심동신피(心動神疲)97)라
> 성품이 고요하면 감정도 편안하고, 마음이 동요하면 정신도 피로해진다.

[원문]

此總上文五常之德而言이라

蓋天以仁義禮智信之德으로 賦之於人爲性이라 情者는 性之發也라 心은 載性者也라 神者는 心之靈也라 靜者는 止於五常而不動也라 逸은 安也라 反於靜者爲動이라 疲는 勞之極也라

言人之修五常者는 其性止於仁義禮智信하여 而所發之情皆安하되 其不修五常者反是하고 心爲外物所動하여 而勞敝其神也라

[해설]

이는 위 글은 오상(五常)의 덕을 총괄하여 말하였다.

하늘이 인(仁)·의(義)·예(禮)·지(智)·신(信)의 덕으로 사람에게 부여한 것이 성(性)이다. 정(情)은 성(性)의 발동이다. 심(心)은 성(性)을 실은 것이다. 신(神)은 심(心)의 신령함이다. 정(靜)은 오상(五常)에 머물러서 움직이지 않음이다. 일(逸)은 편안함이다. 정(靜)에 반대되는 것이 동(動)이다. 피(疲)는 애씀이 극도로 애쓰는 것이다.

이는 '사람으로서 오상을 수련하는 이는 그 성품이 인·의·예·지·신에 머물러서 발동하는 정이 모두 안정하지만, 오상을 수련하지 않는 자는 이와 반대로 하고 심(心)이 외물에 동요를 받아 그 정신을 피로하게 한다.'라고 말한 것이다.

---

96) 性靜情逸 : ①사람이 태어나 고요한 것은 本性이고 사물에 動(감동)되어 움직이는 것은 情이다. 縱逸(방종과 안일)은 또한 動의 뜻이다.[人生而靜者爲性也, 感物而動者爲情也. 縱逸, 亦動之意也.](≪註解≫) ②사람이 태어나서 고요한 것은 하늘의 성품이고, 사물에 감응하여 움직이는 것은 성품의 욕구이다.[人生而靜, 天之性也, 感於物而動, 性之欲也.](≪禮記≫<樂記>)

97) 心動神疲 : 心은 性과 情을 통솔하는 것이니, 심이 만일 사물에 따라 감동하여 못 속에 빠지듯이 되고 하늘 위에 날듯이 되면 그 본성을 온전히 보전하지 못하여 神氣를 피곤하게 한다.[心, 統性情者也, 心若逐物而動, 淵淪天飛, 則不能全其性, 而使神氣疲倦也.](≪註解≫)

> 2·25·50
>
> # 수진지만(守眞志滿)98)하고 축물의이(逐物意移)99)라
> 천성(天性)을 지키면 의지가 충만해지고, 물욕(物慾)을 따르면 뜻이 변질된다.

[원문]

守는 操守也라 眞者는 性之正也니 言仁義禮智信이 乃人之眞性也라 心之所之를 謂之志100)라 滿은 足也라 逐은 引之而去也라 物은 外物로 聲色嗜欲之類니 所以動其心者라 意者는 心之所發也라 移는 即動也라

此申上節而言이라 性靜情逸者는 守其仁義禮智信之眞性하여 爲能充滿其志하여 而無所虧欠이라 心動神疲者는 蓋爲聲色嗜欲外物所動하여 引之而去하여 而意以移하니 因不能守其五常也라

[해설]

수(守)는 지킴이다. 진(眞)은 성품의 바름이니, 인(仁)·의(義)·예(禮)·지(智)·신(信)이 곧 사람의 참된 성품임을 말한다. 심(心)이 가는 것을 지(志)라고 한다. 만(滿)은 풍족함이다. 축(逐)은 이끌려서 가는 것이다. 물(物)은 외면의 사물로, 성색(聲色)·기욕(嗜欲)의 부류이니, 그 마음을 동요하게 하는 것이다. 의(意)는 심(心)이 발동하는 것이다. 이(移)

---

98) 守眞志滿 : ①眞은 道이니, 心이 道를 지키면 心體가 虛明(깨끗하고 밝음)하여 집착함이 없고 결함됨이 없다. 그러므로 '志滿'이라고 하였으니, 滿은 平滿(평평하고 가득함)의 뜻으로, 《書經》의 '뜻은 거만하게 해서는 안 된다[志不可滿]'의 滿과는 다르다.[眞, 道也. 守道則心體虛明, 無係著, 無虧欠. 故曰志滿. 滿, 平滿之意. 與書經志不可滿之滿異.](《註解》) ②'《書經》志不可滿'의 《書經》은 《禮記》<曲禮上>의 잘못이다.(◉) ③가난에 편안하며 침체에 즐거워하고, 도리를 맛보며 천성을 지켜서, 炎涼世態에 輕重을 두어 변치 않으며, 빈궁영달로 절개를 바꾸지 않았다.[安貧樂潛, 味道守眞, 不爲燥濕輕重, 不爲窮達易節.](《後漢書》<申屠蟠列傳>)

99) 逐物意移 : 道를 지키지 못하여 밖으로 物慾을 좇게 되면 마음이 일정한 방향이 없어서 뜻이 저절로 변질된다.[不能守道, 而逐物於外, 則心無定向, 而意自移矣.](《註解》)

100) 心之所之謂之志 : ①이는 志의 字形을 해설한 것이다. 《論語》<爲政>의 "학문에 뜻을 두었다[志于學]"의 <集註>에 "心之所之, 謂之志."라고 하였고, 그 <大全>에 "心之所之는 《說文》의 말이다."라고 하였다. 《說文》에는 "志는 意(뜻)이다. 心(마음/심)·㞢(之, 갈/지)의 의미를 따르고, 㞢는 또한 소리이기도 하다.[志, 意也. 从心㞢, 㞢亦聲.]"라고 하였다. 志 글자는 心과 之의 모양과 뜻이 합하여 이룩된 것이어서 會意文字가 되고, 또 心의 뜻으로 形符를 삼고 之의 소리로 聲符를 삼은 것이어서 形聲文字도 되니, 會意 겸 形聲이다.(◉) ②志는 意(뜻)이다. 心·㞢를 따르고, 또한 之의 소리를 따르기도 하였다. 之는 '가다,' '왕래하다.', '이르다.', '주다.' 등의 뜻이 있는데, 마음이 가고 왕래하고 이르고 주는 것이 志이다. 곧 장차 여러 행동으로 드러나게 될 일종의 의향이고, 또한 마음을 집중하는 일종의 생각이다.[志, 意. 从心之(㞢), 亦从之聲. 之有適往至與等義, 心之所適往至與者即志.](《形》) ③㞢는 之의 本字이다.[㞢, 之之本字.](《中》) ④志의 士(갈/지)는 㞢(之)의 변형이지 士(선비/사)가 아니다.(◉)

는 곧 변동함이다.

이는 위의 구절을 거듭하여 말한 것이다. 성품이 고요하여 감정도 편안한 사람은 그 인·의·예·지·신의 참된 성품을 지켜서 능히 그 뜻을 충만하게 하여 결함된 바가 없다. 마음이 동요하여 정신도 피로한 사람은 성색·기욕의 외물에 동요되어 이끌려가서 뜻이 변동하니, 그 때문에 오상(五常)을 지키지 못한다.

2·26·51

견지아조(堅持雅操)101)하면 호작자미(好爵自縻)102)라
일정한 지조를 굳게 지키면, 좋은 벼슬이 저절로 얽혀 온다.

원문

此又總承上文而結言之라

堅은 固也요 持는 卽守니 謂之堅持는 必性靜情逸하고 守其眞而志滿하여 不逐於外物而心動神疲也라 雅는 常也라 操者는 所守之德이니 卽五常也라 好는 美也라 爵은 位也라 縻는 繫也라

言人能固守五常이면 則爲有德之人하여 王者必擧而用之하여 而美位自繫於其身矣라 易中孚卦云 我有好爵하여 吾與爾縻之103)라하니 此言自縻는 謂己之修德所致요 卽自求多福之意104)니 所以深勉乎人也라

○操는 去聲105)이라

---

101) 堅持雅操 : ①일정한 절개를 굳게 지켜 오직 나에게 있는 도리를 다할 뿐이다.[堅持雅操, 固守正節, 惟當盡在我之道而已.](≪註解≫) ②鐵石 같은 깊은 衷心을 지니고 松竹 같은 일정한 지조를 연마할 수 있다.[能守鐵石之深衷, 厲松筠之雅操.](≪晉書≫<忠義傳>)
102) 好爵自縻 : 나에게 있는 도리를 이미 다하게 되면 爵祿은 그 가운데에 있다. ≪周易≫<中孚卦> 九二에 "내가 좋은 벼슬을 두어 내가 그대와 함께 이것에 매인다."라고 하였으니, 바로 이른바 "天爵(仁義忠信)을 닦으면 人爵(公卿大夫)이 저절로 이른다."는 것이다.[好爵自縻, 在我之道旣盡, 則祿在其中. 易曰, "我有好爵, 吾與爾縻之." 卽所謂修其天爵而人爵自至也.](≪註解≫)
103) 縻 : ≪周易≫<中孚卦> 九二에 '靡'로 되어 있는데, 朱子 <本義>에 "靡는 縻와 같다.[靡, 與縻同.]"라고 하였다.(◉)
104) 自求多福 : ≪詩經≫<大雅 文王> 및 ≪孟子≫<公孫丑上>에 보인다.(◉)
105) 操 去聲 : '操'는 平仄 兩韻이 있어서 平聲이면 '執持'(쥐다)의 뜻이고, 去聲이면 '志節'(절조)의 뜻인데, 여기서는 仄韻 去聲이 사용되었다. 出句脚 '操'가 仄聲이고 韻脚 '縻'가 平聲이니, 平仄이 相對된다.(◉)

해설

이는 또 윗글을 총괄해 이어서 말을 맺었다.

견(堅)은 굳음이고, 지(持)는 곧 지킴이니, 견지(堅持)라고 말한 것은 반드시 성품이 고요하여 감정도 편안하고 그 천성(天性)을 지켜 뜻이 충만하여, 외부의 물욕에 따라 마음이 동요하여 정신도 피로해지지 않는 것이다. 아(雅)는 일정함이다. 조(操)는 지키는 덕이니, 바로 오상(五常)이다. 호(好)는 아름다움이다. 작(爵)은 벼슬이다. 미(縻)는 매임이다.

이는 '사람이 능히 오상을 지키면 덕이 있는 사람이 되어 왕자가 반드시 천거하여 등용하여 아름다운 지위가 저절로 그 몸에 얽혀 온다.'라고 말한 것이다. ≪주역(周易)≫＜중부괘(中孚卦)＞에 "내가 좋은 벼슬을 두어 내가 그대와 함께 이것에 매인다."라고 하였다. 이는 '스스로 얽혀 옴은 자기가 덕을 닦아서 불러온 것이고, 곧 스스로 많은 복을 구할 수 있는 뜻을 말하였으니, 사람들에게 크게 면려하게 하기 위한 것이다.'라고 말한 것이다.

○조(操, 절조/조)는 거성(去聲)이다.

右第二章이라 此章言君子修身之道라 惟修其五常이면 則不毀傷其身하니 因推其類[106]하여 而擧君臣父子兄弟夫婦朋友之倫하여 爲五常所屬하니라 終則指仁義禮智信之五德하여 而勉人固守之也라

위는 제2장이다. 이 장은 군자가 몸을 수련하는 도를 말하였다. 오직 그 오상(五常)을 닦으면 그 몸을 손상하지 않게 되니, 이어서 그 부류를 미루어나가 군신(君臣)·부자(父子)·형제(兄弟)·부부(夫婦)·붕우(朋友)의 윤리를 들어서 오상(五常)에 소속시켰다. 끝에는 인(仁)·의(義)·예(禮)·지(智)·신(信)의 오덕을 지적하여 사람들을 면려하여 그것을 굳게 지키도록 하였다.

---

106) 其 : ≪千字文集註≫(國立中央圖書館本)에 의거하여 補充하였다.(◉)

第三章 王天下之基 천하에 제왕이 되는 기초

3·1·52
도읍화하(都邑華夏)¹⁾는 동서이경(東西二京)²⁾이라
화하(華夏, 中國)의 도읍은 동경(東京)과 서경(西京) 두 서울이다.

3·1·53
배망면락(背邙面洛)³⁾하고 부위거경(浮渭據涇)⁴⁾이라
<동경 낙양은> 북망산(北邙山)을 뒤로 하며 낙수(洛水)를 앞으로 하고, <서경 장안은> 위수(渭水)에 배를 타고 가며 경수(涇水)에 걸쳐있다.

원문
此以下言王者之事라 此言王者京都之大也라

帝王世紀云⁵⁾ 天子所宮曰都라하니라 邑은 縣也니 又王都亦稱邑이라 詩商頌云 商邑翼翼⁶⁾이라하니라 此所謂邑은 乃王都之邑也라 華는 文明之象이요 夏는 大也라 中國謂

---

1) 都邑華夏 : ①馬自毅는 "'都邑華夏'는 곧 '華夏의 都邑'이다. 韻律 때문에 倒置하였다.[馬自毅云, "都邑華夏, 卽華夏的都邑. 爲韻律而倒置."](≪新譯增廣賢文·千字文≫)라고 하였으나, 그 韻律의 해설은 없다.(◉) ②도읍이 華夏(中華)에 있는 것은 시대에 따라 달랐다.[都邑之在華夏者, 隨代而異也.](≪註解≫)
2) 東西二京 : 東京인 洛陽에는 東周·東漢·魏·晉·石趙(石勒의 後趙)·後魏가 도읍하였고, 西京인 長安에는 西周·秦·西漢(前漢)·後秦·西魏·後周·隋·唐이 도읍하였다.[東京洛陽, 東周東漢魏晉石趙後魏都焉. 西京長安, 西周秦西漢後秦西魏後周隋唐都焉.](≪註解≫)
3) 背邙面洛 : 東京은 북망산이 그 북쪽에 있고 낙수가 그 남쪽을 지나간다.[東京則邙山在其北, 洛水經其南.](≪註解≫)
   洛 : ①또한 雒(물 이름/락)으로도 쓴다.[洛, 亦作雒.](≪註解≫) ②魚豢(어환)이 "漢나라는 五行의 火(불)의 德을 사용하여 <水克火의 相克法에 의해> 水(물)를 꺼렸으므로 洛의 水를 빼고 隹(추)를 더하였다."라고 하였다. 魚氏의 주장대로라면 <낙양에 도읍한 後漢의> 光武皇帝(劉秀) 이후에 雒 글자로 고친 것이다.[魚豢云, "漢火德忌水, 故去洛水而加隹." 如魚氏說, 則光武以後, 改爲雒字也.](≪漢書≫ 卷28上 <地理志> 顔師古注)
4) 浮渭據涇 : 위수에 걸쳐있고 경수에 의거한다.[據渭踞涇.](≪文選≫<西京賦>)
   浮 : 배로 물에 가는 것을 浮라고 한다.[舟行水曰浮.](≪書經≫<禹貢> '浮于濟漯' <集傳>)
   據 : 걸쳐있음을 말한다.[據, 謂跨之.](≪書≫<禹貢> "濟河惟兗州"孔傳, "東南據濟."孔穎達疏)
5) 帝王世紀 : 西晉 皇甫謐이 創作한 史書. 帝王의 世系 年代 및 事跡만 오로지 전술한 一部 史書이다. 서술한 것은 위로 三皇부터 아래로 漢·魏에 이른다.[是西晉皇甫謐創作的史書. 是專述帝王世系年代及事跡的一部史書, 所敍上起三皇, 下迄漢魏.](百度快照)
6) 商邑翼翼 : 商邑은 王都이다. 翼翼은 정돈된 모습이다.[商邑, 王都也. 翼翼, 整敕貌.](≪詩經≫<商

之華夏라하니 言其文明而大也라 京은 亦大也니 王者所居之國也라

　　周之成王이 營洛邑爲王城7)이러니 及乎平王東遷8)히 居焉하고 東漢光武亦都之하고 謂之東京하니 卽今河南府是也라 周之武王都於鎬京하고 秦都於咸陽하고 西漢都於長安하고 謂之西京하니 卽今西安府是也라 背는 後也니 在國之北이라 面은 前也니 在國之南이라 邙은 山名으로 北邙山也니 在今河南府城之北이라 洛은 水名이니 源出今商州洛南縣冢嶺山하여 東流經河南府城之南하고 又東至鞏縣入河라 此句承上東京而言한대 邙山在東京城北하고 洛水在東京城南也라 浮는 汎也라 據는 依也라 渭는 水名이니 出今臨洮府渭源縣鳥鼠山하여 東流至西安府華陰縣入河라 涇은 水名이니 出今平涼府岍頭山하여 東南流至西安府高陵縣入渭라 此句承上西京而言하니 西京左汎渭流하고 而右依涇水也라

　　蓋言王者之都는 以二京爲最요 而二京之山川形勝如此也라

해설

　　이 이하는 왕자(王者)의 일을 말하였다. 이는 왕의 서울이 큰 것을 말하였다.

　　≪제왕세기(帝王世紀)≫에 "천자가 궁전을 둔 곳을 도(都)라고 한다."라고 하였다. 읍(邑)은 현(縣, 고을/현)이고, 왕도를 또한 '邑'이라고 일컫는다. ≪시경(詩經)≫<상송(商頌) 은무(殷武)>에 "상(商)나라 도읍이 잘 정돈되었다."라고 하였다. 여기서 말한 '邑'은 왕도(王都)의 '邑'이다. 화(華)는 문명(文明)의 모습이다. 하(夏)는 큼이다. 중국(中國)을 화하(華夏)라고 하니, 빛나고 큰 것을 말한다. 경(京)은 또한 큼이니, 왕이 사는 국도(國都)이다.

　　주(周)나라의 제2대왕 성왕(成王)이 낙읍(洛邑)을 건설하고 왕성(王城)으로 삼았는데, 평왕(平王)이 동쪽으로 천도하게 되어서는 낙읍에 살았고, 동한(東漢)의 광무황제(光武皇帝)도 그곳을 도읍으로 하고 동경(東京)이라 불렀으니, 즉 지금의 하남부(河南部)가 그곳이다. 주나라 무왕(武王)은 호경(鎬京)에 도읍하고, 진(秦)나라는 함양(咸陽)에 도읍하고, 서한(西漢)은 장안(長安)에 도읍하고 서경(西京)이라 불렀는데 곧 지금의 서안부(西安府)가 그곳이다. 배(背)는 뒤이니 서울의 뒤에 있는 것이다. 면(面)은 앞이니 서울의 앞에 있는 것이다. 망(邙)은 산 이름으로, 북망산(北邙山)이니, 지금의 하남부성(河南府城) 북쪽에 있다. 낙(洛)은 물 이름이니, 원류(源流)가 지금 상주(商州) 낙남현(洛南縣) 총령산(冢嶺山)에서 나와서, 동으로 흘러 하남부성의 남쪽을 경유하고, 또 동으로 공현(鞏縣)에 이르러 황하로 들어간다. 이 구절은 위 글의 동경을 이어서 말하였는데, 망산(邙山)이 동경성(東京

　　頌 殷武> <集傳>)
7) 王城 : 地名. 곧 洛邑이다. 지금의 河南省 洛陽市 서북이다.[地名. 卽洛邑. 今河南省洛陽市西北.](≪漢≫)
8) 平王東遷 : ①周나라 平王이 京都를 鎬京에서 동쪽으로서 옮겨 洛邑에 이른 것이다.[周平王將京都由鎬京東遷到洛邑.](≪漢≫) ②平王은 周나라 13代王이다.[平王, 周13代王.](≪中≫)

城)의 북쪽에 있고 낙수(洛水)가 동경성의 남쪽에 있다. 부(浮)는 배 타고 떠서 감이다. 거(據)는 걸쳐 있음이다. 위(渭)는 물 이름이니, 지금 임조부(臨洮府) 위원현(渭源縣) 조서산(鳥鼠山)에서 나와서, 동으로 흘러 서안부(西安府) 화음현(華陰縣)에 이르러 황하로 들어간다. 경(涇)은 물 이름이니, 지금 평량부(平涼府) 견두산(岍頭山)에서 나와서, 동남쪽으로 흘러 서안부(西安府) 고릉현(高陵縣)에 이르러 위수(渭水)로 들어간다. 이 구절은 위 글의 서경을 이어서 말하였는데, 서경은 왼쪽으로 위수에서 배를 타고 가고 오른쪽으로 경수(涇水)에 걸쳐있다.

이는 '왕자(王者)의 도읍은 두 서울을 최고로 여겼고, 두 서울의 산천형승(山川形勝)이 이와 같았다."라고 말한 것이다.

3·2·54

궁전반울(宮殿盤鬱)9)하고 누관비경(樓觀飛驚)10)이라

궁전이 서려 빽빽하고, 높은 집은 <처마가> 나는듯하여 놀랍다.

3·2·55

도사금수(圖寫禽獸)11)하고 화채선령(畫綵仙靈)12)이라

<궁전과 누관에> 새와 짐승을 그렸고, 신선과 신령을 그려 채색하였다.

---

9) 宮殿盤鬱 : ①평소 거처하는 곳을 宮이라고 하고, 납시어 계시는 곳을 殿이라 한다. 盤鬱은 모여 있는 뜻이다.[端居謂之宮. 臨御謂之殿. 盤鬱, 攢簇之意.](《註解》) ②端居는 평소 거처하는 곳이다.[端居, 謂平常居處.](《漢》)

10) 樓觀飛驚 : ①기대어 보는 곳을 樓라고 하고, 멀리 바라보는 곳을 觀이라 한다. 飛驚은 꿩이 나는 듯, 새가 움직이는 듯한 모양이다.[憑眺謂之樓. 延覽謂之觀. 飛驚, 翬革之貌.](《註解》) ②높은 누각, 나는 듯한 관망대이다.[高樓飛觀.](《文選》<魯靈光殿賦>)

11) 圖寫禽獸 : ①궁전과 누관에 반드시 용·범·기린·봉황의 모습을 그려 아름다운 景觀으로 삼았다.[宮殿樓觀, 必圖寫龍虎麟鳳之狀, 以爲美觀也.](《註解》) ②闕은 觀(관망대)이다. 옛날에 문마다 두 개의 觀을 그 앞에 세우니, 집에 문을 표시하기 위한 것이다. 그 위에는 앉을 수 있는데 올라가면 멀리 관망할 수 있으므로 觀이라고 한다. 신하가 여기에 이르려고 할 적에 그 闕(누락된)한 것을 생각하게 되므로 闕이라고 한다. 그 위는 모두 丹靑을 하고 그 아래는 모두 雲氣·仙靈·奇禽·怪獸를 그려서 사방에 밝게 보여준다.[闕, 觀也. 古每門樹兩觀於其前, 所以標表門宮也. 其上可居, 登之則可遠觀, 故謂之觀. 人臣將至此, 則思其所闕, 故謂之闕. 其上皆丹靑, 其下皆畫雲氣仙靈奇禽怪獸, 以昭示四方焉.](《古今注》卷上 <都邑>)

12) 綵 : ①어느 本에는 '彩'(채색할/채)로 되어 있다.(◉) ②綵는 彩와 같다.[綵, 與'彩'同.](《中》)

3·2·56

병사방계(丙舍傍啓)13)하고 갑장대영(甲帳對楹)14)이라

병사(丙舍, 병 차례의 집)가 <전각 양쪽> 옆에 펼쳐 있고, 갑장(甲帳, 갑 차례의 휘장)이 기둥 사이에 마주하고 있다.

3·2·57

사연설석(肆筵設席)15)하고 고슬취생(鼓瑟吹笙)16)이라

<연회의> 자리를 펴며 방석을 놓고, 비파를 타며 생황을 분다.

3·2·58

승계납폐(陞階納陛)17)하니 변전의성(弁轉疑星)18)이라

<신하들이> 계단으로 오르고 <천자가> 섬돌로 들어가니, 구슬달린 모자가 <걷는 대로> 돌아가서 별과 같다.

---

13) 丙舍傍啓 : ①병사는 正殿 앞의 좌우에 있는 집이니, 侍臣의 거처하는 곳이 서로 양쪽을 향하여 전개되어 있다.[丙舍, 殿前左右之舍, 侍臣所居, 相向兩傍而開也.](≪註解≫) ②丙舍는 後漢 때 궁중 정실의 양쪽의 집을 갑·을·병으로 차례를 정하고, 그 제 삼등 집을 병사라고 일컬었다. ≪後漢書≫<淸河孝王慶傳>에 "마침내 귀인·자매를 내보내어 병사에 두었다."라고 하였고, 王先謙이 <集解>에서 胡三省을 인용하여 "병사는 궁중의 집을 갑·을·병·정으로 차례를 정한 것이다."라고 하였다.[丙舍, 後漢宮中正室兩邊的房屋, 以甲乙丙爲次, 其第三等舍稱丙舍. 後漢書淸河孝王慶傳 "遂出貴人姊妹置丙舍." 王先謙集解引胡三省曰, "丙舍, 宮中之室, 以甲乙丙丁爲次也."](≪漢≫)
14) 甲帳對楹 : 東邦朔이 甲帳과 乙帳을 만들었으니, 임금이 잠시 머무는 곳에 두 기둥 사이에서 나뉘어 마주하고 있다.[東方朔造甲乙帳, 人君暫止之處, 分對於兩楹之閒也.](≪註解≫)
15) 肆筵設席 : ≪詩經≫<大雅 行葦>의 가사이니, 잔치할 때에 자리와 방석을 배열함을 말한 것이다.[詩大雅行葦篇之詞, 言燕會之際, 排列筵席也.](≪註解≫)
16) 鼓瑟吹笙 : ≪詩經≫<小雅 鹿鳴>의 가사이니, 잔치할 때에 笙簧과 비파를 번갈아 연주함을 말한 것이다.[詩小雅鹿鳴篇之詞, 言燕會之時, 迭奏笙瑟也.](≪註解≫)
17) 陞階納陛 : ①階 계단은 堂 밖에 있어 여러 신하들이 오르는 곳이고, 陛 계단은 당 안에 있어 높은 사람이 쓰는 계단이다. 納陛라고 말한 것은 전각 터를 파서 폐를 만들어 처마 아래로 들어가서 드러나지 않게 하고 오르게 됨을 이른다.[階在堂外, 諸臣所陞. 陛在堂內, 尊者之陛. 曰納陛, 謂鑿殿基爲陛, 納于霤下, 不使露而陛也.](≪註解≫) ②陛는 天子의 계단이다.[陛, 天子階也.](≪玉篇≫) ③陛는 섬돌이니, 경유하여 당에 오르는 것이다. 천자는 반드시 측근 신하가 병기를 잡고서 陛 곁에 진열하여 뜻밖의 사태를 경계한다. 陛下라고 하는 것은 여러 신하들이 천자와 말을 할 적에 감히 천자를 가리키지 못하므로 陛 아래에 있는 사람을 불러서 고하니 낮은 이를 통하여 높은 이에게 도달하는 뜻이다. 上書에도 이와 같다. 그리고 여러 신하들과 선비·일반인이 서로 함께 말할 적에 殿下(왕)·閣下(대신)·執事(상대방 존칭) 등도 모두 이러한 부류이다.[陛, 階也, 所由升堂也. 天子必有近臣執兵, 陳於陛側, 以戒不虞. 謂之陛下者, 羣臣與天子言, 不敢指斥天子. 故呼在陛下者而告之, 因卑達尊之意也. 上書亦如之. 及羣臣士庶相與言曰殿下閣下執事之屬, 皆此類也.](≪獨斷≫ 卷上)
18) 弁轉疑星 : ①弁(모자)에는 3梁(관의 솔기), 5량, 7량의 구별이 있는데, 梁에는 모두 구슬이 달려 있

3·2·59

우통광내(右通廣內)¹⁹⁾하고 좌달승명(左達承明)²⁰⁾이라

<정전(正殿)의> 오른쪽으로는 <도서실인> 광내전(廣內殿)에 통하고, <금마문(金馬門)의> 왼쪽으로는 <교서실(校書室)인> 승명전(承明殿)에 이른다.

원문

此言王者宮室之壯이라

爾雅云 宮謂之室이라하니라 古者以宮爲室之通稱이러니 後世專以稱天子之室焉이라 殿은 堂之高大者니 秦始皇始作之라 盤은 屈曲之貌라 鬱은 茂盛之貌라 樓는 說文云 重屋也라하고 爾雅云 觀謂之闕이라하고 釋名云 觀者는 於上觀望也라하니 皆屋之最高者也라 飛는 鳥飛也라 詩小雅云²¹⁾ 如翬斯飛²²⁾라하니라 驚은 駭也니 言樓觀之高하여 勢若飛然하여 而駭人之目也라

圖와 寫는 皆畫也라 飛曰禽이라하고 走曰獸라하니라 以五色狀物之形曰畫라하니라 彩는 色也라 釋名云 長生不死曰仙²³⁾이라하니라 靈은 神也라 言此宮殿樓觀之中에 皆以彩色圖畫飛禽走獸及神仙之形於內也라

丙은 干名이요 舍는 屋也라 天官書云 亥爲天門하고 巳爲地戶²⁴⁾라하니라 丙舍於巳라 故凡地戶俱稱丙舍라 魏鍾繇帖云²⁵⁾ 墓田丙舍라하니라 傍은 側也라 啓는 開也니 言丙舍之門이 開於其側也라 甲者는 干之首라 帳은 釋名云 張也니 張施床上也라하니라 漢武故事云²⁶⁾ 上以琉璃珠玉明月夜光으로 雜錯珍寶爲甲帳하고 其次爲乙帳이라하니라

다. 여러 신하들이 오르내리는 사이에 변의 구슬이 돌아 별인 듯함을 보게 되니, ≪詩經≫<衛風 淇奧>에 "<모자> 솔기의 옥이 별인 듯하다."는 것이 이것이다.[弁有三梁五梁七梁之別, 梁皆有珠. 群臣升降之際, 見弁珠環轉如星. 詩曰, '會弁如星'是也.](≪註解≫) ②會는 솔기이다.[會, 縫隙.](≪漢≫)

19) 右通廣內 : 한나라 正殿의 오른쪽에 延閣·廣內가 있으니, 모두 秘書(궁중의 도서)를 보관하는 집이다.[漢正殿之右, 有延閣廣內, 皆藏秘書之室.](≪註解≫)
20) 左達承明 : 承明廬·石渠閣이 금마문의 왼쪽에 있으니, 또한 서적과 역사서를 校閱하는 집이다.[有承明廬石渠閣, 在金馬門左, 亦校閱書史之室.](≪註解≫)
21) 詩小雅 : ≪詩經≫<小雅 斯干>.(●)
22) 翬 : 꿩[雉].(≪詩經≫<小雅 斯干> <集傳>)
23) 釋名云 長生不死曰仙 : ≪釋名≫<釋長幼>에는 "늙어도 죽지 않는 것을 仙이라 한다.[老而不死曰仙.]"라고 하여 글자에 차이가 있다.
24) 天官書云 亥爲天門 巳爲地戶 : ①이 구절은 ≪協紀辨方書≫ 卷1·卷6에 보이고, ≪史記≫<天官書>에 보이지 않는다.(●) ②亥는 11시 방향이다.(●) ③巳는 5시 방향이다.](●) ④地戶는 땅의 門戶. 고대 傳說에 하늘에는 門이 있고, 땅에는 戶가 있는데, 天門은 西北에 있고, 地戶는 東南에 있다고 하였다.[地戶, 地的門戶. 古代傳說天有門, 地有戶, 天門在西北, 地戶在東南.](≪漢≫)
25) 鍾繇 : 151~230. 字는 元常. 後漢 말기 三國 曹魏 시기의 著名한 書法家·政治家이다.[字元常. 漢末至三國曹魏時著名書法家政治家.](百度百科)
26) 漢武故事 : 또 다른 명칭은 ≪漢武帝故事≫이다. 1篇의 雜史雜傳類의 志怪小說이다. 作者는 미상이

對는 當也라 楹은 柱也라

肆는 陳也라 設은 置也라 重曰筵이라하고 單曰席이라하니라 古人籍地而坐27)하니 筵席皆坐之具也라 鼓는 動之也라 瑟은 樂器니 狀如琴하고 有二十五弦이라 以口噓氣 曰吹라 笙은 亦樂器니 以匏爲之하여 列管於匏之中하고 又施簧於管端以出其聲也28)라

陛는 登也라 階는 級也라 納은 入也라 陛는 即階也라 堂之高者去地遠이라 故設階陛하니 所以升堂者也라 弁은 冠名이라 白虎通云 弁之爲言攀이니 持髮也라하니 有爵弁 韋弁皮弁等制29)라 轉은 動也요 疑는 似也니 詩衛風云 會弁如星30)이라하니라 此句承上階陛而言하여 登階入陛者가 其弁動移如星之多하면 則階陛之廣可知하니 甚言以形容之也라 言舍之以丙爲次者가 其門開於側하고 當柱則施甲帳하고 又陳設筵席하여 而作樂於其間하고 其階陛之廣에 登納者弁若星然하여 不可勝數也라

東爲左하고 西爲右31)라 通은 即達也라 廣內承明은 皆殿名이니 三輔黃圖云 建章宮中32)에 西則廣內殿이라하고 又云 未央宮有承明殿33)이라하니라 此二句는 總上文而言宮室之大니 其右則直通於廣內하고 其左則直達於承明也라

○觀은 去聲34)이라

해설

이는 왕의 궁실(宮室)이 장엄함을 말하였다.

─────────

고, 저술 연대는 魏·晉 이전으로 올라가지 않는다. 漢 武帝의 출생부터 죽어 茂陵에 묻히기까지의 전해들은 遺事를 기록하였다.[又名漢武帝故事, 是一篇雜史雜傳類志怪小說, 作者不詳, 成書年代不早於魏晉. 記載漢武帝從出生到死葬茂陵的傳聞佚事.](百度百科)
27) 籍 : '藉'과 통한다. 踐踏의 뜻이다.[籍, 通'藉'. 踐踏.](《漢》)
28) 簧 : 笙 속의 쇠 떨림판막이니, 생을 불면 떨려 작동하여 소리를 내는 것이다.[簧, 笙中金葉, 吹笙則鼓動之以出聲者也.](《詩經》<秦風 車鄰> 集傳)
29) 爵弁 : ①冕의 다음이니, 그 색깔이 붉으면서 약간 검어 마치 참새 머리와 같다.[冕之次, 其色赤而微黑, 如爵頭然.](《儀禮》<士冠禮> '爵弁服' 鄭玄注) ②爵은 '雀'(참새/작)과 통한다.[爵, 通'雀'.](《漢》) ③韋弁은 천자 제후 대부가 군대 일을 할 때의 복식이다. 무두질한 가죽을 사용하여 만들었는데 연붉은색으로 皮弁처럼 만든다.[韋弁, 天子諸侯大夫兵事服飾. 用熟皮制成, 淺朱色, 制如皮弁.](《漢》) ④皮弁은 옛날 관명이다. 흰 사슴의 가죽을 사용하여 만들었다.[古冠名. 用白鹿皮制成.](《漢》)
30) 詩衛風 : 《詩經》<衛風 淇奧>.(●)
31) 東爲左 西爲右 : 이 左右는 북쪽에서 남쪽을 향했을 적에 좌우 방향을 말하는 것이다. 그러면 左는 東이며 右는 西이다. 우리나라의 慶尙·全羅左右道 등의 左右도 이와 같다.(●)
32) 建章宮 : 또한 '建章'이라고 생략하여 말한다. 漢代 長安宮殿의 이름이다.[建章宮, 亦省稱'建章'. 漢代長安宮殿名.](《漢》)
33) 未央宮 : 宮殿 이름이다. 옛 터는 지금의 陝(섬)西 西安市 서북의 長安 옛 성 안의 서남 모서리에 있다. 漢나라 高帝 7년에 세워서 늘 朝見(현)하는 곳으로 하였다. 新나라 王莽 말기에 허물었다. 東漢 말기에 董卓이 다시 未央殿을 수리하였다. 唐나라 未央宮이 禁苑 중에 있다가 唐나라 말기에 와서 허물었다.[未央宮, 宮殿名. 故址在今陝西西安市西北長安故城內西南隅. 漢高帝七年建, 常爲朝見之處. 新莽末毁. 東漢末董卓復葺未央殿. 唐未央宮在禁苑中, 至唐末毁.](《漢》)
34) 觀 去聲 : 樓臺이다. 觀察의 뜻은 平聲으로 읽는다.(●)

≪이아(爾雅)≫<석궁(釋宮)>에 "궁(宮)을 실(室)이라 한다."라고 하였다. 옛날에는 궁(宮)을 실(室)의 통칭으로 하였는데 후세에는 오로지 천자의 집만을 일컫게 되었다. 전(殿)은 집이 높고 큰 것인데 진(秦)나라 시황(始皇)이 처음 지었다. 반(盤)은 굽은 모양이다. 울(鬱)은 무성한 모양이다. 루(樓)는 ≪설문(說文)≫에 "겹처마 지붕으로 된 집이다."라고 하고, ≪이아≫<석궁(釋宮)>에 "관(觀)을 궐(闕)이라 한다."라고 하고, ≪석명(釋名)≫<석궁실(釋宮室)>에 "관(觀)은 위에서 바라보는 것이다."라고 하니, 모두 집의 가장 높은 것이다. 비(飛)는 새가 낢이다. ≪시경≫<소아(小雅) 사간(斯干)>에 "처마는 꿩이 나는 듯하다."라고 하였다. 경(驚)은 놀람이다. 이는 '누(樓)와 관(觀)이 높아 형세가 나는듯하여 사람의 눈을 놀라게 한다.'라고 말한 것이다.

도(圖)와 사(寫)는 모두 그린다는 뜻이다. 나는 짐승을 금(禽)이라고 하고, 달리는 짐승을 수(獸)라 한다. 오색으로 물건의 모양을 나타내는 것을 화(畫, 그림/화)라고 한다. 채(綵)는 색칠함이다. ≪석명(釋名)≫<석장유(釋長幼)>에 "오래 살아 죽지 않는 이를 선(仙)이라 한다."라고 하였다. 영(靈)은 신(神)이다. 이는 '이 궁전과 누관의 속에는 모두 채색을 써서 나는 새와 달리는 짐승 및 신선의 모양을 그 안에 그렸다.'라고 말한 것이다.

병(丙)은 <셋째> 천간(天干)의 이름이고, 사(舍)는 집이다. ≪사기(史記)≫<천관서(天官書)>에 "해(亥, 11시 방향/해)는 천문(天門)이 되고 사(巳, 5시 방향/사)는 지호(地戶)가 된다."라고 하였다. 사(巳)에 병사(丙舍)를 지으므로, 무릇 지호는 모두 병사라고 일컫는다. 위(魏)나라 종요(鍾繇)의 첩(帖)에 "묘전(墓田, 묘지(墓地))의 병사(丙舍)이다."라고 하였다. 방(傍)은 곁이고, 계(啓)는 열음이다. 이는 '병사의 문이 그 곁에 열려 있다.'라고 말한 것이다. 갑(甲)은 천간의 첫째이다. 장(帳)은 ≪석명(釋名)≫<석상장(釋床帳)>에 "펼침이니, 평상 위에 펼치는 것이다."라고 하였다. ≪한무고사(漢武故事)≫에 "위에는 유리(琉璃)・주옥(珠玉)・명월(明月)・야광(夜光)으로 하여 진기한 보물을 섞어서 갑장을 만들었고, 그 다음은 을장(乙帳)을 만들었다."라고 하였다. 대(對)는 마주함이다. 영(楹)은 기둥이다.

사(肆)는 편다는 뜻이고, 설(設)은 설치함이다. 겹자리를 연(筵)이라고 하고, 홑자리를 석(席)이라 한다. 옛 사람이 땅에 깔고 앉았으니, 연(筵)・석(席)은 모두 앉는 도구이다. 고(鼓)는 소리 울리게 함이다. 슬(瑟)은 악기인데 모양이 금(琴)과 비슷하고 25줄이다. 입으로 바람을 부는 것을 취(吹)라 한다. 생(笙)도 악기인데 바가지로 만들어 대통을 바가지 안에 나열하고 또 떨림판막을 대통 끝에 설치하여 그 소리를 낸다.

승(陞)은 오름이다. 계(階)는 계단이다. 납(納)은 들어감이다. 폐(陛)는 바로 계(階)이다. 당(堂)이 높은 것은 땅과의 거리가 멀기 때문에 계(階)・폐(陛)를 설치하니, 당에 오르기 위한 것이다. 변(弁)은 관 이름이다. ≪백호통(白虎通)≫에 "변(弁)이라는 말은 올라감이니, 머리칼을 잡아주는 것이다."라고 하니, 작변(爵弁, 참새 머리색과 비슷한 관)・위변(韋弁, 붉은 무두질한 가죽 관)・피변(皮弁, 사슴 가죽 관) 등의 제도가 있다. 전(轉)은 움직임이다. 의(疑)는 비슷하다는 뜻이니, ≪시경≫<위풍(衛風) 기욱(淇奧)>에 "고깔 솔기에 단 구슬들이 별과 같다."라고 하였다. 이 구절은 위의 계(階)·폐(陛)를 이어서 말하여, 계(階)를 오르고 폐(陛)에 들어가는 사람이 그 변(弁)의 이동이 별처럼 많다면 계·폐의 넓음을 알 수 있으니, 극도로 말하여 그것을 형용한 것이다. 이는 '집이 병(丙)으로 차례를 먹인 것이 그 문은 곁에 열려 있고, 기둥에는 갑(甲) 휘장이 설치되고, 또 자리를 펴고서 그 사이에서 음악을 연주하고 그 계단의 넓은 곳에 올라 들어가는 이들의 모자가 마치 별과 같아 다 셀 수 없다.'라고 말한 것이다.

동쪽은 왼쪽이 되고, 서쪽은 오른쪽이 된다. 통(通)은 바로 통한다는 뜻이다. 광내·승명은 모두 전각 이름이다. ≪삼보황도(三輔黃圖)≫에 "건장궁(建章宮) 안에 서쪽은 광내전(廣內殿)이다."라고 하고, 또 "미앙궁(未央宮)에는 승명전(承明殿)이 있다."라고 하였다. 이 두 구절은 윗글을 총괄하여 궁실의 거대함을 말하였는데, 그 오른쪽은 곧바로 광내전에 통하고 그 왼쪽은 곧바로 승명전에 통한다.

○관(觀, 누관/관)은 거성(去聲)이다.

3·3·60

기집분전(旣集墳典)하고 역취군영(亦聚群英)35)이라

이미 <삼황의 책> ≪삼분(三墳)≫과 <오제의 책> ≪오전(五典)≫을 모으고, 또한 여러 <광내전과 승명전에> 영웅을 모았다.

원문

言此宮殿樓觀之中에 墳典藏焉하고 群英會焉이라

旣者는 已事之辭라 集은 即聚也라 墳은 三墳也요 典은 五典也라 三墳은 載三皇之事者也36)요 五典은 載五帝之事者也라 春秋左傳云37) 楚左史倚相이 能讀三墳五典이라하니라 書莫古於墳典이라 故擧此以該群書也라 亦은 又也라 群은 衆也라 才德出衆之人

---

35) 旣集墳典 亦聚群英 : ①이미 ≪삼분≫·≪오전≫을 모아놓고 또 반드시 영재(英才)와 현사(賢士)들을 부르며 찾아서 광내·승명에 모아 강명하며 토론하여 정치하는 도리를 밝혔다.[旣集墳典, 又必徵訪英賢, 聚於廣內承明, 講明討論, 以昭治道也.](≪註解≫) ②群(무리/군)은 羣(무리/군)의 속자이다.[群, 羣之俗字.](≪中≫) ③'旣集典'과 '亦聚英'은 兩句 對偶이지만 3字만 相對될 뿐이고, '墳'과 '群'은 相對되지 않는다.(◉)
36) 三皇 : 전설 속의 상고 시대 세 제왕으로, 지적하여 말하는 것이 한결같지 않다. ①伏羲·神農·黃帝. ②伏羲·神農·女媧. ③伏羲·神農·燧人. ④伏羲·神農·祝融. ⑤天皇·地皇·泰皇. ⑥天皇·地皇·人皇.(≪漢≫)
37) 春秋左傳 : ≪春秋左氏傳≫<昭公 12年>.(◉)

을 謂之英이라

○此節爲下六節綱領이라

○按古三墳已不可考라 至宋元豊中하여 張商英得於唐州北陽民家[38]한대 其書爲山墳氣墳形墳三篇하고 言多誕妄하니 蓋僞書也라 五典은 即書經堯典舜典大禹謨皐陶謨益稷五篇이라

해설

이는 궁전(宮殿)·누관(樓觀) 안에 ≪삼분(三墳)≫·≪오전(五典)≫이 보관되고 여러 인재들이 모인 것을 말하였다.

기(旣)는 일을 마쳤다는 말이다. 집(集)은 곧 모음이다. 분(墳)은 ≪삼분≫이고, 전(典)은 ≪오전≫이다. ≪삼분≫은 삼황(三皇)의 일을 기록한 것이고, ≪오전≫은 오제(五帝)의 일을 기록한 것이다. ≪춘추좌씨전(春秋左氏傳)≫ 소공(召公) 12년에 "초(楚)나라 좌사(左史) 의상(倚相)이 능히 ≪삼분≫·≪오전≫을 읽었다."라고 하였다. 책은 ≪삼분≫·≪오전≫보다 오래된 것이 없으므로, 이를 들어 여러 책을 겸한 것이다. 역(亦)은 '또'이다. 군(群)은 무리이다. 재주와 덕성이 무리에서 뛰어난 사람을 영(英)이라 한다.

○이 구절은 아래 6구절의 강령이 된다.

○살펴보면 옛날의 ≪삼분≫은 이미 고찰할 수 없다. 송(宋)나라 원풍(元豊, 1078~1085) 연간에 이르러 장상영(張商英)이 당주(唐州) 북양(北陽)의 민가에서 얻었는데 그 책은 <산분(山墳)>·<기분(氣墳)>·<형분(形墳)> 3편이 있었고, 말이 대부분 허탄하며 허망하니, 위서(僞書)였다. ≪오전≫은 곧 <서경(書經)>의 <요전(堯典)>·<순전(舜典)>·<대우모(大禹謨)>·<고요모(皐陶謨)>·<익직(益稷)>의 5편이다.

3·4·61

두고종례(杜稾鍾隷)[39]요 칠서벽경(漆書壁經)이라

두도(杜度)의 초서(草書)와 종요(鍾繇)의 예서(隷書)이고, <노공왕(魯恭王)이 공자 집에서 얻은> 옻칠 액 글씨의 벽 속 경서(經書)이다.

---

38) 張商英 : 宋나라 蜀州 新津 사람이며, 字는 天覺이고, 號는 無盡居士이다. 大觀 4年(1110)에 尙書右僕射(야)에 임명되었고 蔡京이 한 일을 변경하여 정무에 공평함을 유지하였다. 시호는 文忠이다.[宋蜀州新津人, 字天覺, 號無盡居士. 大觀四年拜尙書右僕射, 變更蔡京所爲, 爲政持平. 諡文忠.](≪人≫)

39) 稾 : 속자가 藁(초서/고)이고, 稿와 동자이다.[稾, 俗藁, 稿仝.](≪註解≫)
　　隷 : 본자가 隸(종/예)이다.[隷, 本隸.](≪註解≫)

> 원문

此節承上文墳典而言하여 見書籍之多也라

杜는 杜度也[40]요 鍾은 鍾繇也라 槀는 草槀也라 凡作文槀多用草書라 故謂草書爲槀라하니라 漢章帝時에 杜度善作草書라 隸는 賤者之稱이라 秦始皇時에 程邈始變古文篆書爲隸[41]한대 以其簡捷便於徒隸라 故謂之隸하니 魏鍾繇善作此書라 漆은 木液可飾器者라 古人無墨하여 以漆書字於竹簡之上이라 書者는 載籍之通稱이라 壁은 牆也라 經은 六經이니 易書詩禮樂春秋가 是也라 此所謂經은 乃書經也라 始皇焚書時에 孔子八世孫騰이 藏書經於壁中이러니 至漢時하여 魯共王壞孔子舊宅得之[42]하니 謂之古文尙書[43]라하니라 言書籍之多하여 有草書者하며 有隸書者하며 有漆書者한대 有若壁中之古文者는 蓋篆書요 不可勝數也라

○按隸書即今眞書[44]라 書苑云[45] 割程邈隸하여 取二分하고 割李斯篆하여 取八分하여 爲八分書라하니 則今之稱隸者는 八分書也요 古之稱隸者는 乃眞書也라 又唐六典[46]에 校書郎正字體有五한대 四曰八分書니 石經碑碣所用[47]이라 五曰隸書니 典籍表奏公

---

40) 杜度 : 杜操이다. 東漢 사람으로, 자가 伯度이다. 魏·晉 시대에는 '曹操'의 이름을 피하여 '杜度'로 바꾸어 불렀다. 章帝 때에 齊나라 재상이 되었고 章草를 잘 썼다.[杜度, 杜操. 東漢人, 字伯度, 魏晉因避曹操諱, 改稱杜度, 章帝時爲齊相, 工章草.](≪人≫)
41) 程邈 : 秦나라 下杜 사람으로, 字는 元岑이다. 일찍이 獄吏를 지냈다. 전해오기를 감옥에 있으면서 글자 字體를 정리하였는데, 처음으로 篆書의 원형을 바꾸어 직각으로 하고 그 번잡함을 제거하여 글씨 쓰기에 편하게 하니 세상에서 隸書라고 일컬었다. 始皇이 훌륭하게 여겨 외방으로 보내 御史를 삼았다.[程邈, 秦下杜人, 字元岑. 嘗爲獄吏. 相傳在獄整理字體, 首變篆書圓轉爲方折, 去其繁復, 以便書寫, 世稱隸書. 始皇善之, 出爲御史.](≪人≫)
42) 魯共王 : ①劉餘. 출생 연도는 미상이고, B.C.128년에 죽었다. 漢 景帝의 다섯째 아들이다. 景帝 전2년(B.C.155)에 淮陽王이 되었고 뒤에 魯王으로 옮겼다. 궁실을 수리하기를 좋아하였는데 孔子의 옛 집을 헐어서 그 집을 넓히다가 벽 속에서 古文 經傳을 얻었다. 죽자 시호를 '恭'이라고 하였다.[魯恭王, 劉餘. ~前128. 景帝第五子, 景帝前二年立爲淮陽王, 後徙王魯, 好治宮室. 壞孔子舊宅以廣其宮, 於壁中得古文經傳, 卒諡恭.](≪人≫) ②≪漢書≫ <景十三王傳>에 기록된 '魯共王餘'의 顔師古注에 "共은 恭으로 읽는다."라고 하였으니, 共은 恭과 통용되고, 古書에 魯共王과 魯恭王이 많이 혼용되었다.(●)
43) 古文尙書 : 書名. 모두 46卷. 伏生이 ≪今文尙書≫ 29卷을 전하였다. 뒤에 魯恭王이 孔子의 옛 집을 헐어서 ≪古文尙書≫를 얻었는데, 伏生이 전한 것보다 16篇이 많았다. 孔安國이 조서를 받들어 ≪古文尙書傳≫을 지어 올렸는데, 巫蠱의 사건을 만나서 미처 學官에 세우지 못하였고 뒤에 마침내 없어졌다.[古文尙書, 書名. 凡四十六卷. 伏生傳今文尙書凡二十九卷. 後魯恭王壞孔子故宅, 得古文尙書, 較伏生傳者多十六篇. 孔安國承詔作古文尙書傳, 獻之, 遭巫蠱事, 未及立於學官, 後遂亡失.](≪中≫)
44) 眞書 : 해서이다. 원래 예서의 별칭이다. 또 正書라고도 일컫는다.[楷書. 原是隸書的別稱. 也稱正書.](≪漢≫)
45) 書苑 : ①≪書苑菁華≫의 省略.(●) ②≪書苑菁華≫는 20卷이다. 宋 陳思 撰이다. 이는 옛 사람이 글씨를 논한 말을 編集하여 ≪書小史≫와 서로 補充하면서 아울러 통행되었다.[書苑菁華, 二十卷. 宋陳思撰. 是編集古人論書之語, 與書小史相輔而並行.](百度快照)
46) 唐六典 : 書名. 30卷. 唐 玄宗 御撰, 李林甫가 詔勅을 받들어 주석하였다.[唐六典, 書名. 三十卷. 唐玄宗御撰, 李林甫奉敕注.](≪中≫)
47) 石經 : 돌에 새긴 경서를 말한다. 한나라 平帝 元始 원년(서기1)에 王莽이 甄豊에게 명령하여 古文인

私文疏所用48)이니 則隸之爲眞書가 無疑矣라

해설
　이 구절은 위 글의 ≪분(墳)≫·≪전(典)≫을 이어 말하여 서적이 많음을 보였다.
　두(杜)는 두도(杜度)이고, 종(鍾)은 종요(鍾繇)이다. 고(槀)는 초고(草藁)이니, 무릇 글을 지을 적에 초고는 대부분 초서를 사용하므로 초서를 고(槀)라고 한다. 한(漢)나라 장제(章帝) 때에 두도가 초서를 잘 썼다. 예(隸)는 미천한 사람의 칭호이다. 진시황(秦始皇) 때에 정막(程邈)이 처음으로 고문(古文) 전서(篆書)를 바꾸어 예서(隸書)를 만들었는데 간단하며 빨라서 노역하는 노예들에게 편리하였으므로 예서라고 불렀다. 위(魏)나라 종요가 이 글씨를 잘 썼다. 칠(漆)은 나무에서 나온 액체로서 그릇을 치장할 수 있는 것이다. 옛날 사람은 먹이 없어서 옻칠 액으로 글자를 대나무 쪽 위에 썼다. 서(書)는 재적(載籍, 書籍)의 통칭이다. 벽(壁)은 담장이다. 경(經)은 6경이니, ≪역경(易經)≫·≪서경(書經)≫·≪시경(詩經)≫·≪예기(禮記)≫·≪악경(樂經)≫·≪춘추(春秋)≫가 그것이다. 여기서 말한 경(經)은 바로 ≪서경≫이다. 진시황이 책을 불태울 때에 공자(孔子) 8세손 공등(孔騰)이 ≪서경≫을 벽 속에 보관하였다. 한나라 때에 이르러 노공왕(魯共王) 유여(劉餘)가 공자의 옛집을 헐다가 이것을 얻었는데 ≪고문상서(古文尙書)≫라고 불렀다. 이는 '서적이 많아 초서로 된 것도 있으며 예서로 된 것도 있으며 칠서로 된 것도 있는데, 벽 속의 고문과 같은 것은 전서(篆書)이고 이루 다 헤아릴 수 없다.'라고 말한 것이다.
　○살펴보면 예서(隸書)는 곧 지금의 진서(眞書, 해서)이다. ≪서원(書苑)≫에 "정막(程邈)의 예서를 분할하여 20%를 채택하고 이사(李斯)의 소전(小篆)을 분할하여 80%를 채택하여 팔분서(八分書)가 되었다."라고 하였으니, 지금 예서라고 일컫는 것은 팔분서이고, 옛날에 예서라고 일컫던 것은 바로 진서이다. 또 ≪당육전(唐六典)≫에는 "교서랑(校書郞)·정자(正字)가 쓰는 서체는 5가지가 있는데 넷째가 팔분서로 석경(石經)의 비갈(碑碣)에 쓰는 것이다. 다섯째가 예서로 전적(典籍)과 표주(表奏)의 공용(公用)·사용(私用)의 상소문에 쓰는 것이다."라고 하였으니, 예서가 진서인 것은 의심이 없다.

　≪易≫·≪書≫·≪詩≫·≪左傳≫을 돌에 새기게 하였는데 이것이 석경의 시작이다. 이 뒤로 역대에 모두 석경이 있다.[石經, 謂石刻之經書也. 漢平帝元始元年王莽命甄豐摹古文易書詩左傳於石, 此爲石經之始, 自後歷代皆有石經.](≪中≫)

48) … 公私文疏所用 : ≪唐六典≫에 "校書郞·正字는 典籍을 교정하고, 文字를 바로잡는 일을 담당하였다. 그 글자 字體에 5가지가 있는데, 첫째 古文으로 폐기하여 사용하지 않고, 둘째 大篆으로 石經에만 기재되었고, 셋째 小篆으로 도장·기·碑碣에 사용하는 것이고, 넷째 八分으로 石經·碑碣에 사용하는 것이고, 다섯째 隸書로 典籍과 表奏의 公用·私用의 상소문에 사용하는 것이다."라고 하였다.[… 公私文疏所用, 唐六典云, "校書郞正字掌讎校典籍, 刊正文字. 其體有五, 一曰古文, 廢而不用, 二曰大篆, 惟石經載之, 三曰小篆, 印璽旛碣所用, 四曰八分, 石經碑碣所用, 五曰隸書, 典籍表奏公私文疏所用."](≪六藝之一錄≫ 卷239 <古今書體 顧藹吉隸八分攷>)

3·5·62
부라장상(府羅將相)⁴⁹⁾하고 노협괴경(路俠槐卿)⁵⁰⁾⁵¹⁾이라

관부(官府)에는 장수와 정승이 나열되었고, <대궐> 길에는 삼공(三公)과 구경(九卿)이 끼어 늘어서 있다.

3·5·63
호봉팔현(戶封八縣)⁵²⁾하고 가급천병(家給千兵)⁵³⁾이라

<공신에게> 민가를 여덟 현(縣)이나 봉해 주었고, <장상과 공경의> 집에는 천 명이나 병사를 주었다.

3·5·64
고관배련(高冠陪輦)하고 구곡진영(驅轂振纓)⁵⁴⁾이라

높은 모자 쓴 이들이 임금 손수레를 모시고, 수레바퀴를 몰아가면 갓끈이 흔들거린다.

---

49) 府羅將相 : 皇帝가 거처하는 좌우에 관청 집들이 나열되었으니, 장수이거나 정승들이다.[皇居左右, 府第羅列, 或將或相也.](≪註解≫)
50) 路俠槐卿 : ①아래 글 "槐를 말하면서 棘을 말하지 않았으며 卿을 말하면서 公·孤·大夫를 말하지 않은 것은 글을 생략한 것이다.[言槐而不言棘, 言卿而不言公孤大夫, 省文也.]"라고 한 것에 의하면, 당연히 괄호 부분을 보충하여 "路俠槐(公, 路俠棘)卿."이라고 하고, 혹은 "路俠槐(公棘)卿."이라고 해야 하는데, 여기서는 互文으로 생략하여 "路挾槐卿"이라고 하였다. 이와 같이 되면 위 구절 '府羅將相'과 서로 대우를 이룬다.(◉) ②俠은 夾·挾과 통용이다.[俠, 通夾, 通挾.](≪漢字典≫)
51) 府羅將相 路俠槐卿 : ①宮을 도와 將相들이 나열되어 있고, 길을 끼어 王侯들이 나열되어 있다.[扶宮羅將相, 夾道列王侯.](≪文選≫<結客少年場行>) ②'相'은 平仄 兩韻이 있어서 平聲이면 '交互'(서로)의 뜻이고, 去聲이면 '宰相'(정승)의 뜻인데, 여기서는 仄韻 去聲이 사용되었다. 出句脚 '相'이 仄聲이고 韻脚 '卿'이 平聲이니, 平仄이 相對되고, 出句脚 平聲과 韻脚 平聲의 上尾를 피하게 된다.(◉)
52) 戶封八縣 : ①후한 王常이 食邑 8縣을 받은 것을 말한다. ≪後漢書≫ 卷45 <王常列傳>에 "更始皇帝(경시황제, 劉玄)가 서쪽으로 가서 長安에 도읍하고는 王常으로 南陽太守의 일을 겸직하도록 하고, 生殺과 賞罰의 명을 전담하도록 하였으며, 鄧王으로 봉하고, 8縣을 식읍으로 주었으며, 姓을 劉氏로 내렸다.(更始西都長安, 以常行南陽太守事, 令專命誅賞, 封爲鄧王, 食八縣, 賜姓劉氏)"라고 하였다. 이 故事는 山本準 등이 일찍이 그의 解釋에 발표한 적이 있다.(≪評釋千字文≫, 昭和15년(1940))(◉) ② 후한 寇恂의 가족이 도합 8현을 받은 것을 말한다. ≪庾開府集箋註≫ 卷10 <周大將軍幽國公廣墓誌銘>에 "민가를 8縣이나 책봉해 주니 은혜가 寇恂의 공로에 깊었다."라고 하고, 그 <註>에 "≪後漢書≫<寇恂傳>에 '寇恂의 同腹 형제 및 형의 아들, 누나의 아들로서 군대 공로로 列侯에 책봉된 사람이 8인이었다.' 하였다."라고 하였다.[戶封八縣, 恩深寇恂之功. <註> 恂同産弟及兄子姊子, 以軍功封列侯者八人.(≪庾開府集箋註≫ 卷10 <周大將軍幽國公廣墓誌銘>)] 이에 의하면 後漢의 寇恂 및 그 친인척 8인의 집에 각각 1縣씩 책봉해 주어 모두 8縣을 8집에 책봉해 준 것이다.(◉) ③근래 譯註書(≪千字文譯注≫, 蔡國根譯注.)에 "'八縣·千兵'은 많음을 널리 가리킨 것이지 실제를 가리킨 것이 아니다.[泛指衆多, 而非實指.]"라고 하였는데, 이는 미처 살피지 못한 것이다.(◉)
53) 家給千兵 : <陸曄에게> 衛將軍을 더해주고, 1천 병력과 1백 기병을 주고는 공훈으로 작위를 진급시켜 公으로 삼았다.[…加衛將軍, 給千兵百騎, 以勳進爵爲公.](≪晉書≫<陸曄列傳>)

> 3·5·65
>
> # 세록치부(世祿侈富)하니 거가비경(車駕肥輕)55)56)이라
>
> 대물려 봉급을 받아 호사(豪奢)하며 부유하니, 수레와 멍에 씌운 말이 살찌고 가쁜하다.

원문

自此以下五節은 俱承上文群英而言한대 此節言群英祿位之尊富也라

府는 風俗通云57) 聚也라하니 公卿牧守之所聚也58)라 羅는 列也라 將相은 文武臣也라 路는 道路也라 俠은 與夾同이라 周禮六卿은 塚宰司徒宗伯司馬司寇司空也라 漢九卿은 太常光祿勳衛尉太僕廷尉鴻臚宗正司農少府也라 周禮에 建外朝之法59)은 面三槐60)

---

54) 高冠陪輦 驅轂振纓 : ①아래 글에 "驅轂은 위의 陪輦을 이어서 말하였고, 振纓은 위의 高冠을 이어서 말하였다.[驅轂承上陪輦而言, 振纓承上高冠而言.]"라고 하였다. 이 구절을 正置法으로 제시하면 당연히 "陪輦高冠, 驅轂振纓." 또는 "陪輦驅轂, 高冠振纓."이 되어야 할 것이다. 그런데 도치문으로 "高冠陪輦"이라고 하였으니, 出句脚 '輦'과 韻脚 '纓'이 平(纓)仄(輦)이 相對된다. '冠'(平, 모자)이 出句脚이 되면 '冠'과 '纓'이 모두 평성이어서 平仄이 상대되지 않고, 上尾를 저촉한다. 冠의 音義는 '帽子'라는 名詞이면 平聲이 되고, '帽子를 쓰다.'라는 動詞이면 仄聲이 된다. 이는 글귀 끝 2자의 平平同聲을 기피하여 平仄의 相對를 이루고, 上尾를 회피한 것이다.(●) ②高冠陪輦은 제후가 외출하면 높은 모자 쓰고 큰 띠 맨 人士들이 좌우에서 손수레를 모시었다.[高冠陪輦, 諸侯出, 則有高冠大帶之士, 左右陪輦也.](≪註解≫) ③輦은 '끄는 수레'이다. 車(수레/거)·夫夫(두 남자가 나란히 갈/반)을 따랐다. 夫夫은 수레 앞에 있어서 끄는 것이다.[輦, 輓車也. 从車夫夫, 夫夫在車前引之也.(≪說文≫) 사람이 끌어서 가는 수레를 말한다.[謂人輓以行之車也.](≪說文≫<段注>) ④輦은 秦·漢 이후로는 오로지 제왕·후비만 타는 수레를 가리킨다.[輦, 秦漢後專指帝王后妃所乘之車.](≪漢≫) ⑤驅轂振纓은 제후의 수행원이 수레바퀴를 몰아서 가면 그 수레와 말의 끈과 술이 흔들거린다.[驅轂振纓, 諸侯從者, 驅轂而行, 振動其車馬之纓旒也.](≪註解≫) ⑥纓은 ≪註解≫에서는 "수레와 말의 끈과 술"이라고 하고, ≪釋義≫에서는 '갓끈'이라고 하였는데, 두 설을 모두 두어도 된다.(●)

55) 車駕肥輕 : 아래 글에 "肥는 그 말[馬]을 말하였고, 輕은 그 수레를 말하였다.[肥言其馬, 輕言其車.]"라고 하여, 이를 정치법으로 제시하면 당연히 "車輕駕肥", 혹은 "車駕輕肥."라고 해야 할 것이다. 그런데 도치문으로 "車駕肥輕"이라고 하였으니, '輕'을 韻字로 사용하기 때문이다. 또 ≪註解≫에는 "그들이 타는 수레가 경쾌하고, 그들이 멍에 씌운 말이 살쪘다.[其所乘之車輕, 其所駕之馬肥也.]"라고 하였는데, 이 글을 요약하면 '(乘)車輕, 駕(馬)肥.'가 된다. 그렇다면 車駕肥輕의 구절은 '乘'과 '馬'를 보충해야 하는 互文이다.(●)

56) 世祿侈富, 車駕肥輕 : '侈富'는 '肥輕'과 대우이지만, '世祿'은 '車駕'와 대우가 되지 않으니, 이는 一聯 兩句 중에 뒤의 2글자만 대우이다.(●)

57) 風俗通 ①≪風俗通義≫의 簡稱.(●) ②≪風俗通義≫는 書名이다. 東漢 應劭 撰이다. 그 책은 典禮類 ≪白虎通義≫를 고찰해 논하고 流俗類 ≪論衡≫을 바로잡았다. 그 自序에 "≪風俗通義≫라고 말한 것은 流俗의 잘못을 통하게 하고 일을 義理에 맞게 함을 말한다."라고 하였다.[風俗通義, 書名. 東漢 應劭撰. 其書考論典禮類白虎通義, 糾正流俗類論衡. 其自序云, "謂之風俗通義, 言通於流俗之過謬, 而事該之於義理也.](≪中≫)

58) 牧守 : 州郡의 長官인데, 州官을 牧이라고 하고, 郡官을 守라고 한다.[牧守, 州郡的長官, 州官稱牧, 郡官稱守.](≪漢≫)

59) 外朝 : 周나라 제도에 天子·諸侯가 朝廷 정무를 처리하는 곳이니, 內朝에 상대하여 말한 것이다.[外

에 三公位焉하고 左九棘⁶¹⁾에 孤卿大夫位焉⁶²⁾이라 言槐而不言棘하며 言卿而不言公孤大夫는 省文也라

戶는 民家也라 封者는 使食其所入也라 縣은 釋名云 懸也니 懸於郡也라하니라 家는 將相公卿之家也라 給은 予也라 兵은 士卒也라

陪는 侍也라 輦은 天子之車也라 驅는 馳之也라 轂은 車輪也라 振은 動也라 纓은 冠系也라 驅轂承上陪輦而言하고 振纓承上高冠而言하니라

父子相繼爲世라 祿은 俸也라 言此將相公卿之子孫이 皆得食祖父之祿하여 而世世相承也라 侈는 奢也라 富者는 饒於財也라 駕는 說文云 馬在軛中也라하니라 肥는 說文云 多肉也라하니라 輕은 疾也라 肥言其馬하고 輕言其車也라

言此群英在將相公卿之位者는 其所封之戶가 有八縣之廣하고 而給其家者는 有千兵之多하여 出則驅其車輪하여 以侍天子之輦而行할새 而所戴之高冠이 以車馳而振動其纓하니 其冠服之美盛如此하고 至於子孫하여 亦得世食其祿하여 奢侈富足하고 駕肥馬而乘輕車也라

○按컨대 自秦罷封建⁶³⁾으로 漢初復分王子弟어늘 後懲七國之禍⁶⁴⁾하여 膺封爵者는

朝, 周制天子諸侯處理朝政之所, 對內朝而言.](《漢》)
　內朝: 고대에 天子·諸侯가 政事를 처리하거나 휴식하는 장소로, 外朝에 상대하여 말한 것이다. 內朝는 둘인데, 하나는 路門 밖에 있어 天子·諸侯가 政事를 처리하는 곳으로, 또한 治朝라고도 한다. 하나는 路門 안의 路寢에 있는데, 天子·諸侯가 政事를 처리한 뒤에 휴식하는 곳으로, 또한 燕朝라고도 한다. 卿·大夫가 자기 邑의 일을 다스리는 곳도 內朝라고 한다.[內朝, 古代天子·諸侯處理政事和休息的場所, 對外朝而言. 內朝二, 一在路門外, 爲天子·諸侯處理政事之處, 亦謂之治朝. 一在路門內之路寢, 爲天子·諸侯處理政事後休息之所, 亦謂之'燕朝'. 卿·大夫治其邑事之處也稱'內朝'.](《漢》)

60) 三槐: 전해오기를 周代에 宮廷 밖에는 3그루의 홰나무[槐樹]를 심어 두었는데, 3公이 天子에게 조회할 때 3그루의 홰나무를 향하여 섰다고 한다. 뒤에 이것으로 하여 '三槐'로 '三公'을 비유하게 되었다.[三槐, 傳周代宮廷外種有三棵槐樹, 三公朝天子時, 面向三槐而立. 後因以三槐喩三公.](《漢》)

61) 九棘: 고대에 신하들의 外朝의 자리에는 9그루 가시나무[九棘]를 심어 표지를 삼아 等級과 職位를 구분하였다. 《周禮》<秋官·朝士>에 "왼쪽 九棘에는 孤·卿·大夫가 자리한다. … 오른쪽 九棘에는 公·侯·伯·子·男이 자리한다."라고 하고, 鄭玄의 주석에는 "가시나무를 심어 세운 것은 진실한 마음으로 외부[群臣, 群吏, 萬民]에 獄訟 諮問을 취하여, 진실한 마음으로 3가지 자문을 본다."라고 하였다. 뒤에 이것으로 하여 '九棘'으로 '九卿'의 代稱을 삼았다.[九棘, 古代群臣外朝之位, 樹九棘爲標識, 以區分等級職位. 周禮秋官朝士, "左九棘, 孤卿大夫位焉. … 右九棘, 公侯伯子男位焉." 鄭玄注, "樹棘以爲立者, 取其赤心而外刺, 象以赤心三刺也." 後因以九棘爲九卿的代稱.](《漢》)

62) 孤: 고대 관명. 그 지위는 삼공의 아래에 있다.[孤, 古代官名. 其地位在三公之下.](《漢》)

63) 封建: ①邦을 책봉하고 國을 건립함이다. 고대에 제왕이 작위와 토지를 친척 혹은 공신에게 나누어 주고 그들에게 각각 해당 지역 안에서 나라를 건립하도록 하였다. 전해오기를 黃帝가 봉건을 시작하여 周나라에 이르러 제도가 비로소 갖추어졌다고 한다. 秦나라가 中國을 통일하고, 封建을 폐기하며 郡縣을 세웠다. 漢나라는 景帝가 七國의 난리를 평정한 이후로부터 비록 王侯를 책봉하여 邦國을 세우는 제도를 행하였으나 다만 권력을 中央에 집중하였다.[封建, 封邦建國. 古代帝王把爵位土地分賜親戚或功臣, 使之在各該區域內建立邦國. 相傳黃帝爲封建之始, 至周制度始備. 秦統一中國, 廢封建立郡縣. 漢自景帝平七國之亂後, 雖行封王侯建邦國之制, 但集權於中央.](《漢》) ②郡縣의 명칭은 처음 周나라에서 본다. 秦始皇이 中國을 통일하고 國內를 나누어 36郡으로 만들어 郡縣의 政治가 시작되었

止食其邑之戶라 然東漢吳鄧之功65)에 所封不過四縣하고 晉惟羊祜得封五縣66)이어늘 茲云八縣은 未知何所指也라 又重臣之有勳德者는 給兵以爲從衛어늘 其數多寡不同이라 如晉衛瓘陸玩等67)은 皆給千兵하니 恩禮之盛이 無踰此矣라

○將相은 並去聲이라68)

해설

여기서부터 이하 5구절은 윗글 군영(群英, 여러 영웅)을 모두 이어 말하였는데, 이 구절은 여러 영웅들의 녹봉과 지위가 높으며 부유함을 말하였다.

부(府)는 ≪풍속통(風俗通)≫에 "모임이다."라고 하였으니, 공·경(公卿, 중앙의 고관)과

다. 漢나라 초기에 封建制와 郡縣制가 아울러 시행되었으나 그 뒤에는 郡縣이 마침내 일상 제도를 이루었다.[郡縣之名, 初見於周. 秦始皇統一中國, 分國內爲三十六郡, 爲郡縣政治之始, 漢初封建制與郡縣制並行, 其後郡縣遂成常制.](≪漢≫)

64) 七國 : 한나라 景帝 때에 吳國·楚國·趙國·膠西國·濟南國·菑川國·膠東國의 7개 제후국을 가리킨다. 이어서 B.C.145년에 동시 다발로 무장 반란을 일으켰는데, 역사에서 '七國之亂'이라고 일컫는다.[七國, 指漢景帝時吳楚趙膠西濟南菑川膠東七個諸侯國. 因于公元前一四五年同時發動武裝叛亂, 史稱'七國之亂'.](≪漢≫)

65) 吳鄧 : ①吳漢, 鄧禹.(●) ②吳漢은 동한 南陽 宛 사람이다. 자는 子顔이다. 뒤에 여러 장군들과 함께 劉秀를 옹립하여 황제로 삼았다. 大司馬에 임명되고 舞陽侯에 책봉되었다. 죽자 시호를 '忠'이라고 하였다.[吳漢, 東漢南陽宛人, 字子顔, 後與諸將擁劉秀爲帝, 任大司馬, 封舞陽侯, 卒諡忠.](≪人≫) ③鄧禹는 동한 남양 新野 사람이다. 자는 仲華이다. 젊어서 長安에 유학하여 유수와 친선하였다. 光武帝(유수)가 즉위하자, 大司徒에 임명하고 酇侯에 책봉하였다. 明帝 때에 太傅에 임명되었다. 죽자 시호를 '元'이라고 하였다.[鄧禹, 東漢南陽新野人, 字仲華. 少遊學長安, 與劉秀親善. 光武帝卽位, 拜大司徒, 封酇侯. 明帝時拜太傅. 卒諡元.](≪人≫)

66) 羊祜 : 221~278. 三國 말기 西晉 초기의 泰山 南城 사람. 字는 叔子. 蔡邕의 外孫이고, 司馬師의 妻弟이다. 晉나라로 들어와서, 尙書左僕射에 임명되었다. 晉 武帝 泰始 5年(269), 都督荊州諸軍事로 옮겼다. 누차 吳나라를 멸망시킬 큰 계책을 진술하고, 군사를 출동하여 吳나라를 멸망시킬 것을 청하였다. 관직이 征南大將軍에 이르고, 南城侯에 봉해졌다. 죽으려 할 적에 杜預을 추천하여 자신의 후임으로 삼게 하였다. 죽자 시호를 '成'이라고 하였다.[羊祜, 221~278年. 三國末西晉初泰山南城人. 字叔子. 蔡邕外孫. 司馬師之妻弟. 入晉, 拜尙書左僕射. 武帝泰始五年, 遷都督荊州諸軍事. 累陳滅吳大計, 請出兵滅吳. 官至征南大將軍, 封南城侯. 臨終, 擧杜預自代. 卒諡成.](≪人≫)

67) 衛瓘 : 220~291. 西晉의 河東 安邑 사람. 字는 伯玉, 三國 魏나라 말기에 尙書郞을 임명받았다. 廷尉卿으로 전근되어, 鄧艾·鍾會의 군대가 蜀나라를 정벌하는 것을 감독하여 蜀을 멸하였다. 종회가 蜀 지역에 의거하여 반란하자, 위관은 계책을 써서 평정하고, 아울러 등애도 추후에 살해했다. 晉나라로 들어와서 누차 관직을 거쳐 司空이 되었다. 晉 惠帝가 즉위하자, 汝南王 司馬亮과 함께 정무를 보좌하였으나 賈后에게 살해되었다.[衛瓘, 220年~291年. 西晉河東安邑人. 字伯玉, 三國魏末任尙書郞. 轉廷尉卿, 監鄧艾鍾會軍伐蜀, 蜀滅. 會據蜀反, 瓘以計平之, 幷追殺艾. 入晉, 累官司空. 惠帝立, 與汝南王司馬亮共輔政, 爲賈后所殺.](≪人≫)

陸玩 : 278~342. 東晉 吳郡 吳 사람. 字는 士瑤. 晉 成帝 咸和 2年(327)에 蘇峻이 반란하자, 형 陸曄과 함께 宮城을 수비하였다. 소준이 평정되자, 尙書令으로 전근되었다.[陸玩, 278~342. 東晉吳郡吳人. 字士瑤. 成帝咸和二年蘇峻反, 與兄曄俱守宮城. 峻平, 轉尙書令.](≪人≫)

68) 將相 去聲 : ①將이 去聲인 것은 그 의미가 '將帥(장수)'임을 말한다. 將은 또 平聲으로 읽는 것이 있는데 그 뜻은 '就要(장차)'를 말한다.(●) ②相이 去聲인 것은 出句脚 '相'과 韻脚 '卿'이 平仄 相對인데, 이미 46聯 '交友投分, 切磨箴規'에서 보였다.(●)

목·수(牧守, 지방 장관)가 모이는 곳이다. 라(羅)는 나열함이다. 장상(將相)은 문신과 무신이다. 로(路)는 길이다. 협(俠)은 협(夾, 끼다)과 같은 글자이다. ≪주례(周禮)≫에 육경(六卿)은 총재(冢宰)·사도(司徒)·종백(宗伯)·사마(司馬)·사구(司寇)·사공(司空)이다. 한(漢)나라의 구경(九卿)은 태상(太常)·광록훈(光祿勳)·위위(衛尉)·태복(太僕)·정위(廷尉)·홍려(鴻臚)·종정(宗正)·사농(司農)·소부(少府)이다. ≪주례≫에 외조(外朝)를 세우는 법은 삼괴(三槐)를 정면에 심어 삼공(三公)이 자리하고, 구극(九棘)을 왼쪽에 심어 고(孤)·경(卿)·대부(大父)가 자리한다. 괴(槐)를 말하면서 극(棘)을 말하지 않으며 경(卿)을 말하면서 공(公)·고(孤)·대부(大夫)를 말하지 않은 것은 글을 생략한 것이다.

　호(戶)는 민가이다. 봉(封)은 그 수입되는 것을 먹게 함이다. 현(縣)은 ≪석명(釋名)≫ <석주국(釋州國)>에 "매임이니, 군(郡)에 매인 것이다."라고 하였다. 가(家)는 장군·정승과 공·경의 집이다. 급(給)은 준다는 뜻이다. 병(兵)은 사졸이다.

　배(陪)는 모심이다. 련(輦)은 천자의 수레이다. 구(驅)는 달림이다. 곡(轂)은 수레바퀴이다. 진(振)은 움직임이다. 영(纓)은 갓끈이다. 구곡(驅轂)은 위의 배련(陪輦)을 이어서 말하였고, 진영(振纓)은 위의 고관(高冠)을 이어서 말하였다.

　아버지와 아들이 서로 이어지는 것이 세(世)이다. 록(祿)은 봉급이다. 이것은 이들 장군·정승과 공·경의 자손들이 모두 할아버지의 녹봉을 얻어먹어서 대대로 서로 이어간다고 말한 것이다. 치(侈)는 호사함이다. 부(富)는 재물에 풍부함이다. 가(駕)는 ≪설문≫에 "말이 멍에 안에 있는 것이다."라고 하였다. 비(肥)는 ≪설문≫에 "살이 많음이다."라고 하였다. 경(輕)은 빠름이다. 비(肥)는 그 말[馬]을 말하였고, 경(輕)은 그 수레를 말하였다.

　이는 '이들 여러 영웅으로서 장군·정승과 공·경의 지위에 있는 이들은 책봉된 민가(民家)가 넓게는 8현(縣)을 소유하였고 그 집에 준 것은 많게는 1천 병사를 소유하여, 외출하면 그 수레바퀴를 몰아가서 천자의 수레를 모시어 갈 적에 쓰고 있는 높은 모자는 수레가 달릴 때에 갓 끈을 흔들거리게 되니, 그 관복(冠服)의 아름답고 성대함이 이와 같았고, 자손에 이르러서도 역시 대대로 그 녹봉(祿俸)을 먹어 호사하며 풍족하고 살찐 말에 멍에를 메고 경쾌한 수레를 탄다.'라고 말한 것이다.

　○살펴보면 진(秦)나라가 봉건(封建, 제후를 책봉함)을 없앰으로부터 한(漢)나라 초기에 다시 황제의 자제들을 나누어 왕으로 삼았는데 뒤에 일곱 제후국의 반란[七國之禍]에 경계되어 작위를 책봉해주어야 할 자들은 다만 그 읍(邑)의 민가에서만 세를 받아먹게 하였다. 그러나 동한(東漢)의 오한(吳漢)·등우(鄧禹)의 공로에도 책봉해 준 것은 4현(縣)에 불과하였고, 진(晉)나라는 오직 양호(羊祜)만이 5현에 책봉될 수 있었는데, 여기에서 말한 8현은 무엇을 가리키는 것인지 알지 못하겠다. 또 중신으로서 공훈과 덕망이 있는 자는 병사를 주어 따라 호위하게 하였는데 그 수효의 많고 적음이 같지 않았다. 예를 들면 진나라 위관(衛瓘)·육완(陸玩) 등은 모두 1천 명의 병사를 주었으니, 은혜와 예우의 성대함이 이보다

나은 것이 없다.

○장(將, 장군/장)과 상(相, 재상/상)은 모두 거성(去聲)이다.

> **3·6·66**
>
> # 책공무실(策功茂實)69)하고 늑비각명(勒碑刻銘)70)이라
>
> 공적(功績)을 기록하여 실적을 성대하게 하고, 비석에 조각하여 명문(銘文)을 새겼다.

> **3·6·67**
>
> # 반계이윤(磻溪伊尹)71)이 좌시아형(佐時阿衡)72)이라
>
> 반계의 여상(呂尚)과 신야(莘野)의 이윤은 시대를 도우며 아형 관직을 맡았다.

---

69) 策功茂實 : ①공적을 기록함을 策功이라 한다. 茂實은 실적을 성대하게 함이니, ≪書經≫<仲虺之誥>의 '공이 많은 사람에게는 상을 많이 준다.'는 뜻이다.[紀績曰策功. 茂實, 懋實也, 功懋懋賞之意.](≪註解≫) ②영화로운 명성을 날리고 성대한 실제를 떨친다.[蜚英聲, 騰茂實.](≪史記≫<司馬相如列傳>)

70) 勒碑刻銘 : ①그 공적을 돌에 조각하여 비석을 만들고 돌에 새겨 명문을 만드니, 공신을 대우함이 그 또한 후한 것이다.[以其功烈, 勒之爲碑, 刻之爲銘, 待功臣, 其亦厚矣.](≪註解≫) ②돌에 새겨 공적을 조각하고 漢나라의 위엄스런 공덕을 기록하고 班固에게 銘을 짓도록 하였다.[刻石勒功, 紀漢威德, 令班固作銘.](≪後漢書≫<竇憲傳>)

71) 磻溪伊尹 : ①주나라 문왕은 呂尚(姜太公)을 반계에서 초빙하고, 은나라 成湯은 이윤을 신야에서 초빙하였다. 磎(시내/계)는 嵠(시내/계)·磎(시내/계)와 동자이고, 속자는 溪(시내/계)이다.[周文王聘呂尚于磻磎, 殷湯聘伊尹于莘野也. 磎 : '嵠'·'磎'소. 俗'溪'.](≪註解≫) ②≪註解≫의 글에 의거하면 '磻溪伊尹'은 당연히 "(呂尚)磻溪 伊尹(莘野)", 또는 "磻溪(呂尚), (莘野)伊尹."이라고 해야 하는데, 다만 "磻溪伊尹"이라고만 하였으니, 이는 '呂尚'과 '莘野'를 보충해야 하는 互文이다.(◉) ③伊尹은 商나라 사람이다. 이름은 伊, 일명은 摯이고, 商나라 湯임금 시기의 大臣이다. 尹은 官名이다. 전해오기를 집안의 노예가 되어 有莘氏 딸의 시집가는 것을 모시는 종이었다고 한다. 湯의 기림과 알아줌을 받아 등용되고 商나라를 도와 夏나라를 멸망시키고 국가 일을 총괄하였다.[伊尹, 商代人. 名伊, 一名摯. 湯時大臣. 尹, 官名. 相傳爲家內奴隷, 乃有莘氏女陪嫁之媵臣, 受湯賞識, 擧用, 佐商滅夏, 綜理國事.](≪人≫) ④呂尚은 太公望이니, 주나라 초기 사람이다. 강성이고 여씨이며 이름은 尚이고 속칭 강태공이라 한다. 여상이 곤궁하게 살다가 늙어서 渭水 물가에서 낚시질하였는데 문왕이 사냥을 나왔다가 그를 만나서 함께 대화하고는 크게 기뻐하여 말하기를 "나의 太公[조상]께서 그대를 바란지 오래되었다." 하였으므로, 太公望이라고 일컬었다. 수레에 싣고서 함께 돌아와 그를 세워 선생으로 삼았다.[呂尚, 太公望, 周初人, 姜姓, 呂氏, 名尚, 俗稱姜太公. 尚窮困年老, 釣于渭濱, 文王出獵, 遇之, 與語大悅曰, "太公望子久矣." 故稱太公望. 載與俱歸, 立爲師.](≪漢≫)

72) 佐時阿衡 : ①여상이 반계에서 낚시질하다가 玉璜(반원형 옥)을 얻었는데, 글이 있기를 "姬姓(周나라 성)이 天命을 받는데 呂氏가 그 때에 돕는다."라고 하였다. 阿衡은 상(商, 殷)나라 재상의 칭호이다.[呂尚釣磻磎, 得玉璜. 有文曰, "姬受命, 呂佐時." 阿衡, 商宰相之稱.](≪註解≫) ②周瑜는 이어서 魯肅을 추천하여 재주가 마땅히 當世에 보좌할만하다고 하였다.[瑜因薦肅, 才宜佐時.](≪三國志 吳志≫<魯肅列傳>) ③옛날에 伊尹은 有莘氏의 媵臣(시집갈 때 딸리는 하인)이었을 뿐인데 한 번 成湯을 보

3·6·68

엄택곡부(奄宅曲阜)73)하니 미단숙영(微旦孰營)74)이리오

곡부(曲阜)를 취하여 살았으니, 희단(姬旦, 주공(周公))이 아니면 누가 경영했을까.

3·6·69

환공광합(桓公匡合)75)하여 제약부경(濟弱扶傾)76)이라

환공(桓公)은 <천하를> 바로잡고 <제후들을> 규합(糾合)하여, 약한 자를 구제하며 기우는 나라를 유지하여 주었다.

3·6·70

기회한혜(綺回漢惠)하고 열감무정(說感武丁)77)하니라

기리계(綺里季)는 한나라 폐위되려던 한나라 혜제(惠帝)를 되돌려놓았고, 부열(傅說)은 <상왕(商王)> 무정(武丁)에게 <재상이 되도록> 현몽(現夢)하였다.

좌하자 마침내 阿衡의 호칭을 받았다. 周公은 이미 이룩한 형세에 의지하고 이미 안정된 사업을 의거하여 曲阜에 빛나게 자리 잡고 龜山과 蒙山을 소유하였다. 呂尙은 磻溪의 漁父인데 갑자기 깃발로 지휘하여 營丘에 봉해졌다.[昔伊尹, 有莘氏之媵臣耳, 一佐成湯, 遂荷阿衡之號. 周公藉已成之勢, 據旣安之業, 光宅曲阜, 奄有龜蒙. 呂尙, 磻溪之漁者也, 一朝指麾, 乃封營丘.](≪晉書≫<文帝紀>)

73) 奄宅曲阜 : 성왕은 주공이 천하에 큰 공로가 있다고 여겨서 이 때문에 주공을 곡부에 봉하였는데 땅의 넓이가 사방 700리이고, 革車(군대 수레)가 1,000대이었다.[成王以周公爲勳勞於天下. 是以封周公於曲阜, 地方七百里, 革車千乘.](≪禮記≫<明堂位>)

74) 旦 : ①일찍·밝다는 뜻이다. <旦은> 조선 李太祖의 이름이어서 읽기를 '죠(조)'와 같이 해야 한다. [旦, 早也, 明也. (朝鮮)太祖御諱, 當讀如'죠'.](≪註解≫) ②'죠'는 지금 '조'로 읽는데, 이 '죠'는 '朝' 字의 音으로 읽었으니, '旦'이 '朝'와 同義異音이기 때문이다. 朝鮮 시대에 '旦' 글자가 이미 典籍에 쓰인 것은 모두 '朝'로 읽고, 作文에 '旦' 글자를 써야 할 곳에는 모두 '朝'로 대신하였다. 예를 들면 元旦을 元朝라고 하고, 旦夕을 朝夕이라고 한 것이다.(◉) ③成桂는 李太祖의 처음 이름이다.(◉)

75) 桓公匡合 : ①환공은 춘추 제나라의 군주 소백이니, 오패의 하나이다. 관중을 등용하여 한 번 천하를 바로잡고 아홉 번 제후들을 규합하였다.[桓公齊君小白, 五覇之一. 用管仲, 一匡天下, 九合諸侯.](≪註解≫) ②제나라 환공이 管仲을 시켜서 戎을 周나라와 화평하게 하고 隰朋을 시켜서 戎을 晉나라와 화평하게 하였다.[齊桓公使管仲平戎于周, 使隰朋平戎于晉.](≪史記≫ 卷4 <周本紀>)

76) 濟弱扶傾 : ①주나라 양왕의 王位를 안정시켜 미약할 때에 구제하고 위태로울 때에 붙잡아 주었으니, 바로 바로잡아 규합한 실제이다.[定周襄王之位, 濟之於微弱, 扶之於傾危, 卽匡合之實也.](≪註解≫) ②齊 桓公은 바야흐로 망한 나라를 보존시켜 주고 끊어진 대를 이어주었으며, 위태로운 나라를 구원하고 침략된 나라를 도와주었으며, 周나라 王室을 높이고 夷狄을 배척하였다.[齊桓公方存亡繼絶, 救危扶侵, 尊周室, 攘夷狄.](≪新序≫<善謀>)

77) 綺回漢惠 說感武丁 : '說感武丁'의 고사는 '綺回漢惠' 이전에 있었으니, '說感武丁, 綺回漢惠.'라고 해야 할 것인데 '丁'의 압운 때문에 도치된 것이다.(◉)

> 3·6·71
>
> ## 준예밀물(俊乂密勿)하여 다사식녕(多士寔寧)이라
> 영준 호걸들이 부지런하여, 많은 학사(學士)들이 있어 <문왕(文王)이> 이들로 편안하였다.

원문

此下四節亦承上群英하여 而雜擧其人以實之라

策은 謀畫也라 說文云 以勞定國曰功이라하니라 茂는 盛也라 實者는 對名而言하니 謂實有其功也라 勒은 即刻也라 碑는 說文云 豎石以紀功德也라하니라 銘은 紀也라 釋名云 紀名其功也라하니라 此所謂銘은 即碑銘也라 蓋敍述其功而爲文以刻於碑하고 於文之末에 又爲韻語以贊美之하니 是謂之銘이라 言此群英不但祿位尊富라 其所謀畫이 實有定國之功하여 勒於碑而刻於銘하니 如下文諸人是也라

磻溪는 太公望所釣之處니 在今鳳翔府寶雞縣東南이요 旁有太公石室存焉라 伊는 姓이요 尹은 字也니 成湯之相이라 佐는 輔也라 時는 世也라 阿衡은 商之官名이니 伊尹爲之라 阿는 倚也요 衡은 平也니 言天下倚賴以平治者也라 詩商頌云[78) 實惟阿衡이 實左右商王이라하니라

奄은 取也라 宅은 居也라 曲阜는 地名이요 周公之所封이니 即魯國也요 今兗州府曲阜縣이라 微는 無也요 旦은 周公名이요 孰은 誰也요 營은 造也니 言取曲阜而居之에 非周公旦之功이면 誰能造此魯國之封也오

桓公은 齊君이니 名小白이라 諡法에 辟土服遠曰桓이라하니라 匡은 正也니 正天下之亂也라 合은 會諸侯也라 論語云 桓公九合諸侯하고 一匡天下[79)라하니라 濟는 救也요 弱은 兵力少也요 扶는 持也요 傾은 危也니 諸侯之弱者救之하고 危者持之也라

綺는 四皓之一이라 回는 還也라 秦時有四皓하여 避亂於商山[80)이어늘 漢高祖招之不至하니라 後高祖欲易太子어늘 張良乃聘四皓[81)하여 與太子遊하니 高祖見之曰 羽翼已

---

78) 詩商頌：≪詩經≫<商頌 長發>.(●)
79) 桓公九合諸侯 一匡天下：①孔子가 말하였다. "桓公이 제후들을 규합하되, 兵車를 쓰지 않은 것은 관중의 힘이었으니, 누가 그의 仁만 하겠는가. 누가 그의 仁만 하겠는가."[子曰, "桓公九合諸侯, 不以兵車, 管仲之力也. 如其仁. 如其仁."](≪論語≫<憲問>) ②九는 ≪春秋傳≫에 '糾'로 되어 있는데, '감독한다[督]'는 뜻으로 古字에 <九와> 通用하였다. '不以兵車'는 위력을 빌리지 않음을 말한다. '如其仁'은 누가 관중의 어짊만 하겠느냐는 말이니 또 두 번 말하여 그것을 매우 인정하였다.[九, 春秋傳作'糾', 督也, 古字通用. 不以兵車, 言不假威力也. 如其仁, 言誰如其仁者, 又再言以深許之.](<憲問> <集註>)
80) 商山：陝(섬)西省 商縣 동쪽에 있다. 四皓가 隱居한 곳이다. 또 商嶺·商坂·南山이라고도 일컫는다.[商山, 在陝西省商縣東. 四皓隱居之處. 又名商嶺·商坂·南山.](≪中≫)
81) 張良：漢나라 사람. 字는 子房으로 그 선조는 戰國의 韓나라 사람이다. 秦나라가 韓나라를 멸

成하여 難以動矣라하니 由是得不易이라 及高祖崩하고 太子立한대 是爲漢惠帝라 諡法에 柔質慈民曰惠라하니라 四皓者는 綺里季東園公夏黃公甪(녹)里先生82)이니 擧一以該其三也라 言漢惠將廢에 以四皓而得還太子之位也라 說은 傅說也라 感은 格也라 武丁은 商之賢君이니 夢上帝予以良弼한대 覺(교)而圖其形83)하여 以旁求天下84)하니 於傅巖之野得說85)이어늘 貌與夢符하여 乃擧爲相86)하니 商道中興하니라 言傅說之賢이 感武丁於夢中也라

千人之英曰俊이라하고 百人之英曰乂라하니 書皐陶謨云 俊乂在官이라하니라 密勿은 黽勉之意라 詩小雅云87) 黽勉從事라한대 漢書劉向傳引之云 密勿從事라하니라 多는 衆也라 漢志云88) 學以居位曰士라하니라 寔은 韻會云 是也라하니 與實不同이라 寧은 安也니 詩大雅云89) 濟濟多士90)여 文王以寧이라하니라

言群英之策功者는 亦如太公伊尹이 有輔世平治之功하며 周公有佐周肇封之功하며 齊桓有濟弱扶傾之功하며 四皓有定儲之功91)하며 傅說有中興之功하니 此皆千人之俊이며 百人之乂로 黽勉輔治하고 而君賴是多士以寧也라

○阿는 平聲92)이라 說은 音悅93)이라

망시키자 장량은 실로 집안 재산을 써서 秦王(秦始皇)을 찔러 죽일 자객을 찾아 韓나라를 위해 원수를 갚으려고 力士를 얻어 秦始皇을 博浪沙에서 저격하였는데 副車(뒷 수레)를 맞추었고, 秦나라에서는 도적을 찾기를 더욱 시급하게 하였다. 장량은 姓名을 바꾸고 下邳로 도망해 숨어 ≪太公兵法≫을 흙다리 위[圯上]의 노인에게서 받았다. 高祖(劉邦)가 군대를 일으키자 장량은 항상 계책을 세웠고 項羽를 멸망시켜서 天下를 평정하였다. 高帝(劉邦)이 즉위하자 留侯에 봉해졌고, 만년에는 黃老를 좋아하고, 神仙의 辟穀(벽곡. 곡식을 안 먹고 솔잎·대추·밤 등을 먹고 사는 일)하는 술법을 배워서 功名으로 일생을 마쳤다.[張良, 漢人. 字子房, 其先韓人也. 秦滅韓, 良實以家財求客刺秦王, 爲韓報仇, 得力士狙擊始皇於博浪沙, 中副車, 秦求賊益急. 良更姓名, 亡匿下邳, 受太公兵法於圯上老人. 高祖起兵, 良常爲畫策, 滅項羽, 定天下. 及帝卽位, 封留侯, 晩好黃老, 學神仙辟穀之術, 以功名終.](≪中≫)

82) 甪里先生 : 甪은 盧와 谷의 반절(록)이다. 甪里는 어느 곳에는 '祿里'로도 쓰고, 일설에는 '角里'로 써야한다고도 한다.[甪, 盧谷切. 甪里, 一作'祿里'. 一說當作'角里'.](≪中≫)
83) 覺 : 古와 孝의 반절(교)이니, 잠을 깬다는 뜻이다.[覺, 古孝切, 睡醒.](≪漢≫)
84) 旁求 : 널리 찾음이다.[旁求, 廣泛搜求.](≪漢≫)
85) 傅巖 : 또한 傅險으로도 일컫는다. 옛 지명이다.[傅巖, 傅險, 古地名.](≪漢≫)
86) 夢上帝予以良弼 … 乃擧爲相 : 이 故事는 ≪書經≫<說命上>에 보인다.(●)
87) 詩小雅 : ≪詩經≫<小雅 十月之交>.(●)
88) 漢志 : ≪前漢書≫ 卷24 上 <食貨志> 第4.(●)
89) 詩大雅 : ≪詩經≫<大雅 文王>.(●)
90) 濟濟 : 많은 모양[濟濟, 多貌.](≪詩經≫<大雅 文王> <集傳>)
91) 儲 : ①太子.(≪漢≫) ②다음 임금[副君].[儲, 副君也.](蔡邕 ≪勸學篇≫) ③살펴보면 太子는 곧 副君이다. 儲는 副이다.(●)
92) 阿 平聲 : 阿는 여러 음이 있는데, 平聲으로 읽으면, 그 뜻은 "의지한대[倚也]"라고 한다.(●)
93) 說 音悅 : ①說(열)은 說釋(열역, 기쁘다)의 뜻이다. 言(말씀/언)을 따르고 兌(기뻐할/태)가 소리이다. 다른 한 가지 뜻은 '談說(담설, 말하다)'이라는 뜻이다.[說, 說釋也. 从言, 兌聲. 一曰談說.](≪說文≫) ②說(열)은 弋과 雪의 반절이다.[說, 弋雪切.](≪段注≫) ③悅(열)은 說(열) 글자의 重文(거듭 생긴 異

해설

  이 아래 4구절은 역시 위의 군영(群英)을 이어서 그 사람들을 함께 거론하여 실증하였다.
  책(策)은 계책을 낸다는 뜻이다. ≪설문(說文)≫에 "노고로 나라를 안정시킴을 공(功)이라 한다."라고 하였다. 무(茂)는 성대함이다. 실(實)은 명칭에 상대하여 말하였으니 실제 그 공이 있음을 말한다. 륵(勒)은 곧 조각함이다. 비(碑)는 ≪설문≫에 "돌을 세워 공덕을 기록하는 것이다."라고 하였다. 명(銘)은 기록하다는 뜻이니, ≪석명(釋名)≫<석언어(釋言語)>에 "그 공(功)을 기록하여 일컫는 것이다."라고 하였다. 여기서 말한 명(銘)은 바로 비명(碑銘)이다. 그 공을 서술하여 글을 만들어 비석에 새기고 글의 끝에 또 운문(韻文)을 지어서 찬미하니 이를 일러 명(銘)이라고 한다. 이는 '여러 인재들이 봉급과 지위가 풍부하며 높을 뿐만 아니라, 그 계획한 것이 실로 국가를 안정시키는 공이 있어 비석에 조각하여 명문으로 새겼으니, 아래 글의 여러 사람들과 같은 경우가 그것이다.'라고 말한 것이다.
  반계(磻溪)는 태공망(太公望)이 낚시하던 곳이니, 지금 봉상부(鳳翔府) 보계현(寶雞縣) 동남(東南)에 있고, 그 곁에 태공석실(太公石室)이 있다. 이(伊)는 성이고 윤(尹)은 자(字)이니 성탕(成湯)의 재상이다. 좌(佐)는 도움이다. 시(時)는 시대이다. 아형(阿衡)은 상나라 관직 이름이니, 이윤(伊尹)이 그것을 하였다. 아(阿)는 의지하다는 뜻이고, 형(衡)은 공평하다는 뜻이니, 천하가 의뢰하여 공평하게 다스려짐을 말한다. ≪시경≫<상송(商頌) 장발(長發)>에 "진실로 아형(阿衡, 이윤)이 진실로 상나라 왕을 보좌하였다."라고 하였다
  엄(奄)은 취한다는 뜻이다. 택(宅)은 산다는 뜻이다. 곡부(曲阜)는 땅 이름이고, 주공(周公)이 봉해진 곳이니, 바로 노(魯)나라이다. 지금 연주부(兗州府) 곡부현(曲阜縣)이다. 미(微)는 없음이고, 단(旦)은 주공(周公) 이름이고, 숙(孰)은 누구이고, 영(營)은 지음이다. 이는 '곡부를 취하여 사는데 주공 희단(姬旦)의 공로가 아니면 누가 이 노나라의 지역을 건설할 수 있는가.'라고 말한 것이다.
  환공(桓公)은 제(齊)나라 임금이니, 이름이 소백(小白)이다. 시호 법에 '토지를 개척하여 먼 곳을 승복시킴을 환(桓)이라 한다.'라고 하였다. 광(匡)은 바로잡는다는 뜻이니, 천하의 어지러움을 바로잡음이다. 합(合)은 제후를 결합함이다. ≪논어≫<헌문(憲問)>에 "환공이 제후를 감독하여 결합하고 한 번 천하를 바로잡았다."라고 하였다. 제(濟)는 구제함이고, 약(弱)은 병력이 적은 것이고, 부(扶)는 유지함이고, 경(傾)은 위태로움이니, 제후 중에 약자를 구제하고 위태로운 자를 유지시켜 주었다.

  體字)이니, 옛적에는 悅을 說로 썼다.[悅, 爲說字重文, 古悅作說.](≪形≫) ④悅은 옛적에 論說의 說(설) 글자와 통하여 사용하다가 後人이 悅 글자를 만들어 구별하였다.(≪康熙字典≫) ⑤살펴보면 說의 本音은 悅이고, 本義는 說釋이다. 뒤에 重文 悅이 만들어서 悅을 전용하고, 說을 사용하지 않았다. 이로 인하여 說(설) 字는 輸와 熱의 반절인 談說의 뜻으로 전용되고, 說釋의 說(열)은 古字가 되어 注를 "音이 悅이다.[音悅]"라고 하여, 談說의 說(설)과 구별하였다. 悅은 隸書의 자형이니, 說 字가 悅 字의 이전에 있었다. 小篆은 說과 悅이 똑같이 '說'로 되어 있다.(◉)

기(綺)는 사호(四皓, 머리 센 네 사람)의 하나이다. 회(回)는 돌림이다. 진(秦)나라 때에 사호가 있어서 상산(商山)으로 난리를 피해갔는데, 한(漢)나라 고조(高祖)가 불러도 이르지 않았다. 뒤에 고조가 태자를 바꾸려 하였는데 장량(張良)이 마침내 사호를 초빙하여 태자(太子)와 교유하게 하였다. 고조가 그것을 보고 "우익(羽翼, 날개. 보조자)이 이미 생성되어 <태자 자리를> 변동하기 어렵구나."라고 하였고, 이로 말미암아 바꾸지 않게 되었다. 고조가 돌아가고 나서 태자가 즉위하자 이 사람이 한나라 혜제(惠帝)이다. 시호 법에 "유연한 바탕에 백성을 사랑함을 혜(惠)라 한다."라고 하였다. 사호는 기리계(綺里季)·동원공(東園公)·하황공(夏黃公)·녹리선생(甪里先生)이니, 한 사람을 들어서 세 사람을 포괄하였다. 이는 '한나라 혜제가 태자에서 폐위되려 하다가 사호 때문에 태자의 지위를 되돌릴 수 있었다.'라고 말한 것이다. 열(說)은 부열(傅說)이다. 감(感)은 이르다는 뜻이다. 무정(武丁)은 상(商)나라의 현명한 임금이니, 꿈에 하느님이 훌륭한 보필자를 주었는데 깨어나서 그 모습을 그려서 널리 천하에서 찾았다. 부암(傅巖)의 들에서 부열을 얻었는데 모습이 꿈에 본 것과 맞아서 마침내 등용하여 재상으로 삼았으니 상나라 도가 중흥하게 되었다. 이는 '부열의 현명함이 무정(武丁)에게 현몽(現夢)하게 하였다.'라고 말한 것이다.

1천 사람 중의 영걸을 준(俊)이라고 하고 1백 사람 중의 영걸을 예(乂)라고 한다. ≪서경≫<고요모(皐陶謨)>에 "준예(俊乂)가 관직에 있다."라고 하였다. 밀물(密勿)은 노력함이다. ≪시경≫<소아(小雅) 시월지교(十月之交)>에 "힘써 일을 따른다.[黽勉從事]"라고 하였는데 ≪한서(漢書)≫<유향전(劉向傳)>에서 이것을 인용하여 "힘써 일을 따른다.[密勿從事]"라고 하였다. 다(多)는 많음이다. ≪한서≫<식화지(食貨志) 제4>에 "학문하여 벼슬에 있는 이를 사(士)라 한다."라고 하였다. 식(寔)은 ≪운회(韻會)≫에 "'이것[是]'이다."라고 하였으니, '진실로[實]'와는 같지 않다. 녕(寧)은 편안함이다. ≪시경≫<대아(大雅) 문왕(文王)>에 "가득히 많은 학사들이여, 문왕(文王)이 이들로 해서 편안하다."라고 하였다.

이는 '여러 영웅 가운데 공로가 기록된 이들은 또한 태공(太公)·이윤(伊尹)처럼 세상을 도와 평안히 다스린 공로가 있으며, 주공(周公)처럼 주(周)나라를 도와 처음 책봉된 공로가 있으며, 제(齊)나라 환공(桓公)처럼 약자를 구제하고 기우는 이를 부축해 준 공로가 있으며, 사호(四皓)처럼 태자를 안정시켜준 공로가 있으며, 부열(傅說)처럼 중흥시킨 공로가 있다. 이들은 모두 1천 사람 중에 준걸(俊傑)이며 1백 사람 중에 영웅으로, 힘써 도와서 다스렸고, 임금은 이 많은 인사들을 의뢰하여 편안하였다.'라고 말한 것이다.

○아(阿, 의지하다/아)는 평성(平聲)이다. 열(說, 기쁘다/열)은 음이 열(悅)이다.

3·7·72
진초경패(晉楚更霸)94)하고 조위곤횡(趙魏困橫)95)이라

<춘추시대(春秋時代)에> 진나라와 초나라가 번갈아 패권(霸權)을 잡았고, <전국시대(戰國時代)에> 조나라와 위나라가 연횡(連橫)에 피곤하였다.

3·7·73
가도멸괵(假途滅虢)96)하고 천토회맹(踐土會盟)97)이라

<진(晉)나라가 우(虞)나라에게> 길을 빌려 괵(虢)나라를 멸망시키고, <진(晉)나라 문공(文公)이 제후들과> 천토(踐土)에 모여 맹약을 맺었다.

[원문]

此亦承上群英而言이라

五霸不獨齊桓98)이요 又有晉文與楚莊焉이라 晉楚는 皆國名이니 晉은 今山西요 楚는 今湖廣皆其地99)라 更은 代也요 霸者는 諸侯之長이니 言晉楚繼齊桓之後하여 相代而爲

---

94) 晉楚更霸 : ①춘추시대에 진 문공이 성복에서 초 성왕을 패배시켜 패권을 잡았고, 영공에 이르러 패권을 잃었는데, 초 장왕이 또 패자로 일컬어졌다. 이는 진나라와 초나라가 번갈아 패권을 잡은 것이다.[春秋時, 晉文公敗楚成王于城濮而霸, 至靈公, 失霸, 楚莊王又稱霸. 是晉與楚更迭而霸也.](≪註解≫) ②晋은 晉의 俗字이다.[晋, 晉之俗字.](≪中≫) ③覇는 伯(제후 맹주/패)의 通假字이다. 霸(제후 맹주/패)로도 쓴다.[覇, '伯'的被通假字. 亦作'霸'.](≪漢≫)
95) 趙魏困橫 : 전국시대에 合縱을 주장한 사람들은 육국으로 秦나라를 치려하였고, 連橫을 주장한 사람들은 육국에게 秦나라를 섬기도록 하려 하였는데, 육국이 마침내 연횡에 피곤하게 되었다. 육국 중에 趙·魏만을 들었으나, 그 나머지도 피곤했음을 알 수 있다.[戰國時, 縱人欲以六國伐秦, 橫人欲使六國事秦, 六國終困于橫. 六國只擧趙魏, 其餘可見.](≪註解≫)
96) 假途滅虢 : 晉나라 헌공이 괵나라를 치려하여 虞나라에 길을 빌리자고 하였는데, 虞公(우나라 임금)은 궁지기의 충고 진언을 듣지 않고 길을 빌려주었다. 진나라는 괵나라를 멸망시키고 나서 우나라도 함께 멸망시켰다.[晉獻公欲伐虢, 假途於虞. 虞公不聽宮之奇之諫而假之, 及晉滅虢, 竝滅虞.](≪註解≫)
97) 踐土會盟 : ①踐土는 지명이다. 晉나라 문공이 제후들과 약속하여 이곳에서 모여 맹약을 맺고 주나라 양왕을 하양에서 불러와 조회하였으니, 이는 천자를 끼고서 제후들을 호령한 것이다.[踐土, 地名. 晉文公約諸侯, 會盟於此, 召周襄王於河陽而朝之, 是挾天子以令諸侯니.](≪註解≫) ②<晉나라 文公이> 사람을 시켜서 周 襄王에게 河陽으로 사냥을 나오게 했다. … <문공이> 마침내 제후들을 이끌고 踐土에 와서 주나라 양왕에게 조회를 드렸다. 孔子가 역사 기록을 읽다가 진나라 문공에 이르러 "제후는 왕을 부를 수 없다."라고 하고, "양왕이 하양에서 사냥하였다."라고 표현한 것은 <공자가> ≪春秋≫ <僖公 29년 기록>에서 은닉시켜준 것이다.[<晉文公>乃使人言周襄王狩河陽. … 遂率諸侯朝王於踐土. 孔子讀史記至文公曰, "諸侯無召王." "王狩河陽"者, 春秋諱之也.](≪史記≫<晉世家>)
98) 五霸 : '五伯(오패)'와 같다. 다섯 명의 霸主이다. ①춘추시대의 齊桓公·晉文公·宋襄公·楚莊公·秦繆公을 가리킨다.[指春秋齊桓公晉文公宋襄公楚莊公秦繆公.](≪漢≫) ②춘추시대의 齊桓公·晉文公·楚莊王·吳王闔閭·越王句踐을 가리킨다.[指春秋齊桓公晉文公楚莊王吳王闔閭越王句踐.](≪漢≫) ③춘추시대의 齊桓公·宋襄公·晉文公·秦穆公·吳王夫差를 가리킨다.[指春秋齊桓公宋襄公晉文公秦穆公吳王夫差.](≪漢≫)

諸侯之長也라 五霸有齊桓晉文秦穆宋襄楚莊이니 言晉楚而不言秦宋은 省文也라 趙魏는 皆國名이라 趙都邯鄲하니 今趙州라 魏都大梁하니 今開封府라 困은 病甚也라 橫은 連橫也100)라 戰國時에 蘇秦說(세)六國諸侯101)하여 合從以拒秦102)하고 後張儀又說六國諸侯103)하여 連橫以事秦하니 言六國諸侯가 爲合從連橫所困也라 言橫而不言從은 省文也라 六國有趙魏韓齊楚燕하니 擧二以該其餘也라

假는 借也라 途는 路也라 滅은 亡也라 虢은 國名이니 今陝州라 晉獻公欲伐虢이어늘 道經於虞라 用謀臣荀息計하여 以垂棘之壁과 屈産之馬遺虞君104)하여 假道於虞以滅虢하니라 師還에 幷襲虞滅之하니라 踐土는 地名이니 在今開封府滎澤縣西北이니 有踐土臺

---

99) 湖廣 : 湖北・湖南을 가리킨다. 원래 元나라 시대의 省 명칭이었다. 元나라 시대에는 湖廣이 兩廣을 포괄하여 그 안에 있었고, 明나라 시대에는 兩廣을 갈라내었으나 다만 옛 명칭을 그대로 사용하였다. [湖廣, 指湖北湖南. 原是元代省名. 元代的湖廣包括兩廣在內, 明代把兩廣劃出, 但仍用舊名.](≪現代漢語詞典≫)
100) 連橫 : ①戰國시대에 張儀가 6국에 가서 유세하여 함께 진나라를 받들어 섬기자고 한 것을 連橫이라고 말한다.[連橫, 戰國時, 張儀遊說六國共同事奉秦國稱連橫.](≪漢≫) ②連橫은 連衡(연횡)과 같다.[連橫, 與連衡同.](≪中≫)
101) 蘇秦 : 戰國 洛陽 사람. 字는 季子. 鬼谷子를 선생으로 모시고, 從橫家의 말을 익혔다. 애초에 秦나라 惠王에게 유세하여 쓰이지 않자, 齊・楚・燕・趙・韓・魏에 가서 유세하여 合從 조약을 맺어 秦나라에 대항하자고 하고, 六國에 재상을 아울러 하여 從約長(합종 조약의 우두머리)이 되었다. 秦나라 병사가 函谷關을 감히 엿보지 못한 것이 15년이었다. 뒤에 齊나라에서 객살이 할 적에 齊나라 大夫가 사람을 시켜서 살해하였다.[蘇秦, 戰國洛陽人. 字季子. 師鬼谷子, 習從橫家言. 初說秦惠王不用, 乃往說齊楚燕趙韓魏使合從以抗秦, 得幷相六國, 爲從約長. 秦兵不敢窺函谷關者十五年. 後客於齊, 齊大夫使人刺殺之.](≪中≫)
　　說 : 舒와 芮의 반절(세)이다. 타인을 권장해 설득하여 자기의 의견을 따르게 하는 것이다.[說, 舒芮切. 勸說別人聽從自己的意見.](≪漢≫)
　　六國 : 전국시대에 齊・楚・燕・趙・韓・魏를 六國이라고 일컬었는데, 모두 函谷關 동쪽에 있었다. 秦나라가 천하를 합병하여 모두 멸망되었다.[六國, 戰國時, 齊楚燕趙韓魏稱六國, 並在函谷關以東. 秦倂天下, 皆爲所滅.](≪中≫)
102) 合從 : 또한 '合縱'으로도 쓴다. 전국시대에 蘇秦이 六國 諸侯들을 유세하여 연합으로 秦나라에 항거하는 것을 가리킨다. 秦나라는 서쪽 지방에 있고, 六國은 지역이 남북으로 처해 있으므로 合從(남북으로 결합함)이라고 일컫는다.[合從, 亦作'合縱'. 指戰國時, 蘇秦遊說六國諸侯聯合拒秦. 秦在西方, 六國地處南北, 故稱合從.](≪漢≫)
103) 張儀 : 전국시대 魏나라 사람. 애초에 蘇秦과 함께 鬼谷子를 선생으로 모셨다가 곧이어 蘇秦이 趙나라에서 재상이 되어 장의가 가서 뵈었으나 받아주지 않아서 秦나라로 갔다. 秦나라 惠王이 그를 재상으로 삼자 六國에 유세하여 蘇秦의 합종 조약을 배반하고 連橫 조약으로 秦나라를 섬기게 하니 秦나라에서는 장의를 武信君이라고 불렀다. 惠王이 죽고, 武王이 즉위하자, 신하들이 장의를 비방하였다. 마침 六國이 다시 合縱을 하여 秦나라를 배반하자, 장의는 秦나라를 떠나 魏나라 재상이 되었다가 1년 만에 죽었다.[張儀, 戰國魏人. 初與蘇秦俱師鬼谷子, 尋蘇秦相趙, 儀往謁, 未納, 乃去之秦. 惠王以爲相, 遊說六國, 使背蘇秦之縱約, 連橫事秦, 秦號之曰武信君. 惠王卒, 武王立, 群臣讒之. 會六國復合縱叛秦, 儀乃去秦爲魏相, 一年卒.](≪中≫)
104) 垂棘 : 춘추시대 晉나라의 地名으로, 美玉이 생산되는 것으로 저명하였다. 뒤에는 이 말을 빌려 美玉을 가리키게 되었다.[垂棘, 春秋晉地名, 以産美玉著稱. 後借指美玉.](≪漢≫)
　　屈産 : 춘추시대 晉나라의 地名으로, 좋은 말이 생산되었다.[春秋晉地名, 産良馬.](≪漢≫)

라 會者는 合諸侯也라 盟은 誓約也니 歃血以結信也라 曲禮云 諸侯相見於郤地曰會105)라하고 涖牲曰盟106)이라하니라 僖公二十八年에 晉文公會諸侯하여 盟於踐土하니라 此擧晉事하여 以該五霸六國하니 言皆用詐謀以勝人也라

　此節言五霸有謀臣하고 七雄有策士107)하니 亦群英之可槪見者也라
　○更은 平聲108)이라

해설

　이것도 위의 군영(群英, 여러 영웅)을 이어서 말하였다.
　춘추(春秋)의 오패(五霸)는 제(齊) 환공(桓公)뿐만이 아니고, 또 진(晉) 문공(文公)과 초(楚) 장왕(莊王)도 있다. 진(晉)·초(楚)는 모두 나라 이름이니, 진(晉)은 지금 산서(山西)이고, 초(楚)는 지금 호광(湖廣)이 모두 그 땅이다. 경(更)은 '번갈아'이고, 패(霸)는 제후의 우두머리이니, 이것은 '진·초가 제나라 환공의 뒤를 이어서 서로 번갈아가면서 제후의 우두머리가 되었다.'라고 말한 것이다. 오패는 제 환공, 진 문공, 진(秦) 목공(穆公), 송(宋) 양공(襄公), 초(楚) 장왕(莊王)이 있다. 진(晉)·초(楚)만 말하고 진(秦)·송(宋)을 말하지 않은 것은 글을 생략한 것이다. 조(趙)·위(魏)는 모두 나라 이름이다. 조(趙)나라 도읍은 한단(邯鄲)이니, 지금의 조주(趙州)이다. 위(魏)나라 도읍은 대량(大梁)이니, 지금의 개봉부(開封府)이다. 곤(困)은 괴로움이 극심한 것이다. 횡(橫)은 연횡(連橫)이다. 전국시대에 소진(蘇秦)이 육국(六國) 제후들을 설득하여 합종(合從) 조약으로 진(秦)나라를 막게 하였고, 뒤에 장의(張儀)가 또 육국 제후들을 설득하여 연횡(連橫) 조약으로 진나라를 섬기게 하였으니, 육국 제후들이 합종·연횡 조약에 피곤해짐을 받음을 말한 것이다. 연횡만 말하고 합종을 말하지 않은 것은 글을 생략한 것이다. 육국은 조(趙)·위(魏)·한(韓)·제(齊)·초(楚)·연(燕)이 있으나 둘만 들어 그 나머지를 포괄하였다.
　가(假)는 빌림이다. 도(途)는 길이다. 멸(滅)은 망함이다. 괵(虢)은 나라 이름이니, 지금의 섬주(陝州)이다. 진(晉)나라 헌공(獻公)이 괵나라를 치려하였는데 길이 우(虞)나라를 지나게 되어 있었다. 계획하는 신하 순식(荀息)의 계책을 써서 수극(垂棘)에서 생산된 구슬과 굴(屈)에서 생산된 말을 우나라 임금에게 보내어 길을 우나라에 빌려서 괵나라를 멸망시켰다. 군대가 돌아올 적에 우나라를 아울러 습격하여 멸망시켰다.

---

105) 郤地 : 두 나라의 접경 지역을 가리킨다. 바로 國境線이다. 郤은 '隙'(틈/극)과 통한다.[郤地, 指兩國交界之地. 即國境線. 郤, 通'隙'.](≪漢≫)
106) 涖牲 : 涖은 臨함이다. 犧牲에 임한 것은 맹약[盟]에 사용하는 것이다. 맹약은 희생을 잡아 피를 마시고 신에게 맹서하는 것이다.[涖, 臨也. 臨牲者盟所用也. 盟者殺牲歃血誓於神也.](≪禮記≫<曲禮下> "涖牲曰盟." 孔穎達疏≫)
107) 七雄 : 전국시대의 秦·楚·燕·齊·韓·趙·魏의 7强國을 가리킨다.[七雄, 指戰國時, 秦楚燕齊韓趙魏七強國.](≪漢≫)
108) 更 平聲 : 平聲이면 그 뜻은 "번갈아[代]"이다. 去聲이면 "다시[再]"이다.(◉)

천토(踐土)는 지명이니, 지금의 개봉부(開封府) 형택현(滎澤縣) 서북(西北)에 있는데 천토대(踐土臺)가 있다. 회(會)는 제후를 모음이다. 맹(盟)은 서약함이니, 피를 마시어 신의를 맺음이다. ≪예기(禮記)≫<곡례하(曲禮下)>에 "제후가 국경선(國境線)에서 서로 만남을 회(會)라고 하고, 희생을 놓고 임하여 하는 서약을 맹(盟)이라 한다."라고 하였다. 춘추시대 노(魯)나라 희공(僖公) 28년에 진나라 문공(文公)이 제후들을 모아 천토(踐土)에서 맹약하였다. 이는 진(晉)나라 일을 들어서 오패(五霸)와 육국(六國)을 포괄하였으니, 모두 속이는 계책으로 남에게 승리함을 말한 것이다.

이 구절은 '오패(五霸)에 모신(謀臣)이 있고 칠웅(七雄)에 책사(策士)가 있으니, 또한 여러 영웅을 대강 볼 수 있다.'라고 말한 것이다.

○경(更, 번갈아/경)은 평성(平聲)이다.

3·8·74

하준약법(何遵約法)하고 한폐번형(韓弊煩刑)109)110)이라

<한(漢)나라> 소하(蕭何)는 <한(漢) 고조(高祖)의> 요약된 법을 따라 다스렸고, <진(秦)나라> 한비(韓非)는 번거로운 형벌로 피폐(疲弊)하여 죽었다.

원문

此言群英之任名法者라

何는 蕭何也라 遵은 奉也라 約은 要約也라 法은 即刑也라 漢高祖初入關定秦하고 與父老約法三章111)하여 曰 殺人者死하고 傷人及盜抵罪112)하고 餘悉除秦苛法이라하니라

---

109) 韓弊煩刑 : 韓은 韓非이다. 참혹하며 각박한 법을 쓰도록 진나라 왕을 설득하였으며 십여만 글자나 되는 책을 지었는데 모두 각박한 내용이었다. 진나라는 2세만에 망하였고 한비 또한 죽음을 당하였으니, 이는 번거로운 형벌의 폐해였다.[韓, 韓非也. 以憯刻說秦王, 著書十餘萬言, 皆刻薄之論. 秦二世而亡, 韓亦誅死, 煩刑之弊也.](≪註解≫)
110) 何遵約法 韓弊煩刑 : '何遵約法'의 고사는 '韓弊煩刑'의 이후에 있으니, 당연히 "韓弊煩刑, 何遵約法."이라고 해야 할 것인데, 押韻 '刑' 글자 때문에 도치되었다.(●)
111) 與父老約法三章 : ①約은 생략함이다. 진나라의 번거로운 법을 줄인다. 오직 3장뿐이니, 살인·상인 및 도적을 말한다.[約, 省也, 省減秦之煩法. 唯三章, 謂殺人傷人及盜.](≪史記≫ 卷8 <高祖本紀 正義>) *이에 의하면 '與父老約法, 三章.'으로 句讀가 된다.(●) ②王應麟이 말하였다. "與父約에서 구두를 떼고 아래에 法三章을 말했을 뿐이다." 何焯이 말하였다. "왕응린은 ≪漢書≫ 卷1下 <高帝紀 第1下> 끝 부분에 '처음으로 백성의 마음을 순히 하여 3장의 약속을 만들었다.'가 있는 것으로 인하여 約 글자에서 구두를 떼는 것으로 고쳤다. 이 約法은 위의 苛法과 對句이다. ≪漢書≫ 卷4 <文帝紀> 속에 宋昌이 '법령을 생략하였다.'는 말이 있고, ≪漢書≫ 卷4 <刑法志>에 '約法三章'을 말한 것이 하나가 아니니, 옛날대로 해야 할 것이다." 내(<考證> 저자)가 살펴보면 윗글에도 "吾與諸侯約"이

後以爲不足禦奸하여 又令蕭何撫秦法하여 作律九章113)하니 言蕭何之制漢律에 奉高祖之約法而爲之也라 韓은 姓이요 名非라 弊는 困也라 煩은 苛也라 韓非爲刑名之學114)에 李斯譖之하여 死於秦獄하니 言以煩刑而自困也라

해설
　이는 여러 영웅들이 명분과 법률을 담당한 것을 말하였다.
　하(何)는 소하(蕭何)이다. 준(遵)은 받듦이다. 약(約)은 요약함이다. 법(法)은 바로 형벌이다. 한(漢)나라 고조(高祖, 유방(劉邦))가 처음으로 관중(關中)에 들어와서 진(秦)나라를 평정하고 원로들과 간략한 법률 3장을 "사람을 죽인 자는 죽이고, 사람을 상해한 자 및 도

　　　있어 約 글자 뜻이 같으니, 왕응린의 주장은 바꿀 수 없다.[王應麟曰, "與父老約爲句, 下云, 法三章耳." 何焯曰, "王氏因紀末'有初順民心, 作三章之約.' 改約字爲讀. 此約法與上苛法對. 文紀中宋昌有約法令之語, 刑法志言'約法三章'者非一, 當仍舊也." 愚按上文亦云, "吾與諸侯約." 約字義同, 王說不可易.](≪史記≫ 卷8 <高祖本紀 考證>) *왕응린과 <考證>에 의하면 '與父老約, 法三章耳.'로 구두가 되고, 하작에 의하면 '父老들과 간략한 法 3章으로 하였다.[與父老約法三章耳.]'로 구두가 된다.(◉) ③李宗侗이 말하였다. "살펴보면 約 글자는 본래 겹친 글자이니, 원래 '與父老約, 約法三章耳.'라고 써야 한다. 원래 위의 約 글자에서 구절을 끊은 것과 대응하였는데 뒤에 옮겨 베낄 때에 約 한 글자를 생략해 없애서 마침내 쟁변을 일으켰다. 옛 사람이 무릇 겹친 글자 혹은 겹친 말에는 대부분 2개의 점으로 표시하였으므로 쉽게 소홀히 생략되었다. 이와 같은 말은 원래 '與父老約〻法三章耳'라고 썼던 것인데, 뒤에 이 두 점이 생략되어 마침내 하나의 約 글자가 되었다. 點으로 글자를 대신하는 표기법은 兩漢 시대에 이르러서도 여전히 끝까지 통용되었다.[李宗侗曰, "按約字本重字, 原當作'與父老約, 約法三章耳.' 原應於上約字斷句, 後傳抄時略去一約字, 遂起爭辯. 古人凡重字或重詞, 多以二點表示. 故易被忽略, 如此語原作'與父老約〻法三章耳'. 後此二點被省略, 遂成單約字. 以點代字之寫法, 至兩漢時尙極通用."](≪資治通鑑今註≫ 卷9. 李宗侗等 校註, 臺灣商務印書官, 臺北, 民國74. 16面. B.C.206年≫) *이에 의하면 '與父老約, 法三章耳.'로 句讀가 된다.(◉)
112) 抵罪 : 抵는 해당함이다. 각각 자기 죄에 해당하게 함을 말한다.[抵, 當也. 謂使各當其罪.] ≪史記≫ 卷8 <高祖本紀 索隱>)
113) 九章 : ≪九章律≫을 가리킨다. 漢나라 蕭何 저술이다. ≪漢書≫<刑法志>에 "相國 蕭何가 秦나라 法을 거두어들여 그 시대에 마땅한 것을 취하여 법률 九章을 만들었다."라고 하였다.[九章, 指九章律. 漢蕭何著. 漢書刑法志, "相國蕭何攟摭秦法, 取其宜於時者, 作律九章."](≪漢≫)
114) 韓非爲刑名之學 : 한비는 韓나라의 公子(제후 임금의 아들)이다. 형명·법술의 학문을 좋아하였는데, 그것은 黃帝·老子로 귀결되는 학문이었다. 한비는 사람됨이 말더듬이여서 담론을 잘하지 못하였으나, 글을 잘 썼다. 李斯와 함께 순경(순자)에게 배웠는데, 이사는 스스로 한비에게 미치지 못한다고 생각했다. … 秦王(진시황)은 <이사 등이 한비 비방을> 옳다고 생각하여 법관에게 <한비를> 회부시켜 治罪하게 하였다. 이사는 사람을 시켜 한비에게 약을 보내 자살하게 하였는데, 한비는 자신이 진술하려고 하였지만 <진왕을> 만날 수 없었다. 진왕은 후회하며 사람을 시켜 그를 사면하였지만, 한비는 이미 죽었다.[韓非者, 韓之諸公子也. 喜刑名法術之學, 而其歸本於黃老. 非爲人口吃, 不能道說, 而善著書. 與李斯俱事荀卿, 斯自以爲不如非. … 秦王以爲然, 下吏治非. 李斯使人遺非藥, 使自殺. 韓非欲自陳, 不得見. 秦王後悔之, 使人赦之, 非已死矣.](≪史記≫<韓非列傳>)

둑질 한 자는 그 죄를 당하게 하고, 나머지는 진나라의 가혹한 법을 모두 없앤다."라고 하였다. 뒤에 그것으로 간사함을 막기에 부족하다고 하여 또 소하(蕭何)에게 진나라 법에서 채취하여 법률 ≪구장(九章)≫을 만들었으니, 이는 '소하가 한나라 법률을 제정할 적에 고조의 간략한 법률을 받들어 만들었다.'라고 말한 것이다.

한(韓)은 성(姓)이고 이름이 비(非)이다. 폐(弊)는 고단함이다. 번(煩)은 가혹함이다. 한비(韓非)는 형명학(刑名學, 형벌을 밝히며 명실(名實)을 따르는 학문)을 하였는데 이사(李斯)가 헐뜯어서 진나라 감옥에서 죽었으니, 이는 '형벌을 번거로이 하여 스스로 곤란하게 되었다.'라고 말한 것이다.

3·9·75

기전파목(起翦頗牧)115)은 용군최정(用軍最精)이라

<전국시대의> 백기(白起)·왕전(王翦)·염파(廉頗)·이목(李牧)은 군사를 운용하는 것이 가장 훌륭하였다.

3·9·76

선위사막(宣威沙漠)하고 치예단청(馳譽丹靑)116)이라

<이 장군들은> 위엄을 사막에 펼치고, 명예를 화상(畫像)으로 전하였다.

[원문]

此言群英之建武功者라

起는 白起也117)요 翦은 王翦也118)니 皆秦良將이라 頗는 廉頗也119)요 牧은 李牧

---

115) 翦 : 俗字가 剪(자를/전)이다.[翦, 俗剪.](≪註解≫)
116) 丹靑 : 단청은 그 얼굴과 모양을 그린 것이다.[丹靑, 圖其形貌.](≪註解≫)
117) 白起 : ?~前257. 公孫起라고도 일컫는다. 전국시대 秦나라 郿 사람으로, 군사 운용을 잘했다. 진나라 昭王 29년에 楚나라 도읍 郢을 공격하여 승리하고, 그 공로로 인하여 武安君에 봉해졌다. 長平 전쟁에서 趙나라 군사에게 크게 승리하고 끝내 趙나라 병졸 40여만 명을 파묻어 죽였다. 相國 范雎(범저)에게 시기를 받았다. 소왕 50년에 秦나라가 邯鄲을 포위하였으나 불리하게 되었는데, 白起는 본래 이 전쟁을 찬성하지 않아서 그것으로 해서 병을 핑계하고 나서지 않았다. 파면되어 사졸이 되고 곧 핍박을 받아 자살하였다.[白起, ?~前257年. 一稱公孫起. 戰國時秦國郿人. 善用兵. 昭王二十九年, 攻克楚都郢, 因功封爲武安君. 長平之戰, 大勝趙軍, 竟坑殺趙卒四十多萬. 爲相國范雎所忌. 五十年, 秦圍邯鄲失利, 白起本不贊成此役, 因稱病不起. 被免爲士伍, 旋被逼自殺.](≪人≫)
118) 王翦 : 전국시대 秦나라 頻陽 사람. 秦나라 장군. 秦王 嬴政(후일의 秦始皇) 시기에 여러 차례 趙나라를 격파하고, 燕나라를 공격하고, 趙·燕·薊 등지를 평정하였다. 뒤에 명을

也120)니 皆趙良將이라 軍은 兵也니 萬二千五百人爲軍이라 最는 極也라 精은 善也라
宣은 布也라 威는 兵威也라 沙는 說文云 水散石也라하니라 漠은 廣大也니 北方之地 皆沙라 不生草木하고 一望廣大라 故謂之沙漠이라 馳는 馬疾行也라 左傳杜注云121) 馬曰馳라하고 步曰走라하니라 譽는 聲名也라 丹靑은 皆采色이니 圖畫之所用也라 言其 聲名馳於圖畫之間하니 如漢宣畫功臣於麒麟閣122)하고 漢明畫功臣於雲臺之類123)라

받들어 군사 60만 명을 인솔하고 楚나라를 공격하여 楚나라 장군 項燕을 죽이고, 楚나라 王 負芻를 사로잡아 楚나라를 멸망시키고, 공로로 武成侯에 봉해졌다.[王翦, 戰國時秦國頻陽人. 秦將領. 秦王政時先後破趙, 攻燕, 定趙燕薊諸地. 後奉命率軍六十萬擊楚, 殺楚將項燕, 虜楚王負芻, 滅楚, 以功封武成侯.](《人》)

119) 廉頗 : 전국시대 趙나라 사람. 趙나라 惠文王 시기에 장군이 되고, 뒤에 上卿으로 승진하였다. 長平의 전쟁에서 성벽을 견고하게 하고 수비하여 秦나라 군대가 출동한 지 3년이 되도록 지쳐 공로가 없게 하였다. 뒤에 趙나라가 秦나라의 離間策에 걸려든 것으로 인하여 趙括로 바꾸어 임용하여 장군을 삼아 큰 패배를 맞게 되었다. 孝成王 15년에 燕나라에서 大軍을 출동하여 趙나라를 공격하였는데, 염파는 군사를 지휘하여 반격하고, 燕나라 장군 栗腹을 죽이고 진격하여 燕나라 도읍을 포위하자, 燕나라는 5개 城을 떼어서 강화를 요구하였다. 공로로 인하여 尉文에 봉해지고, 信平君이 되었으며, 假相國에 임명되었다. 悼襄王 시기에 樂乘으로 후임을 맡게 하자 魏나라로 도주하여 大梁에 살았고, 뒤에 楚나라에서 늙어 죽었다.[廉頗, 戰國時趙國人. 趙惠文王時爲將, 後升上卿. 長平之戰, 堅壁固守, 使秦出師三年, 勞而无功. 後因趙中秦反間計, 改用趙括爲將, 致遭大敗. 孝成王十五年, 燕發大軍攻趙, 頗率軍反擊, 殺燕將栗腹, 進圍燕都, 燕割五城求和. 因功封于尉文, 爲信平君, 任假相國. 悼襄王時, 使樂乘代之. 奔魏居大梁, 後老死于楚.](《人》)

120) 李牧 : ?-前228. 전국시대 사람. 趙나라 大將. 장기간 代·雁門에 있으면서 匈奴를 방비하였다. 날마다 士卒들에게 잔치를 해주어 군인들의 인심을 얻었다. 말 타기와 활쏘기를 연습하고 기습 군대를 출동시켜서 匈奴를 크게 격파하였다. 趙王 遷 2년에 秦나라가 대거 출동하여 趙나라를 공격하자, 다음 해에 이목이 秦나라 군대를 肥에서 크게 격파하여 공로로 武安君에 봉해졌다. 秦나라에서는 趙王의 총애 받는 신하 郭開를 시켜서 이목이 반란하려 한다고 거짓 고발하여 참수를 당했다. 秦나라는 마침내 趙나라를 멸망시켰다. [李牧, ?-前228. 戰國時人. 趙國大將. 長期居代·雁門以備匈奴. 日享士卒, 得軍心. 習騎射, 出奇兵, 大破匈奴. 趙王遷二年, 秦大擧攻趙. 次年, 牧大破秦軍于肥, 以功封武安君. 秦使趙王嬖臣郭開誣牧欲反, 被斬. 秦遂滅趙.](《人》)

121) 左傳杜注 : 杜預가 주석한 《左傳》의 글을 가리킨다.(●)
  杜預 : 222~284. 字는 元凱. 西晉의 政治家·將軍·學者. 博學하고 들은 것이 많아 '杜武庫'라고 명예롭게 불렸다. 저술에 《春秋左氏經傳集解》·《春秋釋例》 등이 있다. [杜預, 222~284. 字元凱. 西晉之政治家將軍學者. 博學多聞, 被譽爲'杜武庫'. 著有春秋左氏經傳集解春秋釋例等.](《人》)

122) 麒麟閣 : ①漢나라 시대의 전각 이름. 未央宮 안에 있는데, 한나라 宣帝 때 일찍이 霍光 등 11공신의 화상을 麒麟閣에 그려놓아 그 공적을 나타내 드날렸다.[麒麟閣, 漢代閣名. 在未央宮中, 漢宣帝時曾圖霍光等十一功臣像於閣上, 以表揚其功績.](《漢》) ②황제(宣帝)는 股肱(신하)이 보좌한 아름다운 공로를 생각하여 마침내 그들의 모습을 麒麟閣에 그려서 그 모습을 본뜨고 그 官爵과 姓名을 기록하였는데 오직 霍光만은 이름을 부르지 않고 '大司馬大將軍 博陸侯 姓霍氏'라고 하였고, … 모두 11명이었다.[上(宣帝)思股肱之美, 廼圖畫其人於麒麟閣, 法其形貌, 署其官爵姓名, 唯霍光不名曰大司馬大將軍博陸侯姓霍氏, … 凡十一人.](《漢書》〈蘇武列傳〉)

123) 雲臺 : ①臺 이름. 한 나라 궁중의 높은 대인데 南宮 안에 있다. 후한 永平 연간에 明帝

言此四人이 極善用兵하여 而布威於北方沙漠之地하고 其名譽之遠馳하여 至於圖畫其像而不忘也라

○以上四節은 皆言群英之盛하니 如殷之有伊傅하고 周之有旦望하고 漢之有四皓라 而又廣而言之하니 如五霸七雄之有謀臣策士하고 任名法者는 如蕭何韓非[124]하고 建武功者는 如起翦頗牧하여 亦不可勝數也라

해설

이는 여러 영웅들이 무공(武功)을 세운 것을 말하였다.

기(起)는 백기(白起)이고, 전(翦)은 왕전(王翦)이니, 모두 진(秦)나라의 훌륭한 장군이다. 파(頗)는 염파(廉頗)이고, 목(牧)은 이목(李牧)이니, 모두 조(趙)나라의 훌륭한 장군이다. 군(軍)은 병사이니 1만 2천 5백 명으로 군(軍)을 편성하였다. 최(最)는 지극함이다. 정(精)은 좋음이다.

선(宣)은 펼침이다. 위(威)는 군대의 위엄이다. 사(沙)는 ≪설문(說文)≫에 "물에 돌이 부서진 것이다."라고 하였다. 막(漠)은 광대함이다. 북방의 땅은 모두 모래이며 초목이 나지 않아 한 번 바라보면 광대하므로 사막(沙漠)이라고 한다.

치(馳)는 말이 빨리 달려감이다. ≪좌전(左傳)≫ 두예(杜預) 주석에 "<달리기를> 말로 하는 것을 치(馳, 말 달려갈/치)라고 하고, 걸음으로 하는 것을 주(走, 뛰어갈/주)라고 하였다."라고 하였다. 예(譽)는 명성이다. 단(丹, 붉은 칠/단)과 청(靑, 파란 칠/청)은 모두 채색이니, 그림을 그리는 데에 쓰는 것이다. 이는 '그 명성을 그림 속에 전파하니, 한나라 선제(宣帝)가 공신들을 기린각(麒麟閣)에 그려놓고 후한 명제(明帝)가 공신들을 운대(雲臺)에 그려놓은 것과 같은 부류이다.'라고 말한 것이다.

이는 '이 네 사람이 군대 운용을 매우 잘하여 위엄(威嚴)을 북방 사막의 땅에 펼치고, 그 명예(名譽)가 멀리 퍼져나가 심지어 그 화상을 그려서 잊지 않게 되었다.'라고 말한 것이다.

○이상 4절(節)은 모두 여러 영웅들의 성대함을 말하였으니, 예를 들면 은(殷)나라에 이윤(伊尹)·부열(傅說)이 있고, 주나라에 주공(周公)·태공망(太公望)이 있고, 한나라에 사호(四皓)가 있는 것과 같다. 또 확충하여 말하였으니, 예를 들면 오패(五霸)·칠웅(七雄)의 모신(謀臣)·책사(策士)가 있고, 명분과 법률을 담당한 사람으로는 소하(蕭何)·한비(韓非)

가 공신들을 추념하여 鄧禹 등 28장군의 畫像을 그 위에 그려 놓았다.[雲臺, 臺名. 漢宮中之高臺, 在南宮中, 後漢永平中, 明帝追念功臣. 畫鄧禹等二十八將像於其上.](≪中≫) ② 顯宗은 이전 시대의 功臣들을 추후 생각하여 이에 장수 28명을 南宮의 雲臺에 그리게 하고, 그 이외에 또 王常, 李通, 竇融, 卓茂를 더하여 도합 32명이었다.[顯宗追感前世功臣, 乃圖畫二十八將於南宮雲臺, 其外又有王常李通竇融卓茂合三十二人.](≪後漢書≫<馬武傳論>)

124) 名法 : 名家와 法家.[名家與法家.](≪漢≫)

와 같은 이가 있고, 무공(武功)을 세운 사람으로는 백기(白起)·왕전(王翦)·염파(廉頗)·이목(李牧)과 같은 이가 있어서 또한 이루 다 셀 수 없다.

3·10·77

구주우적(九州禹跡)125)이요 백군진병(百郡秦幷)이라

아홉 주(州)는 우(禹)임금의 발자취가 이른 곳이고, <한나라의> 일백 군(郡)은 진(秦)나라가 합병한 땅이다.

3·10·78

악종태대(嶽宗泰岱)126)하고 선주운정(禪主云亭)127)하니라

<토지의 현저함이> 오악(五嶽)은 항산(恒山)과 대산(岱山)을 으뜸으로 하고, <천자의> 선(禪) 제사는 운운산(云云山)과 정정산(亭亭山)에 의거해하였다.

3·10·79

안문자새(鴈門紫塞)128)요 계전적성(雞田赤城)129)이라

관문은 안문(雁門), 요새는 자새(紫塞), 역참은 계전(雞田), 성벽은 적성(赤城)이다.

---

125) 九州禹跡 : ①구주는 모두 우왕이 경유한 곳이다. 그러므로 '우왕의 발자취[禹跡]'라고 하였다.[九州皆禹所經, 故曰禹跡.](≪註解≫) ②우임금이 구주를 구별해서 산을 따라 내를 준설하고 토양에 맞게 공물을 내게 했다.[禹別九州, 隨山濬川, 任土作貢.](≪書經≫<禹貢序>)

126) 泰岱 : ①≪註解≫에 '恒岱'로 쓰고, "恒은 唐本에 泰로 쓰여 있다."라고 하였다. '泰岱'로 쓰면 1개 산 이름이 되고, '恒岱'로 쓰면 2개 산 이름이 되는데 아래 구절의 '云亭'이 2개 산 이름이 되었으니, '恒岱'로 해야 對句가 되어 그 의미가 서로 합치된다.(◉) ②泰는 '太'(클/태)와 같다.[泰, 與'太'同.](≪中≫) ③岱는 山 이름이니, 곧 泰山이다.[岱, 山名, 即泰山.](≪漢≫) ④岱宗은 곧 泰山이다. 泰山은 과거에 五嶽의 으뜸에 처한다고 하여 여러 산에 宗主가 되므로 이렇게 일컬었다.[岱宗, 即泰山. 泰山舊謂居五嶽之首, 爲諸山所宗, 故稱.](≪漢≫) ⑤泰山은 別稱이 있는데 '泰岱' 이외에 또 '岱'·'岱宗' 등의 명칭이 있다.(◉)

127) 禪主云亭 : ①천자는 12년에 한 번씩 순수하였는데, 반드시 태대에서 봉선 의식을 하였다. 운운·정정은 태대 아래에 있는 작은 산인데, 천자가 반드시 이곳에서 유숙하며 목욕재계한 뒤에 代宗에 제사하였다.[天子十二年, 一巡狩, 必封禪泰岱. 云云亭亭, 泰岱下小山. 必主宿於是, 齋沐而後, 祀岱宗焉.](≪註解≫) ②五服(5구역)의 제후들이 … 6년 만에 서울에 한 번 조회하거든 12년 만에 王[天子]이 한 번 순행한다.[五服 … 六年一朝會京師, 十二年王一巡狩.](≪書經≫<周官><集傳>)

128) 雁門 : 郡 이름이니, 병주에 있었는데, 봄에 기러기가 북쪽으로 돌아갈 때에 이곳을 넘어

3·10·80

곤지갈석(昆池碣石)130)이요 거야동정(鉅野洞庭)131)이라

못은 곤지(昆池), 산은 갈석(碣石), 늪은 거야(鉅野), 호수는 동정(洞庭)이다.

3·10·81

광원면막(曠遠綿邈)132)하고 암수묘명(巖岫杳冥)133)134)이라

<위의 산천들이> 넓으며 멀고, 산의 바위굴이 깊숙하고 어둑하다.

가므로 이 이름이 된 것이다.[雁門, 郡名, 在幷州, 春雁北歸踰此, 故名.](《註解》) ②鴈 : 雁(기러기/안)과 동자이다.[鴈, 與雁同.](《中》)

129) 雞田赤城 : ①계전은 옹주에 있다. 옛날에 주나라 문왕은 암탉을 얻고 왕자가 되었으며, 진나라 목공은 암탉을 얻고 패자가 되었다. 그 아래에 보계사가 있으니, 진나라에서 하늘에 郊祭를 지내던 곳이다. 적성은 기주 어복현에 있다.[雞田在雍州. 昔周文獲雌而王, 秦穆獲雌而霸. 下有寶雞祠, 秦郊祀處. 赤城在夔州魚腹縣.](《註解》) ②雞는 籒文에서는 鷄(닭/계)로 썼다.[雞, 籒文作'鷄'.](《中》) ③주나라 문왕 때에 鸑鷟(악착, 봉황의 일종)이 기산에서 울었다.[周文王時, 鸑鷟鳴岐山.](《玉海》 卷199 <祥瑞 動物 鳳 祥禽>) ④당나라 褚遂良이 말하였다. "옛날 晉나라 文公 때에 아동이 있어 변하여 꿩이 되었는데 암꿩은 陳倉에서 울고 수꿩은 南陽에서 울었습니다. 아동이 말하기를 '수컷을 얻는 이는 왕자가 되고 암컷을 얻는 이는 패자가 된다.' 하였는데, 문공이 마침내 제후에 패자가 되어 처음으로 寶雞祠를 지었습니다. 後漢 光武皇帝는 그 수컷을 얻어 남양에서 일어나서 천하를 차지하였습니다."[遂良曰, "昔秦文公時, 有侲子化爲雉. 雌鳴陳倉, 雄鳴南陽. 侲子曰, '得雄者王, 得雌者霸.' 文公遂雄諸侯. 始爲寶雞祠, 漢光武得其雄, 起南陽, 有四海."](《唐書》 卷105 <褚遂良傳>)

130) 昆池 : ①곤지는 운남 곤명현에 있다. 한나라 무제는 운남을 통행하려 하여 곤명지를 파고서 수상 전투를 익혔는데, 또한 곤지라고 칭하기도 하였다.[昆池, 在雲南昆明縣. 漢武欲通雲南, 鑿昆明池, 以習水戰, 亦曰昆池.](《註解》) ②漢나라 武帝가 판 곤명지는 지금 西安府 성 안의 上林苑 속에 있다. 무제는 곤명의 이족을 정벌하려 하였는데 그 나라에 滇池가 있어서 마침내 못을 파서 본떠서 水上 전투를 연습하였는데 주위가 40리였다.[其(漢武帝)所鑿昆明池, 在今西安府城內上林苑中. 帝欲伐昆明夷, 以其國有滇池. 乃穿池象之, 以習水戰 周迴四十里.](《山堂肆考》 卷24 <地理 池>)

碣石 : 북평군 여성현에 있다.[碣石, 在北平郡黎城縣](《註解》)

131) 雁門紫塞 雞田赤城 昆池碣石 鉅野洞庭 : '雁門紫塞雞田赤城'과 '昆池碣石鉅野洞庭'은 相對되니, 兩聯 對偶이다. 또 兩句 안에서 각자 相對가 되어, '雁門紫塞'와 '雞田赤城'이 상대가 되고, '昆池碣石'과 '鉅野洞庭'이 상대가 된다. 또 1句 안에서 각각 스스로 상대가 되어, 雁門·紫塞, 雞田·赤城, 昆池·碣石, 鉅野·洞庭이 모두 地名으로 각각 스스로 1句 안에서 상대가 된다. 兩聯 16글자는 처음부터 끝까지 모두 2글자씩 각각 相對가 되니, 즉 '雁門'부터 '洞庭'까지 대우가 아닌 것이 없다. 이 글은 兩聯對偶·兩句對偶·二字對偶를 겸하여 3種 對偶가 함께 갖춘 것을 볼 수 있다.(◉)

132) 曠遠綿邈 : 위 글에 나열한 산천이 모두 텅 비고 아득히 멀다.[上文所列山川, 皆空曠而遙遠也.](《註解》)

원문

此節言王者土地之廣이라

九州는 冀兗靑徐揚荊豫梁雍也라 禹는 夏王이라 跡은 足跡也라 書立政云 以陟禹之跡이라하니라 自黃帝始分天下爲九州하고 至虞舜하여 又分爲十二州러니 及禹平水土하고 復爲九州하여 而三代因之라 言九州爲夏禹所立하여 皆其足跡之所至也라 百郡은 京兆·左馮翊135)·右扶風·弘農·河東·河內·河南·潁川·汝南·沛·梁·魯·魏·巨鹿·常山·淸河·趙·廣平·眞定·中山·信都·河間·東·陳留·山陽·濟陰·太山·城陽·淮陽·東平·琅琊·東海·臨淮·楚·泗水·廣陵·六安·平原·千乘·濟南·齊·北海·東萊·淄川·膠東·高密·南陽·南·江夏·桂陽·武陵·零陵·長沙·廬江·九江·會稽·丹陽·豫章·漢中·廣漢·蜀·犍爲·越嶲·益州·牂牁·巴·武都·隴西·金城·天水·武威·張掖·酒泉·燉煌·安定·北地·太原·上黨·上·西河·五原·雲中·定襄·雁門·朔方·涿·渤海·代·上谷·漁陽·右北平·遼西·遼東·玄菟·樂浪·廣陽·南海·鬱林·蒼梧·交趾·合浦·九眞·日南이니 凡百有三이라 言百郡者는 擧大數也라 秦은 國名이니 今陝西皆其地라 幷者는 合爲一也라 上古至三代히 皆封建諸侯하여 以分治天下라가 至秦始皇時하여 滅六國하고 並天下爲一하여 於是罷封建하고 分天下爲三十六郡하더니 至漢時하여 又分爲百郡하니라 言漢之百郡은 乃秦所並也라

嶽은 五嶽이니 東嶽太山이요 西嶽華山이요 南嶽衡山이요 北嶽恒山이요 中嶽嵩山也라 宗은 尊也라 泰岱는 卽太山이니 在今泰安州北이라 五嶽은 太山爲尊이라 書舜典云 至於岱宗136)이라하니라 禪은 封禪也라 於太山上築土爲壇하여 以祭天을 謂之封이라하고 又於太山之下小山上除地爲墠137)하여 以祭地를 謂之禪이라하니라 主는 依也라 云亭

緜 : 綿(멸/면)은 緜과 동자이다.[綿, 與緜同.](《中》)
133) 巖岫杳冥 : 암수는 산이 높아서 오를 수 없는 것이요, 묘명은 물이 깊어서 헤아릴 수 없는 것이다.[巖岫, 山之岌嶪而不可登, 杳冥, 水之淵深而不可測也.](《註解》)
　　巖岫 : ①巖岫는 산의 굴이며, 산의 봉우리이다.[巖岫, 山洞, 峰巒.](《漢》) ②巖은 속자가 岩(바위/암)이다.[巖, 俗岩.](《註解》) ③岫(산굴/수, 산봉우리/수)는 岫와 같다.[岫, 同岫.](《中華字解》)
134) 曠遠綿邈 巖岫杳冥 : 綿邈과 杳冥은 相對가 되지만, 曠遠과 巖岫는 相對가 되지 않으니, 이는 兩句對偶이면서 오직 아래 반쪽 2글자만 相對가 될 뿐이다.(◉)
135) 左馮翊 : ①馮은 音이 憑이다.[馮, 音憑.](《詩傳旁通》 卷3 <國風 衛風> '左馮翊'注) ②馮의 扶와 冰의 반절(빙), 並聲·蒸韻은 옛 郡 이름이다. 房과 戎의 반절(풍), 奉聲·東韻은 姓이다.[馮, 扶冰切, 並聲蒸韻, 古郡名. 房戎切, 奉聲東韻, 姓.](《漢字典》) ③《詩傳旁通》과 《漢字典》에 의하면 馮翊의 馮은 扶와 冰의 반절(빙)로 읽어야지, 房과 戎의 반절(풍)로 읽을 것이 아니다. 혹은 房과 戎의 반절(풍)로 읽는 사람이 있으나 잘못이다.(◉)
136) 岱宗 : ①바로 태산이다. 태산은 옛날에 "오악의 우두머리에 있으므로 여러 산에서 높임을 받으므로 이렇게 일컫는다."라고 하였다.[岱宗, 卽泰山. 泰山舊謂居五嶽之首, 爲諸山所宗, 故稱.](《漢》) ②岱는 太山이다. 山을 따르고, 代가 소리이다. 高翔麟 字通에 "太와 代는 音이 같으므로, 代를 빌고 山을 더하였다."라고 하였다.[岱, 太山也. 从山, 代聲. 高翔麟 字通, "太代音同, 故借代加山."](《漢字典》)

은 皆山名이니 云云山은 在今泰安州東南하고 亭亭山은 在今泰安州南하니 皆太山之下 小山也라 言封太山者가 其禪은 則依於云亭兩山也라 史記封禪書云 昔無懷氏封太山138) 하여 禪云云하고 伏羲氏封太山하여 禪云云하고 神農氏封太山하여 禪云云하고 炎帝封 太山하여 禪云云하고 黃帝封太山하여 禪亭亭하고 顓頊封太山하여 禪云云하고 帝嚳封 太山하여 禪云云하고 堯封太山하여 禪云云하고 舜封太山하여 禪云云하고 湯封太山하 여 禪云云이라하니라

鴈門은 關名이니 在今大同府馬邑縣東南이라 紫塞는 即長城也139)니 秦始皇築長城한 대 西起臨洮하여 東至朝鮮하니 其長萬里요 土色皆紫라 故稱紫塞140)라 雞田은 驛名이 니 在今冀州라 赤城은 古蚩尤所居之處141)니 在今宣府라

昆池는 即滇池요 在今雲南府城南하니 一名昆明池라 碣石은 山名이니 在今永平府昌 黎縣西北이라 鉅野는 澤名이요 在今兗州府鉅野縣東하니 今已涸이라 洞庭은 湖名이니 在今嶽州府城西南이라

曠은 闊也라 緜邈은 遠貌라 石窟曰巖이라하고 山穴曰岫라하니라 杳는 深也라 冥은 昏暗也라

言王者土地廣大하여 九州百郡이 皆其所有요 而於其中에 又擧土地之顯著者하여 以言 其盛하니 如封禪之有太山云亭하며 關有鴈門하며 城有紫塞赤城하며 驛有雞田하며 池 有昆明하며 山有碣石하며 澤有鉅野하며 湖有洞庭하여 皆曠闊遙遠하며 緜邈而無窮極 하고 其山之巖岫하고 亦深杳昏冥而不可測也라

○幷은 平聲142)이라 禪은 音善143)이라

右第三章이라 此章言王天下者는 其京都之大와 宮闕之壯과 典籍之盛과 英才之衆과 土地之廣如此라

---

137) 墠 : 제사를 지내는 장소.[墠, 祭祀的場地.](≪漢字典≫)
138) 無懷氏 : 전설 속에 上古 제왕.[無懷氏, 傳說中的上古帝王.](≪漢≫)
139) 長城 : 만리장성.(●)
140) 塞 : 先과 代의 반절(새)이다.[塞, 先代切.](≪佩文韻府≫<去聲> 十一隊韻)
141) 蚩尤 : 傳說 속의 古代 九黎族의 우두머리. 쇠로 兵器를 만들어 黃帝와 涿鹿에서 전투하다가 실패하여 피살되었다. 다만 古籍에 기재된 것은 해설 방법이 한결같지 않다.[蚩尤, 傳說中的古代九黎族首領. 以金作兵器, 與黃帝戰於涿鹿, 失敗被殺. 但古籍所載, 說法不一.](≪漢≫)
142) 幷 平聲 : 幷은 平仄 兩韻이다. ≪佩文韻府≫에 의거하면 平聲은 下平聲 庚韻으로, 해설을 "府와 盈의 反切이고, <뜻은> '합하다[合]', 또는 '州名', 또 '姓'이다."라고 하였다. 그 용례로는 "兼并한다. 가벼운 임무를 병합한다."라고 하였다. 仄聲은 去聲 敬韻으로, 해설을 "畀와 政의 반절이고, '오로지[專]'이다."라고 하고, 用例를 싣지 않았다.(●)
143) 禪 音善 : 禪은 繕과 蟬의 2音이 있다.(≪形字典≫에 의거함. 아래도 같음) 그 音 繕(善과 同音)은 去聲, 霰韻이고, 그 의미는 "땅을 소제하여 제사 터를 만들어 땅에 제사한다.[除 地爲墠而祭.]"라고 하였다. 그 音 蟬은 平聲, 先韻이고, 그 의미는 "佛法, 佛道"라고 하였다.(●)

해설

이 구절은 왕자(王者)의 토지(土地)가 넓음을 말하였다.

구주(九州)는 익주(冀州)·연주(兗州)·청주(靑州)·서주(徐州)·양주(揚州)·형주(荊州)·예주(豫州)·양주(梁州)·옹주(雍州)이다. 우(禹)는 하나라 왕이다. 적(跡)은 발자취이다. ≪서경≫<입정(立政)>에 "우왕(禹王)의 발자취에 따라 올라간다."라고 하였다. 황제(黃帝)로부터 처음으로 천하를 나누어 9주(州)로 만들고, 우순(虞舜, 순임금)에 이르러 나누어 12주로 하였다가 우왕(禹王)이 물과 땅을 평안히 한 때에 이르러 다시 9주로 하여, 삼대(三代, 하·은·주)에 이를 따랐다. 이는 '9주가 하나라 우왕 때에 설립되어 모두 그의 발자취가 이른 곳이다.'라고 말한 것이다. 100군(郡)은 경조(京兆)·좌빙익(左憑翊)·우부풍(右扶風)·홍농(弘農)·하동(河東)·하내(河內)·하남(河南)·영천(潁川)·여남(汝南)·패(沛)·양(梁)·노(魯)·위(魏)·거록(巨鹿)·상산(常山)·청하(淸河)·조(趙)·광평(廣平)·진정(眞定)·중산(中山)·신도(信都)·하간(河間)·동(東)·진유(陳留)·산양(山陽)·제음(濟陰)·태산(太山)·성양(城陽)·회양(淮陽)·동평(東平)·낭야(琅琊)·동해(東海)·임회(臨淮)·초(楚)·사수(泗水)·광릉(廣陵)·육안(六安)·평원(平原)·천승(千乘)·제남(濟南)·제(齊)·북해(北海)·동래(東萊)·치천(淄川)·교동(膠東)·고밀(高密)·남양(南陽)·남(南)·강하(江夏)·계양(桂陽)·무릉(武陵)·영릉(零陵)·장사(長沙)·여강(廬江)·구강(九江)·회계(會稽)·단양(丹陽)·예장(豫章)·한중(漢中)·광한(廣漢)·촉(蜀)·건위(犍爲)·월준(越嶲)·익주(益州)·장가(牂牁)·파(巴)·무도(武都)·농서(隴西)·금성(金城)·천수(天水)·무위(武威)·장액(張掖)·주천(酒泉)·돈황(燉煌)·안정(安定)·북지(北地)·태원(太原)·상당(上黨)·상(上)·서하(西河)·오원(五原)·운중(雲中)·정양(定襄)·안문(雁門)·삭방(朔方)·탁(涿)·발해(渤海)·대(代)·상곡(上谷)·어양(漁陽)·우북평(右北平)·요서(遼西)·요동(遼東)·현도(玄菟)·낙랑(樂浪)·광양(廣陽)·남해(南海)·울림(鬱林)·창오(蒼梧)·교지(交趾)·합포(合浦)·구진(九眞)·일남(日南)으로 모두 103군인데 100군이라고 말한 것은 대강의 숫자를 들은 것이다. 진(秦)은 나라 이름이니, 지금 섬서(陝西)가 모두 그 땅이다. 병(幷)은 합하여 하나로 한 것이다. 상고시대부터 삼대까지 모두 제후(諸侯)를 책봉해 세워서 천하를 나누어 다스렸다. 진(秦)나라 시황(始皇) 때에 이르러 육국(六國)을 멸망시키고 천하를 합병하여 통일하였다. 이에 봉건을 없애고 천하를 나누어 36군(郡)으로 만들었다. 한나라 때에 이르러 또 나누어 100군으로 만들었다. 이는 '한나라의 100군은 진나라가 합병한 것이다.'라고 말한 것이다.

악(嶽)은 오악(五嶽)이니, 동악(東嶽)은 태산(泰山)이고 서악(西嶽)은 화산(華山)이고 남악(南嶽)은 형산(衡山)이고 북악(北嶽)은 항산(恆山)이고 중악(中嶽)은 숭산(嵩山)이다. 종(宗)은 높음이다. 태대(泰岱)는 바로 태산(太山)이니 지금의 태안주 북쪽이다. 오악에서는 태산이 존귀하다. ≪서경≫<순전(舜典)>에 "대종(岱宗, 태산)에 이르렀다."라고 하였다. 선

(禪)은 봉선(封禪)함이다. 태산 위에 흙을 쌓아 단을 만들어 하늘에 제사하는 것을 봉(封)제사라 말하고, 또 태산의 아래 작은 산 위에 땅을 소제하여 제사 터[墠]를 만들어 땅에 제사하는 것을 선(禪)제사라 말한다. 주(主)는 의지함이다. 운(云)·정(亭)은 모두 산 이름이다. 운운산(云云山)은 지금 태안주(泰安州) 동남쪽에 있고 정정산(亭亭山)은 지금 태안주(泰安州) 남쪽에 있으니, 모두 태산의 아래 작은 산이다. 이는 '태산에서 봉제사한 사람이 그 선(禪) 제사는 운운산·정정산 두 산에 의거해서 한다.'라고 말한 것이다. ≪사기(史記)≫ <봉선서(封禪書)>에 "옛날 무회씨(無懷氏)는 태산에 봉제사하며 운운산에 선제사하였고, 복희씨(伏羲氏)는 태산에 봉제사하며 운운산에 선제사하였고, 신농씨(神農氏)는 태산에 봉제사하며 운운산에 선제사하였고, 염제(炎帝)는 태산에 봉제사하며 운운산에 선제사하였고, 황제(黃帝)는 태산에 봉제사하며 정정산에 선제사하였고, 전욱(顓頊)은 태산에 봉제사하며 운운산에 선제사하였고, 제곡(帝嚳)은 태산에 봉제사하며 운운산에 선제사하였고 요제(堯帝)는 태산에 봉제사하며 운운산에 선제사하였고, 순제(舜帝)는 태산에 봉제사하며 운운산에 선제사하였고, 탕왕(湯王)은 태산에 봉제사하며 운운산에 선제사하였다."라고 하였다.

안문(雁門)은 관문(關門) 이름이니, 지금 대동부(大同府) 마읍현(馬邑縣) 동남쪽에 있다. 자새(紫塞)는 바로 장성(長城, 만리장성)이니, 진(秦)나라 시황(始皇)이 장성을 쌓았는데 서쪽으로 임조(臨洮)에서 시작하여 동쪽으로 조선(朝鮮)에 이르니, 그 길이가 만 리이고 흙빛이 모두 검붉으므로 자새(紫塞, 검붉은 요새)라고 일컬었다. 계전(雞田)은 역(驛) 이름이니, 지금 기주(冀州)에 있다. 적성(赤城)은 옛날 치우(蚩尤)가 살던 곳이니, 지금 선부(宣府)에 있다.

곤지(昆池)는 바로 전지(滇池)이다. 지금 운남부(雲南府) 성남(城南)에 있으니 일명 곤명지(昆明池)이다. 갈석(碣石)은 산 이름이니 지금 수평부(水平府) 창려현(昌黎縣) 서북에 있다. 거야(鉅野)는 늪 이름이고, 지금 연주부(兗州府) 거야현(鉅野縣) 동쪽에 있으니, 지금은 이미 물이 말랐다. 동정(洞庭)은 호수 이름이니, 지금 악주부(嶽州府) 성(城) 서남쪽에 있다.

광(曠)은 넓음이다. 면막(緜邈)은 먼 모양이다. 돌의 굴을 암(巖)이라고 하고, 산의 굴을 수(岫)라 한다. 묘(杳)는 깊음이다. 명(冥)은 어두움이다.

이는 '왕의 토지가 광대하여 9주(州)와 100군(郡)이 모두 그의 소유이고, 그 중에 또 토지의 현저(顯著)한 것을 들어 그 성대함을 말하였다. 예를 들면 봉선(封禪)하는 곳으로 태산(太山)과 운운산(云云山)·정정산(亭亭山)이 있으며, 관문(關門)에는 안문(雁門)이 있으며, 성(城)에는 자새(紫塞)·적성(赤城)이 있으며, 역(驛)에는 계전(雞田)이 있으며, 못에는 곤명(昆明)이 있으며, 산에는 갈석(碣石)이 있으며, 늪에는 거야(鉅野)가 있으며, 호수에는 동정(洞庭)과 같은 것이 있어서 모두 광활하고 멀며 아득하여 끝이 없고, 그 산의 바위굴이 또한 깊숙하며 어둑하여 헤아릴 수 없다.'라고 말한 것이다.

○병(幷, 고을 이름/병)은 평성(平聲)이다. 선(禪, 소제하고 제사하다/선)은 음이 선(善)이다.

위는 제3장(章)이다. 이 장은 '천하에 왕이 되는 사람은 그 서울의 크기, 궁궐의 장엄함, 전적(典籍)의 성대함, 영재의 많음, 토지의 넓음이 이와 같아야 한다.'라고 말한 것이다.

第四章 處身治家之道 처신과 치가의 도리

4·1·82

치본어농(治本於農)1)하여 무자가색(務玆稼穡)2)이라

다스림은 농사에 근본하여, 이 심고 거둠을 힘쓰게 한다.

4·1·83

숙재남무(俶載南畝)3)하여 아예서직(我藝黍稷)4)하니라

비로소 앞밭에서 일하여, 내가 기장과 피를 심는다.

---

1) 治本於農 : 제왕이 정치할 때에는 반드시 농사를 근본으로 삼으니, 군주는 백성을 하늘로 여기고 백성은 먹는 것을 하늘로 여기기 때문이다.[帝王爲治, 必以農爲本, 蓋君以民爲天, 民以食爲天故也.](≪註解≫)

2) 務玆稼穡 : ①농사를 근본으로 삼기 때문에 반드시 백성들에게 봄에 심으며 가을에 거두는 것을 오로지 힘쓰도록 하여, 그 농사시기를 빼앗지 않는다.[以農爲本, 故必令專力於春稼秋穡, 不奪其時也.](≪註解≫) ②衣食은 백성의 근본이고, 稼穡은 백성의 임무이다. 두 가지가 강구되면 국가가 부유하고 백성이 편안하다.[衣食者民之本, 稼穡者民之務也. 二者修, 則國富而民安也.](≪鹽鐵論≫<力耕>)

    玆 : ①玆는 '초목 많다 / 자'이다. 艸(풀/초)를 따르고 絲(실/사)의 생략자형(絲의 생략 玆(실/사))이 소리이다. 초목이 많다는 뜻이므로, 艸를 따랐다.[玆, 艸木多益. 从艸絲省(省絲爲玆)聲. 乃艸木繁多之意, 故从艸.](≪形≫) ②또 '이것'이라고 풀이되는 玆(이/자)는 본래 艸(풀/초)를 따른 玆(초목 많을/자)를 가차하였으니, 두개의 玄의 玆(검을/자)를 쓰는 것은 마땅하지 않다.[且訓此之玆, 本假借, 从艸之玆, 而不當用二玄之玆(黑也).](≪說文≫ 玆 ≪段注≫) ③玆(초목 많을/자)는 艸로 쓰며 絲로 쓰고, 두 개 玄으로 쓰지 않는다. 두 개 玄으로 쓰면 玆(검을/자)가 된다. 玆(초목 많을/자)는 玆(검을/자)와 자형이 비슷하고 자음이 같지만 자의는 매우 다르다.[玆, 作艸作絲不作二玄, 作二玄爲玆. 玆玆形似音同而義逈別.](≪形≫) ④玆(이/자)와 玆(검을/자) 두 글자는 자형이 흡사하여 그 구별이 어려워서 마침내 혼용한다. 黑山島의 별칭 玆山(자산, 검은 산)의 玆는 두 개 玄 글자로 써야 하지만 첫 획을 흔히 혼용하여 윗부분을 艹(艹 풀초)로 쓰고 있다.(●)

3) 俶載南畝 : ≪詩經≫<小雅 大田>의 가사니, 비로소 남쪽 이랑에서 일함을 말한 것이다.[詩小雅大田篇之詞, 言始事於南畝也.](≪註解≫)

    南 : ≪光州千字文≫・≪石峰千字文≫에서는 '앏 남'으로 풀이하였다. '남쪽'을 '앞'으로 나타낸 것이다.(●)

    畝 : ①'畒'로도 쓰고, '畝'로도 쓰고, '畮'로도 쓰고, '晦'로도 쓴다.[畝, 亦作'畒', 亦作'畝', 亦作'畮', 亦作'晦'.](≪漢≫) ②國音은 '무'인데, 근래에 점점 '묘'로 변해간다.(●)

4) 我藝黍稷 : ≪詩經≫<小雅 楚茨>의 가사니, 田祿(采田의 봉록)이 있어 제사를 받드는 자가 기장과 피를 심음을 스스로 말한 것이다.[詩經小雅 楚茨篇之詞. 有田祿而奉祭祀者, 自言種其黍稷也.](≪註解≫)

    黍稷 : 稷과 黍는 1부류이면서 2종자이다. 차진 것은 黍[찰기장]이고 차지지 않은 것은 稷[메기장]이다.[黍稷, 稷與黍, 一類二種也. 黏者爲黍, 不黏者爲稷.](≪本草綱目≫ 穀2 <稷>)

4·1·84

세숙공신(稅熟貢新)5)하고 권상출척(勸賞黜陟)6)이라

<위에서> 익은 곡식을 조세(租稅) 받으며 <아래에서> 새로운 농산물을 공물로 바치고, <농사를> 권하며 상주고 <게으른 자를> 내치며 <부지런한 자를> 올려준다.

원문

此以下는 言君子治家處身之道니 此節은 言治家者以本富爲重也라

治는 治生也라 本은 根本也라 於는 語辭라 農은 治田也라 漢志云7) 闢土植穀曰農이라하니라 務는 致力也라 玆는 此也라 種五穀曰稼요 斂五穀曰穡이라

俶은 始也라 載는 事也라 南은 方名이라 司馬法云8) 六尺爲步하고 步百爲畝라하니라 秦制以二百四十步爲畝한대 今因之하니라 我는 自己也라 藝는 種植也라 黍稷은 皆穀名이니 穀有五한대 稻黍稷麥菽也라 此二句는 皆詩詞요 而作者引之也라

自上取下曰稅요 自下獻上曰貢이라 熟者는 穀之成也니 孟子云9) 五穀熟而民人育이라하니라 初成曰新이니 論語云10) 新穀旣升11)이라하니라 勸은 勉也니 蓋勸農也라 賞은 褒而賜之也라 黜은 退之也요 陟은 進之也라

言治生者는 必以力田爲根本하여 而專務於稼穡이라 其始也에 有事南畝하여 而種植黍稷하고 及其成熟하여는 以之輸納貢稅라 勸農而賞勞之하고 因以計其歲功하여 而退其惰者하며 進其勤者하여 使之各勉於農事也라 俶載二句는 主稼而言하고 稅熟二句는 主穡而言하니라

---

5) 稅熟貢新 : 田畝(농토)로 조세를 받되 반드시 익은 것을 사용하여 국가의 쓰임에 대비하고, 토산물로 바치되 반드시 새 것을 사용하여 종묘에 올린다.[稅以田畝, 必用熟以備國用, 貢以土産, 必用新以薦宗廟.](≪註解≫)
6) 勸賞黜陟 : ①田事(농사)가 이루어지고 나면 勸農官이 그 부지런한 자에게 상을 주어 勸勉하고 게으른 자를 내쳐 경계한다. 陟도 상을 주는 뜻이다.[田事旣成, 農官賞其勤者以勸之, 黜其惰者以戒之, 陟, 亦賞也.](≪註解≫) ②3년에 한 번씩 성적을 고과하고, 세 번 고과한 다음에 무능한 자를 축출하고 유능한 자를 승진시켰다.[三載考績, 三考, 黜陟幽明.](≪書經≫<舜典>)
7) 漢志 : ≪漢書≫ 卷24 <食貨志>.(●)
8) 司馬法 : 書名. 모두 1卷. 과거에는 齊나라 "司馬穰苴 撰"이라고 기록하였다. ≪史記≫<司馬穰苴列傳>를 살펴보면 "齊 威王이 大夫들을 시켜서 옛날의 ≪司馬兵法≫을 따라 논하고, 田穰苴의 병법을 그 안에 붙이고 그것으로 인하여 ≪司馬穰苴兵法≫이라 불렀다."라고 하였다. 隋·唐의 여러 <志>에서 잘못하여 司馬穰苴 自撰이라고 하였다.(司馬法, 書名. 凡一卷. 舊題齊司馬穰苴撰. 考史記, "齊威王使大夫追論古者司馬兵法, 而附穰苴於其中, 因號曰司馬穰苴兵法." 隋唐諸志誤以爲穰苴自撰)(≪中≫)
9) 孟子 : ≪孟子≫<滕文公上>.(●)
10) 論語 : ≪論語≫<陽貨>.(●)
11) 升 : ①익음이다.[升, 登也.](≪論語≫<陽貨>'新穀旣升'<集註>) ②성숙함이다.[升, 成熟也.](≪孟子≫<滕文公上>'五穀不登'<集註>)

해설

이 이하는 군자가 집을 다스리며 처신하는 도를 말하였다. 이 구절은 '집을 다스리는 이는 부(富)를 근본으로 하는 것을 중요하게 여긴다.'라고 말한 것이다.

치(治)는 삶을 다스림이다. 본(本)은 근본함이다. 어(於)는 어조사이다. 농(農)은 농지를 가꿈이다. ≪한서(漢志)≫<식화지(食貨志)>에 "토지를 개척하여 곡식을 심는 것을 농(農)이라 한다."라고 하였다. 무(務)는 힘을 극도로 씀이다. 자(茲)는 이것이다. 오곡을 심는 것을 가(稼)라고 하고, 오곡을 거두는 것을 색(穡)이라 한다.

숙(俶)은 '비로소'이다. 재(載)는 일함이다. 남(南)은 방향 이름이다. ≪사마법(司馬法)≫에 "6척이 보(步)이고 100보가 무(畝)이다."라고 하였다. 진(秦)나라 제도는 240보로 무(畝)를 삼았는데 지금 그것을 따른다. 아(我)는 자기이다. 예(藝)는 심음이다. 서(黍)·직(稷)은 모두 곡식 이름이니, 곡식은 5가지가 있는데 도(稻, 벼/도)·서(黍, 찰기장/서)·직(稷, 메기장/직)·맥(麥, 보리/맥)·숙(菽, 콩/숙)이다. 이 두 구절은 모두 ≪시경≫의 가사이고, 작자가 인용한 것이다.

위에서 아래에 취하는 것을 세(稅)라고 하고, 아래에서 위에 바치는 것을 공(貢)이라 한다. 숙(熟)은 곡식이 익은 것이니, ≪맹자(孟子)≫<등문공(滕文公) 상(上)>에 "오곡(五穀)이 익어 사람들이 양육된다."라고 하였다. 처음 성숙된 것을 신(新)이라고 하니, ≪논어(論語)≫<양화(陽貨)>에 "새 곡식이 이미 익었다."라고 하였다. 권(勸)은 힘쓴다는 뜻이니, 농사에 힘쓰는 것이다. 상(賞)은 칭찬하여 물건을 내려주는 것이다. 출(黜)은 사람을 물리침이고, 척(陟)은 사람을 진취시킴이다.

이는 '삶을 다스리는 이는 반드시 밭에서 노력하는 것을 근본으로 삼아서 <곡식을> 심으며 거두는 데에 오로지 힘써야 한다. 그 처음에는 앞밭에서 일하여 서직(黍稷)을 심는 것이 있고 그 성숙함에 이르러서는 이것을 날라서 조세를 낸다. 농사를 권장하여 상을 주어 위로하고 이어서 1년의 성과를 헤아려서 그 게으른 자를 물리치며 그 부지런한 자를 진취시켜서 그들에게 각각 농사에 힘쓰도록 한다.'라고 말한 것이다. 숙재(俶載) 두 구절은 심는 것을 위주로 말하였고, 세숙(稅熟) 두 구절은 거두는 것을 위주로 말하였다.

4·2·85

맹모돈소(孟軻敦素)12)하고 사어병직(史魚秉直)13)이라

맹모(孟某, 맹가(孟軻))는 순수함을 두터이 하였으며, 사어(史魚)는 <시체가 되어 임금을 바로잡는> 곧음을 지녔다.

4·2·86
서기중용(庶幾中庸)14)이면 노겸근칙(勞謙謹勅)15)하라
거의 중용에 이르려면, 근로하고 겸손하며 삼가고 신칙해야 한다.

4·2·87
영음찰리(聆音察理)16)하고 감모변색(鑑貌辨色)17)이라
소리를 들어 이치를 살피며, 모습을 보아 기색을 분별한다.

---

12) 孟某敦素 : 맹자는 이름이 軻니, 어려서는 자애로운 어머니의 가르침을 받고 장성해서는 子思의 門下에서 공부하여 그 평소 소양을 두터이 하였다.[孟子名軻, 幼被慈母之教, 長遊子思之門, 厚其素養也.] (≪註解≫)

13) 史魚 : 衛나라 대부 사관 魚가 병들어 죽으려 할 적에 그 아들에게 말하였다. "<임금께> 내가 蘧伯玉의 현명함을 자주 말씀드렸으나 등용시키지 못하였고 彌子瑕의 부족함을 말씀드렸으나 물리치지 못하였다. 신하가 되어 살아서는 현인을 등용시키지 못하며 부족한 자를 물리치지 못하였으니, 내가 죽거든 <정규적인 곳인> 正堂에서 상을 치르는 것은 부당하고 <비정규적인 곳인> 室에다 殯所를 차리면 족하다." 위나라 임금 靈公이 <와서> 그 까닭을 묻자 아들은 아버지의 말로 임금에게 고하였다. 임금은 즉시 蘧伯玉을 불러서 귀하게 해주며 彌子瑕를 물리치고 정당으로 옮겨 빈소를 차리게 하고 조문 예를 마친 뒤에 떠나갔다. 살아서는 몸으로 간언하였고 죽어서는 시체로 간언하였으니, 곧다고 이를 만하다.[史魚, 衛大夫史魚病且死, 謂其子曰, "我數言蘧伯玉之賢而不能進, 彌子瑕不肖而不能退. 爲人臣, 生不能進賢而退不肖, 死不當治喪正堂, 殯我於室, 足矣." 衛君問其故, 子以父言聞君, 造然召蘧伯玉而貴之, 而退彌子瑕, 徙殯於正堂, 成禮而後去. 生以身諫, 死以尸諫, 可謂直矣.](≪韓詩外傳≫ 卷7)
  尸諫 : 시체를 펼쳐놓게 하여 諫言으로 쓰게 함이다.[尸諫, 陳屍以諫.](≪漢≫)

14) 庶幾中庸 : ①중용은 치우치지 않고 기울지 않으며 지나치거나 못 미침이 없어서 평상의 이치가 되는 것이니, 사람이 능하기 어려우나 또한 거의 힘써 이르도록 해야 할 것이다.[中庸不偏不倚無過不及而平常之理, 人所難能, 而亦庶幾勉而至也.](≪註解≫) ②중용의 덕이 참으로 지극하다. 백성 중에 이 덕을 지닌 이가 적어진 지 오래이다.[中庸之爲德也, 其至矣乎. 民鮮久矣.](≪論語≫<雍也>)

15) 勞謙謹勅 : 근로하고 겸손하며 삼가고 힘쓰면 戒愼恐懼(경계하고 조심함)하여 거의 중용이 될 수 있을 것이다.[勤勞謙遜, 畏謹勅勉, 則可以戒愼恐懼, 而庶幾中庸也.](≪註解≫)
  勅 : 敕(경계할/칙)·勑(경계할/칙)과 통한다.[勅, 與'敕'·'勑'通.](≪中≫)

16) 聆音察理 : ①최상 지혜의 인물은 그 소리를 들어서 일의 이치를 살피니, 예를 들면 공자가 자로의 금 연주를 듣고 "그 연주에 북쪽 변방의 살벌한 소리가 있다."라고 말한 것이 이것이다.[上智之人, 則聆其聲音, 而察其事理. 如孔子聽子路鼓琴, 而謂其有北鄙殺伐之聲者是也.](≪註解≫) ②≪家語≫에 말하였다. "자로가 금을 연주하자 북쪽 변방의 살벌한 소리가 있었다." 그 기질이 강하며 용감하여 중화에 부족하였으므로 그 소리에 나타나는 것이 이와 같았다.[家語云, "子路鼓瑟, 有北鄙殺伐之聲." 蓋其氣質剛勇, 而不足於中和. 故其發於聲者如此.](≪論語≫<先進> '由之瑟奚爲於丘之門'<集註>)

17) 鑑貌辨色 : ①용모와 말과 얼굴빛을 가지고 또한 사람의 그 정을 보며 그 뜻을 분별할 수 있으니, 제나라 환공의 부인이 위나라를 치려함을 안 것과 관중이 위나라를 용서하려 함을 안 것이 이것이다.[以容貌辭色, 亦可以鑑其情辨其意. 如齊桓公夫人之知欲伐衛, 管仲之知欲赦衛者是也.](≪註解≫) ②齊桓公夫人之知欲伐衛 管仲之知欲赦衛 : 衛姬가 대답하였다. "분함이 넘쳐서 손과 발을 놀려 움직이는 사람은 攻伐의 기색입니다. 지금 제가 임금인 당신을 바라보면 발을 드는 것이 높고 기색이 사나우며 음성이 높으니, 칠 뜻이 위나라에 있습니다." … 다음날 조정에 임석하자 管仲이 종종걸음으로 나와 말하였다. "임금께서 조정에 임석하는 데에 공손하면서 기운이 낮아지고 말이 느리니 나라를 칠 뜻이

4·2·88

이궐가유(貽厥嘉猷)[18]하니 면기지식(勉其祗植)[19]이라

그 아름다운 계책을 남겨 주니, 경건하게 <자신을> 세우기를 힘써야 한다.

원문

此節言處身者는 以敬愼爲要也라

孟子는 名軻라 敦은 尙也라 素는 精純也라 史는 官名이라 魚는 衛大夫니 名鰌요 字子魚라 秉은 執也라 論語云[20] 直哉라 史魚여하니라

庶幾는 近辭라 不偏之謂中이요 不易之謂庸이라 勞는 勤也라 謙은 恭遜也라 易曰[21]

없는 것이라. 이는 衛나라를 놓아주려는 것입니다." 桓公이 말하였다. "맞았소." 마침내 위희를 세워서 夫人으로 삼고 관중을 호칭하여 仲父라고 하였다.[衛姬對曰, "忿然充滿, 手足矜動者, 攻伐之色, 今妾望君, 擧趾高, 色厲音揚, 意在衛也." … 明日臨朝, 管仲趨進曰, "君之涖朝也, 恭而氣下, 言則徐, 無伐國之志, 是釋衛也." 公曰, "善." 乃立衛姬爲夫人, 號管仲爲仲父.](《列女傳》 卷2 <賢明傳 齊桓衛姬>)

　　鑒 : 鑑(볼/감)과 같다.[鑒, 與'鑑'同.](《中》)

18) 貽厥嘉猷 : ①군자는 그 자손들에게 물려주는 데에 마땅히 아름다운 계책으로 하여야 하니, 예를 들면 소하는 검소함을 물려주고 양진은 청렴함을 물려주고 방덕공은 편안함을 물려줌과 같은 것이 모두 훌륭하게 물려준 것이다.[君子貽厥子孫, 當以嘉猷. 如蕭何以儉, 楊震以淸, 龐德公以安, 皆是善貽也.](《註解》) ②너에게 좋은 꾀와 계책이 생각나면 안으로 들어와서 너의 임금에게 고하고, 밖으로 나와서 전하기를 "이 꾀와 이 계책은 우리 임금님의 덕이다."라고 하라.[爾有嘉謀嘉猷, 則入告爾后于內, 爾乃順之于外, 曰斯謀斯猷, 惟我后之德.](《書經》<君陳>)

　　蕭何以儉 : 소하는 농지와 집을 장만해 두는 데에는 반드시 궁벽한 곳에 있게 하였고 집을 짓는 데에는 담이 있는 집을 만들지 않게 하여 말하였다. "후손이 현명하면 나의 검소를 본받을 것이고, 현명하지 않더라도 세력가에게 빼앗기지 않을 것이다."[何置田宅, 必居窮處, 爲家不治垣屋曰, "後世賢, 師吾儉, 不賢毋爲勢家所奪."](《史記》<蕭相國世家>)

　　楊震以淸 : 王密이 … 황금 10근을 품고 와서 양진에게 주자 양진이 말하였다. "옛사람 나는 그대를 알건마는 그대는 옛사람 나를 알지 못하니, 어찌서인가." 왕밀이 말하였다. "밤이 저물어 아는 사람이 없습니다." 양진이 말하였다. "하늘이 알고 땅이 알고 내가 알고 네가 아는데 어찌 아는 이가 없는가." 왕밀은 부끄러워하고 나갔다.[王密 … 懷金十斤以遺震. 震曰, "故人知君, 君不知故人, 何也." 密曰, "暮夜無知者." 震曰, "天知神知我知子知, 何謂無知." 密愧而出.](《後漢書》<楊震列傳>)

　　龐德公以安 : 劉表가 손가락질하며 물었다. "선생께서 괴로이 밭고랑에서 고생하면서 관직 녹봉을 기꺼이 받지 않으니, 후세에 무엇으로 자손에게 물려주시겠습니까." 龐公(방덕공)이 말하였다. "세상 사람들은 모두 위태로운 것을 물려주지만 지금 다만 편안함으로 물려줍니다. 비록 물려주는 것은 같지 않지만 물려주는 것이 없는 것은 아닙니다." 유표가 감탄하면서 떠나갔다.[表指而問曰, "先生苦居畎畝, 而不肯官祿, 後世何以遺子孫乎." 龐公曰, "世人皆遺之以危. 今獨遺之以安. 雖所遺不同, 未爲無所遺也." 表歎息而去.](《後漢書》 卷113 <龐公傳>)

　　猷 : 猶(꾀/유)와 같다.[猷, '猶'仝.](《註解》)

19) 祗 : 祇(공경할/지)와 통한다.[祗, 與'祇'通.](《中》)

　　植 : 의미가 '立(세우다)'인 경우는 독음이 '値(치)'인데, 前聯과 後聯의 '色'과 '極' 등의 入聲韻에 맞추느라고 '殖(식)'으로 독음된 것인가 한다.(◉)

20) 論語 : 《論語》<衛靈公>.(◉)

勞謙22)하니 君子有終吉이라하니라 謹은 愼也라 勅은 戒也라

聆은 聽也라 音者는 人聲이니 謂言也라 察은 審之也라 鑒은 觀也라 貌는 容貌也라 辨은 別也라 色은 顏色也라

貽는 遺也라 嘉는 善也라 猷는 謀也라 祗는 敬也라 植은 立也라

言處身者는 當如孟子之精純하고 史魚之正直하여 庶幾近乎中庸하고 而勤勞謙遜하며 謹愼戒勅하여 聽言則審其是非하며 觀人則辨其邪正하여 皆以致其愼也라 如是則可以無過하고 而所遺者皆善謀하여 勉於敬畏하고 而此身植立於不傾矣23)라

此與上節로 爲一章之主요 以下十七節은 或言處身하며 或言治家하니 皆推廣此意니라
○元本斥書孟子之名24)하여 後學讀之未安하니 今僭改曰某25)라하고 而於分注中著之하니라

해설

이 구절은 '처신(處身)하는 것은 경건함과 신중함으로 요점을 삼는다.'라고 말한 것이다.

맹자(孟子)는 이름이 가(軻)이다. 돈(敦)은 높임이다. 소(素)는 정결하며 순수함이다. 사(史)는 관직 이름이다. 어(魚)는 위(衛)나라 대부(大夫)이니 이름이 추(鰌)이고 자(字)가 자어(子魚)이다. 병(秉)은 잡음이다. ≪논어(論語)≫<위령공(衛靈公)>에 "정직하구나, 사관(史官) 어(魚)여."라고 하였다.

서기(庶幾)는 가깝다는 말이다. 치우치지 않음을 중(中)이라고 하고, 바뀌지 않음을 용(庸)이라 한다. 노(勞)는 부지런함이다. 겸(謙)은 공손함이다. ≪주역(周易)≫ 겸괘(謙卦) 구삼(九三)에 "공로를 세우고 겸손하니, 군자가 좋은 끝을 두어 길하다."라고 하였다. 근(謹)은 신중함이다. 칙(勅)은 경계함이다.

령(聆)은 들음이다. 음(音)은 사람의 소리이니, 말을 이른다. 찰(察)은 살핌이다. 감(鑑)은 본다는 뜻이다. 모(貌)는 용모이다. 변(辨)은 구별함이다. 색(色)은 안색이다.

---

21) 易 : ≪周易≫<謙卦 九三>.(●)
22) 勞謙 : 공로가 있으면서 능히 겸손하다.[勞謙, 有功勞而能謙.](≪周易≫<謙卦 九三 本義>)
23) 植 : 音이 値(치)이다.[植, 音値.](≪論語≫<微子> '其杖而芸' <集註>)
24) 元 : 元은 本이니 原來이다. 뒤에는 '原'으로 썼다. 淸 顧炎武 ≪日知錄≫ 卷32에 "元은 本이다. 本官을 元官, 本籍을 元籍, 本來를 元來라고 한다. 唐·宋 사람들에게 이 말이 많았는데 後人들은 '原'으로 대신하였다."라고 하였다.[元, 本. 原來. 後作'原'. 淸顧炎武日知錄卷32, "元者, 本也. 本官曰元官, 本籍曰元籍, 本來曰元來. 唐宋人多此語, 後人以'原'字代之.](≪漢字典≫)
25) 某 : 周興嗣가 ≪千字文≫을 지을 무렵에는 맹자가 聖人이 되지 않았고 ≪孟子≫ 책도 經書가 되지 않았다. 宋나라에 이르러 비로소 鄒國公에 봉해지고, 至聖[孔子]에게 배향되었으며 ≪孟子≫ 책도 13經의 하나에 편입되었고, 元나라에 이르러 鄒國亞聖公에 고쳐 봉해졌다. 淸나라 초기에 이르러 汪嘯尹이 ≪千字文釋義≫를 지을 때에는 맹자가 이미 성인이 되고, ≪孟子≫ 책도 이미 經書가 되었으니, 맹자의 이름 '軻'를 피하여 '某'라고 할 것은 당연한 도리이다. 그 성인을 높이며 경서를 높이는 뜻이 자연히 발로된 것이다. 그러나 금일 이 글을 읽는 것은 오직 글에 임하여 피하지 않는다는 처지에서 곧바로 '軻'라고 읽어도 괜찮겠다.(●)

이(貽)는 남겨줌이다. 가(嘉)는 좋음이다. 유(猷)는 도모이다. 지(祗)는 공경함이다. 식(植)은 세움이다.

이는 '처신하는 것은 당연히 맹자(孟子)의 순수함, 사관(史官) 어(魚)의 정직함과 같이해야 중용(中庸)에 거의 가깝고, 근로·겸손하며 신중·경계하여, 말을 들으면 그것이 옳은지 아닌지를 살피며, 사람을 보면 그가 비정상인지 정상인지를 변별하여 모두 신중함을 극치로 할 것이다. 이와 같이 하면 과실이 없게 될 수 있고 남기는 것이 모두 훌륭한 계책이어서 경건함과 조심함에 힘쓰게 되고 이 몸이 기울지 않게 확립된다.'라고 말한 것이다.

이것은 위의 구절과 함께 이 한 장(章)의 중심이고, 이하 17절은 처신을 말하거나 집을 다스림을 말하였는데 모두 이 뜻을 확충한 것이다.

○ 원본에는 맹자의 이름 '가(軻)'를 지적해 써서 후학들이 읽기에 온당치 않으니, 지금 외람되이 고쳐서 '모(某, 어느 분/모)'라고 하고, 분별해 주석한 속에 그 '軻'를 썼다.

4·3·89

성궁기계(省躬譏誡)[26]하고 총증항극(寵增抗極)[27]하라

몸을 반성(反省)하여 나무람을 받거나 경계할 것을 생각하고, 은총이 더하면 극도에 도달함을 우려해야 한다.

4·3·90

태욕근치(殆辱近恥)[28]하니 임고행즉(林皋幸即)[29]이라

<벼슬이 높은 이는> 위태로움과 욕을 당하여 수치에 가까워지니, 재야(在野)로 요행히 나가야 한다.

---

26) 省躬譏誡 : 신하가 스스로 그 몸을 살펴 매양 譏諷(비판과 풍자)과 경계가 올 것을 생각한다면 스스로 마땅히 벼슬길에 나아감을 어렵게 여기고 물러나기를 쉽게 할 것이다.[人臣自省其躬, 每念譏諷規誡之來, 則自當難進而易退也.](《註解》)
 躬 : 躳(몸/궁)은 躬(몸/궁)의 본자이다.[躳, 躬之本字.](《中》)
27) 寵增抗極 : 영광이 더욱 늘어나면 마땅히 극단에 이르는 근심을 두어야 하니, 옛사람들이 영화에 처하면 위태로움을 생각한 것은 이 때문이었다.[榮寵愈增, 當存亢極之憂, 古人之居寵思危, 以此也.](《註解》)
 抗極 : 抗極은 亢抗이니, 성대함이다.[抗極, 亢抗, 熾盛.](《漢》)
28) 殆辱近恥 : 老子가 《道德經》<立戒>에서 "만족할 줄을 알면 욕되지 않고, 그칠 줄을 알면 위태롭지 않다."라고 하였으니, 신하가 부귀하면서도 물러가지 않으면 반드시 위태로움과 욕을 당하여 치욕에 가깝게 될 것이다.[老子曰, "知足不辱, 知止不殆." 人臣富貴而不能退, 則必殆辱而近恥也.](《註解》)
 老子 : 《道德經》<立戒>.
29) 林皋幸即 : 이미 그칠 줄 알아 만족할 줄 아는 뜻이 있으면 산림 물가의 아래로 나아가 天性을 온전

4·3·91

양소견기(兩疏見機)30)하니 해조수핍(解組誰逼)31)이리오

두 사람 소씨(疏氏)는 <일의> 기미(機微, 낌새)를 알아보았으니, 인끈을 풀어 사직함을 누가 압박하였는가.

원문

此節言見幾之哲은 亦處身之道也라

省은 卽察也라 躬은 身也라 譏는 訓誚也라 誡는 儆戒也라 寵은 尊榮也라 增은 益也라 抗者는 並於上也라 極은 至也라

殆는 卽近也32)요 辱은 卽恥也니 皆羞愧之意라 爾雅云33) 野外謂之林이라하니라 皐는 漢書賈山傳注云 水邊地也라하니라 幸은 僥倖也라 卽은 就也라

疏는 姓也라 兩疏는 疏廣疏受也라 漢太子太傅疏廣과 太子少傅疏受가 以年老辭位而歸한대 人皆高之하니라 目有所睹曰見이라하니라 機는 幾古通用하니 微也라 易繫辭云34) 幾者는 動之微니 君子見機而作하여 不俟終日이라하니라 解는 脫之也라 組는 綬類니 印紋也라 誰는 何也라 逼은 迫之也라

言人當以訓誚儆戒之事로 以自省察其身하여 而可誚可戒者는 莫甚於尊榮之過하여 以上抗於至極이라 蓋位高者身危하여 必至貶斥削逐하여 而恥辱之事將及矣라 及此時하여

히 보전할 수 있을 것이다.[旣有知止知足之志, 則可幸就林皐之下, 以全其天也.](≪註解≫)

　恥 : 耻(부끄러울/치)와 같다.[恥, 與耻同.](≪中≫)

　皐 : 皋(언덕/고)·皐(언덕/고)와 같다.[皐, 與'皋''皐'同.](≪中≫)

　卽 : 即(곧/즉)과 같다.[卽, 與'即'同.](≪中≫)

30) 兩疏見機 : 두 소씨는 한나라 때 태부 소광과 그의 조카인 소부 소수이다. 상소하여 사직하기를 원하였으니, 기미(幾微)를 보고 떠나간 것이다.[兩疏漢太傅疏廣, 及其兄子少傅疏受. 上疏乞骸骨, 蓋見幾而作.](≪註解≫)

　乞骸骨 : 고대에 관리가 퇴직을 스스로 요청한 것이니, 뜻은 해골[몸]을 고향으로 돌려보내 장사지낼 수 있게 해달라고 함을 말한다.[乞骸骨, 古代官吏自請退職, 意謂使骸骨得歸葬故鄕.](≪漢≫)

31) 解組誰逼 : 인끈을 끌러 놓고 물 흘러가듯이 떠나갔으니, 누가 핍박하여 그의 떠나감을 막을 수 있겠는가.[解脫印紋, 浩然長往, 誰能逼迫而尼其行哉.](≪註解≫)

　浩然 : 물이 흐르듯이 그칠 수 없는 것이다.[浩然, 如水之流不可止也.](≪孟子≫<公孫丑下><集註>)

　誰逼 : ≪釋義≫에 "벼슬을 사절하여 떠나가니, 어찌 다른 사람이 압박하여 그렇게 하게 한 것이겠는가.[辭位而去, 何人迫之而使然哉.]"라고 하였으니, 逼은 곧 '迫之而使然'으로, 압박하여 떠나가게 함을 말한다. ≪註解≫에 "누가 압박하여 그의 떠나감을 막을 수 있겠는가.[誰能逼迫而尼其行哉.]"라고 하였으니, 逼은 곧 '逼迫而尼其行'으로, 압박하여 떠나가지 못하게 함을 말한다.(◉)

　逼 : 偪(핍박할/핍)과 같다.[逼, '偪'仝.](≪註解≫)

32) 殆 : ≪釋義≫는 '가깝다[近]'로 풀이하고, ≪註解≫는 '위태롭다[危]'로 풀이하였는데 두 가지 해설을 모두 유지해도 괜찮겠다.(◉)

33) 爾雅 : ≪爾雅≫<釋地>.(◉)

34) 易繫辭 : ≪周易≫<繫辭下> 5章.(◉)

而退就林皐하면 則可以幸免於禍하니 如漢之兩疏가 見幾而作하여 解脫組綬하고 辭位而去하니 何人迫之而使然哉아 良由其自甘恬退故耳니 則君子當鑒於止足之分35)하여 以遠恥辱也라하니 此亦無道則隱之意36)라

해설

이 구절은 '낌새[幾]를 보는 명철함도 처신(處身)의 도(道)이다.'라고 말한 것이다.

성(省)은 곧 살핌이다. 궁(躬)은 몸이다. 기(譏)는 꾸짖음이다. 계(誡)는 경계함이다. 총(寵)은 존영(尊榮, 존귀함과 영예로움)이다. 증(增)은 더함이다. 항(抗)은 위와 나란히 함이다. 극(極)은 지극함이다.

태(殆)는 곧 가까움이고, 욕(辱)은 곧 부끄러움이니, 모두 부끄럽다는 뜻이다. ≪이아(爾雅)≫<석지(釋地)>에 "야외를 림(林)이라 한다."라고 하였다. 고(皐)는 ≪한서(漢書)≫<가산전(賈山傳)> 주(注)에 "물가 땅이다."라고 하였다. 행(幸)은 요행이다. 즉(卽)은 나아감이다.

소(疏)는 성(姓)이다. 양소(兩疏)는 소광(疏廣)과 소수(疏受)이다. 한(漢)나라 태자태부(太子太傅) 소광(疏廣), 태자소부(太子少傅) 소수(疏受)가 나이가 많다는 이유로 벼슬을 사직하고 귀향하자 사람들이 모두 고상하게 여겼다. 눈으로 보는 것을 견(見)이라 한다. 기(機)는 기(幾, 기미/기)와 옛날에 통용하였는데, 작다는 뜻이다. ≪주역(周易)≫<계사하(繫辭下)>에 "기(幾)는 움직임이 작은 것이다. 군자는 기미를 보고 동작하여 하루가 다하기를 기다리지 않는다."라고 하였다. 해(解)는 벗음이다. 조(組)는 끈 부류이니, 도장 끈이다. 수(誰)는 누구이다. 핍(逼)은 압박함이다.

이는 '사람이 당연히 꾸짖음과 경계할 일로 스스로 그 몸을 반성하여, 꾸지람을 받을 만하며 경계할 만한 것은 존영(尊榮)이 지나쳐서 윗사람과 지극함을 나란히 하는 것보다 심한 것이 없다. 지위가 높은 이는 몸이 위태로워서 반드시 강등과 축출에 이르러 치욕스런 일이 장차 미치게 될 것이다. 이러한 때에 이르러 야외 물가로 물러나면 곧 재앙에서 요행히 모면할 수 있게 된다. 예를 들면 한(漢)나라의 두 소씨(疏氏)가 낌새를 보고 일어나 인끈을 벗어놓고 벼슬을 사절하여 떠나갔으니, 누가 압박하여 그렇게 하게 시켰겠는가. 진실로 그 스스로 편안한 은퇴를 달가워하는 것에서 기인했을 뿐이니, 군자는 마땅히 그치며 만족할 줄 아는 분수를 살펴서 치욕을 멀리해야 한다.'라고 말한 것이다. 이는 또한 ≪논어(論語)≫<태백(泰伯)>의 "도가 없으면 은둔한다."라는 뜻이다.

---

35) 止足 : 만족할 줄 알면 욕되지 않고 그칠 줄 알면 위태롭지 않아서 오래 갈 수 있다.[知足不辱, 知止不殆, 可以長久.](≪老子≫)
36) 無道則隱 : 천하에 도가 있으면 나타나 벼슬하고, 도가 없으면 숨어야 한다.[天下有道則見, 無道則隱.](≪論語≫<泰伯>)

4·4·92

삭거한처(索居閒處)37)하고 침묵적료(沈默寂寥)38)라

<은퇴 이후> 홀로 살아 한가롭게 거처하고, 조용하게 고요히 산다.

4·4·93

구고심론(求古尋論)39)하고 산려소요(散慮逍遙)40)라

옛 것을 구하여 의논을 찾아서, 잡된 생각은 흩어 버리고 소요자적(逍遙自適)한다.

---

37) 索居閒處 : ①한가로이 살며 조용히 거처하니, 바로 벼슬을 그만두고 물러난 자의 일이다.[散居而靜處, 卽休退者之事也.](≪註解≫) ②산골짜기에 의지해 한가히 살고, 적막한 곳을 지키며 정신을 기른다.[陂山谷而閒處兮, 守寂寞而存神.](≪後漢書≫<馮衍列傳>) ③어지러운 천지, 적막한 우주로다.[紛紜天地, 寂寥宇宙.](≪文選≫ 王褒 <四子講德論>)

索 : 悉과 各의 反切(삭)이니 흩어짐과 같은 뜻이다.[索, 悉各反, 猶散也.](≪禮記≫<檀弓上> '吾離羣而索居' 音義)

38) 沈默寂寥 : ①침묵은 남들과 언론에 오르내리지 않는 것이고, 적료는 남들과 쫓아다니거나 찾아다니지 않는 것이다.[沈默不與人上下言議也. 寂寥不與人追逐過從也.](≪註解≫) ②침묵하여 자신을 지키고, 말하는 바가 없다.[沈默自守, 無所言說.](≪晉書≫<嵇康列傳>)

39) 求古尋論 : 군자가 한가롭게 거처할지라도 반드시 일삼는 것이 있어 옛 사람의 벼슬함과 은둔함에 대한 본말을 구하여 찾고 토론하니, 몸이 비록 물러났더라도 사회 교화에 도움이 있는 것이 크다.[君子閒居, 必有事焉, 求古人之出處本末, 而尋索討論, 則身雖退, 而有補於世敎大矣.](≪註解≫)

論 : 論은 平仄 兩韻이 있는데, 여기서는 仄聲('의론'. 명사)으로 읽는다. 이 聯의 앞뒤 聯의 出句脚과 韻脚은 處(仄)·寥(平), 論(仄. 平仄兩韻에서 仄으로 쓰인 것임)·遙(平), 遣(仄)·招(平), 歷(仄)·條(平) 翠(仄)·凋(平) 등이 仄·平 대응의 聲律을 이룬다. 이 聯의 앞뒤 聯의 出句脚은 모두 仄聲을 사용하였으니(이 중에 '論'만 平聲을 사용하여 仄·平 대응이 안 되게 할 리는 전혀 없는 것이다) 이 聯의 '論'은 역시 仄聲을 사용한 것이 의심이 없다. '論'은 去聲 願韻 즉 仄聲인 경우에는 풀이하기를 '의론[議]'(명사)(≪奎章全韻≫)이라고 하고, 그 용례로는 定論(논의를 정하다)·高論(고상한 논의)·廷論(조정 논의)·異論(다른 논의) 등(≪增廣詩韻集成≫)이 있으니, 이 論은 名詞이다. 平聲 元韻인 경우에는 풀이하기를 '말하다[說]'(≪奎章全韻≫)라고 하고, 그 용례로는 討論(토론하다)·細論(자세히 논하다)·何足論(어찌 충분히 논의할 것이랴)·講論(강론하다) 등(≪增廣詩韻集成≫)이 있으니, 이 論은 動詞이다. 論의 平仄과 그 의미는 분별해서 풀이해야 하는데 現用 字典은 混用한 것이 많다. ≪字典釋要≫에는 "論, 의론할론·말할론·생각할론.(元), 의론론.(願)", 또 ≪平仄字典≫(林古溪, 明治書院, 東京, 昭和59年. 26版)에는 "論, とく·評ふ.(元), 意見·文辭.(願)"라고 하여, 仄聲 願韻은 名詞(의론, 意見)로 풀이하고, 平聲 元韻은 動詞(의론할, 評ふ)로 풀이하여 ≪字典釋要≫ 등과 서로 호응한다. 또 '論'의 韻目은 206韻으로는 魂(平)·恩(去)에 속하지만 106韻으로 합병되어서는 魂이 元(平)에 속하고, 恩이 願(去)에 속하였다.(◉)

40) 散慮逍遙 : ①또 마땅히 그 잡념을 흩어 세상 일로 마음을 어지럽히지 않고 소요하여 유유자적(悠悠自適)하여야 한다.[又當散其思慮, 不以世事攖其心, 逍遙而自適也.](≪註解≫) ②두 자루의 창에 중첩된 창 갈고리를 가지고, 황하 가에서 노니네.[二矛重喬, 河上乎逍遙.](≪詩經≫<鄭風 淸人>)

4·4·94

흔주루견(欣奏累遣)⁴¹⁾하고 척사환초(感謝歡招)⁴²⁾라

기쁜 일은 나아오게 하며 나쁜 일은 떠나가게 하고, 근심은 사라지게 하며 기쁨은 오게 한다.

원문

索은 蕭索이니 獨處也요 居는 即處也니 禮記檀弓云⁴³⁾ 離群而索居라하고 閒은 有餘暇也요 沈은 晦也요 默은 靜也요 寂寥는 空虛之貌니 皆所以形容其閒索也라

求는 覓也라 古는 往世也라 尋은 即求也라 論은 辨議也라 散은 解也라 慮는 思也요 逍遙는 游息也니 詩小雅云⁴⁴⁾ 於焉逍遙라하니라

欣은 喜也라 奏는 進也라 累는 罣繫也⁴⁵⁾라 遣은 驅之使去也라 感은 憂也라 謝는 絶之也라 歡은 亦喜也라 招는 召之使來也라

承上節而言하니 甘恬退而即林皋者는 處於蕭索閒散之地하여 沉靜晦默⁴⁶⁾하고 虛空無人하니 蓋遠於朝市之喧雜也라 乃以其暇日에 考求往世典籍하여 搜尋辨論하여 以解散其思慮하고 而逍遙自適其心하니 則日進於欣喜하여 而凡可歡者를 皆召之而使來하고 至於可憂之事하여는 一無罣繫於中하여 皆驅之使去而謝絶之하니 蓋辭位則無憂國憂民之衷하고 而但有林皋可悅之趣也라

○此一節은 又爲下二節之綱領이라
○閒은 音嫻⁴⁷⁾이라

해설

삭(索)은 소삭(蕭索)이니 홀로 삶이고, 거(居)는 곧 삶이니, ≪예기(禮記)≫<단궁 상(檀

---

41) 欣奏累遣 : 이는 말하기를 거처가 한가하여 잡념을 흩어버리면 기쁘게 감상하는 정이 저절로 나오게 되고, 잡되게 얽매이는 일이 저절로 물러가게 된다고 한 것이다.[言居閒散慮, 則欣賞之情自進, 而冗累之事自退矣.](≪註解≫)
  欣 : 忻(기쁠/흔)、訢(기쁠/흔)과 같다.[欣, '忻''訢'仝.](≪註解≫)
42) 感謝歡招 : 슬픈 생각이 날마다 떠나가고 기쁜 취미가 날마다 올 것이다.[疚感之思日去, 而歡樂之趣日來矣.](≪註解≫)
  感 : 慽(슬플/척)과 같고 또 戚(슬플/척)과 같다.[感, '慽'仝, 又'戚'仝.](≪註解≫)
  歡 : 懽(기쁠/환)、驩(기쁠/환)과 같다.[歡, '懽''驩'仝.](≪註解≫)
43) 禮記檀弓 : ≪禮記≫<檀弓上>(●)
44) 詩小雅 : ≪詩經≫<小雅 白駒>(●)
45) 罣 : 音이 卦이고, '얽다.', '걸다.'는 뜻이다.[罣, 音卦, 胃也, 挂也.](≪中≫)
46) 沉 : 沈(잠길/침)의 속자이다.[沉, '沈'俗字.](≪形≫)
47) 閒 音嫻 : 閒은 여러 音義가 있는데, 音이 嫻이면 '閑'(한)과 音이 같고, 그 뜻도 '閑'(閒暇)과 같다. 또 音이 艱(간)이면 또한 '間'(간)으로도 쓰는데, 그 뜻도 '間'(양쪽의 중간)과 같다.(據≪中≫與≪形≫)(●)

弓上)〉에 "무리를 떠나 홀로 산다."라고 하였다. 한(閒)은 여가가 있음이고, 침(沈)은 드러나지 않음이고, 묵(黙)은 조용함이고, 적료(寂寥)는 텅 빈 모양이니, 모두 한가히 홀로 사는 것을 형용한 것이다.

구(求)는 찾음이다. 고(古)는 지난 시대이다. 심(尋)은 곧 찾음이다. 논(論)은 논의를 변별함이다. 산(散)은 흩어짐이다. 려(慮)는 생각이다. 소요(逍遙)는 노닐어 쉼이다. ≪시경(詩經)≫〈소아(小雅) 백구(白駒)〉에 "여기에서 노닌다."라고 하였다.

흔(欣)은 기쁨이다. 주(奏)는 나아옴이다. 루(累)는 걸어 매임이다. 견(遣)은 몰아서 떠나가게 함이다. 척(慼)은 근심이다. 사(謝)는 끊음이다. 환(歡)은 또한 기쁨이다. 소(招)는 불러서 오게 함이다.

위의 구절을 이어서 '편안한 은퇴를 달가워하여 야외 물가에 나아가는 이는 홀로 한산한 곳에 살아서 조용히 침묵하고 텅 비어 사람이 없게 되니, 조정이나 시가의 시끌벅적한 곳을 멀리한다. 여가 있는 날에 옛 시대의 전적을 살펴 구하여, 찾아서 논의를 변별하여 그 잡념을 흩뜨리고 소요하면서 그 마음을 유유자적하게 하니, 날마다 기쁜 데로 나아가서 무릇 기뻐할 만한 것을 모두 불러 오게 되고, 근심할 만한 일에 있어서는 하나도 마음에 걸리지 않아서 모두 몰아 떠나가게 하여 사절한다. 벼슬을 사절하면 나라를 근심하며 백성을 근심하는 마음이 없고, 다만 재야 물가에서 기뻐할 만한 취미만 있는 것이다.'라고 한 것이다.

○ 이 한 구절은 또 아래 두 구절의 강령(綱領)이 된다.
○ 한(閒, 한가하다/한)은 음이 한(嫻)이다.

4·5·95

거하적력(渠荷的歷)[48]하고 원망추조(園莽抽條)[49]라

도랑의 연꽃은 선명하고, 동산의 풀은 가지가 뻗어 오른다.

---

48) 渠荷的歷 : 개천의 연꽃이 여름이 되어 무성하게 피어서 선명히 아름다운 향기를 떠낼만하다.[溝渠之荷, 當夏盛開, 的歷然芳香可挹也.](≪註解≫)
   的歷 : 連綿字이므로, 두 글자가 한 가지 뜻이 된다.(●)
49) 園莽抽條 : 과수원 숲의 풀이 봄을 맞아서 서로 푸르러 우북히 빼어난 가지가 귀여워할만 하다.[園林之艸, 方春交翠, 蒙茸然抽條可愛也.](≪註解≫)
   莽 : 莽은 속자가 莽(풀/망)이다.[莽, 俗'莽'.](≪註解≫)
   艸 : ①艸(풀/초)는 전서이고, 예변(隸變, 예서로 변한 글씨체)에서 ++(풀/초)로 썼다.[艸, 篆文, 隸變作++.](≪廣韻≫) ②草(풀/초)는 본자를 艸로 쓴다.[草, 本作艸.](≪中≫)
   蒙茸 : 초목이 무성함이다.[蒙茸, 蔥蘢.](≪漢≫)

4·5·96
비파만취(枇杷晚翠)50)하고 오동조조(梧桐蚤凋)51)라
비파나무는 연말에도 푸르고, 오동잎은 <가을 기운에> 일찍 시든다.

4·5·97
진근위예(陳根委翳)52)하고 낙엽표요(落葉飄颻)53)라
묵은 뿌리가 버려져 죽고, 떨어지는 잎이 나부낀다.

4·5·98
유곤독운(遊鯤獨運)54)이라가 능마강소(凌摩絳霄)55)라
노니는 곤어(鯤魚)는 홀로 <바다에서> 옮겨 다니다가, <붕새(영웅)가 되어> 불그레한 하늘[絳霄, 비상할 곳]에 솟구쳐 다다른다.

---

50) 枇杷晚翠 : 비파는 추운 계절을 만나야 꽃이 피므로, '늦도록 푸르다.'라고 하였다.[枇杷値寒節而乃花. 故曰晩翠.](《註解》)
    晩翠 : 활짝 핀 정원의 꽃은 일찍 피었다가 먼저 시들고, 더디게 자라는 시냇가의 소나무는 울창하여 오래도록 푸른빛을 머금는다.[灼灼園中花, 早發還先萎. 遲遲澗畔松, 鬱鬱含晚翠.](《宋史》<范質列傳>)
51) 梧桐蚤凋 : 오동나무는 金氣를 얻으면 맨 먼저 잎이 떨어지므로 '일찍 시든다.'라고 하였다.[梧桐得金氣而先零. 故曰早彫.](《註解》)
    蚤 : 早(일찍/조)와 통한다.[蚤, 與'早'通.](《中》)
    彫 : 凋(떨어질/조)와 통한다.[彫, 與'凋'通.](《中》)
    金氣 : 가을 기운이다.[金氣, 秋氣.](《漢》)
52) 陳根委翳 : 온갖 풀은 겨울이 되면 마르고 떨어져 묵은 뿌리가 땅에서 폐기된다.[百艸至冬而枯零, 陳宿之根, 委蔽於地也.](《註解》)
    委翳 : 委翳는 시들어 끊어짐이다. 委(시들/위)는 萎(시들/위)와 통한다.[委翳, 萎謝. 委, '通'萎.](《漢》)
    陳宿 : 묵어 낡음이다.[陳宿, 陳舊.](《漢》)
    委弊 : 凋敝와 같다.[委弊, 猶凋敝.](《漢》)
    凋敝 : 衰敗이며, 破敗이며, 困乏이다.[凋敝, 衰敗, 破敗, 困乏.](《漢》)
53) 落葉飄颻 : ①온갖 나무는 서리를 맞으면 잎이 떨어져 앙상한 잎이 공중에 나부끼어 춤춘다.[萬木經霜而搖落, 蕭疎之葉, 飄舞於空也.](《註解》) ②퍼이는 꽃술이 곱고, 지는 꽃이 바람에 나부낀다.[敷藥葳蕤, 落英飄颻.](《文選》<蜀都賦>)
    飄 : 飈(회오리바람/표)와 같다.[飄, 소'飈'.](《註解》)
    搖落 : 잎이 떨어져 쇠잔함이고, 떨어짐이다.[搖落, 凋殘, 零落.](《漢》)
    蕭疎 : 드물며, 적음이다.[蕭疎, 稀疏, 稀少.](《漢》)
    飄舞 : 바람을 따라 춤추듯 움직임이다.[飄舞, 隨風舞動.](《漢》)
54) 遊鯤獨運 : 鯤은 莊周가 말한 北溟[北海]의 고기이니, 이것이 놀 때에는 홀로 푸른 바다에서 옮겨 다

원문

此承上索居閒處而言하니 乃林皐之景物也라

渠는 溝也라 荷는 芙蕖也라 爾雅云56) 其莖茄며 其葉荷며 其本蔤57)이며 其華菡萏이며 其實蓮이며 其根藕며 其中的58)이며 的中薏59)라하니라 的歷은 光彩爛灼之貌니 吳蘇彦芙蕖賦云60) 映的歷於朱霞라하니라 說文云 樹果曰園이라하니라 莽은 茂草也라 抽는 拔也라 條는 枝也라

枇杷는 果名이니 其葉四時不凋하니라 晩은 歲暮也라 翠는 鳥名이니 其羽靑이라 故以靑色爲翠라 梧桐은 木名이라 凋는 葉落也라 梧桐應秋之候하여 立秋節至하면 一葉先墜라 故云早凋라하니라

陳은 故也라 根은 草木之本也라 委는 棄也라 翳는 自斃者也라 詩大雅云61) 其菑(치) 其翳(예)62)라하니라 落은 衰謝也라 飄飖는 風動物也라 爾雅云63) 回風爲飄라하니라

鵾은 鳥名이라 運은 轉動也라 凌은 出其上也라 摩는 迫也라 絳은 赤色이라 霄는 爾雅云 近天氣也64)라하니라

닌다. 鯤은 俗本(세속의 통행본)에 鵾(곤어/곤)으로 되어 있는데, 誤字이다.[鯤, 莊周所謂北溟之魚, 其遊也獨運於滄海. 鯤, 俗本作'鵾'誤.](≪註解≫)

遊：游(놀/유)와 같다.[遊, '游'同.](≪註解≫)

鯤：北冥에 물고기가 있는데 그 이름이 鯤이다. 鯤의 크기는 몇 천 리인지 모른다. 변화하여 새가 되는데 그 이름이 鵬이다. 鵬의 등도 몇 천 리인지 모른다. 격노하여 날면 그 날개가 하늘에 드리운 구름과 같다. 이 새가 바다에서 옮겨 다니면 南冥[南海]으로 가게 된다. 南冥은 天池이다.[鯤：北冥有魚, 其名爲鯤. 鯤之大, 不知其幾千里也. 化而爲鳥, 其名爲鵬. 鵬之背, 不知其幾千里也, 怒而飛, 其翼若垂天之雲. 是鳥也, 海運則將徙於南冥. 南冥者, 天池也.](≪莊子≫ 內篇 <逍遙遊>)

鯤 俗本作鵾誤：①鵾은 鵾雞이다. 고대에 鶴과 비슷한 일종 새를 가리켰다. '鯤'과 동일하게 쓴다. 큰 물고기이다.[鵾, 鵾雞. 古代指像鶴的一種鳥. 用同'鯤'. 大魚.](≪漢≫) ②이에 의하면 鵾은 鯤의 오자가 아니라 鵾은 鯤의 假借라고 해야 할 것이다.(●)

55) 絳霄：하늘의 가장 높은 곳을 가리킨다. 하늘의 색깔은 본래 蒼靑[녹청색]인데, '丹霄'·'絳霄'라고 일컫는 것은 옛 사람들이 하늘의 모습을 살펴 북극으로 기준을 삼고 머리를 들어 보는 것이 모두 북극의 남쪽에 있기 때문에 남방의 색깔을 빌어서 비유한 것이다.[指天空極高處. 天之色本爲蒼靑, 稱之爲'丹霄'·'絳霄'者, 因古人觀天象以北極爲基准, 仰首所見者皆在北極之南, 故借南方之色以爲喩.](≪漢≫)

淩：凌(솟구쳐오를/릉)과 통한다.[淩, 與'凌'通.](≪中≫)

56) 爾雅：≪爾雅≫<釋草>.(●)

57) 蔤：<연의> 줄기 아래의 흰 연뿌리가 진흙 속에 있는 것[밑둥]이다.[蔤：莖下白蒻在泥中者.](≪爾雅≫<釋草> '蔤' <注>)

58) 的：연밥이다.[的, 蓮實也.](≪爾雅≫<釋草> '的' <疏>)

59) 薏：的의 속이(연밥/속)이다.[薏, 的中薏.](≪爾雅≫<釋草>)

60) 吳蘇彦：吳國의 蘇彦英. ≪御定歷代賦彙逸句≫ 卷2 <草木>에 "芙蕖賦 吳蘇彦英"이라고 하였다. ≪淵鑑類函≫ 卷407 <花部3 芙蕖 5>에 "吳 蘇彦英 賦"라고 하였으니, 吳蘇彦은 吳國 蘇彦英의 생략이다.(●)

61) 詩大雅：≪詩經≫<大雅 皇矣>.(●)

62) 菑：나무가 서서 죽은 것이다.[菑, 木立死也.](≪詩經≫<大雅 皇矣> '其菑其翳' <集傳>)

63) 爾雅：≪爾雅≫<釋天>.(●)

64) 霄 爾雅云 近天氣也：'霄, 近天氣也.'는 ≪爾雅≫의 글이 아니니, ≪爾雅≫는 ≪廣韻≫으로 되어야

言林皐之中에 渠有的歷之荷하고 園有抽條之莽하고 枇杷則歲暮而猶茂하고 梧桐則當秋而先零이라 根之陳腐者는 委棄而自瘞하고 葉之衰謝者는 隨風而飄颻라 至於鵾鳥之游하여는 獨運轉於天際하여 凌虛摩空하여 而在絳霄之上이라 其草木禽鳥之美如此하여 見索居閒處之樂也라

해설
이는 위 구절의 '홀로 살아 한가롭게 거처하는 것[索居閒處]'을 이어서 말하였으니, 바로 야외 물가의 경물(景物)이다.

거(渠)는 시내이다. 하(荷)는 부거(芙蕖, 연)이다. ≪이아(爾雅)≫에 "그 줄기는 가(茄)이며, 그 잎은 하(荷)이며, 그 밑둥은 밀(蔤)이며, 그 꽃은 함담(菡萏)이며, 그 열매는 연(蓮)이며, 그 뿌리는 우(藕)이며, 그 속은 적(的, 연밥/적)이며, 적(的)의 속은 의(薏, 연밥속/의)이다."라고 하였다. 적력(的歷)은 광채가 빛나는 모양이니, 오국(吳國) 소언영(蘇彦英)의 <부용부(芙蓉賦)>에 "붉은 노을에 선명함을 빛낸다."라고 하였다. ≪설문(說文)≫에 "과일을 심은 곳을 원(園)이라 한다."라고 하였다. 망(莽)은 무성한 풀이다. 추(抽)는 빼어남이다. 조(條)는 가지이다.

비파(枇杷)는 과실나무 이름이고, 그 잎이 사철 시들지 않는다. 만(晚)은 연말이다. 취(翠)는 새 이름인데, 그 깃이 푸르므로 청색을 취(翠)라 한다. 오동(梧桐)은 나무 이름이다. 조(凋)는 잎이 떨어짐이다. 오동은 가을 기후에 응하여 입추절(立秋節)이 되면 잎사귀 하나가 먼저 떨어지므로 '일찍 떨어진다.'라고 하였다.

진(陳)은 오래됨이다. 근(根)은 초목의 뿌리이다. 위(委)는 버림이다. 예(瘞)는 스스로 죽는 것이다. ≪시경≫<대아(大雅) 황의(皇矣)>에 "그 서서 죽은 나무와 그 저절로 죽은 나무이다."라고 하였다. 락(落)은 쇠해 떨어짐이다. 표요(飄颻)는 바람이 물건을 움직임이다. ≪이아(爾雅)≫에 "회오리바람을 표(飄)라 한다."라고 하였다.

곤(鵾)은 새 이름이다. 운(運)은 옮겨 움직임이다. 릉(凌)은 그 위로 나감이다. 마(摩)는 가까이함이다. 강(絳)은 적색이다. 소(霄)는 ≪광운(廣韻)≫에 "하늘에 가까운 기운이다."라고 하였다.

이는 '재야(在野) 중에 시내에는 선명한 연[荷]이 있고, 과수원에는 가지가 뻗어나는 풀이 있고, 비파(枇杷)는 연말에도 여전히 무성하고, 오동(梧桐) 잎은 가을을 맞아 앞서서 떨어진다. 뿌리가 썩은 것은 버려져서 스스로 죽고, 잎이 시든 것은 바람을 따라 나부낀다. 곤조(鵾鳥)가 노니는 것에 있어서는 홀로 하늘가에 옮겨 다니면서 허공을 올라 붉은 하늘 위에 이른다. 그 풀·나무와 새·짐승의 아름다움이 이와 같아서 홀로 살아 한적히 거처하는 즐거움을 보게 된다.'라고 말한 것이다.

한다.(●)

4·6·99

탐독완시(耽讀翫市)65)하니 우목낭상(寓目囊箱)66)이라

<한(漢)나라 왕충(王充)이> 글 읽기를 즐겨 시장 책방에서 책을 익혀 보니, 눈을 붙여 글을 보면 주머니와 상자에 책을 담아 둔 것처럼 <기억>하였다.

원문

此承上求古尋論而言이라

耽은 溺也라 讀은 習其文也라 翫者는 熟觀之也라 市는 說文云 買賣之所也라 漢王充 家貧無書67)하여 嘗遊洛陽書肆하여 閱所賣書면 一見輒能記憶이라 寓는 寄托也라 囊은 說文云 橐也라하니라 有底曰囊이요 無底曰橐이라 箱은 竹器니 皆所以貯書者也라

言求古尋論者는 其志之所好를 如王充之耽於讀書하여 至適市以翫其文하고 而目所寄托을 惟囊箱中所貯之書籍也라

해설

이는 위의 '옛 것을 구하고 논의를 찾다[求古尋論]'를 이어서 말한 것이다.

탐(耽)은 깊이 빠짐이다. 독(讀)은 그 글을 익힘이다. 완(翫)은 익숙히 살펴봄이다. 시(市)는 ≪설문(說文)≫에 "사고파는 곳이다."라고 하였다. 한(漢)나라 왕충(王充)은 집이 가난하여 책이 없어서 일찍이 낙양(洛陽)의 책 가게에 드나들며 팔 책을 열람하면 한 번 보고 즉시 기억할 수 있었다. 우(寓)는 기탁한다는 뜻이다. 낭(囊)은 ≪설문≫에 "주머니이

---

65) 耽讀翫市 : 한나라 때 상우에 사는 왕충은 집이 가난하여 학문을 좋아하였으나 서책이 없었으므로 늘 책 가게로 가서 그 책을 보면 종신토록 잊지 않았다.[漢上虞王充家貧, 好學而無書, 每向書肆, 覽其書, 終身不忘.](≪註解≫)
　　翫 : '玩'(익힐/완)과 통한다.[翫, 與'玩'通.](≪中≫)
　　書肆 : 서점과 같다.[書肆, 猶書店.](≪漢≫)
66) 寓目囊箱 : 사람들은 '왕충이 눈을 붙여 보면 주머니와 상자에 책을 넣어 두는 것이다.' 하였으니, 한 번만 눈에 붙여 보면 잊지 아니하여 주머니와 상자 속에 책을 넣어 둔 것과 같았기 때문이다.[人稱王充寓目囊箱. 以其一寓目, 輒不忘, 如貯書於囊箱之中也.](≪註解≫)
67) 王充 : 27年~97年. 東漢 會稽 上虞 사람이고, 字는 仲任이다. 出身이 한미한 종족의 외로운 집안이다. 어린 나이에 太學에서 수업하여 班彪를 선생으로 모셨다. 널리 보기를 좋아하고 章句를 지키지 않았다. 집이 가난하여 책이 없어 洛陽의 책 가게에 노닐면서 읽을 책을 훑어보고는 바로 외울 수 있었고 마침내 百家의 말을 통하였다. 刺史가 초빙하여 從事로 삼았고, 治中으로 전근시켰다. 章帝가 특별 詔書를 내려 公車(관아의 수레를 보내 부름)로 초빙하였으나 병으로 가지 못했다. 생활이 궁곤하였으나 저술에 부지런하였고, 세속 선비들이 經典의 뜻을 구차하게 지킨다고 생각하고는 문을 닫고 깊이 사색하여 ≪論衡≫ 85篇을 지었다.[王充, 27年~97年. 東漢會稽上虞人, 字仲任. 出身細族孤門. 早年受業太學, 師事班彪. 好博覽而不守章句. 家貧無書, 游洛陽市肆, 閱所讀書, 輒能誦憶, 遂通百家之言. 刺史辟爲從事, 轉治中. 章帝特詔公車徵, 病不行. 生活窮困, 勤于著述, 以爲世俗儒生拘守經義, 乃閉戶潛思, 著論衡八十五篇.](≪人≫)

다."라고 하였다. <주머니> 밑이 막힌 것을 낭이라고 하고 밑이 없는 것을 탁(橐)이라 한다. 상(箱)은 대나무 그릇이니, 모두 책을 담아 두기 위한 것이다.

이는 '옛것을 구하여 논의를 찾는 이는 그 뜻에 좋아하는 것을 마치 왕충이 독서에 탐닉하여 심지어 시장에 가서 글을 익히 살펴보고 눈에 담아두는 것을 주머니와 상자 속에 서적을 쌓아 두는 것과 같이 한다.'라고 말한 것이다.

4·7·100

이유유외(易輶攸畏)68)니 촉이원장(屬耳垣牆)69)이니라

<말을> 쉽고 가볍게 하는 것은 두려워해야 할 바이니, <사람들의> 귀가 담장에 붙어 있다.

[원문]

此言言語之謹이 亦處身之道也라

易(이)는 忽也라 輶는 輕也니 詩大雅云70) 德輶如毛라하니라 攸는 所也라 畏는 懼也라 屬은 進也라 垣은 卽牆也니 詩小雅云71) 君子無易由言72)이어다 耳屬於垣이라하니라

言勿以言語爲輕忽73)이라 此正所當畏者는 雖隔垣牆이나 而聽者連屬其間矣라 出我之口하면 卽入人之耳니 可不畏哉아

○易는 去聲이라

---

68) 易輶攸畏 : 이는 말을 삼가지 않으면 안 됨을 말한 것이다. 말을 함부로 하면 반드시 실수를 저지르니, 군자가 두려워하는 바이다.[此言不可不愼也. 輕易其言, 則必致差失, 君子之所畏也.](≪註解≫)
69) 屬耳垣牆 : ≪詩經≫<小雅 小弁>에 "군자는 말을 함부로 하지 말지어다. 사람들의 귀가 담장에 붙어 있다." 하였다. 이는 말을 함부로 해서는 안 되니, 귀가 담장에 붙어 있을까 우려해야 한다고 말한 것이다.[詩曰, "君子無易由言, 耳屬于垣." 言不可易於其言, 恐耳屬于垣也.](≪註解≫)
　屬 : ①屬은 음이 燭이다.[屬, 音燭.](≪詩經≫<小雅 小弁> <集傳>) ②≪釋義≫에는 "屬은 나아온다는 뜻이다. 듣는 자가 그 사이에 연이어 나아온다[屬, 進也. … 聽者連屬其間.]"라고 하였으니, 屬을 '<듣는 이가> 연이어 나아온다[連屬]'로 풀이한 것이다. ≪漢語大詞典≫에는 "屬耳(촉이)는 귀를 물건에 닿게 함이다. 늘 몰래 들음을 말한다.[屬耳, 以耳觸物. 常謂竊聽.]"라고 하였으니, 屬을 '<귀가> 닿아 있다[觸]'로 풀이한 것이다. ≪註解≫에는 "屬 니을 촉 連也 부틸 촉 附也 권당 쇽 親眷"이라고 하였으니, 屬耳의 國音은 '촉이'라야 하는데, 현재 '속이'로 오독하여 통용한다.(●)
　牆 : 속자가 墻(담/장)이다.[牆, 俗墻.](≪註解≫)
70) 詩大雅 : ≪詩經≫<大雅 烝民>.(●)
71) 詩小雅 : ≪詩經≫<小雅 小弁>.(●)
72) 由言 : 말이다.[由言, 說話.](≪漢≫)
73) 輕忽 : 경시하여 소홀함이다.[輕忽, 輕視忽略](≪漢≫)

해설

이는 언어(言語)를 신중히 함이 또한 처신(處身)의 도(道)임을 말한 것이다.

이(易)는 소홀함이다. 유(輶)는 가벼움이니, ≪시경(詩經)≫<대아(大雅) 증민(烝民)>에 "덕(德)은 가볍기가 털과 같다."라고 하였다. 유(攸)는 '바[所]'이다. 외(畏)는 두려움이다. 촉(屬)은 나아감이다. 원(垣)은 곧 담장이니, ≪시경(詩經)≫<소아(小雅) 소반(小弁)>에 "군자(君子)는 말을 가벼이 하지 말아야 한다. 귀가 담에 붙어 있다."라고 하였다

이는 '언어(言語)를 경시하여 소홀히 하지 말아야 한다. 이것은 바로 두려워해야 할 것이니 비록 담장이 막혀있으나 듣는 자가 그 사이에 연이어 나와 있다. 내 입에서 나오면 바로 남의 귀에 들어가니, 두려워하지 않을 수 있겠는가.'고 말한 것이다.

○이(易, 소홀히 하다/이)는 거성(去聲)이다.

4·8·101

구선찬반(具膳飡飯)74)하니 적구충장(適口充腸)75)이라

음식을 갖추어 밥을 먹으니, 입에 맞게 배를 채울 뿐이다.

4·8·102

포어팽재(飽飫烹宰)76)하고 기염조강(飢厭糟糠)77)이라

배부르면 도살하여 삶은 고기도 실컷 물리고, 굶주리면 지게미와 겨도 배부르게 먹는다.

---

74) 具膳飡飯 : 반찬을 갖추어 밥을 먹는 것은 일상생활에 마시고 먹는 일상적인 것이다.[備膳而啖飯, 日用飮食之常也.](≪註解≫)

飡 : 혹은 餐(먹을/찬, 먹을/손)으로 쓰고, 혹은 湌(먹을/찬, 먹을/손)으로 쓰고, 속자는 殄(먹을/찬, 먹을/손)으로 쓴다.[飡, 或作餐, 或作湌, 俗作殄.](≪中≫)

飡 : ①湌(먹을/찬, 먹을/손)이 속자이다.[飡, 俗湌.(≪註解≫) ②≪註解≫에 "飡, 먹을 찬, 啖也, 소餐. 又, 밥 손, 夕食, 소飱."이라고 하여, 飡의 異音異義를 '먹을 찬', '밥 손'으로 제시하였다. 그러나 '찬' 음이 晩飡(만찬, 저녁 밥) 등에 쓰여 '손' 음을 유지하지 않아 결국 '찬' 음은 '먹다'와 '밥'의 의미의 경우에 혼용된 것이다. 그리고 飡은 현재 字形이 餐(밥/찬)으로 통용되고 있다.(◉)

75) 適口充腸 : ①음식은 다만 내 입에 맞게 하고 내 창자를 채워 굶주리지 않게 할 뿐이요, 사치스럽게 해서는 안 된다.[飮食, 只當適吾之口, 充吾之腸, 不飢而已, 不可侈也.](≪註解≫) ②맛에 맵고 단 것이 같지 않은 것은 입에 맞기를 기대하고, 삼실과 絹絲에 차고 따득함이 같지 않은 것은 몸에 맞기를 기대한다.[五味辛甘不同, 期於適口, 麻絲涼燠不同, 期於適體.](晉河上公 <道德經注序>) ③가난한 사람은 여름에 베옷을 입고 새끼 끈을 띠로 매고 콩을 먹고 물을 마셔서 창자를 채우며 더운 열기에 지탱한다.[貧人則夏被褐帶索啥菽飲水, 以充腸, 以支暑熱.](≪淮南子≫<齊俗訓>)

76) 飽飫烹宰 : 배부를 때를 당해서는 비록 잡아 삶은 고기의 진귀한 식품이라도 또한 물려서 먹지 않는다.[方其飽時, 則雖烹宰珍, 亦厭飫而不嘗矣.](≪註解≫)

> 4·8·103
>
> # 친척고구(親戚故舊)78)는 노소이량(老少異糧)79)이라
> 친척과 오랜 친구는 늙고 젊음에 따라 음식을 달리 먹는다.

원문

此下十節은 皆言治家之道라 蓋推其類而廣言之니 此言飮食之節也라

具는 辦也라 膳은 食也라 湌은 呑也라 熟穀而薦之爲飯이라 適은 便也라 充은 滿也라

飽는 食多也라 飫는 卽厭也라 烹은 煮也니 以物調和食味也라 宰는 屠殺也라 飢는 餓也라 厭은 足也라 糟者는 酒之滓라 糠者는 米之皮라 漢書食貨志云 貧者食糟糠이라 하니라

親戚은 姻眷也80)라 故舊는 昔所知識之人也라 老는 年長者라 少는 年幼者라 異는 分別之也라 糧은 食也라

言辦膳以爲食者는 惟欲適於口하여 以滿其腹而已라 故飽則雖有肥甘이라도 亦厭飫而

　　　烹宰 : 짐승을 잡아 삶음이다.[烹宰, 宰殺烹煮牲畜.](≪漢≫)
77) 飢厭糟糠 : ①굶주릴 때를 당해서는 비록 술지게미와 쌀겨의 하찮은 차림이라도 반드시 만족하여 달고 아름다워 한다.[及其飢也, 則雖糟糠薄具, 必厭足而甘美矣.](≪註解≫) ②겨와 술지게미로도 배부르지 못한 이는 기장과 고기 먹기에 힘쓰지 않는다.[糟糠不飽者, 不務粱肉.](≪韓非子≫<五蠹>)
　　　飢 : 혹은 饑(주릴/기)로 쓴다.[飢, 或作饑.](≪中≫)
　　　厭 : 饜(만족할/염)과 같다.[厭, 仝饜.](≪註解≫)
　　　糠 : 穅(겨/강)과 같다.[糠, 仝穅.](≪註解≫)
78) 親戚故舊 : 같은 성의 親屬을 親이라고 하고, 다른 성의 親屬을 戚이라고 하며, 오래 사귄 사람을 故舊라고 하니, 모두 品節(등급)이 있다.[同姓之親曰親, 異姓之親曰戚, 舊要曰故舊, 皆有品節也.](≪註解≫)
　　　親戚 : ①자기와 혈연이나 혹은 혼인 관계가 있는 사람이다.[親戚, 與自己有血緣或婚姻關係的人.](≪漢≫) ②親戚은 내외 친속을 말하니, 親은 일족 안의 사람을 말하고, 族은 일족 밖의 사람을 말한다.[親戚, 謂內外親屬, 親謂族內之人, 戚謂族外之人.](≪中≫) ③≪註解≫의 '同姓曰親'·'異姓曰戚'의 변별이 매우 명료하다. ≪釋義≫의 姻眷(姻親)은 異姓之親의 일종이다.(◉)
79) 老少異糧 : 늙은이는 비단옷이 아니면 따뜻하지 않고 고기가 아니면 배부르지 않으며, 젊은 자도 마땅히 음식을 절제하고 그 아껴 양육함을 신중히 해야 하니, 禮에 이른바 '15세 이상은 늙은이와 젊은이가 음식을 달리 먹는다.'는 것이 이것이다.[老者, 非帛不煖, 非肉不飽, 少者亦宜節其飮食, 愼其愛養. 禮所謂十五以上老少異食, 是也.](≪註解≫)
　　　糧 : 粮(양식/량)과 같다.[糧, 仝粮.](≪註解≫)
　　　非帛不煖 非肉不飽 : 50살에는 비단이 아니면 따뜻하지 않고 70살에는 고기가 아니면 배부르지 않다.[五十非帛不煖, 七十非肉不飽.](≪孟子≫<盡心上>)
　　　禮所謂十五以上老少異食 : ①50살에는 양식을 달리 먹는다.[五十異粻.](≪禮記≫<王制>) ②50살에는 쇠약해지기 시작하여 양식을 마땅히 스스로 달리 먹어서 소년·장년과 같게 해서는 안 된다.[五十始衰, 糧宜自異, 不可與少壯者同也.](≪禮記≫<王制> 衛湜·集說) ③≪禮記≫에 의하면 '十五以上'은 '五十以上'의 잘못이다.(◉)
80) 姻眷 : 姻眷은 인친이다.[姻眷, 姻親.](≪漢≫)

不能食하고 飢則雖糟糠之粗라도 亦自以爲足이라 然則親戚故舊之老者少者는 當分別其食이라 蓋老者非肉不飽하고 少者粗糲可充하니 不可無節也라

○少는 去聲⁸¹⁾이라

해설

    이 아래 10구절은 모두 집을 다스리는 도를 말하였다. 그 부류를 미루어나가 넓게 말한 것이니, 이는 음식의 절도(節度)를 말한 것이다.

    구(具)는 마련함이다. 선(膳)은 음식이다. 찬(湌)은 삼킴이다. 곡식을 익혀서 올리는 것이 반(飯, 밥/반)이다. 적(適)은 편함이다. 충(充)은 가득함이다.

    포(飽)는 먹기를 많이 함이다. 어(飫)는 곧 염(厭, 물림)이다. 팽(烹)은 삶음이니, 물건으로 음식 맛을 조화시킴이다. 재(宰)는 도살함이다. 기(飢)는 배고픔이다. 염(厭)은 만족함이다. 조(糟)는 술의 찌꺼기이다. 강(糠)은 쌀의 껍질이다. ≪한서(漢書)≫<식화지(食貨志)>에 "가난한 이는 술지게미와 겨를 먹는다."라고 하였다.

    친척(親戚)은 인척(姻戚)이다. 고구(故舊)는 과거에 알던 사람이다. 노(老)는 나이가 많은 사람이다. 소(少)는 나이가 적은 사람이다. 이(異)는 분별함이다. 량(糧)은 먹는 것이다.

    이는 '반찬을 마련하여 먹은 것은 오직 입에 맞게 하여 그 배를 채우려 할 뿐이다. 그러므로 배부르면 비록 기름지고 단 것이 있더라도 또한 물려서 먹을 수 없고, 배고프면 비록 술지게미와 겨의 거친 것일지라도 스스로 만족해한다. 그러면 친척과 오래된 친구의 늙은이와 젊은이에게는 마땅히 그 음식을 구분해주어야 한다. 늙은이는 고기가 아니면 배부르지 않고 젊은이는 거친 쌀로도 충족할 수 있으니, 절도가 없어서는 안 된다.'라고 말한 것이다.

○소(少, 젊은 사람/소)는 거성(去聲)이다.

4·9·104

첩어적방(妾御績紡)[82]하고 시건유방(侍巾帷房)[83]이라

첩은 <남편을> 모시어 실잣기를 하고, 장막 친 방에서 수건을 바쳐 모신다.

---

81) 少 去聲 : 少는 2음이 있는데, 去聲이면 그 의미가 '幼年(소년)'이고, 上聲이면 그 의미가 '不多(적다)'이다.(●)

82) 妾御績紡 : ①첩어는 첩이다. 그러나 면류관 끈을 짜는 왕후로부터 남편의 옷을 해 입히는 庶士 이하의 아내에 이르기까지 모두 그 직분이 있으니, 실을 잣는 것이 어찌 첩에게만 국한되겠는가. 이는 우연히 아내를 말하지 않았을 뿐이다.[妾御, 妾也. 然自王后織紞, 至庶士以下之衣其夫, 皆有其職, 紡績, 豈止於妾. 此偶不言妻耳.](≪註解≫) ②≪註解≫의 풀이는 妾御가 1義이고, ≪釋義≫의 풀이는 妾과 侍의 2義이다.(●) ③집안의 사람들이 실잣기를 하여 조석 끼니를 마련하였다.[家人績紡以供朝夕.]

> 4·9·105
>
> # 환선원결(紈扇圓絜)84)하고 은촉위황(銀燭煒煌)85)이라
> 비단 부채는 둥글며 묶였고, <밀로 만든> 은빛 촛불은 휘황찬란하다.

(≪晉書≫<良吏 吳隱之列傳>)

自王后織紞 至庶士以下之衣其夫 : ①妻妾이 남편을 위하여 복장을 만드는 일을 말한 것이다. 계급이 낮아질수록 만드는 일이 더 많아진다.(◉) ②王后는 직접 검은 면류관 끈을 짜고, 公·侯의 부인은 검은 면류관 끈에 갓끈과 면류관의 덮개[紘綖]를 더 짜며, 卿의 內子는 그 외에 허리에 차는 大帶를 만들고, 大夫의 아내[命婦]는 그 외에 祭服을 만들고, 上士[列士]의 아내는 祭服에다 朝服을 더 만들고, 下士[庶士]로부터 그 아래는 모두 그 남편의 옷을 만든다.[王后親織玄紞, 公侯之夫人加之以紘綖, 卿之內子爲大帶, 命婦成祭服, 列士之妻加之以朝服, 自庶士以下皆衣其夫.](≪國語≫<魯語下>)

紞 : 귀막이옥[瑱]을 매다는 끈이니 冠의 양쪽 곁에 드리우는 것이다.[紞者, 縣瑱之繩, 垂於冠之兩旁.](≪左傳≫<桓公二年>"衡紞紘綖, 昭其度也"의 孔穎達疏)

紘綖 : 紘은 갓끈[纓]이 매어져 늘어짐이 없는 것이니, 아래에서 올려서 매지 않는다. 綖은 면류관 위의 덮개이다.[紘, 纓之無緌者也, 從下而上不結. 綖, 冕上之覆也.](≪國語≫<魯語下> '紘綖' <韋昭注>)

內子 : 卿의 適妻(정실 아내)를 內子라고 한다.[卿之適妻曰內子.](≪國語≫<魯語下> '內子' <韋昭注>)

大帶 : 검은 띠이다.[大帶, 緇帶也.](≪國語≫<魯語下> '大帶' <韋昭注>)

命婦 : 大夫의 아내이다.[命婦, 大夫之妻也.](≪國語≫<魯語下> '命婦' <韋昭注>)

列士 : 元士(上士)이다.[列士, 元士也.](≪國語≫<魯語下> '列士' <韋昭注>)

庶士 : 하사이다.[庶士, 下士也.](≪國語≫<魯語下> '庶士' <韋昭注>)

83) 侍巾帷房 : 수건과 빗을 가지고 커튼 친 방안에서 모시는 것은 또한 처첩의 일이다.[侍巾櫛於帷房之內者, 亦妻妾之事也.](≪註解≫)

84) 紈扇圓絜 : ①지금 막 제나라의 흰 비단을 자르니, 희고 깨끗하기가 서리와 눈 같아라. 마름질하여 합환선을 만드니, 둥글고 둥글어 밝은 달과 같구나.[新裂齊紈素, 皎絜如霜雪. 裁為合歡扇, 團團似明月.](≪文選≫ 班婕妤 <怨歌行>) ②≪註解≫에는 '紈扇圓潔'로 되어 있고, 해설을 "흰 갑을 잘라 부채를 만드니, 둥글고 깨끗하다. 潔(깨끗할/결)은 唐本(중국 본)에 絜(깨끗할/결, 묶을/결)로 되어 있으니, 잘못이다.[裁紈爲扇, 團圓潔白也. 潔, 唐本作絜, 誤.]"라고 하였다. '絜'과 '潔'의 正誤 與否는 아래 논의와 같다.(◉)

絜 : ①絜(결)은 묶는다는 뜻이다. 糸(가는실/멱)을 따르고 㓞(새길/할)이 소리이다. 끈을 매고 묶어 합하는 뜻이므로, 糸을 따랐다.[絜, 結束, 从糸, 㓞聲, 乃結繩索而束合之意, 故从糸.](≪形≫) ②絜은 삼베 한 끝[一耑]이다. 一耑(단)은 한 묶음[一束]과 같다. 耑은 끝이다. 묶으면 반드시 그 끝을 가지런히 하므로 耑이라고 한다. 人 部首 '係' 글자 설명에 "絜은 묶음[束]이다." 하였으니, 絜이 묶음임을 알겠다. 묶음은 반드시 에워싸므로 인신되어 圍度(範圍尺度)를 絜이라고 하였다. 묶으면 산만하지 않으므로 또 인신되어 潔淨(깨끗함)이 되었는데, 俗字로는 潔(깨끗할/결)로 쓰고, 경전에는 絜(깨끗할/결)로 쓴다. 古와 屑의 반절이다.[絜, 麻一耑也. 一耑, 猶一束也. 耑, 頭也. 束之必齊其首, 故曰耑. 人部係下云, "絜, 束也." 是知絜爲束也. 束之必圍之, 故引申之圍度曰絜. 束之則不㪔(散)曼, 故又引申爲潔淨, 俗作潔, 經典作絜. 古屑切.](≪說文及段注≫) ③'絜'은 本字이므로 잘못이 아니다.(◉) ④'絜'이 '潔'과 古今字임은 이미 '女慕貞潔' 구절에서 말하였다. 그러나 ≪釋義≫에서는 '絜'을 約束의 뜻으로 풀이하고 '潔과 同字'의 뜻을 채택하지 않았으니 이것은 '絜'이 '潔'과 古今字로 된 것이 아니고 각각 다른 글자로 된 것이다. 그렇다면 ≪註解≫의 주장을 따르면 ≪千字文≫은 중첩된 글자가 있으므로, 같지 않은 글자는 999글자이고, ≪釋義≫의 주장을 따르면 중첩된 글자가 없으므로, 같지 않은 글자는 1,000글자이다.(◉) ⑤絜은 음이 古와 屑의 반절(결)이면 그 뜻을 '束'、'潔淨'이라고 한다.

4·9·106

주면석매(晝眠夕寐)86)하니 남순상상(藍筍象牀)87)88)이라

낮에 졸고 저녁에 자니, 푸른 대나무 자리와 상아(象牙) 장식 침상이다.

원문

此言寢處之安이라

　妾은 次於妻者니 禮記內則篇云 聘則爲妻하고 奔則爲妾89)이라하니라 六書正譌云 从立从女90)니 侍側之義라하니라 御는 即侍也라 績은 緝麻也라 紡은 說文云 網絲也91)라

　　(≪段注≫에 의함) 音이 胡와 結의 반절(혈)이면 그 뜻을 '衡量(헤아리다)'이라고 한다.(≪漢≫에 의함)(◉)
85) 銀燭煒煌 : ①옛날에는 섬을 묶어 촛불을 만들었는데, 후세에는 밀로 만든 촛불을 사용하니, 그 밝음이 은빛과 같으므로 은촉이라 말한 것이다. 煒煌은 또한 光明의 뜻이다.[古者, 束薪爲燭, 後世用蠟燭, 其光明如銀, 故曰銀燭. 煒煌, 亦光明之意.](≪註解≫) ②베개에 누워서 뒹굴다가 일어나 촛불을 한가한 방에 붙이네. 붉은 빛이 환하게 드날리고, 붉은 불꽃이 밝게 타오르지. 검은 밤을 낮처럼 만들고, 여러 경치를 아침 햇볕에 이어주지.[徒伏枕以展轉, 起然燭於閒房. 揚丹輝之煒煒, 熾朱燄之煌煌. 俾幽夜而作晝, 繼列景乎朝陽.](≪御定歷代賦彙≫ 晉 傅咸 <燭賦>)
86) 晝眠夕寐 : 낮에 졸고 저녁에 잠자는 것은 한가로운 사람이 유유자적하는 일이다. 그러나 재아가 낮잠을 자자, 공자는 썩은 나무와 더러운 담장에 비유하였으니, 군자는 오직 마땅히 일찍 일어나고 밤 늦게 자야 한다.[晝而眠, 夕而寐, 閒人自適之事. 然宰我晝寢, 孔子比於朽木糞墻. 君子惟當夙興而夜寐也.](≪註解≫)
　　宰我晝寢 孔子比於朽木糞墻 : 재아가 낮잠을 자자, 공자가 말하였다. "썩은 나무는 조각할 수 없고, 더러운 흙으로 쌓은 담장은 흙손질할 수가 없다. 내가 재여에게 어찌 꾸짖을 것이 있겠는가.[宰予晝寢, 子曰, "朽木不可雕也, 糞土之牆不可杇也, 於予與何誅."](≪論語≫<公冶長>)
　　宰我 : 孔子 弟子이다. 이름이 予이고, 字가 我이다.(◉)
87) 藍筍象牀 : ①藍(람)은 籃(람)이 되어야 할 것이다. 籃筍은 대나무를 엮어 가마를 만든 것이다. 象牀은 桯第(정자, 안석 자리)이니, 그 사이에 象牙(코끼리뼈)로 꾸민 것이다.[藍, 恐當作籃. 籃筍, 籠竹爲輿也. 象牀, 桯第, 間以象骨飾之者.](≪註解≫) ②孟嘗君이 각국을 돌아다니다가 楚나라에 이르자 象牙로 장식한 床을 선물하였다.[孟嘗君出行國, 至楚, 獻象床.](≪戰國策≫<齊策三>)
　　藍筍 : ≪註解≫는 '籃筍'으로 되어 있어 '대나무 가마[竹輿]'로 풀이하였고, ≪釋義≫는 이전 글을 따라 '대나무 자리[竹席]'로 풀이하였다.(◉)
　　筍 : '笋'(죽순/순)으로도 쓴다.[筍, 亦作'笋'.](≪註解≫)
　　牀 : 속자가 床(침상/상)이다.[牀, 俗'床'.](≪註解≫)
　　桯第 : ①桯은 안석이다.[桯, 几也.](≪廣雅≫<釋器≫) ②牀을 陳·楚 지역에서는 第(자)라고 한다.[牀, 陳楚之間, 謂之第.](≪方言≫) ③이에 의거하면 桯第는 牀을 말한다.(◉)
88) 晝眠夕寐 藍筍象牀 : 晝眠은 夕寐와 相對되고, 藍筍은 象牀과 相對되니, 이는 각자 句 안의 對偶이다.(◉)
89) 聘則爲妻 奔則爲妾 : 聘은 저쪽(남자 쪽)에서 이쪽에 물음을 말하고, 奔은 여기(여자 쪽)에서 저쪽으로 따라감을 말한다.[聘言由彼而問此, 奔言自此而趨彼.](≪禮記≫<內則> '聘則爲妻 奔則爲妾' <大全>)
90) 妾 … 从立从女 : ①妾은 여자가 일을 받들어 남편에게 접촉할 수 있는 사람이다. 立(설/립)을 따르고 女(여자/여)를 따랐으니, 곁에서 모시는 뜻으로, 會意이다. 옛 풀이(≪說文≫)에서는 辛(죄/건)을 따라서 죄가 있는 이라고 하였으나 잘못이다.[妾, 女子給事之得接於夫者也. 从立从女, 侍側之義, 會意. 舊

하니라 巾者는 蒙首之衣라 釋名云 二十成人하여 士冠하고 庶人巾이라하니라 春秋左傳에 嬴氏對晉太子曰 寡君使婢子侍執巾櫛92)이라하니라 帷는 釋名云 圍也니 以自障圍也라하니라 說文云 在旁曰帷요 在上曰幕이라하니라 房은 室也라

齊地之絹曰紈이라 扇者는 招風之物이니 方言曰 自關而東謂之箑이요 自關而西謂之扇이라하니라 紈扇은 以紈爲扇也라 圓은 言其形이라 絜은 與潔同이요 又約束之義라 爾雅云93) 白金謂之銀이라하니라 燭은 蠟炬也라 穆天子傳云 天子之寶는 璿珠燭銀이라하고 郭璞云 銀有精光如燭也라하니라 煒煌은 火光炫耀之貌라

晝는 日中也라 眠은 臥也라 夕은 暮也라 寐는 昧也니 目閉而神藏也라 莊子云 其寐也魂交라하니라 藍은 染靑之草라 筍은 竹萌也라 書顧命云 敷重筍席94)이라하니 蓋以

注, 以从辛爲有辠, 非.(≪六書正譌≫) ②妾은 죄 지은 여자가 일을 하여 임금에게 접촉할 수 있는 사람이다. 辛(죄/건)을 따르고 女를 따랐다."[妾, 有罪女子給事之得接於君者, 从辛从女.](≪說文≫) ③立은 ≪六書正譌≫에서 侍側의 立(서다)으로 풀이하고, ≪說文≫에서 罪가 있다는 辛으로 풀이하였는데, 잠시 두 가지 주장을 갖추어 뒤의 학자를 기다린다.(◉)

　六書正譌 : 元代 文字學家 周伯琦가 지은 것이다. ≪說文≫을 밝혀 저술한 한 가지로, 俗字를 변증한 文字書이다. 이 책은 元나라 至正 11년(1351)에 책이 이룩되었다. 모두 5卷이고 2,000여 글자를 수록하였다.[元代文字學家周伯琦所著. 是一部闡述說文, 辨證俗字的字書. 本書成書於元至正十一年(1351). 凡5卷, 共收2,000餘字.](百度搜索百科)

91) 網絲 : 沈濤 씨는 "網絲는 結絲(실을 맺다)라는 말과 같으니 ≪楚辭≫<湘夫人> 작품의 주에 '罔(그물/망)은 맺다.'라고 하였으니, 고치실과 삼을 이어서 모두 종횡으로 맺어 이루어지는 것이 그물에 노끈을 맺는 것과 같다."라고 하였다. 紡은 고치실과 삼을 이어서 실이 되므로 糸(실/멱)을 따랐다.[沈濤氏謂"網絲猶言結絲, 楚辭湘夫人注'罔, 結也', 紡緝絲麻皆縱橫結而成, 猶網之結繩耳". 紡乃結絲麻爲絲, 故从糸.](≪形≫ '紡'字)

92) 春秋左傳 … 寡君使婢子侍執巾櫛 : ①晉나라 太子 姬圉(희어, 후일의 晉 懷公)가 秦나라에 人質로 있었는데 도망해 돌아오려 할 때에 嬴氏(秦나라에서 姬圉에게 아내로 준 懷嬴)에게 "그대와 함께 돌아가겠다."라고 하자, 嬴氏가 대답하였다. "公子께서는 晉나라의 太子로 秦나라에서 굴욕의 생활을 하였으니, 公子께서 돌아가려는 것은 당연하지 않습니까. 그러나 우리 임금님께서 婢子(저 회영)에게 수건과 빗을 들고서 公子를 모시게 한 것은 公子를 굳건히 하기 위함인데 만약 公子를 따라 함께 晉나라로 간다면 이는 君命을 버리는 것이니 감히 따라가지 않겠고 감히 이 말을 누설하지도 않겠습니다." 姬圉는 마침내 도망해 晉나라로 돌아왔다.[晉太子圉爲質於秦, 將逃歸, 謂嬴氏曰, "與子歸乎." 對曰, "子, 晉太子, 而辱於秦. 子之欲歸, 不亦宜乎. 寡君之使婢子侍執巾櫛, 以固子也. 從子而歸, 棄君命也. 不敢從. 亦不敢言." 遂逃歸.](≪春秋左氏傳≫ 僖公 22年) ②嬴氏는 春秋時代 秦나라 穆公의 딸 懷嬴이다. 晉 太子는 이름이 圉(어)로 후일의 晉 懷公이다. 寡君은 秦 穆公이다. 婢子는 부인의 비칭으로 여기서는 회영 자신의 1인칭을 지칭한다. 巾櫛은 수건으로 손을 닦고 빗으로 머리를 빗으니 미천한 일이다. 晉 太子 姬圉가 秦나라에 볼모로 있을 때 秦 穆公은 회영을 晉 太子 姬圉에게 아내로 삼아주었다. 뒷날 姬圉가 秦에서 도주하여 晉으로 돌아가서 晉 懷公이 될 때에 회영은 姬圉를 감히 따라가지 않았다. 그 뒤에 晉 懷公(惠公의 아들)의 숙부 姬重耳(惠公의 형. 후일의 晉 文公)가 또 秦나라에 볼모로 있게 되자 진 목공은 또 회영을 희중이에게 아내로 삼아주었다.(◉)

　寡君 : 臣下가 외국에 대한 本國 國君의 謙稱.[臣下對別國謙稱本國國君.](≪漢≫)

　婢子 : 婦人의 卑稱.[婢子, 爲婦人之卑稱.](≪春秋左氏傳≫ 僖公22年 '婢子'<疏>)

　侍執巾櫛 : 수건과 빗을 들고 시중을 들음이니, 妻妾이 남편을 받듦을 형용한 것이다.[拿著手巾梳子伺候, 形容妻妾服事夫君.](≪漢≫)

93) 爾雅 : ≪爾雅≫<釋器>.
94) 敷重 : 겹 대나무 자리를 편다.[敷重, 敷施三重.](≪書經≫<顧命> '敷重' ≪尙書句解≫)

蒻竹爲席也95)라 象은 獸名이니 其牙可以飾器라 牀은 說文云 身之安也라하고 釋名云 人所坐臥曰牀이라하니라

言妾御之職은 以績麻紡絲爲事하고 而執侍巾櫛於帷幕房室之內라 以紈爲扇하여 而團圓約束하며 有燭如銀하여 而光焰煒煌하고 晝之所臥와 夕之所寢은 有藍色之筍席與象牙所飾之牀하니 其美如此라

|해설|

이는 자는 곳의 편안함을 말하였다.

첩(妾)은 아내에 다음가는 사람이니, ≪예기(禮記)≫<내칙편(內則篇)>에 "<남자가> 예법으로 맞이하면 처(妻)가 되고, <여자가 예법이 없이> 붙좇으면 첩(妾)이 된다."라고 하였다. ≪육서정와(六書正譌)≫에 "<첩(妾) 글자는> 립(立, 설/립)을 따르고 여(女, 여자/여)를 따랐으니, 곁에서 모시는 뜻이다."라고 하였다. 어(御)는 곧 모심이다. 적(績)은 삼으로 실을 자음이다. 방(紡)은 ≪설문(說文)≫에 "실을 자음이다."라고 하였다. 건(巾)은 머리에 쓰는 옷이다. ≪석명(釋名)≫에 "20살에 성인(成人)이 되어 사(士)는 관(冠)을 쓰고 서민(庶民)은 건(巾)을 쓴다."라고 하였다. ≪춘추좌씨전≫<희공(僖公) 22년>에 영씨(嬴氏)가 진(晉)나라 태자에게 "우리나라 임금께서 비자(婢子, 저)에게 수건과 빗을 들어 모시도록 하였습니다."라고 대답하였다. 유(帷)는 ≪석명≫에 "에워싸는 뜻이니, 그것으로 자신을 막아 에워싸는 것이다."라고 하였다. ≪설문≫에 "곁에 치는 휘장을 유(帷)라고 하고, 위에 치는 휘장을 막(幕)이라 한다."라고 하였다. 방(房)은 실(室)이다.

제(齊)나라 지역의 비단을 환(紈)이라고 한다. 선(扇)은 바람을 부르는 물건인데, ≪방언(方言)≫에 "부채를 함곡관(函谷關) 동쪽에서는 삽(箑)이라고 하고 함곡관 서쪽에서는 선(扇)이라 한다."라고 하였다. 환선(紈扇)은 깁으로 부채를 만든 것이다. 원(圓)은 그 모양을 말한다. 결(絜)은 '결(潔, 깨끗할/결)'과 같고 또 '묶는다.'는 뜻이다. ≪이아(爾雅)≫에 "백금을 은이라 한다."라고 하였다. 촉(燭)은 밀(蠟, 밀랍/밀)로 만든 횃불이다. ≪목천자전(穆天子傳)≫에 "천자의 보배는 선주(璿珠, 璿玉類)와 촉은(燭銀, 빛나는 은)이다."라고 하고, 곽박(郭璞)이 "은에 밝은 광채가 있는 것이 촛불과 같다."라고 하였다. 위황(煒煌)은 불빛이 빛나는 모양이다.

주(晝)는 한낮이다. 면(眠)은 누움이다. 석(夕)은 저녁이다. 매(寐)는 어두움이니, 눈이 닫히고 정신이 숨어 있음이다. ≪장자(莊子)≫<제물론(齊物論)>에 "잠들어서 정신이 교차하여 꿈을 꾼다."라고 하였다. 람(藍, 쪽/람)은 청색으로 물들이는 풀이다. 순(筍)은 대나무 싹이다. ≪서경(書經)≫<고명(顧命)>에 "겹 대나무 자리를 편다."라고 하니, 약죽(蒻竹, 어

筍席 : 대자리이다.[筍席, 竹席也.](≪書經≫<顧命> '筍席' <集傳>)
95) 蒻竹 : 죽순이다.[蒻竹, 筍也.](≪中≫)

린 대나무)으로 자리를 만든 것이다. 상(象)은 짐승 이름이니, 그 어금니는 기물을 만들 수 있다. 상(牀)은 ≪설문(說文)≫에 "몸을 편안히 하는 것이다."라고 하였고, ≪석명(釋名)≫에 "사람이 앉았다 누웠다 하는 곳을 상(牀)이라 한다."라고 하였다.

이는 '첩(妾)'이 모시는 직분은 삼과 고치실로 실잣기를 일삼고, 수건과 빗을 휘장 친 방 안에서 쥐어서 모신다. 깁으로 부채를 만들어 둥글게 묶었으며, 촛불이 은빛처럼 광채가 빛나고, 낮에 눕는 곳과 저녁에 자는 곳에는 남색의 죽순(竹筍) 자리와 상아(象牙)로 꾸민 침상이 있으니, 그 아름다움이 이와 같다.'라고 말한 것이다.

4·10·107

현가주연(弦歌酒讌)96)하고 접배거상(接杯擧觴)97)98)이라

현악기(絃樂器)로 노래하며 술로 잔치하고, 술잔을 받으며 술잔을 든다.

4·10·108

교수돈족(矯手頓足)99)하니 열예차강(悅豫且康)100)101)이라

손을 들고 발을 굴러 춤추니, 기쁘며 또 편안하다.

원문
此言宴會之樂이라

---

96) 弦歌酒讌 : 현악기와 노래를 번갈아 연주함은 술을 권하는 것이다.[絃歌迭奏, 所以侑酒也.](≪註解≫)
　　弦 : 絃(줄/현)과 통한다.[弦, 與絃通.](≪康熙字典≫)
　　讌 : 燕(잔치할/연)·宴(잔치할/연)과 같다.[讌, 소燕宴.](≪註解≫)
97) ①接杯擧觴 : 술잔을 왔다 갔다 함은 기쁨을 꾸미는 것이다.[杯觴交錯, 所以飾歡也.](≪註解≫) ② 술잔을 들어 ≪詩經≫<小雅 湛露>의 露斯(많은 이슬)를 노래한다.[擧觴詠露斯.](≪文選≫ 曹顏遠 <感舊詩>)
　　杯 : 속자가 盃(잔/배)이다.[杯, 俗盃.](≪註解≫)
　　擧 : 擧(들/거)와 같다.[擧, 與擧同.](≪中≫)
98) 弦歌酒讌 接杯擧觴 : 絃歌는 酒讌과 相對되고, 接杯는 擧觴과 相對되니, 이는 각자 句 안의 對偶이지 兩句 對偶가 아니다.(◉)
99) 矯手頓足 : ①矯와 頓은 손으로 춤추고 발로 뛰는 모양이다.[矯頓, 手舞足蹈之貌.](≪註解≫) ② 발을 굴러 일어나 춤추고 소리 질러 높이 노래한다.[頓足起舞, 抗音高歌.](≪晉書≫<潘岳列傳>)
100) 悅豫且康 : 현악기를 타며 술잔을 올리고 노래하며 춤추는 것은 기뻐하여 편안하게 즐기는 것이다.[絃觴歌舞, 所以悅豫而康樂也.](≪註解≫)
　　豫 : 預(기뻐할/예)와 같다.[豫, 소預.](≪註解≫)
101) 矯手頓足 : 矯手는 頓足과 상대되니, 句 안의 對偶이다.(◉)

弦은 絲樂也니 琴瑟之屬이라 歌는 唱也니 論語云102) 聞弦歌之聲이라하니라 戰國策云103) 帝女儀狄作酒104)라하니라 讌은 置酒以會客也라 接은 受也라 杯觴은 皆酒器라 擧는 動也라

矯는 高擧之貌라 以足著(착)地曰頓이라 悅豫는 皆喜也라 且는 語辭라 康은 安樂也라

言作樂置酒하여 以宴賓客하고 而捧杯觴者는 則高擧其手하고 聞弦歌者는 則以足頓地하여 而爲之節105)하니 其心喜樂而安康也라

해설

이는 연회(宴會)의 즐거움을 말한 것이다.

현(弦)은 현악기(絃樂器, 실을 맨 악기)이니, 금(琴)과 슬(瑟)의 부류이다. 가(歌)는 노래함이니, ≪논어(論語)≫<양화(陽貨)>에 "현악기로 노래하는 소리를 들었다."라고 하였다. ≪전국책(戰國策)≫<위책(魏策) 2>에 "제(帝)의 딸 의적(儀狄)이 술을 만들었다."라고 하였다. 연(讌)은 술을 차려 손님을 모음이다. 접(接)은 받음이다. 배(杯)와 상(觴)은 모두 술그릇이다. 거(擧)는 움직임이다.

교(矯)는 높이 드는 모양이다. 발을 땅에 대는 것을 돈(頓)이라 한다. 열(悅)과 예(豫)는 모두 기쁘다는 뜻이다. 차(且)는 어조사이다. 강(康)은 안락함이다.

이는 '풍악을 일으켜 술을 차려서 빈객에게 잔치하고, 술잔을 드는 이는 그 손을 높이 들고, 현악기로 노래하는 소리를 듣는 이는 발로 땅을 굴러 가락을 맞추니, 그 마음이 즐겁고 편안하다.'라고 말한 것이다.

---

102) 論語 : ≪論語≫<陽貨>(●)
103) 戰國策 : ≪戰國策≫<魏2>(●)
104) 帝女儀狄 : ①옛날에 帝의 딸이 의적을 시켜서[帝女令儀狄] 술을 만들어 맛이 좋았는데 이를 禹王에게 올렸다. 우왕은 마시고서 맛좋아하고 마침내 의적을 멀리하며 맛있는 술을 끊고 말하였다. "후세에 반드시 술로 그 나라를 망칠 자가 있겠다."[昔者帝女令儀狄, 作酒而美, 進之禹, 禹飮而甘之. 遂疏儀狄, 絶旨酒曰, 後世必有以酒亡其國者.](≪戰國策≫ 卷 23 <魏策 2>) ②어느 책에는 '令'자가 없다.[一本無'令'字.](≪戰國策≫<魏2> '帝女令儀狄' <高誘注>) ③堯와 舜의 딸일 것이다.[蓋堯舜女.](≪戰國策≫<魏2> '帝女' <鮑彪注>) ④살펴보면 '帝女令儀狄'은 帝女와 儀狄이 두 사람이고, '令'자가 없어 '帝女儀狄'이 되면 儀狄이 帝의 딸이어서 한 사람이 된다. '堯舜女'는 살필 수 없으니 잠시 결여된 채로 두겠다.(●)
　　儀狄 : ①夏나라 때에 처음 술을 만든 사람이다.[儀狄, 夏時, 初造酒之人.](≪中≫) ②두 가지 주장이 있는데 하나는 帝女라고 하고, 하나는 帝女가 아니라고 한다.(●)
105) 節 : 節奏이며, 節拍이다.[節, 節奏. 節拍.](≪漢≫)

> 4·11·109
>
> ## 적후사속(嫡後嗣續)106)하여 제사증상(祭祀烝嘗)107)이라
>
> 적통(嫡統) 후계자로 이어가서, 제사는 증(蒸)제사와 상(嘗)제사를 지낸다.

> 4·11·110
>
> ## 계상재배(稽顙再拜)108)하고 송구공황(悚懼恐惶)109)이라
>
> <제사에> 이마를 조아리며 두 번 절하고, <공경하여> 두려워하며 두려워한다.

원문

此言祭祀之禮라

---

106) 嫡後嗣續 : 嫡後는 嫡長子(맏아들)로 후계자가 된 자이고, 嗣續은 그 代를 잇는 것이다.
 [嫡後, 嫡長之爲後者. 嗣續, 繼其代也.](《註解》)
  嫡 : 適(정실아들/적)과 같다.[嫡, 仝'適'.](《註解》)
107) 祭祀烝嘗 : ①祭祀의 禮를 말한 것이니, 다만 가을의 嘗祭와 겨울의 蒸祭만을 들어도 봄의 祠祭와 여름의 禴祭 또한 포함되는 것이다.[言祭祀之禮也. 只擧秋嘗冬蒸, 而春祠夏禴, 亦可包也.](《註解》) ②이 때문에 효자가 어버이를 섬길 적에 세 가지 도가 있으니, 살아 계시면 봉양하고 돌아가시면 초상을 치르고 초상이 끝나면 제사를 지낸다. 봉양할 때에는 아들의 순함을 관찰하고 초상을 치를 때에는 아들의 슬퍼함을 관찰하고 제사를 지낼 때에는 아들의 공경함과 철에 따라 부모를 생각함을 관찰하니, 이 세 가지 도리를 다하는 것은 효자의 행실이다.[是故孝子之事親也, 有三道焉. 生則養, 沒則喪, 喪畢則祭. 養則觀其順也, 喪則觀其哀也, 祭則觀其敬而時也. 盡此三道者, 孝子之行也.](《禮記》<祭統>) ③祭祀와 烝嘗이 相對되니, 이는 1句 안의 對偶이다. 또 祭·祀·烝·嘗 4字가 각각 스스로 相對되기도 한다.(◉)
  烝 : 蒸(겨울제사/증)과 통한다.[烝, 與蒸通.](《中》)
  嘗 : 甞(가을제사/상)과 같다.[嘗, 亦作甞.](《漢》)
  禴 : 礿(봄제사/약)과 같다. 고대의 祭名이다. 夏祭 혹은 春祭를 가리킨다.[禴, 仝'礿'. 古代祭名. 指夏祭或春祭.](《漢》)
108) 稽顙再拜 : 禮數(의식의 절차)가 부지런하다.[禮數之勤也.](《註解》)
  稽 : 稽首는 拜禮 중에서 가장 소중한 것으로 신하가 임금에게 하는 절이다. 頓首는 평등하여 서로에게 하는 절이다. 두 가지 절은 모두 머리가 땅에 닿지만 계수는 땅에 닿는 시간이 많고, 돈수는 땅에 닿고서 바로 들기 때문에 叩地(고지, 땅에 두들긴다)라고 말하였다.[稽首, 拜中最重, 臣拜君之拜. 頓首, 平敵自相拜之拜. 二拜俱頭至地, 但稽首至地多時, 頓首至地即舉, 故以叩地言之.](《周禮註疏刪翼》 卷15 '辨九拜 一曰稽首 二曰頓首')
  拜 : 拜(절/배)는 두개의 手(손/수)를 따르고 ㄒ(아래/하)(오른쪽 手의 아래에 있는 ㄒ)를 따랐다. 두개의 手를 아울러서 내림이 拜이니, 글자는 마땅히 𢪬(절/배)가 되어야 한다. 양손을 아울러 내린다는 뜻이다.[拜, 从二手从下(在右手下之丁), 兩手並下爲拜, 字當作𢪬. 乃得兩手並下之意.](《形》)
109) 悚懼恐惶 : ①엄숙하고 공경함이 지극한 것이다.[嚴敬之至也.](《註解》) ②悚懼는 恐惶과 相對되니, 이는 句 안의 對偶이다. 또 悚·懼·恐·惶 4글자는 각각 스스로 相對가 된다.(◉)

嫡은 妻所生之子也라 後는 承祖父之宗者也라 嗣는 繼也라 續은 接也라 詩小雅云110) 似續妣祖111)라하니라 以飮食享其先人을 曰祭祀라하니라 烝嘗은 皆祭祀之名이라 禮記 王制云 春曰祠이요 夏曰禘요 秋曰嘗이요 冬曰烝이라하니라 言烝嘗而不言祠禘는 省(생)文以就韻也112)라

顙은 額也니 稽顙113)은 以額至地也라 再는 重也라 拜는 以手伏地也라 禮記檀弓云 稽顙而後拜는 頎(간)乎其至也114)라 悚懼恐惶은 皆畏怖之意니 甚言其敬之至也라

言嫡子而爲後者는 以繼續其祖父하여 而修四時祭祀之禮라 其祭必敬하여 以首叩地하고 重之以拜하니 所以深致其敬畏也라

해설
이는 제사의 예법(禮法)을 말하였다.

적(嫡)은 아내가 낳은 아들이다. 후(後)는 할아버지와 아버지를 계승하는 종자(宗子, 적장자(嫡長子))이다. 사(嗣)는 이음이다. 속(續)은 닿음이다. ≪시경(詩經)≫<소아(小雅) 사간(斯干)>에 "조비(祖妣, 돌아간 할머니)와 조고(祖考, 돌아간 할아버지)를 계승한다."라고

---

110) 詩小雅 : ≪詩經≫<小雅 斯干>(●)
111) 似續妣祖 : ①似는 잇는다는 뜻이다. 妣가 祖보다 앞에 있는 것은 아래 글에 韻을 맞추었을 뿐이다. 혹자는 이르기를 "姜嫄과 后稷을 말한 것이다."라고 하였다.[似, 嗣也. 妣先於祖者, 協下韻爾. 或曰, 謂姜嫄后稷也.](≪詩經≫<小雅 斯干> '似續妣祖' <集傳>) ②살펴보면 '似續妣祖'의 下句에 "집 1백 堵를 지었다.[築室百堵.]"라고 하였는데 祖·堵 두 글자가 韻을 맞추었다.(●)
112) 言烝嘗而不言祠禘 省文以就韻也 : ①春夏秋冬 祭祀는 祠禘嘗烝이 있는데 다만 烝嘗이라고만 말한 것은 글을 생략하고 글을 倒置하여 韻을 맞춘 것이다. '祭祀烝嘗'의 앞 聯에는 "悅豫且康."이라고 하였고, 뒷 聯에는 "悚懼恐惶."이라고 하였으니, 康·嘗·惶 3字가 韻을 맞추었다.(●) ②만일 四時로 말한다면 당연히 "祠禘嘗烝"이라고 해야 할 것인데 ≪詩經≫에서는 편의한 글로 하였기 때문에 先後에 의거하지 않았다. 이것은 모두 ≪周禮≫의 글인데 殷나라로부터 이상은 禴禘嘗烝이니 ≪禮記≫<王制>의 글이다. 周公에 이르러서는 夏禘의 명칭을 없애서 春禴으로 충당하고 다시 봄 제사를 일컬어 祠라고 하였다.[若以四時, 當云祠禘嘗烝, 詩以便文, 故不依先後, 此皆周禮文. 自殷以上, 則禴禘嘗烝, 王制文也. 至周公則去夏禘之名, 以春禴當之, 更名春曰祠.](≪詩經≫<小雅 天保> '禴祠烝嘗' <疏>) ③禴祠烝嘗은 <祠禴嘗烝을> 각각 한 글자씩 도치하였는데 이것은 음절을 맞춘 것이다.[禴祠烝嘗, 各倒一字, 此音節也.](≪詩經≫<小雅 天保> '禴祠烝嘗' <大全>) ④살펴보면 <天保篇> '禴祠烝嘗'의 下句에 "于公先王"이라고 하였는데 嘗·王 두 글자가 韻을 맞추었다. 만일 四時로 말한다면 당연히 "嘗烝"이라고 해야 할 것인데 押韻 '嘗'字 때문에 倒置하여 "烝嘗"이라고 했을 뿐이다.(●)
113) 稽顙 : 머리를 땅에 닿게 하니 애통의 지극함이다.[稽顙, 以頭觸地, 哀痛之至也.](≪禮記≫<檀弓上> <集說>)
114) 頎乎其至也 : ①頎(간)은 惻隱의 발로이다. 至라고 말한 것은 그 애처로움이 늘 부모에게 가 있지만 경애는 남에게 잠시 베풀기 때문에 자신을 다하는 도리를 지극히 하게 되는 것이다.[頎者, 惻隱之發也. 謂之至者, 以其哀常在於親, 而敬暫施於人, 爲極自盡之道也.](≪禮記≫<檀弓上> <集說>) ②頎은 音이 懇이다.[頎, 音懇.](陸德明音義)

하였다. 음식을 조상에게 공양하는 것을 제사(祭祀)라고 한다. 증(蒸)·상(嘗)은 모두 제사의 이름이다. ≪예기(禮記)≫<왕제(王制)>에 "봄 제사를 약(礿)이라고 하고, 여름 제사를 체(禘)라고 하고, 가을 제사를 상(嘗)이라고 하고, 겨울 제사를 증(烝)이라 한다."라고 하였다. 증(蒸)·상(嘗)을 말하고 약(礿)·체(禘)를 말하지 않은 것은 글을 생략하여 운(韻)을 맞춘 것이다.

상(顙)은 이마이니, 계상(稽顙)은 이마를 땅에 대는 것이다. 재(再)는 거듭이다. 배(拜)는 손을 내려 땅에 엎드림이다. ≪예기(禮記)≫<단궁(檀弓) 상(上)>에 "이마를 조아린 뒤에 절하는 것은 그 슬픔의 발로가 지극한 것이다."라고 하였다. 송(悚)·구(懼)·공(恐)·황(惶)은 모두 두려워하는 뜻이니, 그 공경의 지극함을 극도로 말하였다.

이는 '적장자로서 후계자가 된 이는 그 할아버지와 아버지를 이어서 사철 제사의 예법을 강구해야 한다. 그 제사는 반드시 공경하여 머리로 땅을 두드리고 거듭하여 절하니, 그 경외를 매우 극치로 하는 것이다.'라고 말한 것이다.

4·12·111

전첩간요(牋牒簡要)115)하고 고답심상(顧答審詳)116)이라

편지 문서는 간단하며 요약해야 하고, <대화에> 돌아보며 답변함은 자세히 살펴 갖추어야 한다.

원문

此言應酬之方라

牋은 說文云 表識(지)書也117)라하니라 書版曰牒이니 說文云 札也라하니라 簡은 畧也라 要는 約也라 顧는 回視也라 答은 對也라 審은 熟察也라 詳은 備也라

言與人酬接者는 以筆札對人하면 則撮其要畧하여 使覽者不煩하고 以言語對人하면 則

---

115) 牋牒簡要 : 윗사람에게 올리는 것을 牋이라고 하고 평등한 사이에 보내는 것을 牒이라고 하니, 간결하며 엄격하고 요약되며 절실해야 한다.[啓上曰牋, 平等曰牒, 欲其簡嚴而要切也.](≪註解≫)
　　　　牋 : 箋(편지/전)과 같다.[牋, 仝箋].(≪註解≫)
116) 顧答審詳 : ①안부를 통하는 것을 顧라고 하고 회답하는 것을 答이라고 하니, 자세히 분변하고 명백하여야 한다.[通候曰顧, 報覆曰答. 欲其審辨而詳明也.](≪註解≫) ②군자를 모실 적에 돌아보지 않고 대답하는 것은 예가 아니다.[侍於君子, 不顧望而對, 非禮也.](≪禮記≫<曲禮>)
　　　　顧 : ①顾(돌아볼/고)는 속자이니 잘못이다.[顾, 顧俗, 非.](≪註解≫) ②顾는 顧의 簡化字이다.[顾, 顧簡化字.](≪中華≫) ③≪註解≫는 '通候', ≪釋義≫는 '回視'라고 하였으니, 모두 통할 수 있다.(◉)
117) 表識 : 標記. 標幟.(≪漢≫)

熟察其理而備言之하여 使聽者周知也라 雖詳畧不同이나 而各有其方如此라

[해설]
이는 응대하는 방법을 말한 것이다.

첩(牒)은 ≪설문(說文)≫에 "표명하여 기록한 글이다."라고 하였다. 글씨 쓰는 판을 첩(牒)이라고 하니, ≪설문≫에 "찰(札, 글 쓰는 나무 조각/찰)이다."라고 하였다. 간(簡)은 간략함이다. 요(要)는 요약함이다. 고(顧)는 돌아봄이다. 답(答)은 대답함이다. 심(審)은 자세히 살핌이다. 상(詳)은 갖춤이다.

이는 '남과 응접하는 사람은 글로 사람을 대하면 그 간략한 요점을 모아서 보는 사람이 번거롭지 않도록 해야 하고, 말로 사람을 대하면 그 이치를 자세히 살펴서 말하여 듣는 사람이 두루 알도록 해야 한다. 비록 자세하고 간략함이 같지 않으나 각각 그 방법이 있는 것이 이와 같다.'라고 말한 것이다.

4·13·112

해구상욕(骸垢想浴)118)하고 집열원량(執熱願涼)119)120)이라
몸이 더러우면 목욕할 것을 생각하고, 뜨거운 것을 잡으면 차가운 것을 원한다.

[원문]
此言人情之宜라
骸는 身體也라 莊子云121) 百骸九竅六藏122)을 賅而存焉123)이라하니라 垢는 汙穢也라

118) 骸垢想浴 : ①몸에 때가 있으면 반드시 목욕할 것을 생각하다.[體有垢, 則必思澡浴.](≪註解≫) ②부모가 가래침을 뱉거나 코를 풀 때에는 남에게 안 보이게 한다. 부모의 갓과 띠에 때가 묻었으면 잿물을 타서 씻기를 청하고, 의복에 때가 끼었으면 잿물로 빨기를 청하며, 옷이 터지거나 찢어졌으면 바늘에 실을 꿰어 꿰매기를 청한다. 5일마다 물을 끓여서 목욕하시기를 청하고 3일마다 머리 감으시기를 청하며, 그 사이에도 얼굴이 더러워지면 쌀뜨물을 데워서 세수하실 것을 청하고, 발에 때가 끼었으면 물을 끓여서 발 씻으시기를 청한다.〔父母唾洟不見. 冠帶垢, 和灰請漱. 衣裳垢, 和灰請澣. 衣裳綻裂, 紉箴請補綴. 五日則燂湯請浴, 三日具沐, 其間而垢, 燂潘請靧, 足垢, 燂湯請洗.](≪禮記≫<內則>)
119) 執熱願涼 : 손에 뜨거운 물건을 잡으면 반드시 시원한 것을 찾는다.[手執熱, 則必求淸涼.](≪註解≫)
　　涼 : 속자는 凉(서늘할/량)으로 쓴다.[凉, 俗作凉.](≪中≫)
120) 骸垢想浴 執熱願涼 : 想浴이 願涼과 相對하고, 骸垢가 執熱과 相對하지 않으니, 이는 兩句對偶이지만 下半 二字만 相對될 뿐이다.(◉)
121) 莊子 : ≪莊子≫<齊物論>.(◉)
122) 九竅 : 耳·目·口·鼻와 尿道·肛門의 9개 通道.[指耳目口鼻及尿道肛門的九個孔道.]

想은 思也라 浴은 澡身也124)라 執은 持也라 熱은 釋名云 爇(열)이니 如火所燒爇也라 하니라 願은 欲也라 凉은 寒氣也라 詩大雅云125) 誰能執熱하여 逝不以濯126)이리오하니라

言身之汙穢者는 則思澡洗以潔之하고 執持熱物者는 則欲寒氣以解之하니 皆人情之所同然者也라

|해설|
이는 인정(人情)의 마땅함을 말한 것이다.
해(骸)는 신체이다. ≪장자(莊子)≫<제물론(齊物論)>에 "백 개의 뼈마디, 아홉 개의 구멍, 여섯 개의 장기(臟器)를 갖추어 지녔다."라고 하였다. 구(垢)는 더러움이다. 상(想)은 생각함이다. 욕(浴)은 몸을 씻음이다. 집(執)은 쥠이다. 열(熱)은 ≪석명(釋名)≫에 "불탐이니, 마치 불이 타는 것과 같다."라고 하였다. 원(願)은 바람이다. 량(凉)은 추운 기운이다. ≪시경(詩經)≫<대아(大雅) 상유(桑柔)>에 "누가 뜨거운 물건을 쥐고 나서 <손을> 물에 담그지 않겠는가."라고 하였다.
이는 '몸이 더러운 것은 씻어서 깨끗하게 하기를 생각하고 뜨거운 물건을 쥔 것은 찬 기운으로 풀게 하기를 바라니, 모두 사람의 감정이 똑같이 그렇다고 여긴다.'라고 말한 것이다.

4·14·113

여라독특(驢騾犢特)127)이 해약초양(駭躍超驤)128)129)이라

<가축이 번성하여> 나귀와 노새와 송아지와 황소가 놀라 뛰고 달린다.

(≪漢≫)
　　六藏 : 六腑. 心・肝・脾・肺・腎・命門(右腎).[六腑. 心・肝・脾・肺・腎・命門.](≪漢≫)
　　藏 : 內臟. 뒤에는 '臟'으로 쓴다.[內臟. 後作'臟'.](≪漢≫)
123) 賅 : 갖추다.[賅, 備也.](≪莊子≫<齊物論. <郭象注>)
124) 澡 : 본래 洗手를 가리킨다. 뒤에는 널리 洗滌과 沐浴을 가리킨다.[本指洗手. 後泛指洗滌沐浴.](≪漢≫)
125) 詩・大雅 : ≪詩經≫<大雅 桑柔>(◉)
126) 逝 : 발어사.[逝, 發語辭.](≪漢≫)
127) 驢騾犢特 : 세상이 평화롭고 백성들이 부유하여 기르는 가축이 번성함을 말한 것이다.[言時平民富, 畜養蕃盛也.](≪註解≫)
　　騾 : 臝(노새 / 라)로도 쓴다.[騾, 亦作臝.](≪漢≫)
128) 駭躍超驤 : 駭躍은 뛰쳐나와 놀라 뛰는 모양이고, 超驤은 달리며 뛰어 밟는 모양이다.[駭躍, 放逸驚跳之貌. 超驤, 奔走騰踏之狀.](≪註解≫)

원문

此言畜産之蕃이라

曲禮云130) 問庶人之富에 數畜以對라하니 即此意也라 驢는 說文云 似馬하고 長耳라 하니라 騾는 說文云 驢父馬母也라하니라 犢은 說文云 牛子也라하니라 特은 牛父也라 駭는 驚也라 躍은 跳也라 超는 躍而過也라 驤은 騰躍也라

言此四畜이 驚駭跳躍하여 其材可用하니 居家者所不可無也라

해설

이는 축산(畜産)이 번식함을 말한 것이다.

《예기(禮記)》〈곡례하(曲禮下)〉에 "서인(庶人)의 부유함을 묻는 데에는 가축을 헤아려서 대답한다."라고 하였으니, 바로 이 뜻이다. 여(驢, 나귀)는 《설문(說文)》에 "말과 비슷하고 귀가 길다."라고 하였다. 라(騾, 노새/라)는 《설문》에 "나귀 아버지에 말 어머니이다."라고 하였다. 독(犢)은 《설문》에 "송아지이다."라고 하였다. 특(特)은 아비 소이다. 해(駭)는 놀람이다. 약(躍)은 뜀이다. 초(超)는 뛰어 지나감이다. 양(驤)은 뛰어오름이다.

이는 '네 가지 가축이 놀라 뛰어 그 재주가 쓸 만하니, 집에 거처하는 이가 소유하지 않아서는 안 된다.'라고 말한 것이다.

4·15·114

주참적도(誅斬賊盜)131)하고 포획반망(捕獲叛亡)132)이라

도적을 죽이고, 배반자와 도망자를 잡는다.

원문

此言禦患之術이라

---

129) 驢騾犢特 駭躍超驤 : 驢騾는 犢特과 상대되고, 駭躍은 超驤과 상대되니, 이는 각각 句中 對偶이고, 兩句對偶가 아니다. 또 驢・騾・犢・特 4글자가 각자 相對되고, 駭・躍・超・驤 4글자가 각자 相對된다.(●)
130) 曲禮 : 《禮記》〈曲禮下〉(●)
131) 誅斬賊盜 : 해치며 훔친 자가 있으면 그 죄를 성토하여 머리를 벤다.[有殘賊竊盜者, 則聲罪而斷首.](《註解》)
132) 捕獲叛亡 : 배반하며 도망하는 자가 있으면 사로잡아 법을 바르게 집행한다.[有叛負亡逸者, 則擒獲而正法.](《註解》)
　　　叛 : 畔은 畔(배반할 / 반)과 같다.[叛, 畔仝.](《註解》)
　　　亡 : ①혹은 亾(도망할 / 망)으로도 쓴다.[亡, 或作亾.](《中》) ②亾은 亡(도망할 / 망)의 본자이다.[亾, 亡之本字.](《中》)

誅는 戮也라 斬은 殺也라 春秋左傳云133) 殺人不忌曰賊이라하니라 又云134) 竊賄爲盜라하니라 捕는 擒也라 獲은 得也라 叛은 背也라 亡은 逃也라

言禦患者於攻劫竊盜엔 則必誅戮斬殺之하고 有背叛而逃亡者엔 則必追擒而得之라야 然後可無患也라

[해설]

이는 환난(患難)을 막는 방법을 말한 것이다.

주(誅)는 죽임이다. 참(斬)은 죽임이다. 《춘추좌씨전(春秋左氏傳)》 소공(昭公) 14년에 "사람을 죽이기를 꺼리지 않는 것을 적(賊)이라 한다."라고 하였고, 또 《춘추좌씨전》 문공(文公) 18년에 "재물을 훔침을 도(盜)라 한다."라고 하였다. 포(捕)는 사로잡음이다. 획(獲)은 얻음이다. 반(叛)은 등짐이다. 망(亡)은 도주함이다.

이는 '환난(患難)을 막는 이는 공격자·겁탈자와 도적에게는 반드시 주륙(誅戮)하여 죽이고, 배반자와 도망자가 있는 경우에는 반드시 따라잡아 붙잡은 뒤에 환난이 없게 될 수 있다.'라고 말한 것이다.

4·16·115

포사료환(布射僚丸)135)하며 혜금완소(嵇琴阮嘯)136)137)라

<기용(器用)과 기예(技藝)는> 여포(呂布)는 활을 잘 쏘았고 웅의료(熊宜僚)는 탄환을 잘 놀렸으며, 혜강(嵇康)은 고[琴] 악기를 잘 연주하였고 완적(阮籍)은 휘파람을 잘 불었다.

---

133) 春秋左傳 : 《春秋左傳》 昭公 14년.(●)
134) 又 : 《春秋左傳》 文公 18년.(●)
135) 布射僚丸 : 한나라 여포는 戟(극, 창의 일종)에 활을 쏘아 극의 작은 가지를 맞혀 昭烈(劉備)과 원술의 군대를 해산하였고, 春秋 초나라 웅의료는 3개의 탄환을 놀리면서 손으로 교대로 받아 빙빙 돌리며 땅에 떨어뜨리지 않았다.[漢呂布射戟, 中小枝, 解昭烈袁術兵. 楚熊宜僚, 弄三丸, 以手遞承, 旋轉不墜.](《註解》)
  僚 : 속본에는 遼로 쓰는데, 잘못이다.[僚, 俗本作'遼', 誤.](《註解》)
  琴 : 악기 이름. 고. 우리나라 풍속에 琴을 '거문고[玄琴]'라고 일컫는 것은 잘못이다. 琴은 그 자체로 일종의 악기이고, 玄琴도 그 자체로 일종의 악기이니, 琴과 玄琴은 동일한 樂器가 아니다. 《訓蒙字會》(中 32)에 "琴 고 금 七絃"이라고 하였으니, 琴은 곧 '고'(樂器 이름)이고, 玄琴은 곧 '거문고'이고, 또 伽倻琴은 곧 '가야고'이다.(●)
136) 嵇琴阮嘯 : 위나라 혜강은 고[琴]를 잘 타서 광릉산 한 곡조가 당세에 절묘하였고, 완적은 휘파람을 잘 불어 일찍이 손등을 소문산에서 만났는데, 이 산에 있는 소대는 바로 손등과 완적이 휘파람을 분 곳이다.[魏嵇康善琴, 廣陵散一曲, 妙絶當時, 阮籍善嘯, 嘗遇孫登於蘇門山. 山有嘯臺, 卽孫阮嘯處.](《註解》)
  孫登 : 魏나라 말기 西晉 초기 사람이다. 家屬이 없이 郡의 北山에 은거하였다. 《周易》

4·16·116

염필륜지(恬筆倫紙)138)하고 균교임조(鈞巧任釣)139)140)라

몽념(蒙恬)은 붓을 만들었고 채륜(蔡倫)은 종이를 만들었고, 마균(馬鈞)은 <지남거(指南車)를 만드는> 기예가 있었고 임공자(任公子)는 낚시를 만들었다.

을 읽기를 좋아하였고, 고[琴]를 연주하였으며 성품이 순수·온화하였다. 司馬昭가 소문을 듣고 阮籍을 시켜서 방문하게 하였으나 그에게 함께 말을 걸어도 호응하지 않았다. <손등이> 혜강에게 경계하기를 "재주가 많으면서 지식이 적으니, 지금 세상에서 재앙을 벗어나기 어렵겠다." 하였는데, 뒤에 혜강은 과연 비명횡사를 당하였다. 손등은 끝내 그의 죽은 곳을 아는 이가 없다.[孫登, 魏末西晉初人, 無家屬, 隱於郡北山. 好讀易, 撫琴, 性粹和. 司馬昭聞之, 使阮籍往訪, 與語不應. 誡嵇康曰 "才多識寡, 難乎免於今之世." 後康果遭非命. 登竟不知所終.](≪人≫)

137) 布射僚丸 嵇琴阮嘯 : 春秋 熊宜僚는 東漢 呂布보다 일찍 태어났으니, 당연히 '僚丸布射'라고 해야 할 텐데 倒置하여 上尾를 피하였다. 韻脚 '嘯'(嘯韻 去聲)는 '射'(禡韻 去聲)와 함께 모두 去聲이어서 만일 '射'가 出句脚이 되면 韻脚이 出句脚과 함께 모두 去聲의 同聲調가 되어 上尾의 병을 저촉하게 되지만, '丸'은 平聲이어서 上尾를 피하게 되고 또 平(丸)·仄(嘯)이 相對된다.(●)

138) 恬筆倫紙 : ①옛날에는 대나무를 깎아 책을 만들어 옻을 칠해서 글씨를 썼는데, 진나라 몽염이 처음으로 토끼털 붓과 송연묵을 만들었으며, 후한의 환관인 채륜이 처음으로 닥나무 껍질과 썩은 솜을 이용하여 종이를 만들었다.[古者, 削竹爲冊, 畫漆而書, 秦蒙恬始造兎毫筆松煙墨, 後漢宦者蔡倫, 始用楮皮敗絮, 爲紙.](≪註解≫) ②蒙恬이 처음 <붓을> 만들었는데 곧 秦筆이다. 마른 나무로 붓대를 만들고 사슴 털로 붓털 속을 만들고 양털로 붓털 겉을 입히니 이른바 蒼毫(몽염이 만든 붓 이름)이고, 토끼 털 대나무 붓대가 아니다.[蒙恬始造, 即秦筆耳. 以枯木爲管, 鹿毛爲柱, 羊毛爲被, 所謂蒼毫, 非兎毫竹管也.](晉 崔豹 ≪古今注≫<問答釋義>) ③예부터 서적은 竹簡으로 많이 엮었는데, 비단을 사용해 만든 것을 紙라고 하였다. 비단은 비싸고 죽간은 무거워서 모두 사람에게 불편하였다. 蔡倫은 마침내 제작할 뜻을 두어 나무껍질, 삼 대가리 및 해진 베, 고기 그물을 사용하여 紙를 만들어 元興 元年(105)에 임금께 올렸는데, 和帝가 그 재능을 훌륭하게 여겼다. 이로부터 이 종이를 따라 사용하지 않는 이가 없어 천하에서는 모두 蔡侯紙(채씨 제후 종이)라고 일컬었다.[自古書契多編以竹簡, 其用縑帛者, 謂之爲紙. 縑貴簡重, 幷不便於人. 蔡倫乃造意, 用樹膚麻頭及敝布魚網以爲紙, 元興元年奏上之, 帝善其能. 自是莫不從用焉. 故天下咸稱蔡侯紙.](≪後漢書≫<宦者列傳 蔡倫>)

松煙墨 : 송연묵은 소나무를 태운 그을음과 아교를 섞어 만든 먹이다.[松煙墨, 以松炱所爲之墨也.](≪中≫

139) 鈞巧任釣 : 위나라 마균은 뛰어난 생각이 있어 지남거를 만들었는데 수레에 나무로 만든 인형이 있어 손가락이 반드시 남쪽을 지향하였으며, 전국시대 임나라 공자는 百鈞(1鈞은 30斤)의 갈고리를 만들어 동해에 낚싯대를 드리워 큰 고기를 낚았다.[魏馬鈞, 有巧思, 造指南車, 車有木人, 指必向南, 戰國任公子, 爲百鈞之鉤, 垂竿東海, 釣巨魚.](≪註解≫)

鈞 : 鈞은 30근이다. 또 均(고를/균)과 같다. <조선> 宣祖의 처음 이름이니, 당연히 읽기를 斤(근)과 같이 해야 한다.[三十斤. 又仝均. 宣祖初名, 諱當讀如斤.](≪註解≫)

任 : ①任公子. 先秦 사람이다. 任子·任父(보)로도 쓴다.[任公子. 先秦人. 一作任子任父.](≪中≫) ②任은 國名이다.[任, 國名.](≪莊子≫<外物·郭象注>)

恬筆倫紙 鈞巧任釣 : 蒙恬은 秦나라 사람이고, 蔡倫은 東漢 사람이고, 馬鈞은 魏나라 사람이고, 任公子는 戰國 사람이니, 당연히 '任釣恬筆, 倫紙鈞巧.'라고 해야 할 것인데,

> 4·16·117
>
> ## 석분리속(釋紛利俗)하니 병개가묘(並皆佳妙)141)라
> <위 여덟 사람의 기술은> 어지러움을 풀고 세속을 이롭게 하니, 아울러 모두 아름답고 오묘하였다.

원문

此言器用之利와 伎藝之精142)을 處家者皆不可不備也라

布는 呂布也143)라 射는 發矢也라 劉備與袁術相攻하니 呂布曰 布不喜合鬪하고 但喜解鬪耳144)라하고 令樹戟於營門145)하고 言호대 諸君觀布射戟小支하여 一發中者어든 諸

　　押韻 '鈞'字 때문에 倒置하였다.(⊙)
140) 布射僚丸 嵇琴阮嘯 恬筆倫紙 鈞巧任釣 : 布射僚丸은 恬筆倫紙와 相對되고, 嵇琴阮嘯는 鈞巧任釣와 相對되니, 兩聯對偶이다. 이는 또한 兩句가 相對되기도 하니, 布射僚丸은 嵇琴阮嘯와 相對되고, 恬筆倫紙는 鈞巧任釣와 相對된다. 또 句中에서 스스로 상대되니, 布射는 僚丸, 嵇琴은 阮嘯, 恬筆은 倫紙, 鈞巧는 任釣와 각각 스스로 1句中에서 상대된다. 이 글의 對偶는 兩聯·兩句·句中對偶가 겸해 있어서 3種의 對偶가 같이 구비된 것을 볼 수 있다.(⊙)
141) 釋紛利俗 並皆佳妙 : 위 글에 나온 여덟 사람은 기술의 공교함이 진실로 장단과 득실이 있으나, 요컨대 모두 어지러움을 풀어주고 세속을 편리하게 한 것이다. 그 기술이 모두 아름다움을 말한 것이다.[上文八子, 技術之巧, 固有長短得失, 而要之皆能釋紛而利俗也. 言其技術俱佳美也.](《註解》)
　　　並 : 竝(아우를/병)과 같다.[並, 與'竝'同.](《中》)
　　　妙 : 玅(묘할/묘)와 같다.[妙, '玅'仝.](《註解》)
142) 伎藝 : 技藝이니, 手藝 혹은 藝術表現 등을 가리킨다.[伎藝, 技藝, 指手藝或藝術表現等.](《漢》)
　　　伎 : 才藝. 伎倆이다. '技'와 통한다.[才藝. 伎倆也. 與'技'通.](《中》)
143) 呂布 : ?~198년. 東漢의 五原郡 九原縣 사람이고 자는 奉先이다. 말타기와 활쏘기를 잘하여 飛將(날으는 장군)이라 불렸다. 처음에 丁原을 섬겨서 主簿에 임명되었는데 뒤에 정원을 살해하여 董卓을 섬기고 맹서하여 아버지와 아들이 되어 騎都尉에 임명되었다. 中郎將으로 이동하고 都亭侯에 봉해졌다. 뒤에 동탁의 환심을 잃고 동탁의 여자 종과 사사로이 정을 통한 것으로 인하여 初平 3년(192)에 王允과 함께 모의하여 동탁을 죽이고 奮威將軍에 임명되었고 溫侯에 봉해졌다. 동탁의 잔당에게 패함을 당하여 서주를 분할해 웅거하고 여러 해 동안 袁術·劉備·曹操 등과 어지러이 전쟁하다가 뒤에 조조에게 패하여 下邳에서 목 졸려 죽었다.[呂布, ?~198年. 東漢五原九原人, 字奉先. 善騎射, 號飛將. 初事丁原, 任主簿, 後殺原以事董卓, 誓爲父子, 任騎都尉. 遷中郎將, 封都亭侯. 後因失卓歡心, 又與卓婢私通, 初平三年, 與王允合謀殺卓, 任奮威將軍, 封溫侯. 爲卓餘黨所敗, 乃割據徐州, 連年與袁術劉備曹操混戰, 後爲曹操所敗, 被縊殺于下邳.](《人》)
144) 不喜合鬪 但喜解鬪耳 : ①사람들의 싸움을 붙이는 것을 좋아하지 않고, 사람들의 싸움을 해제함을 좋아함을 말한다.[言不喜合人之鬪, 喜解人之鬪也.](《資治通鑑》 卷62 <漢紀> 孝獻皇帝 建安元年 胡三省註) ②鬪 : 鬭(싸울/투)와 같다.[鬪, 同'鬭'.](《漢》)
145) 戟 : 가지가 있는 병기이다. 가지가 곁으로 나온 병기이다.[戟, 有枝兵. 乃有枝旁出之兵器.](《形》)

君當解去라하고 卽擧弓射戟하여 正中小支라 僚는 熊宜僚也146)라 丸은 彈也라 宜僚善弄丸하여 八者常在空中하고 一者在手하니라 嵇는 姓이요 名康이라 本姓奚러니 以避怨하여 移家於譙國銍縣嵇山之側하여 因以爲姓하니라 琴은 樂器라 嵇康善彈琴147)하여 嘗遊洛西라가 遇異人授以廣陵散148)한대 聲調絶倫하니라 阮은 姓이요 名籍이라 嘯는 蹙口出聲也라 阮籍善嘯149)하니 陳留有阮公嘯臺라

恬은 蒙恬也150)라 筆은 釋名云 述也니 述事而書之也라하니라 博物志云 蒙恬造筆이

---

146) 熊宜僚 : 춘추 때 楚나라 사람이다. 초나라가 송나라와 전쟁할 때 웅의료가 9개 탄환을 손에서 놀리자, 송나라 군대가 전쟁을 멈추고 그것을 구경하다가 마침내 패하였다. 초장왕은 적에게 벗어나서 패자가 되었다.[熊宜僚, 春秋時楚國人. 楚與宋戰, 宜僚弄九丸於手, 宋軍停戰觀之, 遂敗. 莊王免於敵而霸.](≪人≫)
147) 嵇康 : 223~262년. 三國 魏나라 譙郡 銍縣 사람이며 자는 叔夜이다. 그의 선조의 성은 奚이고, 會稽 上虞 사람인데 원한을 피하여 옮겨왔다. 처는 魏나라의 長樂亭主로, 曹操의 曾孫女이다. 魏나라 齊王 曹芳 正始(240~248) 연간에 郎中으로 옮기고 中散大夫에 임명되어 세상에서 嵇中散이라고 칭하였다. 후에 은거하여 살면서 벼슬하지 않고 阮籍 등과 교류하면서 竹林七賢의 한 사람이 되었다. 老子와 莊子를 숭상하여, "湯王·武王을 책망해야 하고 周公·孔子를 천박하게 여겨야 한다."라고 외치고, "명분과 교화를 초월하고 自然에 맡겨야 한다."라고 주장하였다. 山濤의 추천을 거절하고 스스로 관직을 감당하지 못한다고 말하였다. 音律에 정통하고 琴 연주를 잘하였다. 친구 呂安이 모함을 당하자 혜강이 그를 위해 변론하였는데 鍾會의 모함을 받아 司馬昭에게 죽임을 당하였다. 글을 잘하고 시를 잘하여 風格이 淸高하였다. 저술에 ≪嵇康集≫이 있다.[嵇康, 223~262년. 三國魏譙郡銍人, 字叔夜. 其先姓奚, 會稽上虞人, 以避怨遷徙. 妻魏長樂亭主, 爲曹操曾孫女. 齊王芳正始間, 遷郎中, 拜中散大夫, 世稱嵇中散. 後隱居不仕, 與阮籍等交游, 爲竹林七賢之一. 崇尙老莊, 聲言"非湯武而薄周孔", 主張"越名敎而任自然". 拒絶山濤推薦, 自謂不堪做官. 精音律, 善鼓琴. 友人呂安被誣, 康爲之辨, 遭鍾會構陷, 爲司馬昭所殺. 善文, 工詩, 風格淸峻. 有嵇康集.](≪人≫)
148) 廣陵散 : 琴曲 이름. 三國 魏나라 嵇康이 이 曲을 잘 탔으나, 감추어 남에게 교수하지 않았다. 뒤에 참소를 받아 해를 당해 형벌에 임하여 琴을 달라고 하여 이 곡을 타고는 "≪廣陵散≫이 여기서 끊기는구나."라고 하였다. ≪晉書≫<嵇康傳>에 보인다.[廣陵散, 琴曲名. 三國魏嵇康善彈此曲, 秘不授人. 後遭讒被害, 臨刑索琴彈之, 曰, "廣陵散於今絶矣." 見晉書嵇康傳.](≪漢≫)
149) 阮籍 : 삼국 위나라 사람이다. 步兵校尉에 임명되고 關內侯에 봉해졌다. 세상에서 阮步兵으로 일컫는다. 老子·莊子를 좋아하고 예법과 교육을 멸시하였다. 술을 제멋대로 마시며 현묘한 이치를 말하였고, 후기에는 인물을 褒貶하지 않아 이것으로 스스로 온전하였다. 嵇康과 명성을 나란히 하였으며 竹林七賢의 한 사람이 되었다.[阮籍, 三國魏人. 任步兵校尉, 封關內侯. 世稱阮步兵. 好老莊, 蔑視禮敎, 縱酒談玄, 後期口不臧否人物, 以此自全. 與嵇康齊名, 爲竹林七賢之一.](≪人≫)
150) 蒙恬 : .~前210. 秦나라 사람이다. 그의 조상은 戰國 時代 齊나라 사람이다. 뒤에 대물려 秦나라 장군이 되었다. 秦王 政(秦始皇 이름) 26년B.C.221에 齊나라를 격파하고 內史에 임명되었다. 秦나라가 六國을 통일 한 뒤에 병사 30만 명을 인솔하고 북쪽으로 가서 匈奴를 축출하여 河南 지역을 거두어들이고 만리장성을 수축하는 일을 주관하였다. 군사를 上郡에 주둔시켜서 10여년에 위엄이 흉노에 떨쳤다. 37년(B.C.210)에 始皇이 죽자 二世皇帝가 즉위하고 趙高에게 모함을 받아서 矯詔(거짓 조서)로 핍박하여 자살하게 하였다. 전설에 그가 일찍이 토끼털을 사용하여 붓을 개량하였다고 하였다.[蒙恬, .~前210年. 秦人. 其先戰國時齊人. 後世爲秦將. 秦王政二十六年, 破齊, 拜內史. 秦統一六國後, 率兵三十萬

라하니라 倫은 蔡倫也151)라 紙는 釋名云 砥也니 平滑如砥石也라하니라 漢和帝時에 常
侍蔡倫作紙152)하니라 鈞은 馬鈞也153)라 扶風馬鈞154)은 性巧하여 造指南車155)하고 又
作木人156)하여 能跳舞한대 與人無異라 任은 姓이라 以餌取魚曰釣라 莊子曰157) 任公子
爲大鈞巨緇158)하여 五十犗爲餌159)하여 投於東海하고 得大魚而腊之160)하여 自淛河而

北逐匈奴, 收河南地, 主持修築長城. 駐兵上郡十餘年, 威震匈奴. 三十七年, 始皇死, 二世卽位, 爲趙高所構, 矯詔逼令自殺. 傳曾用兎毛改良毛筆.](≪人≫)

151) 蔡倫 : .~121년. 東漢 桂陽 사람이고, 자는 敬仲이다. 재주와 학문이 있었다. 明帝 후기에 궁중에 들어와 章帝 때에 小黃門이 되었다. 和帝 때에 中常侍가 되었고 尙方令 지위가 더해졌다. 西漢 이래로 쓰던 실과 삼으로 종이를 만들던 기술을 고쳐 발전시켜서 나무껍질과 삼 부스러기와 해진 베와 어망을 사용하여 종이 제조 원료로 삼아 품질과 생산량을 제고시켜 元興 원년(105)에 상주하니 당시에 蔡侯紙(채륜 제후 종이)라고 칭하였다. 安帝 元初 원년(114)에 龍亭侯에 봉해지고 長樂太僕이 되었다. 이전에 竇后의 넌지시 전하는 뜻을 받고 安帝의 祖母 宋貴人을 모함하였는데, 敕令으로 스스로 廷尉(司法官)에 가도록 하니, 약을 마시고 죽었다.[蔡倫, .~ 121년. 東漢桂陽人, 字敬仲. 有才學. 明帝後期入宮, 章帝時爲小黃門. 和帝時爲中常侍, 加位尙方令. 改進西漢以來用絲麻造紙技術, 用樹皮麻頭及弊布魚網爲造紙原料, 提高質量, 元興元年奏上, 時稱'蔡侯紙'. 安帝元初元年封龍亭侯, 爲長樂太僕. 以前受竇后諷旨, 誣陷安帝祖母宋貴人, 敕使自致廷尉. 飮藥死.](≪人≫)

152) 常侍 : 官名. 皇帝의 侍從 近臣이다. 秦‧漢에 中常侍가 있었고, 魏‧晉 이래로 散騎常侍가 있었으며, 隋‧唐의 內侍省에 內常侍가 있었는데, 균일하게 簡稱을 常侍라고 하였다.[常侍, 官名. 皇帝的侍從近臣. 秦漢有中常侍, 魏晉以來有散騎常侍, 隋唐內侍省有內常侍, 均簡稱常侍.](≪漢≫)

153) 馬鈞 : 三國 魏나라 扶風 사람이고, 자는 德衡이다. 교묘한 구상이 남보다 뛰어났다. 魏國의 博士에 임명되고, 絲綾機를 개조하여 효율을 크게 늘렸다. 후에 給事中이 되었다. 魏나라 明帝의 명을 받들어 指南車‧水轉百戱를 제작하였다. 또 가정에서 翻車(龍骨水車)를 만들어 간편하고 힘을 절약하여 灌漑에 크게 이롭게 하였다. 제갈량의 連弩(연발 쇠뇌)를 보고 마침내 고쳐 발전시킬 것을 생각하여 정교함이 5배에 달하니 멀리 수백 보에 도달하였다. 安鄕侯 曹羲가 武安侯 曹爽에게 말하였으나 조상은 그를 홀대하여 시험해보지 않았다.[馬鈞, 三國魏扶風人, 字德衡. 巧思過人. 任魏國博士, 改造絲綾機, 效率大增. 後爲給事中. 奉魏明帝命, 製指南車水轉百戱. 又于家作翻車(龍骨水車), 輕便省力, 大利灌漑. 見諸葛亮連弩, 遂思改進, 巧加五倍, 遠達數百步. 安鄕侯曹羲言之于武安侯曹爽, 爽忽之而不試.](≪人≫)

154) 扶風 : 옛 郡名. 옛적에 三輔 지역에는 豪邁한 인사들이 많았다.[扶風, 古郡名. 舊爲三輔之地, 多豪邁之士.](≪漢≫)

155) 指南車 : 고대에 사용해온 방향을 지시하는 수레이다. 黃帝가 지남거를 만들어 사방에 보여주어서 마침내 蚩尤(치우)를 사로잡았다. 또 周나라 초기에 越裳氏가 와서 공물을 바치고 사자가 그 돌아가는 길을 헷갈리자 周公이 軿車(병거, 휘장 친 수레)를 주었는데 모두 司南(指南車)의 제도로 하였다. 뒤에 東漢 張衡, 三國 魏나라 馬鈞, 南朝 齊나라 祖沖之도 모두 지남거를 만든 일이 있었다.[指南車, 古代用來指示方向的車. 黃帝作指南車以示四方. 遂擒蚩尤, 又周初越裳氏來貢, 使者迷其歸路, 周公賜以軿車, 皆爲司南之制. 後東漢張衡三國魏馬鈞南朝齊祖沖之皆有造指南車之事.](≪漢≫)

156) 木人 : 나무로 만든 인형이다.[木人, 木雕之人, 卽木偶也.](≪漢≫)

157) 莊子 : ≪莊子≫<外物>.(●)

158) 鈞 : 갈고리. 낚아채거나 연결하는 데에 쓰고 혹은 기물을 매다는 공구이다.[鈞, 鈞子. 用於鈞取連結或懸掛器物的工具.](≪漢≫)

巨緇 : 굵고 검은 줄이다.[巨緇, 大黑綸也.](≪莊子≫<外物><郭象注>)

東161)하니 莫不厭若魚者162)라하니라

釋은 解也라 紛은 煩亂也라 利는 便也라 俗은 世俗也라 並은 幷也라 皆는 俱也라 佳는 善也라 妙는 好也라

言此數者는 皆可以解煩理亂하고 而便於世用하여 佳善而好妙也라

해설

이는 '기물 사용의 예리함과 기예(技藝)의 정밀함을 집에서 생활하는 이는 모두 갖추지 않으면 안 된다.'라고 말한 것이다.

포(布)는 여포(呂布)이다. 사(射)는 화살을 쏨이다. 유비(劉備)와 원술(元述)이 서로 공격하자 여포(呂布)가 "저 여포는 싸움 붙이기를 좋아하지 않고 다만 싸움을 해산시키기를 좋아할 뿐입니다."라고 하고, 극(戟, 두 갈래 날 창/극)을 군영 앞에 세우게 하고는 말하기를 "여러분들께서 제가 극(戟)의 작은 가지를 활로 쏘는 것을 보시어 한 번 발사에 맞추거든 여러분들께서는 해산하여 떠나셔야 합니다."라고 하고, 즉시 활을 들어 극(戟)을 쏘아 작은 가지를 정확하게 맞추었다. 료(僚)는 웅의료(熊宜僚)이다. 환(丸)은 탄환이다. 웅의료는 탄환을 잘 놀려서 8개가 늘 공중에 있고 1개만 손에 있었다. 혜(嵇)는 성이고 이름이 강(康)인데, 본래 성은 해(奚)이니, 원망을 피하여 집을 초국(譙國) 질현(銍縣) 혜산(嵇山)의 곁으로 옮겼는데 이로 인해서 성(姓)으로 하였다. 금(琴)은 악기이다. 혜강은 금을 잘

---

159) 犗餌 : ≪莊子≫<外物>에 "임나라의 公子가 커다란 낚싯바늘과 굵은 흑색 밧줄의 낚싯줄을 만들고, 50마리의 불깐 소를 낚시 미끼로 삼아 會稽山에 올라가 앉아서 동해에 낚싯대를 던져놓고 매일 아침마다 물고기를 낚았으나 일 년이 지났는데도 물고기를 잡지 못했다. 그러던 어느 날 이윽고 커다란 물고기가 낚싯밥을 물었다. 거대한 낚싯바늘을 끌고 엄청나게 큰 쇠고기 미끼를 입에 문 채 바다 속으로 빠져들어 밑바닥까지 내려갔다가 다시 바다 위로 놀라 뛰어 올라 등지느러미를 마구 휘둘러대니, 흰 파도는 산과 같고 海水는 뒤집힐 듯 요동쳤다. 신음소리는 귀신의 울부짖음과 같아서 천 리 밖에 사는 사람들까지 놀라고 두려워하게 했다. 임나라의 公子는 이 물고기를 낚아 올려 잘게 썰어 포를 만드니, 浙江의 동쪽에서부터 蒼梧山의 북쪽에 이르기까지의 사람들이 이 물고기의 포를 배불리 먹지 않은 사람이 없었다."라고 하였다. 뒤에 "犗餌"는 志向이 원대하고 氣魄이 거대함을 비유한다.[犗餌, 莊子外物"任公子爲大鉤巨緇, 五十犗以爲餌, 蹲乎會稽, 投竿東海, 旦旦而釣, 期年不得魚. 已而大魚食之, 牽巨鉤, 錎沒而下, 鶩揚而奮鬐, 白波若山, 海水震蕩, 聲侔鬼神, 憚赫千里. 任公子得若魚, 離而腊之, 自制(浙)河以東, 蒼梧已北, 莫不厭若魚者." 後以"犗餌"喻志向遠大, 氣魄宏偉.](≪漢≫)

 犗 : 古와 喝의 반절(갈)이고, 居와 拜의 반절(개)이니, 거세한 소[犍牛], 불알을 깐 소이다.[犗, 古喝切, 居拜切. 犍牛. 闇割過的牛.](≪漢≫)

160) 腊 : 마른 고기이다.[腊, 乾肉.](≪漢≫)
161) 淛河 : 淛(절)은 浙(절)의 고자이니, 곧 浙河이다.(≪中≫)
162) 厭 : ①물리도록 먹음이다.[厭, 厭飫而食之也.](≪莊子口義≫ 卷8宋 林希逸 撰) ②任公子가 물고기를 잡아 물고기를 배불리 먹지 않은 사람이 없는 데까지 이른 것은 소득이 커서 천하 사람들이 그 은택을 고루 입음을 비유한 것이다.[任公子得魚, 至無不厭若魚者, 喻所得者大, 天下均被其澤也.](≪南華眞經義海纂微≫ 雜篇外物 褚伯秀 撰)

타서 일찍이 낙서(洛西)에서 노닐다가 기이한 사람을 만나자 광릉산(廣陵散, 금곡(琴曲) 이름)을 주었는데 성조(聲調)가 절륜(絶倫)하였다. 완(阮)은 성이고 이름이 적(籍)이다. 소(嘯)는 입을 오므려 소리를 내는 것이다. 완적(阮籍)은 휘파람을 잘 불었으니, 진류(陳留)에 완공소대(阮公嘯臺)가 있다.

념(恬)은 몽념(蒙恬)이다. 필(筆, 붓/필)은 ≪석명(釋名)≫에 "기술함이니, 일을 기술하여 쓰는 것이다."라고 하였다. ≪박물지(博物志)≫에 "몽념이 붓을 만들었다."라고 하였다. 륜(倫)은 채륜(蔡倫)이다. 지(紙, 종이/지)는 ≪석명≫에 "숫돌과 같음이니, 평평히 매끄럽기가 숫돌과 같은 것이다."라고 하였다. 한(漢)나라 화제(和帝) 때에 상시(常侍) 채륜(蔡倫)이 종이를 만들었다. 균(鈞)은 마균(馬鈞)이다. 부풍(扶風) 마균(馬鈞)은 성품이 교묘하여 지남거(指南車)를 만들고 또 나무 인형을 만들었는데 능히 뛰면서 춤추니, 사람과 다름이 없었다. 임(任)은 성이다. 미끼로 물고기를 잡는 것을 조(釣)라 한다. ≪장자(莊子)≫ <외물(外物)>에 "임공자(任公子)는 큰 낚시와 굵은 검은 낚싯줄을 만들어 50마리의 거세한 소를 미끼로 삼아 동해(東海)에 던져 큰 고기를 잡아서 말린 포(脯)를 만들고, 절강(浙江)에서 동으로 가니, 물고기를 배불리 먹지 않은 사람이 없었다."라고 하였다.

석(釋)은 풂이다. 분(紛)은 번잡함이다. 리(利)는 편함이다. 속(俗)은 세속이다. 병(並)은 아우름이다. 개(皆)는 모두이다. 가(佳)는 아름다움이다. 묘(妙)는 아름다움이다.

이는 '이 몇 가지는 모두 번잡한 것을 풀고 어지러운 것을 다스릴 수 있고, 세상의 쓰임에 편리하여 우수하며 아름답다.'라고 말한 것이다.

4·17·118

모시숙자(毛施淑姿)163)하여 공빈연소(工嚬妍笑)164)라

<미혹(迷惑)시키는 미녀로> 모장(毛嬙)과 서시(西施)는 자태가 아름다워, 눈썹을 잘 찡그리고 곱게 웃었다.

원문

此言美色之宜遠이 亦處身之道也라

毛는 毛嬙也165)요 施는 西施也166)니 皆古之美人이라 愼子云167) 毛嬙西施는 天下之

---

163) 毛施淑姿 : 모장과 서시는 모두 옛날의 미녀이니, 그 아름다운 자태가 세상에 뛰어남을 말한 것이다.[毛嬙西施, 皆古之美女. 言其美姿絶世也.](≪註解≫)
164) 工嚬妍笑 : 아름다운 자태가 세상에 뛰어났기 때문에 근심하여 찡그리고 기뻐하여 웃는 것이 모두 아름다웠다.[美姿絶世. 故愁而嚬, 喜而笑皆美.](≪註解≫)
 嚬 : 顰(찡그릴/빈)과 같다. 또 矉(찡그릴/빈)으로도 쓴다.[嚬, 仝顰. 又矉.](≪註解≫)
 笑 : 咲(웃을/소)와 같다.[笑 : 仝'咲'.](≪註解≫)

至姣也라하니라 淑은 美也라 姿는 容也라 工은 善也라 顰은 蹙眉也라 莊子云168) 西施病心而顰하니 人見而美之라하니라 妍은 好也라 笑는 喜而解顔也니 詩衛風云169) 巧笑倩兮170)라하니라

言婦容之美가 如古毛嬙西施하고 而又善自修飾하여 工於顰而巧於笑하니 足以迷惑人也라

해설

이는 '아름다운 여색을 멀리해야 하는 것이 또한 처신(處身)하는 방법이다.'라고 말한 것이다.

모(毛)는 모장(毛嬙)이고, 시(施)는 서시(西施)이니, 모두 옛날의 미인이다. ≪신자(愼子)≫에 "모장(毛嬙)과 서시(西施)는 천하에서 지극히 예쁜 사람이다."라고 하였다. 숙(淑)은 아름다움이다. 자(姿)는 용모이다. 공(工)은 잘함이다. 빈(顰)은 눈썹을 찌푸림이다. ≪장자(莊子)≫<천운(天運)>에 "서시가 가슴앓이 병으로 찡그리니, 사람들이 보고 아름다워 하였다."라고 하였다. 연(妍)은 예쁨이다. 소(笑)는 기뻐서 얼굴을 풀음이니, ≪시경(詩經)≫<위풍(衛風) 석인(碩人)>에 "교태로이 웃어 보조개 생긴다."라고 하였다.

이는 '여자 용모의 아름다움이 옛날의 모장·서시와 같고, 또 스스로 잘 꾸며서 찡그릴 때 솜씨 나며 웃을 때 교태로우니 충분히 사람을 미혹시켰다.'라고 말한 것이다.

4·18·119

연시매최(年矢每催)171)하고 희휘랑요(曦暉朗曜)172)라

<근면할지니> 세월은 물시계 바늘이 늘 재촉하고, <지나가는> 햇빛은 밝게 비춘다.

---

165) 毛嬙 : 越나라 왕이 사랑한 첩이다.[毛嬙, 越王嬖姜.](≪戰國策≫<齊策> 鮑彪 注)
166) 西施 : 春秋 월나라 미녀이다. 혹은 先施라고도 일컫고, 별명은 夷光이고, 또 西子라고도 일컫고, 성이 施이다. 춘추 말년의 월나라 사람이다. 월나라 왕 句踐이 會稽에서 패하고 나서, 范蠡(범려)가 서시를 데려다가 吳나라 왕 夫差에게 바쳐서 부차를 미혹하여 정치를 잊게 하여 월나라가 마침내 오나라를 멸망시켰다. 뒤에 서시는 범려에게 돌아가서 같이 五湖로 배를 타고 떠났다.[春秋越美女, 或稱先施, 別名夷光. 亦稱西子, 姓施. 春秋末年越國人. 越王勾踐敗於會稽, 范蠡取西施獻吳王夫差, 使其迷惑忘政, 越遂亡吳. 後西施歸范蠡, 同泛五湖.](≪漢≫)
167) 愼子 : 周나라 愼到 撰. ≪漢書≫<藝文志>에는 法家에 나열하였다.[愼子, 周愼到撰. 漢志列於法家.](≪中≫)
168) 莊子 : ≪莊子≫<天運>.(◉)
169) 詩衛風 : ≪詩經≫<衛風 碩人>.(◉)
170) 倩 : 보조개가 아름다운 것이다.[倩, 口輔之美也.](≪詩經≫<衛風 碩人> <集傳>)

4·18·120

선기현알(璇璣懸斡)173)하고 회백환조(晦魄環照)174)라

선기옥형(璇璣玉衡, 혼천의)은 매달려 돌고, 그믐달에는 <밝음이 소진되었다가 보름달 뒤에는> 검은 부분이 생겨 순환하여 비춘다.

4·18·121

지신수호(指薪修祜)175)하면 영수길소(永綏吉劭)176)라

손가락을 내보여 섶나무를 밀어 넣어 불씨가 영원하면, 오래도록 편안하고 상서로움이 권면된다.

---

171) 年矢每催 : 세월은 화살처럼 빨라 매양 서로 재촉한다.[歲色如箭, 每相催迫也.](≪註解≫)
    年矢 : ≪註解≫는 '세월이 화살과 같다[歲色如箭]'로, ≪釋義≫는 '세월이 가서 물시계 바늘이[年歲之去, 有漏矢.]'로 풀이하였는데, 두 가지로 해도 괜찮다.(◉)
    年 : 본자가 秊(해/년)이다.[年, 本'秊'.](≪註解≫)
172) 羲暉朗曜 : 羲和는 唐虞(堯舜)시대 曆日(책력)을 주관하던 관직이었다. 그러므로 해를 羲暉라 한 것이니, 햇빛이 밝게 비추고 운행하여 쉬지 않음을 말한 것이다.[羲和, 唐虞主曆日之官, 故謂日爲羲暉也, 言日光明照, 運行不息也.](≪註解≫)
    曦 : 羲(햇빛/희)와 통용한다.[曦, 羲通用.]≪檀≫
    羲 : ①羲(햇빛/희)는 羲의 속자이다.[羲, 羲之俗字.](≪中≫) ②≪註解≫에 의거하면 '羲和'의 생략이다. ≪釋義≫에서는 '曦'로 쓰고 '日光'으로 주석하였다. 또 ≪註解≫에 "해를 羲暉라 한다[謂日爲羲暉.]"라고 하고, ≪釋義≫에 "햇빛[日之光.]"이라고 하였으니 결국 같은 뜻으로 풀이한 것이다.(◉)
    羲和 : 羲氏와 和氏의 병렬 호칭이다. 전설에 堯임금이 일찍이 羲仲·羲叔과 和仲·和叔 양쪽 형제에게 명령하여 사방에 나누어 머물면서 하늘의 상징을 살피고 아울러 역법을 만들게 하였다.[羲氏和氏的並稱. 傳說堯曾命羲仲羲叔和仲和叔兩對兄弟分駐四方, 以觀天象, 並製曆法.](≪漢≫)
    曜 : 燿(빛날/요)와 같다.[曜, 仝燿.](≪註解≫)
173) 璇璣懸斡 : ①璣는 틀이다. 구슬로 틀을 장식하여 매달아 놓아 돌게 하니, 天體의 회전을 본떴다.[璣, 機也, 以璿飾璣, 懸布斡旋, 象天之轉也.](≪註解≫) ②璇璣(北斗七星)에 올라가 아래를 살펴보고, 다니면서 三危山을 구경한다.[攀璇璣而下視兮, 行遊目瘁三危.](≪漢書≫ <揚雄列傳上>)
    璇 : 본자는 璿(구슬/선)이다.[璇, 本'璿'.](≪註解≫)
    懸 : 본자는 縣(매달/현)이다.[懸, 本'縣'.](≪註解≫)
174) 晦魄環照 : 晦魄은 달그림자가 그믐이면 밝음이 소진하고, 초하루면 밝음이 소생하며, 보름 뒤에는 魄(달의 검은 부분)이 생기니, 날이 가며 날이 와서 순환하여 밝게 비춤을 말한 것이다.[晦魄月影, 晦則明盡. 朔則明蘇, 望後生魄也. 言日往日來, 循環照曜也.](≪註解≫)
    晦魄 : ①≪註解≫는 풀이하기를 "그믐이면 달의 밝음이 소진하고 보름 뒤에는 검은 부분이 생긴다.[晦則明盡, 望後生魄.]", ≪釋義≫는 풀이하기를 "그믐이면 달의 검은 부분만 있다[晦則但有體魄.]"라고 하였다. ②≪註解≫의 '晦(則明盡), (望後生)魄'은 괄호 문자가 생략되었으니, 이는 역시 互文이다.(◉)
175) 指薪修祜(祐) : 선을 쌓아 복을 닦음은 손가락으로 섶나무를 밀어 넣는 것으로 비유할 수 있으니, 섶나무는 소진되어도 불씨는 전해져 영구히 없어지지 않음과 같은 것이다.[積善

> 원문

此言爲善之宜勤은 亦處身之道也라

年은 歲也라 矢는 漏矢也177)라 後漢書云178) 孔壺爲漏179)하고 浮箭爲刻180)이라하니라 每는 頻也라 催는 促也라 曦暉는 皆日之光이라 朗은 明也라 曜는 卽照也라

璇은 美珠也요 璣는 機니 書舜典云 在璿璣玉衡181)이라하니라 懸은 繫於空處也요 斡은 轉也니 蓋以美珠綴於璣上하고 以象列宿(수)次舍182)하여 而懸空轉動183)하여 以應天之運行이라 晦는 月盡也요 魄은 月體之黑者요 環은 還也니 言月至晦하면 則無光하고 而但有體魄이라가 至於來月하여 又復生明하고 循環相照也라 於年矢則言日暉하고 於璇璣則言月魄은 亦互文也184)라

　　修福, 可以指薪爲喩. 如薪盡火傳, 永久不滅也.](≪註解≫)
　　修 : 脩(닦을/수)와 통한다.[修, 與'脩'通.](≪中≫)
　　祐 : ①≪註解≫에는 祐(복/우)로 되어 있다.(◉) ②祐는 祜의 오자이다. 祐가 出句脚이 되면 韻脚 劭가 出句脚 祐와 동일한 去聲이 되어(祐(去)와 劭(去)는 同聲調) 上尾의 결함을 저촉한다. 그러나 祜는 上聲이어서(祜(上)와 劭(去)는 異聲調) 상미를 피할 수 있다. 祜는 祐와 字形이 유사한 同義異字이기 때문에 쉽게 혼용되었을 것이다. ≪千字文≫에서 初聯과 末聯의 兩句 押韻 이외에 韻脚과 出句脚의 同聲調가 없으니, 祐가 誤字임은 의심이 없다.(◉)
176) 永綏吉劭 : 너는 네 군주를 先王에게 연이어서 백성들을 길이 편안하게 하라.[其爾克紹乃辟于先王, 永綏民.](≪書經≫<說命下>)
　　綏 : ①유, 旗旄下垂, 긔드림. 슈, 安也, 편안할.(≪新字典≫) ②≪新字典≫에 의하면 綏의 音義는 '기드림/유'와 '편안할/수'로 변별된다.(◉)
　　劭 : ≪註解≫에 '卲'(높을/소, 힘쓸/소)로 썼는데, "卲는 혹 邵・劭로도 쓴다.[卲, 或作邵劭.]"(≪中≫)라고 하였으니, 卲는 劭와 同字이다.(◉)
177) 漏 : 옛날의 시각을 재는 計器. 즉 漏壺(물시계).[古代計時器. 卽漏壺.](≪漢≫)
　　矢 : ≪註解≫에는 "세월이 箭(화살) 같아[歲色如箭]"라고 하였으니 箭矢(화살)로 풀이하였고, ≪釋義≫에는 "漏矢(물시계 바늘)"라고 하였으니 漏壺의 刻箭(시각 지시 바늘)로 풀이하였는데, 두 가지 설명을 모두 유지해도 괜찮다.(◉)
178) 漢書 : 底本에는 '≪漢書≫'로 되어 있으나, 이는 '≪後漢書≫'(<律歷志・律歷下・歷法>)의 잘못이다.(◉)
179) 孔壺 : 옛날에 물방울로 시간을 헤아리는 기구이다. 밑 부분에 작은 구멍이 있으므로 이렇게 일컫는 것이다.[古代滴水計時之器. 因底部有小孔, 故稱.](≪漢≫)
180) 浮箭 : 물시계 위에 시각을 가리키는 바늘을 말한다.[謂漏壺上指示時刻的箭頭.](≪漢≫)
181) 在璿璣玉衡 : 在는 살핌이다. 아름다운 구슬을 璿(선)이라고 하고 璣(기)는 틀이니, 구슬로 틀을 꾸밈은 天體의 운동을 형상한 것이다. 衡은 가로이니, 가로로 된 대통을 이른다. 옥으로 대통을 만들어 가로로 설치하였으니, 기(璣)를 살펴서 七政의 운행을 똑 고르게 하는 것이니, 지금의 渾天儀와 같다.[在, 察也. 美珠, 謂之璿, 璣, 機也, 以璿飾璣, 所以象天體之轉運也. 衡, 橫也, 謂衡簫也, 以玉爲管橫而設之, 所以窺璣而齊七政之運行, 猶今之渾天儀也.](≪書經≫<舜典> <集傳>)
182) 列宿 : 여러 별.[衆星宿.](≪漢≫)
　　次舍 : 머무는 곳.[止息之所.](≪漢≫)
183) 懸空 : 공중에 매달려 있음.[懸在空中.](≪漢≫)
184) 互文 : 句中에 省略된 것을 보충하면, '年矢每催, 曦暉朗曜, (晦魄環照). 璇璣懸斡, (曦暉朗曜), 晦魄環照'가 되어, 年矢에도 月魄을 말할 수 있고, 璇璣에도 日暉를 말할 수 있는

指는 示也요 薪은 柴也니 莊子云[185] 指窮於爲薪하여 火傳也하여 不知其盡也[186]라하니라 修는 治也니 自治其身也라 祜는 福也라 永은 長也라 綏는 安也라 吉은 祥也라 劭는 勸勉也라

言人當力於爲善하여 惟日不足이라 年歲之去하여 有漏矢以頻催하고 璿璣之運動者가 晝夜相迫하여 晝則日光朗照하고 夜則月魄循環하여 日月逝而老將至하니 不可以不修也라 固擧莊子指薪之喩[187]하여 言薪雖盡而火則傳하니 惟勤修以獲福하면 則其身長安하여 不與年而俱盡이라 其以吉祥之事로 自爲勸勉可也니라

해설

이는 '선행을 부지런히 해야 하는 것은 또한 처신하는 방법이다.'라고 말한 것이다.

년(年)은 해이다. 시(矢)는 물시계 바늘이다. ≪후한서(後漢書)≫<율력지(律歷志)>에 "공호(孔壺, 물방울로 시간을 헤아리는 기구)를 물시계로 하고 부전(浮箭, 물시계 위에 시각을 가리키는 바늘)을 시각으로 하였다."라고 하였다. 매(每)는 자주이다. 최(催)는 재촉함이다. 희(曦)·휘(暉)는 모두 해의 빛이다. 랑(朗)은 밝음이다. 요(曜)는 곧 비춤이다.

선(璇)은 아름다운 옥이고, 기(璣)는 틀이니, ≪서경(書經)≫<순전(舜典)>에 "선기옥형(璿璣玉衡, 옥 장식 천체 관측 기구인 혼천의(渾天儀))을 살핀다."라고 하였다. 현(懸)은 허공에 매달림이고, 알(斡)은 돎이니, 아름다운 옥을 틀 위에 매어 놓고 여러 별자리가 머문 곳을 형상하여 공중에 매달아 돌려서 하늘의 운행에 응하는 것이다. 회(晦)는 달빛이 다함이고, 백(魄)은 달 형체의 검은 부분이고, 환(環)은 돌아옴이니, 이는 '달이 그믐이 되면 광채가 없고 다만 형체의 검은 부분만 있다가 다음 달에 이르러 또다시 밝음이 생기고 순환하여 서로 비춘다.'라고 말한 것이다. 연시(年矢)에는 일휘(日暉)를 말하고 선기(璿璣)에는 월백(月魄)을 말한 것은 또한 호문(互文, 상호 생략한 글)이다.

지(指)는 보임이고, 섶[薪]은 섶나무이니, ≪장자(莊子)≫<양생주(養生主)>에 "손가락을 내보여 섶나무를 밀어 넣으면 불씨가 전해져서 그것이 끝날 줄을 모른다."라고 하였다. 수(修)는 다스림이니, 스스로 그 몸을 닦음이다. 호(祜)는 복이다. 영(永)은 오래이다. 수(綏)는 편안함이다. 길(吉)은 상서로움이다. 소(劭)는 권면함이다.

것이다.(●)
185) 莊子 : ≪莊子≫<養生主>.(●)
186) 指窮於爲薪 火傳也 不知其盡也 : 窮은 극진히 함이고, 爲薪은 섶나무를 밀어 넣는 것과 같다. 손가락으로 섶나무를 밀어 넣으면 손가락이 섶나무를 밀어 넣는 이치를 극진히 하게 되므로 불이 전해져 끊어지지 않는다. 심장이 숨을 받아들여 양생하는 中道를 터득하므로 생명이 이어져 끊어지지 않으니, 養生은 바로 생명이 살게 되는 것임을 밝힌 것이다.[窮, 盡也. 爲薪, 猶前薪也. 前薪以指, 指盡前薪之理. 故火傳而不滅. 心得納養之中, 故命續而不絶. 明夫養生乃生之所以生也.(≪莊子≫<養生主> 郭象 注)
187) 莊子 : ≪莊子≫<養生主>.(●)

이는 '사람은 마땅히 선행을 하는 데에 힘써서 오직 날이 부족하도록 해야 한다. 세월이 가서 물시계 바늘이 늘 재촉하고, 선기(璇璣, 천체 관측 기구)가 작동하는 것이 밤낮으로 서로 재촉하여 낮에는 햇빛이 밝게 비추고 밤에는 달의 검은 부분이 순환하여 날과 달이 가서 늙음이 장차 이르려 할 것이니, 수련하지 않을 수 없다. ≪장자≫<양생주>의 지신(指薪)의 비유를 들어, 섶은 비록 다 타도 불이 전해지니 오직 부지런히 수련하여 복을 얻으면 그 몸이 오래 편안하여 세월과 함께 모두 소멸되지 않는다. 그 길상(吉祥)의 일을 스스로 권면하는 것이 좋겠다.'라고 말한 것이다.

4·19·122

구보인령(矩步引領)[188]하고 부앙랑묘(俯仰廊廟)[189]라

<거동은> 걸음을 바르게 하며 목을 빼고, 낭묘(廊廟, 조정(朝廷))에서 머리를 숙이거나 머리를 든다.

4·19·123

속대긍장(束帶矜莊)[190]하면 배회첨조(徘徊瞻眺)[191]라

띠를 매고 엄격하며 단정하면, 배회할 적에 <사람들이> 바라본다.

---

188) 矩步 : 汝南에 陳伯敬이 있었는데 걸어감에는 반드시 걸음을 법도대로 하였고 앉음에는 반드시 무릎을 단정히 하였다.[汝南有陳伯敬者, 行必矩步, 坐必端膝.](≪後漢書≫<郭躬列傳>)

    引領 : 絜領(결령)과 같으니 옷깃을 가지런히 함을 말한 것이다.[引領, 猶絜領, 言整齊衣衿也.](≪註解≫)

    領 : ≪釋義≫는 "목을 빼다.", ≪註解≫는 "옷깃을 가지런히 하다."로 풀이하였는데, 두 가지 설을 모두 유지해도 괜찮다.(●)

189) 俯仰廊廟 : ①俯仰은 周旋과 같다. 廊은 宗廟의 行廊이니, 옛날에 일이 있으면 반드시 宗廟에서 시행하였으므로 朝廷을 일러 廊廟라고 한 것이다.[俯仰, 猶周旋也. 廊, 宗廟之廊也, 古者有事, 必行於宗廟, 故謂朝廷爲廊廟.](≪註解≫) ②그 나머지 經術로 우대를 받는 이들이 廊廟에 널려 있었다.[其餘以經術見優者, 布在廊廟.](≪後漢書≫<樊宏列傳>)
③俯와 仰이 相對되고, 廊과 廟가 相對되니, 이는 각각 一字 對偶이다.(●)

    俯 : 頫(굽을/부)로도 쓴다.[俯, 又作'頫'.](≪註解≫)

190) 束帶矜莊 : ①띠를 묶고 조정에 서 있을 때에는 마땅히 긍지를 가지고 단정히 공경할 것이고, 게으르게 해서는 안 된다.[束帶立於朝, 當矜持莊敬, 不可懈也.](≪註解≫) ②띠를 띠고 조정에 서서 빈객과 함께 말하게 할 만하다.〔束帶立於朝, 可使與賓客言也.〕(≪論語≫<公冶長>)

191) 徘徊瞻眺 : ①긍지와 단정함이 평소에 있으면 배회하는 사이에도 사람들에게 감동하여 바라보도록 할 수 있으니, ≪詩經≫<小雅 節南山>에 "백성들이 모두 그대를 우러러본다."는 것이 이것이다.[矜莊有素, 則徘徊之間, 可以聳動瞻眺, 詩曰, "民具爾瞻." 是也.](≪註解≫)

원문

此言威儀之宜愼이 亦處身之道也라

矩는 爲方之器요 步는 足蹈也니 禮記玉藻篇云 折旋中矩192)라하니라 引은 延也요 領은 頸也니 孟子云193) 引領而望이라하니라 垂首爲俯요 擧首爲仰이라 廊은 廡也요 廟者는 棲神之處라

束은 繫也라 帶는 說文云 紳也라하니라 矜者는 持守之嚴이요 莊者는 容貌之端이라 徘徊는 徬徨不進之貌라 瞻은 仰視也요 眺는 望也라

言愼其威儀者는 其行步必合於矩라 而擧首延頸하고 一俯一仰之間에 如在廊廟之中하여 有束帶端嚴之象하며 而徘徊瞻眺하여 無不中禮也라 蓋入廟則思敬하고 而束帶乃盛服이라 擧此以見動容之恭이니 猶論語如承大祭하며 如見大賓之意194)라 俯는 承上矩步而言하고 仰은 承上引領而言이요 徘徊는 亦承上矩步하고 瞻眺는 亦承上引領也라

해설

이는 '점잖은 거동(擧動)을 신중(愼重)히 해야 하는 것이 또한 처신하는 방도이다.'라고 말한 것이다.

구(矩)는 네모(직각)를 만드는 기구이고, 보(步)는 발로 밟음이니, ≪예기(禮記)≫<옥조편(玉藻篇)>에 "직각으로 도는데 곡척에 맞게 한다."라고 하였다. 인(引)은 뺀다는 뜻이고, 령(領)은 목이니, ≪맹자(孟子)≫<양혜왕(梁惠王) 상(上)>에 "목을 빼고 바라본다."라고 하였다. 머리를 숙임이 부(俯)이고 머리를 들음이 앙(仰)이다. 랑(廊)은 행랑이고, 묘(廟)는 정신이 깃든 곳이다.

속(束)은 묶음이다. 대(帶)는 ≪설문(說文)≫에 "띠이다."라고 하였다. 긍(矜)은 지키기를 엄숙히 함이고, 장(莊)은 용모가 단정함이다. 배회(徘徊)는 방황하여 나아가지 않는 모양이다. 첨(瞻)은 올려다봄이고, 조(眺)는 바라봄이다.

이는 '그 거동을 점잖고 신중히 하여 걷는 걸음이 반드시 법도에 맞아 머리를 들어 목을 빼고, 한 번 내려다보며 한 번 우러러보는 데에 마치 낭묘(廊廟) 안에 있는 듯이 하여, 띠

---

②徘와 徊는 相對되고, 瞻과 眺는 相對되니, 이는 각각 一字 對偶이다.(◉)
　徘 : 俳(배회할/배)와 같다.[徘, 소俳.](≪註解≫)
　徊 : 佪(배회할/회)와 같다.[徊, 소佪.](≪註解≫)
192) 中矩 : 직각이다.[中矩, 方也.](≪禮記≫<玉藻·集說>)
　矩 : 직각을 그리는 기구이다.[矩者, 爲方之器也.](≪小學≫<敬身·集解>)
　折旋 : 곧바로 가다가 다시 옆으로 꺾어 가는 것이니, 꺾이는 곳에 그 직각을 곡척에 맞게 하려는 것이다.[折旋, 是直去了復橫去, 其橫轉處, 欲其方如中矩也.](≪小學≫<敬身·集解>)
193) 孟子 : ≪孟子≫<梁惠王 上>.(◉)
194) 論語 : ≪論語≫<先進>.(◉)

를 묶고 단정하며 엄숙한 형상이 있으면, 배회할 적에 <사람들이> 바라보아 예법에 맞지 않는 것이 없다.'라고 말한 것이다.

사당에 들어서는 경건함을 생각하고 띠를 매어 복장을 성대하게 한다. 이 경우를 들어 거동과 용모의 공손함을 보이니, ≪논어(論語)≫<선진(先進)>에 "큰 제사를 받들 듯이 하며 큰 손님을 만나는 듯이 한다."라고 하였다. 부(俯)는 위의 구보(矩步)를 이어서 말하였고, 앙(仰)은 위의 인령(引領)을 이어서 말하였고. 배회(徘徊)는 역시 위의 구보(矩步)를 이었고, 첨조(瞻眺)는 역시 위의 인령(引領)을 이었다.

4·20·124
고루과문(孤陋寡聞)195)하면 우몽등초(愚蒙等誚)196)니라

<경계하노니> 외롭고 비루하여 지식이 적으면, 혼미하여 몽매한 자와 꾸짖음을 똑같이 받는다.

[원문]

此節總承上文而結言之하여 以致其儆戒之意197)라

孤는 獨也라 陋는 鄙也라 寡는 說文云 少也라하니라 聞은 知識也라 愚者는 無知之人이라 蒙은 昧也라 等은 類也라 誚는 譏也라

言處身治家는 其道多端하니 所當博考而詳識之라 若孤獨鄙陋하여 少所聞識하면 則與愚昧無知之人同類而共譏矣리니 可不戒哉아

[해설]

이 구절은 위의 글을 이어서 총괄하고 결론지어 말하여 경계하는 뜻을 지극히 하였다.

고(孤)는 홀로이다. 루(陋)는 낮음이다. 과(寡)는 ≪설문(說文)≫에 "적다."라고 하였다. 문(聞)은 지식이다. 우(愚)는 앎이 없는 사람이다. 몽(蒙)은 어두움이다. 등(等)은 같음이다. 초(誚)는 나무람이다.

이는 '자신이 거처하고 집을 다스리는 것은 그 방법이 여러 가지이니, 당연히 널리 살펴 자세히 알아야 할 것이다. 만일 고독하며 비루하여 아는 바가 적으면 우매하고 무지한 사람

---

195) 孤陋寡聞 : ≪禮記≫<學記>에 "홀로 배워서 벗이 없으면 외롭고 누추하여 견문이 적다."라고 하였다. 이 때문에 서로 살펴서 훌륭하게 되는 것이 귀하다.[學記曰, "獨學無友, 則孤陋寡聞. 是以貴在相觀而善."](≪註解≫)
196) 誚 : 譙(꾸짖을/초)와 같다.[誚, 譙소.](≪註解≫)
197) 儆戒 : 警戒. 戒備. 戒懼.(≪漢≫)

과 동류가 되어 함께 꾸짖음을 받을 것이니, 경계하지 않을 수 있겠는가.'라고 말한 것이다.

　　右第四章이라　此章言君子窮而在下하여　惟盡其處身治家之道하니　蓋與上章對待言之198)라
　處身者는 以小心爲要199)하고 因推其類하여 而言見幾之哲200)과 美色之遠과 爲善之勤과 以及言語之謹과 威儀之愼히 無之可忽하니라 治家者는 以本富爲重이라 因推其類하여 以及飮食之節과 寢處之安과 宴會之樂과 祭祀之禮와 應酬之方과 人情之宜와 禦患之術과 畜産之蕃과 器用之利와 伎藝之精도 亦無之可忽也라 末則總言하여 以深戒之라

　위는 제4장이다. 이 장은 '군자(君子)가 곤궁하면서 아래에 있어 오직 자신이 거처하고 집을 다스리는 도를 다한다.'라고 말하였으니, 윗 장(章, 3장)과 상대적으로 말한 것이다.
　처신하는 것은 조심함을 요점으로 삼고, 이어서 그 부류를 미루어나가, 기미를 보는 명철함, 아름다운 여색을 멀리함, 선행을 하는 근면함, 그리고 말을 삼감, 점잖은 거동을 신중히 하기까지 소홀하게 해서는 안 된다고 말한 것이다. 집을 다스리는 것은 부유(富裕)에 근본함을 중점으로 한다. 이어서 그 부류를 미루어나가 음식의 절제함, 자며 거처하는 것의 편안함, 연회의 즐거움, 제사의 예법, 응수(應酬)의 방법, 인정의 마땅함, 환난을 막는 기술, 축산의 번식, 기용(器用)의 예리함, 기예의 정밀함까지도 소홀하게 해서는 안 된다고 하였다. 끝에는 총괄해 말하여 깊이 경계하였다.

---

198) 對待 : ①相對하여 서로 필요로 하는 바가 있는 것이다.[對待, 相對而互有所待也.](《中》)
　　②살펴보면 3章에서 王者의 일을 말하여, 이 章(4장)에서 君子의 道를 말한 것과 상호 對待이다.(●)
199) 小心 : 신중히 함이고, 마음에 둠이다.[謹愼, 留神.](《漢》)
200) 見幾 : 事物의 細微한 變化의 속을 따라 그 이른 조짐을 예견함을 말한다.[謂從事物細微的變化中預見其先兆.](《漢》)

語助 어조사

125

위어조자(謂語助者)¹⁾는 언재호야(焉哉乎也)²⁾라

어조사(語助辭)라 이르는 것은 언(焉)·재(哉)·호(乎)·야(也)이다.

---

1) 謂語助者 : 文字에는 實字와 虛字가 있으니, 허자도 없어서는 안 된다. 그 발단·결말·접속하는 즈음에 연결하여 글을 만들 수 있는 것이니, 곧 이른바 語助辭이다.[文字有實有虛, 虛字亦不可無. 其起結承接之際, 可以聯綴爲文者, 卽所謂語助辭也.](≪註解≫)
　語助 : 곧 助詞이다. 語言 중에 실제 의미를 표시하지 않은 虛詞이다.[卽助詞. 語言中不表示實在意義的虛詞.](≪漢≫)
　者 : ①일을 구별하는 말(어조사)이다.[者, 別事詞.](≪說文≫) ②仁者(어진 사람)·知者(아는 사람)는 그 사람을 구별하고, 栽者(심는 물건)·培者(북돋는 물건)는 그 물건을 구별하고, 往者(가는 것)·來者(오는 것)는 그 일을 구별한다.[仁者知者別其人, 栽者培者別其物, 往者來者別其事.](≪詁林·廣義校訂≫) ③살펴보면 仁者·知者는 많은 사람 중에 구별이 되는 일부 사람을 가리키고, 栽者·培者는 많은 물건 중에 구별이 되는 일부 물건을 가리키고, 往者·來者는 많은 일 중에 구별이 되는 일부 일을 가리킨다.(◉) ④동일 계열의 詞語와 構成된 '者' 글자의 結尾의 짧은 語句에 人·事·物·時間 등을 구별하여 표시한다. 近者(가까운 사람)는 기뻐하고 원자(遠者(멀리 있는 사람))는 온다.(人) 危者(위태로운 일)는 평안하게 하고 易者(소홀히 하는 일)는 기울게 한다.(事) 桀者(단단한 물건)는 앞에 있고 毳者(연약한 물건)는 뒤에 있다.(物) 古者(옛 시간)에 백성은 세 가지 병통으로 하는 것이 있었다. 今者(지금 시간)에 제가 왔습니다.[與一系列詞語構成'者'字結尾的短語, 分別表示人事物時間等. 近者悅, 遠者來.(人) 危者使平, 易者使傾.(事) 桀者居前, 毳者居後.(物) 古者, 民有三疾. 今者臣來.(時間)](≪漢字典≫) ⑤살펴보면 '近者悅, 遠者來.'는 많은 사람 중에 구별이 되는 일부 사람이 기뻐하거나 옴을 가리키고, '危者使平, 易者使傾.'은 많은 일 중에 구별이 되는 일부 일이 평안하게 되거나 기울게 됨을 가리키고, '桀者居前, 毳者居後.'는 많은 사람 물건 중에 구별이 되는 일부 물건이 앞에 있거나 뒤에 있음을 가리키고, '古者 民有三疾, 今者臣來.'는 많은 시간 중에 구별이 되는 일부 시간이 옛날이거나 지금임을 가리킨다.(◉)
　有實有虛 : 實字가 있고 虛字가 있음을 말한다.(◉)
　實字 : 지금 언어의 實詞와 같다. 虛字와 상대어이다. 사람 혹은 사물 및 그 동작·변화·性狀 등 槪念을 표시하는 말이다. 독립하여 文句를 충당할 수 있는 成分이다. 名詞·動詞·形容詞·數詞·量詞·代詞 6종류를 포괄한다.[實字, 猶今言實詞. 與虛字相對. 表示人或事物及其動作·變化·性狀等概念的詞, 能獨立充當句子成分. 漢語的實詞包括名詞動詞形容詞數詞量詞代詞六類.](≪漢≫)
　虛字 : 虛詞. 단독으로 문구를 이루지 못하고, 뜻이 비교·추상하여 일정 語法의 뜻을 갖춘 말이다. 介詞·連詞·助詞와 같은 것이다.[虛字, 卽虛詞. 指不能單獨成句, 意義比較抽象, 而具有一定語法意義的詞. 如介詞連詞助詞.](≪漢≫)
2) 焉哉乎也 : ①焉·哉·乎·也가 바로 어조사이니, 而·耶·歟·矣·兮 등속이 모두 그 부류이다.[若焉若哉若乎若也, 是語辭, 而耶歟矣兮之屬, 皆其類也.](≪註解≫) ②고대에 상용하는 也·矣 등은 陳述語氣를 나타내는데 사용하고, 乎·邪(耶) 등은 疑問語氣를 나타내는데 사용하며, 哉·夫 등은 感歎語氣

원문

謂는 稱也라 語는 言也라 助는 輔益之也라 凡語意已全而辭未足하면 則以通用之字益之니 謂之語助라 哉乎는 疑辭라 焉也는 決辭라 言焉哉乎也四字는 乃助語之辭也라

此與通篇文不相蒙이라 蓋作者爲文旣終하고 而猶存數字하니 乃復爲韻語以終之3)4)라

해설

위(謂)는 일컬음이다. 어(語)는 말이다. 조(助)는 도와 보탬이다. 무릇 말한 뜻이 이미 완전해도 아직 충분하지 못하면 통용하는 글자로 보태니 그것을 어조(語助)라 한다. 재(哉)·호(乎)는 의문사이고, 언(焉)·야(也)는 결정하는 말이다. 언(焉)·재(哉)·호(乎)·야(也) 4글자는 어조사임을 말한 것이다.

이것은 전체 편의 글과 서로 이어지지 않는다. 작자가 글짓기를 마치고 나서도 오히려 몇 글자가 남자 다시 압운(押韻) 언어[韻語]를 지어서 마친 것이다.

[(… 而猶存數字하니 乃)別爲一章하여 附于篇末하여 以歸其餘也라 然此數字는 乃通用之辭니 使他人爲之면 或用之以成句하고 或用之以就韻하여 早已見于前矣리니 安能俟之篇終哉아 作此文者는 其才過人遠矣라 ○按컨대 此篇은 惟首二句疊韻이라 蓋凡文之發端에 多有然者하고 其餘則皆以兩句爲韻이라 至此二句하여 又用疊韻이라 故知其別爲一章하여 而不蒙上文也라

右第五章이라

按컨대 此篇凡四章이요 而以次章爲主하여 首言天地人之三才하여 以發其端하고 見人與天地並重하여 不可以不修身也라 能修其身하면 而吾道得行하여 達而在上하여 以之王天下而有餘라 若不得志면 則窮而在下하여 以之謹身寡過하고 自齊其家도 亦無不足이라 蓋五常之德은 君子所性이니 大行不加하고 窮居不損者也라 自始以至終篇히 文雖不屬이나 而意實相承하니 讀者豈可以其童蒙所習而不深察之哉아]

를 나타내는 데에 사용한다.[古代常用也矣等表示陳述語氣, 用乎邪(耶)等表示疑問語氣, 用哉夫等表示感歎語氣.](≪漢≫ '語氣詞')
　　焉 : 語氣詞이다. 停頓을 표시한다. 글귀 끝에 사용한다.[焉, 語氣詞. 表示停頓. 用於句尾.](≪漢≫)
　　哉 : 㦲(어조사/재)는 俗字이니 잘못이다.[哉, 㦲俗, 非.](≪註解≫)
　　乎 : 緩和 語氣이다. 혹은 語氣의 停頓을 표시한다.[乎, 緩和語氣. 或表示語氣的停頓.](≪漢≫)
3) 韻語以終之 : '謂語助者 焉哉乎也' 2句의 끝 '者·也' 2字가 馬韻으로 글귀마다 押韻하여 마친 것을 가리킨다. '孤陋寡聞 愚蒙等誚' 등 이전의 여러 聯은 모두 隔句 押韻되었다.(●)
　　韻語 : 韻律에 맞는 文詞를 가리킨다. 특히 詩詞를 가리킨다.[指合韻律的文詞. 特指詩詞.](≪漢≫)
4) … 而猶存數字 乃復爲韻語以終之 : 底本은 여기에서 마쳤으나 ≪千字文集註≫(山本喜和藏, 國立中央圖書館)에는 이 뒤를 이어 토론하여 수백 자를 더했는데 그 글을 아래에 부친다.(●)

(… 몇 글자를 남겨 두어 마침내) 별도로 한 장(章)을 만들어 편(篇)의 끝에 붙여서 그 나머지를 귀결시켰다. 그러나 이 몇 글자는 통용하는 말이니, 만일 다른 사람이 글을 짓게 되었다면 혹은 이를 사용하여 글귀를 이루거나 혹은 이를 사용하여 압운(押韻)이 되도록 하여 일찍 이미 앞에다 보였을 것이다. 어찌 편의 끝까지 기다렸겠는가. 이 글을 지은 것은 그 재주가 남보다 뛰어남이 크다. ○살펴보면 이 편은 앞의 2구(句)(天地玄黃, 宇宙洪荒)만 압운(黃·荒)을 겹쳤다. 무릇 문장의 발단은 대부분 그렇게 하는 것이 있고 그 나머지는 모두 2句마다 <1자씩> 압운을 하였다. 이 2句(謂語助者, 焉哉乎也)에 와서 또 압운(者·也)을 겹쳤으므로 그것이 별도로 1장이 되어 윗글에 속하지 않음을 알겠다.

위는 제5장이다.

살펴보면 이 편은 모두 4장이고 차례로 장을 두는 것을 주안점으로 하여 앞에다 천(天)·지(地)·인(人)의 삼재(三才)를 말하여 그 단서를 열고 인과 천·지가 아울러 소중하여 자신을 수련하지 않으면 안 됨을 보였다. 자신을 잘 수련하면 나의 도리가 시행되어 영달하고 위에 있게 되어 이것으로 천하에 왕이 되어도 남음이 있고, 만일 뜻을 얻지 못하면 곤궁하고 아래에 있게 되어 이것으로 자신을 신중히 하면서 과실을 적게 하고 스스로 그 집을 가지런하게 하는 것도 부족함이 없게 된다. 오상(五常)의 덕(德)은 군자가 본성으로 받은 것이니 덕이 크게 시행되어도 덕이 보태진 것은 없고 곤궁하게 거처해도 덕이 손상된 것은 아니다. 처음부터 편이 끝나도록 글이 비록 연속되지는 않았으나 뜻은 실로 서로 이어졌으니, 독자들은 어찌 어린이들이 학습하는 것이라고 해서 깊이 살피지 않을 수 있겠는가.

* 부록(附錄)

* 주흥사열전(周興嗣列傳)

  周興嗣字思纂, 陳郡項人, 漢太子太傅堪後也. 高祖凝, 晉征西府參軍宜都太守. 興嗣世居姑孰.
  年十三, 遊學京師, 積十餘載, 遂博通記傳, 善屬文. 嘗步自姑孰, 投宿逆旅, 夜有人謂之曰, "子才學邁世, 初當見識貴臣, 卒被知英主." 言終, 不測所之.
  齊隆昌中, 侍中謝朏爲吳興太守, 唯與興嗣談文史而已. 及罷郡還, 因大相稱薦. 本州擧秀才, 除桂陽郡丞, 太守王嶸素相賞好, 禮之甚厚.
  高祖革命, 興嗣奏休平賦, 其文甚美, 高祖嘉之. 拜安成王國侍郎, 直華林省. 其年, 河南獻舞馬, 詔興嗣與待詔到沆張率爲賦, 高祖以興嗣爲工. 擢員外散騎侍郎, 進直文德壽光省.
  是時, 高祖以三橋舊宅爲光宅寺, 敕興嗣與陸倕各製寺碑, 及成俱奏, 高祖用興嗣所製者. 自是銅表銘柵塘碣北伐檄次韻王羲之書千字, 並使興嗣爲文, 每奏, 高祖輒稱善, 加賜金帛.
  九年, 除新安郡丞, 秩滿, 復爲員外散騎侍郎, 佐撰國史.
  十二年, 遷給事中, 撰史如故. 興嗣兩手先患風疽, 是年又染癘疾, 左目盲, 高祖撫其手, 嗟曰, "斯人也而有斯疾也."[1] 手疏治疽方以賜之. 其見惜如此. 任昉又愛其才, 常言曰, "周興嗣若無疾, 旬日當至御史中丞."
  十四年, 除臨川郡丞.
  十七年, 復爲給事中, 直西省. 左衛率周捨奉敕注高祖所製歷代賦, 啓興嗣助焉.
  普通二年, 卒. 所撰皇帝實錄皇德記起居注職儀等百餘卷, 文集十卷.(≪梁書≫ 卷49)

  주흥사(周興嗣)는 자가 사찬(思纂)이고, 진군(陳郡) 항현(項縣) 출신이니, 한(漢)나라 태자태부(太子太傅) 주감(周堪)의 후손이다. 고조(高祖) 주응(周凝)은 진(晉)나라 정서부참군(征西府參軍)·의도태수(宜都太守)를 지냈다. 주흥사는 고숙(姑孰)에 대물려 살았다.
  나이 13세에 서울로 공부를 하러 가서 10여 년 오랜 기간에 마침내 역사 전기(傳記)를 널리 통하고 글짓기를 잘하였다. 일찍이 고숙에서 걸어 나가 여관에 투숙한 적이 있었는데 밤에 어떤 사람이 "그대의 재주와 학식은 세상에 뛰어나니, 처음엔 존귀한 신하에게 알려질 것이고, 나중엔 영특한 임금에게 알려질 것이오.〔子才學

---

1) 斯人也而有斯疾也 : ≪論語≫<雍也>의 구절이다.(●)

邁世, 初當見識貴臣, 卒被知英主.〕"라고 하였는데, 말을 마치자 간 곳을 알지 못하였다.

제(齊)나라 융창(隆昌, 493년) 무렵에 시중(侍中) 사비(謝朏)가 오흥태수(吳興太守)였을 적에 오직 주흥사와만 문학과 역사를 담론했을 뿐이었다. 〈사비가〉 오흥군 관직을 마치고 〈서울로〉 귀환하고서는 이어서 매우 칭찬하며 추천하였다. 본주(本州)에서는 〈주흥사를〉 수재(秀才)로 뽑아서 계양군승(桂陽郡丞)으로 임명하자, 계양태수(桂陽太守) 왕영(王嶸)이 평소 칭찬하며 좋아하여 예우를 매우 후하게 하였다.

양(梁) 고조(高祖, 蕭衍)가 혁명(革命)하여 〈양나라를 건국하자〉 주흥사가 〈휴평부(休平賦)〉를 올렸는데, 그 문장이 매우 아름다워서 고조가 칭찬하였고, 안성왕국시랑(安成王國侍郎)에 임명되었으며, 직화림성(直華林省)이 되었다. 그 해에 하남(河南)에서 무마(舞馬, 춤추는 말)를 바치자, 조칙(詔勅)을 내려 주흥사와 대조(待詔)인 도항(到沆)·장솔(張率)에게 부(賦)를 짓게 하였는데, 고조는 주흥사 작품을 정교하게 여겼고, 원외산기시랑(員外散騎侍郎)으로 발탁하고, 직문덕성(直文德省)·수광성(壽光省)으로 진급시켰다.

이 때 고조는 삼교(三橋)의 옛 집으로 광택사(光宅寺)를 만들고, 조칙을 내려 주흥사와 육수(陸倕)에게 각각 사찰의 비문(碑文)을 짓게 하였는데, 완성되어 모두 올리자 고조는 주흥사가 지은 비문을 사용하였다. 이로부터 〈동표명(銅表銘)〉·〈책당갈(柵塘碣)〉·〈북벌격(北伐檄)〉·〈차운왕희지서천자(次韻王羲之書千字)〉는 모두 주흥사를 시켜 글을 짓게 하고는 올릴 때마다 고조가 훌륭하다고 일컫고 황금과 비단을 보태주었다.

9년(510)에 신안군승(新安郡丞)에 임명되고, 임기가 만료되자 다시 원외산기시랑이 되어 국사(國史) 저술을 보조하였다.

12년(513)에 급사중(給事中)으로 옮기고, 국사 저술은 이전처럼 하였다. 주흥사는 두 손에 이전부터 풍저(風疽, 습진(濕疹))를 앓았는데, 이 해에 또 전염병에 걸려 왼쪽 눈이 멀게 되었다. 고조는 주흥사의 손을 어루만지며 "이런 사람이 이런 병에 걸리다니.〔斯人也而有斯疾也〕"라고 탄식하고, 손수 풍저를 치료하는 처방을 기록하여 내려주었으니, 그 아낌을 받은 것이 이와 같았다. 임방(任昉)도 주흥사의 재주를 아껴서 항상, "주흥사가 만약 병이 없었다면 열흘 이내에 어사중승(御史中丞)에 이르렀을 것이다.〔周興嗣若無疾, 旬日當至御史中丞.〕"라고 하였다.

14년(515)에 임천군승(臨川郡丞)에 임명되었다.

17년(518)에 다시 급사중이 되고, 직서성(直西省)이 되었다. 좌위솔(左衛率) 주사(周捨)가 조칙을 받들어 고조(高祖)가 저술한 역대(歷代)의 부(賦)에 주석을 달

적에 상소하여 주흥사가 자신을 보조하도록 하였다.
　보통(普通) 2년(521)에 서거하였다. 저술은 ≪황제실록(皇帝實錄)≫·≪황덕기(皇德記)≫·≪기거주(起居注)≫·≪직의(職儀)≫ 등 100여 권이고, 문집(文集) 10권이다.(≪梁書≫ 卷49)

*≪천자문(千字文)≫의 구문(構文)과 성률(聲律)

<목차>
1. 서론
2. 구문(構文)
   (1) 대우(對偶)
   (2) 도치(倒置)
   (3) 생략(省略)
3. 성률(聲律)
   (1) 압운(押韻) 방법(方法)과 운목(韻目)
   (2) 평측(平仄)과 사성(四聲)
4. 결론

1. 서론

   본고는 ≪천자문(千字文)≫의 구문(構文)과 성률(聲律)을 살펴봄으로써, 문구조(文構造)에 대한 이해를 정밀하게 하고 성률의 규칙과 운용에 대한 실상을 규명하는 데에 그 목적이 있다.

   ≪천자문≫은 남조(南朝) 양(梁) 주흥사(周興嗣, ?~521)가 저술한 4언(言) 1구(句)로 이룩된 사언고시(四言古詩)이다. 모두 250구(句), 125련(聯), 1,000자(字)로 이루어져 있는바, 1,000자라는 것에서 ≪천자문≫이 되었다. 이는 왕희지(王羲之)가 쓴 천자(千字)의 원운(原韻)에 주흥사가 차운(次韻)하여 이룩된 것이어서, 압운(押韻)을 따라 사용한 1,000글자의 운문(韻文)이 전제된 상황에서 지어진 것이다. 1,000글자는 원칙적으로 글자를 거듭 쓰지 않았으나 '결(潔)'이 '여모정결(女慕貞絜(潔))'·'환선원결(紈扇圓潔)'에 거듭 쓰여서 같지 않은 글자는 999글자라는 주장이 있다.

   체제는 ≪천자문석의(千字文釋義)≫2)(이하 '≪석의≫')에 의하면 4장(章) 및 어조(語助)로 분석되고,3) 이에 따라 내용도 세밀하게 분석되었다. 이 체제를 보이면 다음과 같다.

---

2) ≪千字文釋義≫, 清 汪嘯尹 纂輯, 孫謙益 參注, 上海古籍出版社, 上海, 1989. 2次印刷.
3) '語助'를 독립된 1장으로 하여 5장 편성으로 보기도 한다.

제1장(36개구, 18개련, 13개절) : 天地玄黃(1구, 1聯)~賴及萬方(36구, 18련)
제2장(66개구, 33개련, 26개절) : 蓋此身髮(37구, 19련)~好爵自縻(102구, 51련)
제3장(60개구, 30개련, 10개절) : 都邑華夏(103구, 52련)~巖岫杳冥(162구, 81련)
제4장(86개구, 43개련, 20개절) : 治本於農(163구, 82련)~愚蒙等誚(248, 124련)
어조(2개구, 1개련, 1개절) : 謂語助者 焉哉乎也(249구~250구, 125련)

그리고 이 4장을 다시 각각 절(節)로 분석하였는데, 1장은 13개절, 2장은 26개절, 3장은 10개절, 4장은 20개절, 그리고 어조는 1개절로 하여, 모두 70개절이다. 각절(各節)은 첫머리의 '천지현황(天地玄黃), 일월영측(日月盈仄)'처럼 1련이 1절인 것도 있으나, 여러 련이 모여 1절을 이루기도 하여 3장 2절은 '궁전반울(宮殿盤鬱), 누관비경(樓觀飛驚).(54련) ⋯ 우통광내(右通廣內), 좌달승명(左達承明).(59련)'으로 6련이 1절을 이루고, 3장 6절도 '책공무실(策功茂實),(66련) ⋯ 다사식녕(多士寔寧).(71련)'까지 6련이 1절을 이루어 가장 긴 절이다.

각 장(章)의 내용을 요약하면 1장은 천지창조로부터 시작하여 천지인(天地人)의 도(道) 그리고 제왕(帝王)의 은택을, 2장은 군자의 몸을 수련하는 도를, 3장은 통치를 위하여 서울・궁궐・전적(典籍)・영재(英才)・영토를 갖출 것을, 4장은 개인이 몸을 처하며 집을 다스리는〔處身治家〕도를 말한 것이다. 결국 ≪천자문≫은 천지 창조의 근원적인 일로부터 제왕의 정치, 군자의 행실, 통치의 준비, 개인 생활 등의 현실적 사항으로 점차 세밀하게 서술되었다고 할 수 있다. 우주의 제일 거대한 문제에서 개인의 신변 문제 그리고 더 사소한 어조사로 끝맺은 것이다. 장별(章別)의 분량을 살피면 4장이 제일 많은 86개구, 43개련을 보여서, 개인 생활에 대한 문제가 가장 많이 다루어졌음을 알 수 있다.

≪천자문≫은 사언고시(四言古詩)의 위와 같은 체제와 내용 속에 내재된 구문과 성률이 있다. 이를 살피는 일은 ≪천자문≫ 연구의 핵심과제이다. 이에 대한 선행연구는 상당히 많다. 본고는 이를 바탕으로 보다 심화하여 구문(構文)에서는 대우(對偶)・도치(倒置)・생략(省略)을 살피고, 성률(聲律)에서는 압운(押韻) 방법(方法), 평측(平仄)과 사성(四聲)을 살피고자 한다. 대우에서는 문구가 짝으로 이룩된 것을 밝히고, 도치에서는 문구가 앞뒤로 바뀐 상황을 설명하고, 생략에서는 문구에 노출되지 않아 줄어든 부분을 살펴 보충하는데 특히 호문생략(互文省略)을 별도로 다루어 해명한다. 압운 방법에서는 일운도저(一韻到底)가 아닌, 환운법(換韻法)에 격구(隔句) 압운의 9단(段) 운용을 살핀다. 평측과 사성에서는 평성운각(平聲韻脚)의 측성출구각(仄聲出句脚), 측성출구각의 평측체용(平仄遞用), 측성출구각(仄聲出句脚)이 두 개의 평각(平脚) 혹은 두 개의 측각(仄脚)을 연달아 사용한 것, 상미(上尾) 회피에 의한 오자변별(誤字辨別)과 도치를 규명한다.

이상의 작업이 이루어지면 ≪천자문≫의 문장을 구조적으로 이해하고, 성률의 법칙에 따른 압운·평측·사성의 운용을 이해하는 데에 도움을 줄 것이며, 이에 따라 보다 쉽고 아름답게 ≪천자문≫을 대할 수 있게 될 것이다.

본고에서 사용되는 자료는 ≪천자문석의≫·≪주해천자문(註解千字文)≫(이하 '≪주해≫'를 위주로 한다. 이들 주해서의 저자와 종류 등을 제시하면 다음과 같다.

≪千字文釋義≫, 淸 汪嘯尹 纂輯, 孫謙益 參注, 上海古籍出版社, 上海, 1989. 2次印刷. (吳蒙標點, ≪千字文釋義≫·≪三字經≫·≪百家姓≫이 합본되어 있음)

≪註解千字文≫, 朝鮮 洪聖源(洪泰運 新刊), 檀國大學校出版部, 서울, 1984. 재판.(1752년 초간본 출간)(≪註解千字文≫·≪光州千字文≫·≪石峯千字文≫이 합본되어 있음)

≪천자문석의≫의 저자는 왕소윤(汪嘯尹) 찬집(纂輯), 손겸익(孫謙益) 참주(參注)이다. 왕소윤은 ≪석의≫의 오몽(吳蒙) 〈전언(前言)〉에 의하면 청(淸)나라 초기 인물로 소개되었고, 수(隋)나라 이후에 출현된 여러 종류의 ≪천자문≫ 주석본 가운데 비교적 우월한 것으로 인정하였다. 이 책은 주흥사의 ≪천자문≫을 본문으로 하고, 그것을 풀이한 주석을 광범하게 제시하였을 뿐만 아니라, 전문(全文)을 4장으로 분석하고 또 각 장마다 절(節)로 분석하여 장(章)·절(節)의 의미를 요약하였다. 따라서 장·절에 의한 체계적인 이해를 하는 데에 매우 유용한 것이다.

≪주해천자문≫의 원저자는 홍성원(洪聖源)이고, 신증본(新增本) 출간자는 홍태운(洪泰運)이다. 원간본(原刊本)은 서울대학교 중앙도서관 소장의 고서(古書) 중에 1책이 있는바 권말에 "숭정백이십오년임신동(崇禎百二十五年壬申冬), 주해우구계정사(註解于龜谿精舍), 상호군남양홍성원서(上護軍南陽洪聖源書), 남한개원사판(南漢開元寺板)."에 의해 홍성원이 1752년(영조 28)에 출간한 것을 확인할 수 있고, 이를 바탕으로 신간본이 나왔는데 그 간기(刊記)에 "남양홍태운서(南陽洪泰運書), 숭정백칠십칠년갑자추(崇禎百七十七年甲子秋), 경성광통방신간(京城廣通坊新刊)."과 이 간기(刊記) 바로 앞에 "전여자음청탁급소주(篆與字音淸濁及小註), 병신증(竝新增)."이라고 하여 홍태운이 1804년(순조4)에 신증본을 출간한 것을 확인할 수 있다.[4] 단국대학교출판부의 영인본은 홍태운의 신증본을 저본으로 한 것이다.

본고는 서술의 간편함을 위하여 약호를 사용하는바, 참고문헌에 함께 제시한다.

---

4) 李基文, <千字文解題>, 단국대학교출판부, 1984. 297면.

2. 구문(構文)

≪천자문≫의 기본 체제는 사언고시(四言古詩)인데, 그 문구조(文構造)는 대우(對偶), 도치(倒置), 생략(省略), 그리고 도치와 생략이 공존하는 문구가 있는바, 이를 살펴보려 한다.

(1) 對偶

≪천자문≫은 대우가 많이 나타나는바, 이를 팔자대(八字對)·사자대(四字對)·삼자대(三字對)·이자대(二字對)·일자대(一字對), 그리고 겸대(兼對)로 나누어 살펴본다.

1) 팔자대(八字對)

8자(字)씩 짝을 이루어 모두 16자로 이룩된 대우이다. 2련(聯) 4구(句)로 이룩된 대우이므로, 양련대(兩聯對)이다. 다시 말하면 4구가 2구씩 나뉘어 2구씩, 즉 16자가 8자씩 나뉘어 대우를 이룬 것이다.

仁慈隱惻 造次弗離 節義廉退 顚沛匪虧   仁·慈·隱·惻을 다급할 때도 떼어 놓지 말아야 한다. 節·義·廉·退를 위급한 중에서도 이지러뜨리지 말라.
推位讓國 有虞陶唐 弔民伐罪 周發殷湯   지위를 밀어주고 나라를 사양한 이는 유우와 도당이다. 백성을 위로하고 죄 있는 이를 친 사람은 주나라 무왕 발과 은나라 탕왕이다.
雁門紫塞 雞田赤城 昆池碣石 鉅野洞庭   관문은 안문, 요새는 자새, 역참은 계전, 성벽은 적성이다. 못은 곤지, 산은 갈석, 늪은 거야, 호수는 동정이다.
布射僚丸 嵇琴阮嘯 恬筆倫紙 鈞巧任釣   呂布는 활을 잘 쏘았으며 熊宜僚는 탄환을 잘 놀렸고, 嵇康은 고를 잘 탔으며 阮籍은 휘파람을 잘 불었다. 蒙恬은 붓을 만들며 蔡倫은 종이를 만들었고, 馬鈞은 技巧가 있었으며 任公子는 낚시를 만들었다.

'인자은측(仁慈隱惻)·절의염퇴(節義廉退)', '조차(造次)·전패(顚沛)', '불(弗)·비(匪)', '리(離)·휴(虧)'가 각각 대우를 이루고 있다. '인자은측·절의염퇴'는 심태(心態)를, '조차·전패'는 불안한 상태를, '불·비'는 부정을, '리·휴'는 활동을 나타내는 동질성으로 매우 정밀한 대우가 되어 있다.('仁慈隱惻'은 '仁慈·隱惻'으로 2자대를, '仁·慈·隱·惻'으로 1자대를 이루어 겸대(兼對, 후술함)가 되기도 한다. '節義廉退'도 이와 같이 2자대·1자대를 이루어 겸대가 된다)

'추위양국(推位讓國)·조민벌죄(弔民伐罪)', '유우도당(有虞陶唐)·주발은탕(周發殷

湯)'은 각각 대우를 이룬 것으로 본다. '유우도당, 주발은탕'은 유우씨(有虞氏)와 도당씨(陶唐氏), 주(周)나라 발(發)과 은(殷)나라 탕(湯)으로 문구조(文構造)가 다르지만, 모두 인물로서 요(堯)와 순(舜), 무왕(武王)과 탕왕(湯王) 4인을 제시한 동질적 표현이 되고 있는 점에서 대우로 볼 수 있다.

'안문자새(雁門紫塞)·계전적성(雞田赤城), 곤지갈석(昆池碣石)·거야동정(鉅野洞庭)'은 '안문자새·계전적성'과 '곤지갈석·거야동정'으로 팔자대가 된다. 그리고 '안문자새·계전적성', '곤지갈석·거야동정'으로 각각 사자대(四字對)가 되기도 하고, 또 '안문·자새', '계전·적성', '곤지·갈석', '거야·동정'으로 각각 이자대(二字對)가 되기도 한다. 2자(字)씩 대응시키면 어느 것이나 대우가 될 수 있는 것인바, 예를 들면 맨 앞의 '안문'과 맨 끝의 '동정'도 대우가 되는 것이다. 이는 8곳의 지명이라는 공통점이 있어 서로 어느 곳과 환치해도 지명으로 대우를 이루기 때문이다.

'포사료환(布射僚丸)·혜금완소(嵇琴阮嘯), 염필륜지(恬筆倫紙)·균교임조(鈞巧任釣)'도 '안문자새 …'와 같이 '포사료환·혜금완소'와 '염필륜지·균교임조'로 팔자대가 된다. 그리고 '포사료환·혜금완소', '염필륜지·균교임조'로 각각 사자대가 되기도 하고, 또 '포사·료환', '혜금·완소', '염필·륜지', '균교·임조'로 각각 이자대가 되기도 한다. 2자씩 대응시키면 어느 것이나 대우가 될 수 있는 것인바, 예를 들면 맨 앞과 맨 끝의 '포사·임조'도 대우가 되는 것이다. 이는 '포·료·혜·완·염·륜·균·임'의 인물과 '사·환·금·소·필·지·교·조'의 기능의 결합구조로 해서 8인의 인물에 8종류의 기능이라는 공통점이 있어서 서로 어느 곳과 환치해도 '인물·기능'의 구조로 대우를 이루기 때문이다.

2) 사자대(四字對)

4자씩 짝을 이루어 모두 8자로 이룩된 대우이다. 1련(聯) 2구(句)로 이룩된 대우이므로, 양구대(兩句對)이다.(양구대는 3자대, 2자대에도 나타난다) 다시 말하면 2구가 1구씩 나뉘어 1구씩, 즉 8자가 4자씩 나뉘어 대우를 이룬 것이다. ≪천자문≫에서 가장 많이 나타나는 대우이다.

天地玄黃 宇宙洪荒　　天과 地는 거무스름하며 누르고, 宇와 宙는 크며 혼몽하다.
日月盈昃 辰宿列張　　日과 月은 차며 기울고, 辰과 宿는 나열되며 벌려있다.
金生麗水 玉出崑岡　　沙金은 여수에서 생산되고, 구슬은 곤강에서 출토된다.
劍號巨闕 珠稱夜光　　칼은 거궐이 이름났고, 구슬은 야광이 일컬어진다.

'천지(天地)·우주(宇宙)', '현황(玄黃)·홍황(洪荒)'이 명사와 형용사의 동질성으로 어울려서 '천지현황(天地玄黃), 우주홍황(宇宙洪荒)'이 서로 대우를 이루고 있다.

천지현황은 "하늘은 검고 땅은 누렇다〔天玄而地黃〕"(≪周易≫〈坤卦 文言傳〉)에서 유래한 것인데, 이 '천현지황(天玄地黃)'이 아래 구절 '우주홍황(宇宙洪荒)'과 대우를 이루어 '천지현황'으로 바뀐 모습을 보이고 있다.(이에 대하여는 후술함)

'일월(日月)·신수(辰宿)', '영측(盈昃)·열장(列張)'이 역시 명사와 형용사의 동질성으로 어울려서 '일월영측(日月盈昃), 신수열장(辰宿列張)'이 서로 대우를 이루고 있다. '일월영측'은 ≪주역≫〈풍괘(豊卦) 단전(彖傳)〉의 "일중즉측(日中則昃), 월영즉식(月盈則食)."에서 유래된 것으로, '일월측영(日月昃盈)'으로 쓰여야 할 것이지만, 압운자(押韻字) 평성(平聲) '장(張)'과 출구각(出句脚, 안짝 끝 자) 측성(仄聲) '측(昃)'이 평측(平仄)의 대응을 꾀하고, 평성(平聲) '장(張)'과 평성 '영(盈)'의 평·평(平平)을 기피하기 위해 '영(盈)'을 '측(昃)' 앞에 놓아 도치한 것으로 보인다.(이에 대하여도 후술함)

'금(金)·옥(玉)', '생(生)·출(出)', '여수(麗水)·곤강(崑岡)'이 보석, 술어, 지명의 동질성으로 어울려서 '금생려수(金生麗水), 옥출곤강(玉出崑岡)'이 서로 대우를 이루고 있다.

'검(劍)·주(珠)', '호(號)·칭(稱)', '거궐(巨闕)·야광(夜光)'이 물건, 서술어, 물명(物名)의 동질성으로 어울려서 '검호거궐(劍號巨闕), 주칭야광(珠稱夜光).'이 서로 대우를 이루고 있다.

3) 삼자대(三字對)

3자씩 짝을 이루어 모두 6자로 이룩된 대우이다. 1련(聯) 2구(句) 안에서 이룩된 대우이므로, 역시 양구대(兩句對)이다. 다시 말하면 6자가 2구의 각구(各句) 중에 3자씩 나뉘어 대우를 이룬 것이다.(대우 부분에 밑줄을 표시함. 이하 같음)

<u>尺璧</u>非寶 <u>寸陰</u>是競 한 자의 구슬이 보배가 아니고, 한 치의 작은 光陰을 다투어야 한다.
<u>旣集墳典</u> <u>亦聚群英</u> 이미 ≪三墳≫과 ≪五典≫을 모으고, 또한 뭇 英才를 모았다.
<u>丙舍傍啓</u> <u>甲帳對楹</u> 병사(丙舍, 병 차례의 집)가 옆에 펼쳐 있고, 갑장(甲帳, 갑 차례의 휘장)이 기둥에 마주해 있다.
<u>高冠陪輦</u> <u>驅轂振纓</u> 높은 모자 쓴 이들이 임금 손수레를 모시고, 수레바퀴를 몰아가면 갓끈이 떨린다.

'척벽(尺璧)·촌음(寸陰)'은 큰 보물과 짧은 시간, '비(非)·시(是)'는 부정과 긍정의 대우를 이루지만, 보(寶)는 '보배'라는 명사이고 경(競)은 '다투다.'라는 동사이므로 대우를 이루지 못하여, 3자만 대우를 이룬다.

'기(旣)·역(亦)'은 부사, '집(集)·취(聚)'는 동사, '전(典)·영(英)'은 명사로 대

우를 이루지만, '분(墳)'은 책 이름이고 '군(群)'은 '많은'이라는 영(英)의 수식어이므로 대우를 이루지 못하여, 3자만 대우를 이룬다.

'병(丙)·갑(甲)'은 차례, '사(舍)·장(帳)'은 명사, '방(傍)·대(對)'는 서술어로 대우를 이루지만, 계(啓)는 '펼쳐 있다.'라는 형용사이고, 영(楹)은 '기둥'이라는 명사이므로 대우를 이루지 못하여, 3자만 대우를 이룬다.

'관(冠)·곡(轂)'은 명사, '배(陪)·진(振)'은 동사, '련(輦)·영(纓)'은 명사로 대우를 이루지만, 고(高)는 '높은'이라는 관형어이고 구(驅)는 '몰다.'라는 서술어이므로 대우를 이루지 못하여, 3자만 대우를 이룬다.

4) 이자대(二字對)

2자씩 짝을 이루어 모두 4자로 이룩된 대우이다. 두 가지로 분류된다. 첫째는 단구이자대(單句二字對), 즉 단구대(單句對)이다. 둘째는 양구이자대(兩句二字對), 역시 양구대(兩句對)이다.

① 단구이자대(單句二字對)

1구(句) 구중(句中)에서 이룬 대우, 즉 1구 4자가 2자씩 짝을 이룬 대우이다. 다시 말하면 1구(句)가 2자씩 나뉘어 반구(半句)끼리 대우를 이룬 단구대(單句對)이다.

海鹹河淡 鱗潛羽翔		바닷물은 짜며 河水는 싱겁고, 비늘 달린 고기는 물속에 잠기며 깃 달린 새는 공중을 난다.
晝眠夕寐 藍筍象牀		낮에 졸고 저녁에 자니, 남색의 竹筍 자리와 象牙 장식 침상이다.
絃歌酒讌 接杯擧觴		현악기로 노래하며 술로 잔치하고, 술잔을 받으며 술잔을 든다.
矯手頓足 悅豫且康		손을 들고 발을 구르며 춤추니, 기뻐하고 또 편안하다.
蓋此身髮 四大五常		무릇 이 몸과 털은 네 가지 큰 것과 다섯 가지 떳떳함이 있다.
嫡後嗣續 祭祀蒸嘗		嫡統 후계자로 이어가서 제사는 蒸제사와 嘗제사를 지낸다.
稽顙再拜 悚懼恐惶		이마를 조아리며 두 번 절하고, 두려워하며 공경한다.
驢騾犢特 駭躍超驤		나귀와 노새와 송아지가 놀라 뛰고 달린다.

'해함(海鹹)·하담(河淡)'은 해(海)와 하(河)가 명사이고 함(鹹)과 담(淡)이 형용사이며, '인잠(鱗潛)·우상(羽翔)'은 인(鱗)과 우(羽)가 명사이고 잠(潛)과 상(翔)이 동사로 전련(全聯)이 2자씩 반구끼리 대우를 이루었다.

'주면(晝眠)·석매(夕寐)', '남순(藍筍)·상상(象牀)'과 '현가(絃歌)·주연(酒讌)', '접배(接杯)·거상(擧觴)'도 전련이 2자씩 반구끼리 대우를 이루었다.

'교수(矯手)·돈족(頓足)'은 출구(出句)가, '사대(四大)·오상(五常)'은 결구(結句)

가 반구(半句)끼리 대우를 이루었다.

'제사(祭祀)·증상(烝嘗)', '송구(悚懼)·공황(恐惶)', '여라(驢騾)·독특(犢特)', '해약(駭躍)·초양(超驤)'은 반구(半句)끼리 대우가 되기도 하고, '제(祭)·사(祀)·증(蒸)·상(嘗)', '송(悚)·구(懼)·공(恐)·황(惶)', '여(驢)·라(騾)·독(犢)·특(特)', '해(駭)·약(躍)·초(超)·양(驤)'으로 1구 4자가 1자끼리 대우가 되고, 또 '제(祭)·사(祀)', '증(蒸)·상(嘗)'처럼 반구(半句)에서 1자씩 대우도 된다.

② 양구이자대(兩句二字對)

2구(句) 8자 중에서 이룬 대우로, 각 1구에서 2자씩 반구(半句)끼리 짝을 이룬 대우이다. 다시 말하면 2구(句)가 2자씩 나뉘어 상반구(上半句) 2자끼리, 또는 하반구(下半句) 2자끼리 대우를 이룬 양구대(兩句對)이다. 양구대라 함은 양구(兩句) 8자 중에 2자씩 4자가 대우를 이룬 비단구대(非單句對)이기 때문이다. 이를 양구상반대(兩句上半對), 양구하반대(兩句下半對)로 또 분류하여 제시한다.

양구상반대(兩句上半對)는 양구에서 상반만 대우를 이루고 하반이 대우를 이루지 못한 경우이다.

墨悲絲染 詩讚羔羊　묵자(墨子)는 실이 물드는 것을 슬퍼하였고, ≪시경≫에서는 <羔羊篇>을 찬미하였다.
容止若思 言辭安定　행동거지는 생각하는 듯이 하고, 말은 안정되어야 한다.
存以甘棠 去而益詠　<召公이 쉬었던> 감당나무를 남겨두어, 떠나가도 더욱 노래한 듯이 해야 한다.

상반 대우는, '묵비(墨悲)·시찬(詩讚)'은 묵(墨)·시(詩)가 명사이고 비(悲)·찬(讚)이 형용사로 대우를 이루었고, '용지(容止)·언사(言辭)'는 행실과 언어로 대우를 이루었고, '존이(存以)·거이(去而)'는 존(存)·거(去)가 동사이고 이(以)·이(而)가 어조사로 대우를 이루었다. 하반인 '사염(絲染)·고양(羔羊)'은 '실이 물들다.'와 '염소'로 대우를 이루지 못하였고, 그리고 '약사(若思)·안정(安定)', '감당(甘棠)·익영(益詠)'도 대우를 이루지 못하였다.

양구하반대(兩句下半對)는 양구에서 하반만 대우를 이루고 상반이 대우를 이루지 못한 경우이다.

學優登仕 攝職從政　배우고서 여유가 있으면 벼슬에 올라서, 직책을 다스려 政事에 종사한다.
曠遠綿邈 巖岫杳冥　넓으며 멀고, 산의 바위굴이 깊숙하고 아득하다.
骸垢想浴 執熱願涼　몸에 때 끼면 목욕할 것을 생각하고, 뜨거운 것을 잡으면 선선해지

기를 원한다.

하반 대우는, '등사(登仕)·종정(從政)'은 등(登)·종(從)이 동사이고 사(仕)·정(政)이 명사로 대우를 이루었고, 그리고 '면막(綿邈)·묘명(杳冥)', '상욕(想浴)·원량(願凉)'도 대우를 이루었다. 상반인 '학우(學優)·섭직(攝職)'은 '배우고서 여유롭다.'와 '직책을 다스린다.'로 대우를 이루지 못하였고, 그리고 '광원(曠遠)·암수(巖岫)', '해구(骸垢)·집열(執熱)'도 대우를 이루지 못하였다.

5) 일자대(一字對)

1구(句)의 반구(半句) 2자 안에서 1자씩 짝을 이룬 대우이다. 즉 반구가 각각 1자씩 대우를 이룬 반구대(半句對)이다.

<u>仁慈</u>隱惻 造次弗離　　인자하고 측은하게 여기는 마음을, 다급할 때도 떠나지 말아야 한다.
矩步引領 俯仰廊廟　　걸음을 바르게 하며 옷차림을 단정히 하고, 낭묘에 오르고 내린다.
束帶矜莊 徘徊瞻眺　　띠를 묶고 있으면서 엄숙하며 단정하면, 배회할 적에 우러러본다.
<u>遐邇</u>壹體 率賓歸王　　멀고 가까운 곳을 일체로 보니, 거느려 와서 복종하여 왕에게 의귀한다.
耽讀翫市 寓目囊箱　　글 읽기를 즐겨 시장 책방에서 책을 보니, 눈을 붙여 책을 보면 주머니와 상자에 책을 담아 둔 것과 같았다.

'인(仁)·자(慈)', '은(隱)·측(惻)', '긍(矜)·장(莊)'은 상반구(上半句)에서, '심(審)·상(詳)', '부(俯)·앙(仰)', '랑(廊)·묘(廟)', '배(徘)·회(徊)', '첨(瞻)·조(眺)'는 하반구(下半句)에서 각각 1자씩 대우를 이루고 있다. 그리고 1련 8자 중에서 2자만 대우를 이루는 경우도 있는데 '하(遐, 멀다)·이(邇, 가깝다)'는 상반구에서, '낭(囊, 주머니)·상(箱, 상자)'은 하반구(下半句)에서 대우를 이루고 있다.

6) 겸대(兼對)

위의 팔자대(八字對)·사자대(四字對)·삼자대(三字對)·이자대(二字對)·일자대(一字對)를 2가지 이상 겸한 대우이다.

팔자대·사자대·이자대의 겸대를 제시한다.

雁門紫塞 雞田赤城 昆池碣石 鉅野洞庭
布射僚丸 嵇琴阮嘯 恬筆倫紙 鈞巧任釣

'안문자새(雁門紫塞)' 이하 16자는 전련(前聯) 8자와 후련(後聯) 8자가 '안문자새 계전적성(雁門紫塞雞田赤城)·곤지갈석거야동정(昆池碣石鉅野洞庭)'으로 대우를 이루어 팔자대가 되고, 전련 8자의 전구(前句)와 후구(後句) 그리고 후련 8자의 전구와 후구가 각각 4자씩 '雁門紫塞·雞田赤城', '昆池碣石·鉅野洞庭'으로 대우를 이루어 각각 사자대가 되기도 하고, 4구가 각각 반구(半句) 즉 2자씩 '雁門·紫塞', '雞田·赤城', '昆池·碣石', '鉅野·洞庭'으로 대우를 이루어 이자대가 되기도 한다.

'포사료환혜금완소(布射僚丸嵇琴阮嘯)·염필륜지균교임조(恬筆倫紙鈞巧任釣)'도 '안문자새(雁門紫塞)…'와 같은 구조로 팔자대, 사자대, 이자대의 겸대를 이룬다.

이자대·일자대의 겸대를 제시한다.

祭祀烝嘗
悚懼恐惶
驢騾犢特 駭躍超驤

'제사(祭祀)·증상(烝嘗)', '송구(悚懼)·공황(恐惶)', '여라(驢騾)·독특(犢特)', '해약(駭躍)·초양(超驤)'으로 각각 이자대를 이루기도 하고, 또 '제(祭)·사(祀)', '증(烝)·상(嘗)'으로 각각 일자대를 이루기도 한다. 그리고 '祭·祀, 烝·嘗'은 순서를 바꾸어 '嘗·祭·祀, 烝' 등 어떠한 배열이라도 대우를 성립시킨다. '송구공황(悚懼恐惶)' 이하도 모두 이와 같아서 이자대, 일자대의 겸대를 이룬다.

이상의 대우를 쉽게 이해하기 위하여 도식화하면 다음과 같다.

1) 팔자대 : 양련(兩聯) 4구 16자에서 2구 8자씩 상대(相對). 양련대(兩聯對).
   ○○○○ ○○○○ ●●●● ●●●●
   仁慈隱惻 造次弗離 節義廉退 顚沛匪虧
2) 사자대 : 2(句) 8자에서 1구(句) 4자씩 상대. 양구대(兩句對).
   ○○○○ ●●●●
   天地玄黃 宇宙洪荒
3) 삼자대 : 2구 8자에서 3자씩 상대. 양구대.(∨는 비대우(非對偶)임. 이하 같음)
   ○○○∨ ●●●∨
   尺璧非寶 寸陰是競
   ○○∨○ ●●∨●
   旣集墳典 亦聚群英
   ∨○○○ ∨●●●
   高冠陪輦 驅轂振纓
4) 이자대 : 2자씩 짝을 이루어 모두 4자로 이룩된 대우. 단구이자대, 양구이자대로 나뉨.
   ① 단구이자대 : 1구(句) 구중(句中)에서 2자씩 반구(半句)끼리 이룬 대우. 단구대.

○○●●
海鹹河淡

② 양구이자대 : 2구 8자에서 2자씩 구상반(句上半) 또는 구하반(句下半)에서 이룬 대우. 양구대.

○○ⅴⅴ ●●ⅴⅴ(上半對)
墨悲絲染 詩讚羔羊
ⅴⅴ○○ ⅴⅴ●●(下半對)
學優登仕 攝職從政

5) 일자대 : 반구(半句) 2자 안에서 1자씩 짝을 이룬 대우. 반구대.('◎◉'는 '○●'와 별도 상대)

○●◎◉
俯仰廊廟
○●ⅴⅴ
逶迴壹體
ⅴⅴ○●
寓目囊箱

6) 겸대(兼對) : 위의 팔자대, 사자대, 삼자대, 이자대, 일자대를 2가지 이상 겸한 대우.

팔자대·사자대·이자대의 겸대
○○○○ ○○○○ ●●●● ●●●●
雁門紫塞 雞田赤城 昆池碣石 鉅野洞庭
○○○○ ●●●●
雁門紫塞 雞田赤城
○○●●
雁門紫塞

이자대·일자대의 겸대
○○●● ○○●● ○○●● ○○●●
祭祀蒸嘗 悚懼恐惶 驢騾犢特 駭躍超驤
○●○●
祭祀蒸嘗

이상과 같은 대우 구조는 동일 자수에 의한 상대적 의미의 강력한 결합 묘미와 아름다움을 느끼게 하고, 암기를 용이하게 하도록 작용한다.

대우가 이루어지지 않은 경우도 꽤 보이는데 그 예를 보이면 다음과 같다.

堅持雅操 好爵自縻 일정한 지조를 굳게 지키면, 좋은 벼슬이 저절로 얽혀 온다.
奄宅曲阜 微旦孰營 曲阜를 취하여 살았으니, 旦이 아니면 누가 경영했을까.

이러한 비대우(非對偶)는 대우에 비하여 매우 적어서, ≪천자문≫은 대우의 수사법(修辭法)이 많이 적용된 글이라고 할 수 있다. 따라서 ≪천자문≫은 대우를 익히는 데에 매우 유용한 문장이다.

(2) 도치(倒置)

도치문(倒置文)은 특히 압운에 영향을 받아 문장의 순서가 뒤바뀐 모습을 보인다. 이는 운문(韻文)의 특성상 자주 나타나는 현상이다.

寒來暑往 秋收冬藏	추위가 오면 더위는 가고, 가을에는 거두며 겨울에는 보관한다.
推位讓國 有虞陶唐	천자 지위를 밀어주고 나라를 사양한 이는 有虞(舜)와 陶唐(堯)이다.
弔民伐罪 周發殷湯	백성을 위로하고 죄 있는 이를 친 사람은 주나라 武王 發과 殷나라 湯王이다.
禍因惡積 福緣善慶	재화는 악행(惡行)의 쌓임에 기인하고 행복은 선행(善行)의 경사(慶事)에 인연한다.
高冠陪輦 驅轂振纓	높은 冠을 쓴 이들이 임금 손수레를 모시고, 수레바퀴를 몰아가면 갓끈이 흔들린다.
車駕肥輕	수레와 멍에 씌운 말이 살찌고 빠르다.
綺回漢惠 說感武丁	綺里季는 漢나라 惠帝가 太子였을 적에 폐위되려던 것을 되돌려놓았고, 商나라 부열(傅說)은 武丁에게 現夢하였다.
何遵約法 韓弊煩刑	漢나라 蕭何는 漢高祖의 約法三章으로 다스렸고, 秦나라 韓非는 가혹한 형벌로 피폐하였다.
渠荷的歷 園莽抽條	도랑의 연꽃은 선명하고, 동산의 풀은 가지가 뻗어 오른다.
枇杷晚翠 梧桐早凋	비파나무는 늦도록 푸르고, 오동잎은 일찍 시든다.
陳根委翳 落葉飄颻	묵은 뿌리가 버려져 죽고, 떨어지는 잎이 나부낀다.
嫡後嗣續 祭祀蒸嘗	嫡統 후계자로 이어가서 제사는 蒸제사와 嘗제사를 지낸다.
恬筆倫紙 鈞巧任釣	蒙恬은 붓을 만들며 蔡倫은 종이를 만들었고, 馬鈞은 技巧가 있었으며 任公子는 낚시를 만들었다.
布射僚丸 嵇琴阮嘯	呂布는 활을 잘 쏘았으며 熊宜僚는 탄환을 잘 놀렸고, 嵇康은 고[琴]를 잘 탔으며 阮籍은 휘파람을 잘 불었다.

'한래서왕(寒來暑往)'을 기후 순서의 '서왕한래(暑往寒來)'로 하면 더욱 말이 순조롭다. 그러나 래(來)는 평성(平聲)이고, 장(藏)도 평성(平聲)이어서, 상구(上句)와 하구(下句)의 끝 자가 모두 평성(平聲)이 되어 상미(上尾)를 저촉한다. '서왕(暑往)'을 뒤로 놓아 도치하여 상구의 끝 자가 왕(往, 上聲)이 되어, 왕(往, 仄)·장(藏, 平)으로 평(平)·측(仄)이 상대(相對)되고, 또 상미도 회피하였다.('상미' 회피는 후술함)

도당(陶唐)이 유우(有虞)보다 먼저이므로 '도당유우(陶唐有虞)'라고 해야 할 것인데 당(唐)의 압운 사용에 의해 유우도당(有虞陶唐)으로 도치되었다.

은탕(殷湯)이 주발(周發)보다 먼저이므로 '은탕주발(殷湯周發)'이라고 해야 할 것인데 탕(湯)의 압운 사용에 의해 주발은탕(周發殷湯)으로 도치되었다.

선악(善惡)의 제시에서 선(善)이 우선인데다 ≪주역≫〈곤괘 문언전〉의 "적선지가(積善之家), 필유여경(必有餘慶), 적불선지가(積不善之家), 필유여앙(必有餘殃)."에 의해 '복연선경(福緣善慶), 화인악적(禍因惡積)'이라고 해야 할 것인데 경(慶)의 압운 사용에 의해 도치되었다.

'고관배련(高冠陪輦), 구곡진영(驅轂振纓)'에 대하여는 ≪석의≫에 "구곡(驅轂)은 위의 배련(陪輦)을 이어서 말하였고, 진영(振纓)은 위의 고관(高冠)을 이어서 말하였다."라고 하여, 정치법으로 제시하면 '배련고관(陪輦高冠), 구곡진영(驅轂振纓)'이 되어야 할 것이다. 이것이 영(纓)의 압운, 그리고 영(纓)이 전구(前句) 끝 글자 련(輦)과 측(仄)·평(平)의 대응을 꾀하는 것으로 인해 도치된 것으로 보인다. 관(冠, '모자'이면 평성, '관 쓰다.'이면 측성임)이 출구각(出句脚)이 되면 관(冠, 平)·영(纓, 平)의 평(平)·평(平)이 되어 측(仄)·평(平)의 대응을 이루지 못하고, 상미(上尾)를 저촉한다. 이는 전후련(前後聯)의 '병(兵)·경(卿)·경(輕)·명(銘)' 등의 운각(韻脚)이 출구각(出句脚) 현(縣, 仄)과 운각(韻脚) 병(兵, 平)의 측(仄)·평(平)의 대응을 이룬 것에서 평(平)·평(平)의 기피를 확인할 수 있다.(평(平)·측(仄), 측(仄)·평(平) 대응 문제는 후술함)

'거가비경(車駕肥輕)'에 대하여는 ≪석의≫에 "비(肥)는 그 말〔馬〕을 말하였고, 경(輕)은 그 수레를 말하였다."라고 하여, 정치법으로 제시하면 '거경가비(車輕駕肥)'가 될 것인데, 경(輕)의 압운 사용으로 도치된 모습을 보인다. 그리고 ≪주해≫는 "기소승지거경(其所乘之車輕), 기소가지마비야(其所駕之馬肥也)."로 풀이하였는데, 이를 줄여 제시하면 '(乘)車輕, 駕(馬)肥.'의 괄호가 생략된 호문(互文)으로 볼 수도 있다.

은(殷)나라 부열(傅說)·무정(武丁)은 한(漢)나라 기리계(綺里季)·혜제(惠帝)보다 먼저이므로 '열감무정(說感武丁), 기회한혜(綺回漢惠)'라고 해야 할 것인데 정(丁)의 압운 사용으로 도치된 모습을 보인다.

진(秦)나라 한비(韓非)는 한(漢)나라 소하(蕭何)보다 먼저이므로 '한폐번형(韓弊煩刑), 하준약법(何遵約法)'이라고 해야 할 것인데 형(刑)의 압운 사용으로 도치된 모습을 보인다.

거하(渠荷)·원망(園莽)에 대해 ≪주해≫는 "구거지하(溝渠之荷), 당하성개(當夏盛開), … 원림지초(園林之艸), 방춘교취(方春交翠)."라고 하여, 거하(渠荷)는 여름에

≪천자문≫의 구문과 성률 | 195

피고 원망(園莽)은 봄에 푸른 것이므로, '원망추조(園莽抽條), 거하적력(渠荷的歷)'이라고 해야 할 것인데 조(條)의 압운 사용으로 도치된 모습을 보인다.

비파(枇杷)·오동(梧桐)에 대해 ≪주해≫는 "비파치한절이내화(枇杷值寒節而乃花), … 오동득금기이선령(梧桐得金氣而先零)."이라고 하여, 비파는 겨울에 꽃 피고 오동은 금기(金氣, 가을 기운)에 낙엽 지는 것이므로, '오동조조(梧桐早凋), 비파만취(枇杷晚翠)'라고 해야 할 것인데 조(凋)의 압운 사용으로 도치된 모습을 보인다.

진근(陳根)·낙엽(落葉)에 대해 ≪주해≫는 "백초지동이고령(百艸至冬而枯零), 진숙지근(陳宿之根), … 만목경상이요락(萬木經霜而搖落), 소소지엽(蕭疎之葉)."이라고 하여, 진근은 겨울의 문제이고 낙엽은 상(霜, 가을)의 문제이므로, '낙엽표요(落葉飄颻), 진근위예(陳根委翳)'라고 해야 할 것인데 요(颻)의 압운 사용으로 도치된 모습을 보인다.

증상(烝嘗)은 ≪석의≫에 "≪예기(禮記)≫〈왕제(王制)〉에 말하기를 '봄 제사를 약(礿)이라고 하고 여름 제사를 체(禘)라고 하고 가을 제사를 상(嘗)이라고 하고 겨울 제사를 증(烝)이라 한다.' 하였다. 증(烝)·상(嘗)을 말하고 약(礿)·체(禘)를 말하지 않은 것은 글을 생략하여 운(韻)을 맞춘 것이다.〔… 言烝嘗而不言礿禘, 省文以就韻也.〕"라고 하고, ≪시경(詩經)≫〈소아(小雅) 천보(天保)〉의 "약사증상(禴祠烝嘗)"의 〈대전(大全)〉에서는 "〈…증상(烝嘗)은〉 … 상증(嘗烝)을 도치하였는데 이것은 음절을 맞춘 것이다.〔禴祠烝嘗, 各倒一字, 此音節也〕."라고 하여, 춘하추동(春夏秋冬) 4계절 제사의 순서로 하면 약체상증(礿禘嘗烝)이라고 할 것을 생략에다 압운 사용의 도치로 인하여 '증상(烝嘗)'이 되었다는 것이다.

몽념(蒙恬)은 진(秦)나라, 채륜(蔡倫)은 동한(東漢), 마균(馬鈞)은 삼국(三國) 위(魏)나라, 임공자(任公子)는 전국(戰國)의 인물이다. 이들을 시대 순서로 서술한다면 '임조념필(任釣恬筆), 윤지균교(倫紙鈞巧)'라고 해야 할 것인데, 조(釣)의 압운 사용으로 도치된 모습을 보인다.

'포사료환(布射僚丸), 혜금완소(嵇琴阮嘯)'는 춘추(春秋)의 웅의료(熊宜僚)가 후한(後漢)의 여포(呂布)보다 먼저이므로 '요환포사(僚丸布射)'라고 해야 할 것인데 운각 '嘯(嘯韻 去聲)는 '射'(禡韻 去聲)와 함께 모두 거성이어서 상미(上尾)를 저촉하게 되는데, 이를 회피하기 위하여 도치되었다. 그리고 '丸'은 평성 출구각이 되어 운각 거성 '嘯'와 평(平)·측(仄, 去)의 대응을 이루게 된다.

(3) 생략(省略)

생략법은 문구(文句)의 일부분을 줄임으로써, 다시 말하면 일부분만 제시함으로

써 의미를 충족시키는 수사법이다. 이 역시 운문, 그리고 4자 1구라는 제한에 의해 자주 나타난다.

寒來暑往 秋收冬藏	추위가 오면 더위는 가고, 가을에는 거두며 겨울에는 간직한다.
閏餘成歲 律呂調陽	閏率의 남는 시간으로 해를 이루고, 律과 呂로 陰陽을 調和한다.
劍號巨闕 珠稱夜光	칼은 巨闕이 이름났고, 구슬은 夜光이 일컬어진다.
交友投分 切磨箴規	벗을 사귀어 情分을 의탁하고, 切磋琢磨하며 경계하고 일깨워준다.
果珍李柰 菜重芥薑	과일은 오얏과 능금을 보배로 여기고, 채소는 겨자와 생강을 중히 여긴다.
晉楚更霸 趙魏困橫	晉나라와 楚나라가 번갈아 霸權을 잡았고, 趙나라와 魏나라가 連橫에 피곤하였다.
愛育黎首 臣伏戎羌	백성을 사랑하여 기르고, 戎·羌을 신하삼아 복종시킨다.
起翦頗牧 用軍最精	전국시대의 白起·王翦·廉頗·李牧은, 군사를 운용하는 것이 가장 정묘하였다.

　추수동장(秋收冬藏)은 ≪석의≫에 "만물이 봄에 생겨나고 여름에 자라며 가을에 거두고 겨울에 간직한다. 추(秋)·동(冬)을 말하였으면 춘(春)·하(夏)는 그 속에 있는 것이다.〔萬物生於春, 長於夏, 收於秋, 藏於冬, 言秋冬, 而春夏在其中矣.〕"라고 하여, '춘생하장(春生夏長)'이 그 속에 포함되어 있는 것으로 설명하였다. 이는 생략을 하면서 장(藏)이 압운으로 쓰인 것이다.

　조양(調陽)의 양(陽)은 ≪석의≫에 "양(陽)만 말하고 음(陰)을 말하지 않은 것은 글을 생략하여 운(韻)을 맞춘 것이다.〔言陽而不言陰者, 省文以就韻也.〕"라고 하여, 음양(陰陽)의 생략으로 설명하였다. 양(陽)은 음양(陰陽)의 생략에다 압운이 되었다.

　거궐(巨闕)은 ≪주해≫에 의하면 춘추(春秋) 시대의 구야자(歐冶子)가 만든 오구(吳鉤)·담로(湛盧)·간장(干將)·막야(莫邪)·어장(魚腸)과 함께 6개 명검(名劍) 중의 하나를 들은 것이다. 야광(夜光)은 야광주(夜光珠)라는 구슬 이름으로, 구슬 중에 하나를 들고, 광(光)을 압운으로 구사하였다.

　이(李)·내(柰)는 과일 중에 2가지일 뿐이고, 개(芥)·강(薑)은 채소 중에 2가지이다. 그리고 강(薑)은 압운으로 사용하였다.

　절마(切磨)는 ≪주해≫에 "절차탁마(切磋琢磨)" 네 가지로 설명하여 '차탁(磋琢)'이 생략되었음을 나타냈다.

　진초경패(晉楚更霸)는 ≪석의≫에 "오패(五霸)는 제환공(齊桓公)·진문공(晉文公)·진목공(秦穆公)·송양공(宋襄公)·초장왕(楚莊王)이 있는데, 진(晉)·초(楚)만 말하고 진(秦)·송(宋)을 말하지 않은 것은 글을 생략한 것이다.〔… 言晉楚而不言秦宋, 省文也.〕"라고 하여, 춘추의 강대국 5국 중에 2국만 들었음을 밝혔다. 조위곤횡

(趙魏困橫)은 ≪석의≫에 "연횡만 말하고 합종(合從)을 말하지 않은 것은 글을 생략한 것이다. 육국(六國)은 조(趙)·위(魏)·한(韓)·제(齊)·초(楚)·연(燕)이 있으나 둘만 들어 그 나머지를 포괄하였다.〔言橫而不言從, 省文也. 六國有趙魏韓齊楚燕, 舉二以該其餘也.〕"라고 하여, 조위(趙魏)는 전국(戰國)의 6국 중에 2국만 들고, 횡(橫)은 합종연횡(合從連橫)의 생략임을 밝혔다.

융(戎)·강(羌)은 ≪주해≫에 "융·강은 모두 서쪽의 오랑캐인데, 여기서는 사방의 오랑캐를 총괄하여 말한 것이다.〔戎羌皆西戎, 而此則總四裔言之也.〕"라고 하여, 동이(東夷)·남만(南蠻)·북적(北狄)이 생략된 것을 알 수 있다.

기전파목(起翦頗牧)은 백기(白起)·왕전(王翦)·염파(廉頗)·이목(李牧)의 생략이고, 또 전국시대의 장군들 중에서 생략하여 4명만 들은 것이다. 손빈(孫臏)·오기(吳起) 역시 최고의 용병가라고 할 수 있다. 이와 같이 성명에서 한 자(字)만 들은 경우, 그리고 특정 집단에서 대표할만한 몇 명만 들은 경우는 매우 많다.

그리고 앞에 예문을 들은 '기회한혜(綺回漢惠)'의 기(綺)는 기리계(綺里季)의 생략이고, 또 사호(四皓, 4명의 머리 센 원로)의 한 사람으로 ≪석의≫에서 "사호(四皓)는 기리계(綺里季)·동원공(東園公)·하황공(夏黃公)·녹리선생(甪里先生)인데 한 사람을 들음으로써 세 사람을 포괄하였다.〔四皓者, 綺里季東園公夏黃公甪里先生, 舉一以該其三也.〕"라고 하여, 4명에서 1명만 들은 것이다. 또 앞의 예문 '제사증상(祭祀烝嘗)'의 증상(烝嘗)은 약체증상(礿禘烝嘗)에서 2가지 제사만 들은 것이다.

생략법에는 특히 호문(互文)이 있다. 호문(互文)은 호문견의(互文見義)의 준말로, '위와 아래 글의 뜻이 서로 밝히고 서로 보충함을 말한다.(謂上下文義互相闡發, 互相補足)'(≪漢≫)라고 설명한다. 이는 '짝으로 된 두 구에서 한 쪽씩만 쓴 글' 다시 말하면 '짝으로 된 두 구에서 한 쪽을 생략하여 중복을 피한 글'로, 생략을 유추해야 의미가 완전하게 파악되는 수사법(修辭法)으로, 대우(對偶)·압운(押韻)·평측(平仄) 그리고 자수(字數)의 제한 혹은 표현 효과를 강조하기 위하여 동구(同句) 혹은 전후구(前後句) 중에 쓰인 말로 상호 보충해야 하는 것이다. 예를 들면 "장군은 백번 전쟁에 죽고, 장사는 십년 만에 돌아왔네.〔將軍百戰死, 壯士十年歸.〕"5)에서, 상구(上句)는 '장사(壯士)'가 생략되고 하구(下句)는 '장군(將軍)'이 생략되어 "將軍(壯士)百戰死, (將軍)壯士十年歸."로 보충하여 '장군이나 (장사나) 백번 전쟁에 죽고, (장군이나) 장사나 십년 만에 돌아왔네.'라고 이해해야 하는 것이다. 이를 바꾸어 표현하여 "(將軍)壯士百戰死, 將軍(壯士)十年歸."로 표현할 수도 있다.6) 이에 의해

---

5) 四庫全書 ≪樂府詩集≫ 卷25 <木蘭詩>.
6) 이해를 돕기 위하여 예를 더 들어 보인다.
   "동서에는 송백을 심고 좌우에는 오동을 심었네(東西植松柏, 左右種梧桐)"(四庫全書 ≪樂府詩集≫ 卷73 <焦仲卿妻>)에서, 上句는 '左右'가 생략되고 下句는 '東西'가 생략되어 "東西(左右)植松柏 (東西)

보다 자세히 정리하면 호문(互文)은 '두 구절에서 앞 구절의 일부 앞부분과 뒷 구절의 일부 뒷부분을 생략하여 이룩된 문장', 또는 '앞 구절의 일부 뒷부분과 뒷 구절의 일부 앞부분을 생략하여 이룩된 문장'이다. 다시 말하면 '앞 구절의 일부 앞부분과 뒷 구절의 일부 뒷부분을 보충해야 완성되는 문장', 또는 '앞 구절의 일부 뒷부분과 뒷 구절의 일부 앞부분을 보충해야 완성되는 문장'이다.

≪천자문≫의 호문을 보면 다음과 같다.

日月盈昃 辰宿列張	해는 기울며 달은 차고, 12辰(신) 별자리와 28宿(수) 별자리가 벌려 있다.
路挾槐卿	대궐 길에는 三公과 九卿이 끼어 있다.
磻溪伊尹 佐時阿衡	磻溪의 呂尙과 莘野의 伊尹은, 그 시대를 도우며 아형 관직을 맡았다.
年矢每催 羲暉朗曜 璇璣懸斡 晦魄環照	해는 화살처럼 늘 재촉하고, 햇빛은 밝고 빛난다. 璇璣玉衡은 매달려 돌고, 그믐달에는 <밝음이 소진되었다가 보름달 뒤에는> 검은 부분이 생겨 순환하여 비춘다.

일월영측(日月盈昃)은 ≪주역≫〈풍괘(豊卦) 단전(彖傳)〉의 "日中則昃, 月盈則食."에서 유래된 것으로, '일측월영(日昃月盈)'의 변문(變文)이다. 이는 '日(中則)昃, 月盈(則食)'의 괄호 부분이 생략된 호문으로 볼 수 있다. 그런데 '일측월영(日昃月盈)'은 '일월측영(日月昃盈)'으로 쓰여야 할 것이지만, '측영(昃盈)'이 '영측(盈昃)'으로 도치되어 있다. 이는 압운자(押韻字)와 측(昃, 仄)·장(張, 平)의 측(仄)·평(平) 대응, 즉 평성운각(平聲韻脚)의 측성출구각(仄聲出句脚)을 꾀하기 위해 도치한 것으로 보인다. 영(盈, 平)·장(張, 平)으로 하면 평(平)·평(平)이 되어 측(仄)·평(平)의 대응을 이루지 못한다. 그리고 상구(上句)의 끝 자(盈)와 하구(下句)의 끝 자(張)가 똑같이 평성이 되고, 1구(句)의 끝 자(黃)와 3구의 끝 자(盈)가 똑같이 평성이 되는 결함인 상미(上尾)를 저촉하게 된다.

노협괴경(路挾槐卿)은 ≪석의≫에 "삼괴(三槐)를 정면에 심어 삼공(三公)이 자리하고 구극(九棘)을 왼쪽에 심어 고(孤)·경(卿)·대부(大夫)가 자리한다. 괴(槐)를 말하면서 극(棘)을 말하지 않았으며 경(卿)을 말하면서 공(公)·고(孤)·대부(大夫)를 말하지 않은 것은 글을 생략한 것이다.〔面三槐, 三公位焉. 左九棘, 孤卿大夫位焉. 言槐而不言棘, 言卿而不言公孤大夫, 省文也.〕"라고 하였다. 이 생략을 보충하면 '路挾

左右種梧桐"으로 보충하여 '동서 (좌우)에는 송백을 심고, (동서) 좌우에는 오동을 심었네.'라고 이해해야 하는 것이다.

또 '내 고향은 배꽃피고 산수유를 따는 곳이다.'라고 한다면 '내 고향은 배꽃피고 (산수유 꽃피며 배 따고) 산수유를 따는 곳이다.'의 괄호 부분의 생략을 보충해야 하는 것이고, 거꾸로 표현하면 '산수유 꽃피고 배따는 곳이다.'로도 된다.

槐(公 路挾棘)卿' 또는 '路挾槐(公棘)卿'이 되는데, 괄호 부분이 생략된 것이다.

반계이윤(磻溪伊尹)은 ≪주해≫에 "주나라 문왕은 여상(呂尙, 姜太公)을 반계에서 초빙하고, 은나라의 성탕(成湯)은 이윤을 신야에서 초빙하였다.〔周文王聘呂尙于磻谿, 殷湯聘伊尹于莘野也.〕"라고 하여, '여상반계(呂尙磻溪), 이윤신야(伊尹莘野)' 즉 '반계(磻溪)에서 낚시하던 여상(呂尙)과 신야(莘野)에서 농사짓던 이윤(伊尹)'이 완전한 글인데, 반계(磻溪)라는 장소와 이윤(伊尹)이라는 사람만 들고, 장소에 대응되는 '呂尙'과 인물에 대응되는 '莘野'를 생략하였다. 이는 '(呂尙)磻溪 伊尹(莘野)' 또는 '磻溪(呂尙), (莘野)伊尹.'의 괄호 부분 생략이다.

'년시매최(年矢每催), 희휘랑요(羲暉朗曜). 선기현알(璇璣懸斡), 회백환조(晦魄環照)'에 대하여 ≪석의≫에는 "연시(年矢)에는 일휘(日暉)를 말하고 선기(璇璣)에는 월백(月魄)을 말한 것은 또한 호문(互文)이다.〔於年矢則言日暉, 於璇璣則言月魄, 亦互文也.〕"라고 하였는바, 이를 호문에 의해 보충하면, '해는 화살처럼 늘 재촉하고, 햇빛은 밝고 빛나며, (그믐달에는 검은 부분이 생겨 순환하여 비춘다) 선기옥형(璇璣玉衡)은 매달려 돌고, (햇빛은 밝고 빛나며,) 그믐달에는 검은 부분이 생겨 순환하여 비춘다.〔年矢每催, 羲暉朗曜. (晦魄環照), 璇璣懸斡, (羲暉朗曜), 晦魄環照.〕'로 이해할 수 있는 것이다. 즉 연시(年矢)에도 월백(月魄)이 올 수 있는 것이고, 선기(璇璣)에도 일휘(日暉)가 올 수 있는 것이다.

또 회백환조(晦魄環照)는 ≪주해≫에 "회백(晦魄)은 달그림자가 그믐이면 밝음이 소진하고, 초하루면 밝음이 소생하며, 보름 뒤에는 백(魄, 달의 검은 부분)이 생긴다.〔晦魄, 月影晦則明盡, 朔則明蘇, 望後生魄也.〕"라고 하였는바, 회백(晦魄)은 '그믐달에는 (밝음이 소진되었다가) … (보름달 뒤에는) 검은 부분이 (생겨)〔晦(則明盡), … (望後生)魄.〕'에서 회(晦)에는 '즉명진(則明盡)'이 백(魄)에는 '망후생(望後生)'이 생략된 호문이고, 또 중간에 '삭즉명소(朔則明蘇)'가 생략된 것이다. 괄호 부문을 보충하면 의미가 명확해진다.

3. 성률(聲律)

≪천자문≫의 성운격률(聲韻格律)은 고시(古詩)의 면모를 여실히 보여준다. 이를 압운(押韻) 방법(方法), 평측(平仄)과 사성(四聲)으로 나누어 살펴보기로 한다.

(1) 압운(押韻) 방법(方法)과 운목(韻目)

앞글 '저자' 항목에서 ≪천자문≫은 주흥사(周興嗣)가 왕희지(王羲之)의 천자(千字)를 차운(次韻)하여 지었다고 소개하였다. 그러나 이에 대해 문제 제기가 있다.

> ≪宋史≫<李至傳>에 "≪천자문≫은 梁 武帝가 鍾繇의 書破碑 1천여 글자를 얻고서 周興嗣에게 명령하여 次韻하여 이루게 하였다."라고 하였는데, <周興嗣列傳>에서는 王羲之라고 하고 또 여기서는 鍾繇라고 하였으니, 또 다르다.(宋史李至傳言, 千字文乃梁武帝得鍾繇書破碑千餘字, 命周興嗣次韻而成, 本傳以爲王羲之, 而此又以爲鍾繇則又異矣.(≪六藝之一錄續編≫ 권9 <續書體論> ≪千字文≫)

주흥사가 차운을 한 것은 동일하지만 차운의 대상이 왕희지의 작품이냐 종요의 작품이냐가 다른 것이다.

주흥사 ≪천자문≫ 이전에 종요의 ≪천자문≫이 있었고, 왕희지가 이를 베껴 썼으나 문장을 이루지 못하고 운(韻)도 맞지 않아 양(梁)나라 고조(高祖) 소연(蕭衍)이 운에 맞추어 재정리하게 함으로써 장시(長詩) 1천 자, 250구, 125절 운문(韻文) ≪천자문≫이 완성되었을 것이라 한다.[7] 요약하면 왕희지가 임서(臨書)한 종요(鍾繇)의 ≪천자문≫에 의거하여 주흥사의 ≪천자문≫이 이룩된 것으로 추정된다. 차운(次韻)은 신빙성이 있으나 원운(原韻)과 차운(次韻)의 일치를 확인하지 못하는 상황에서 종요와 왕희지의 영향이 어느 정도였는지 자세히 밝히기는 어렵다.

≪천자문≫은 시경체(詩經體)의 사언고시(四言古詩) 형식으로서 처음부터 끝까지 압운을 하였다. 예를 들면 ≪시경≫<주남(周南) 관저(關雎)>의,

關關雎鳩◎	암수가 화락하게 우는 물수리는
在河之洲◎	황하의 섬에 있구나.
窈窕淑女	얌전히 착한 아가씨는
君子好逑◎	사나이의 아름다운 짝이라.

---

[7] 林東錫, 앞의 논문 참조.

에서 운(韻)으로 쓰인 구(鳩)·주(洲)·구(逑)는 모두 유(幽) 운부(韻部)에 속하여 1·2구에 축구(逐句) 압운하고 그 다음부터는 격구(隔句) 압운이 되었는데, ≪천자문≫도 이러한 방식으로 압운을 한 것이다.

≪천자문≫은 처음 1·2구인 '천지현황(天地玄黃), 우주홍황(宇宙洪荒)'의 황(黃)·황(荒)에 압운하고 그 다음부터는 격구 압운하였다. 그리고 마지막 '위어조자(謂語助者), 언재호야(焉哉乎也)'의 '자(者)·야(也)'도 축구 압운을 하였다.8) 처음과 끝을 제외한 중간의 문장은 2구마다 압운하는 격구 압운을 하였는데, 일운도저(一韻到底)로 하지 않고 환운(換韻)을 하여 본문(本文) 8단(段) 그리고 어조사 1단으로 모두 9단이다. 그 운목(韻目)을 206운(韻)에 의해 제시하면 다음과 같다.9)

제1단
黃(唐)·荒(唐)·張(陽)·藏(唐)·陽(陽)·霜(陽)·岡(唐)·光(唐)·薑(陽)·翔(陽)·皇(唐)·裳(陽)·唐(唐)·湯(唐)·章(陽)·羌(陽)·王(陽)·場(陽)·方(陽)·常(陽)·傷(陽)·良(陽)·忘(陽)·長(陽)·量(陽)·羊(陽)

1~50구(1~25련)까지이다. 下平 十 陽, 下平 十一 唐의 同用이다. 그러나 常 이하는 제2장으로 갈라지는데 陽만 사용되었다.

제2단
聖(勁)·正(勁)·聽(徑)·慶(映)·競(映)·敬(映)·命(映)·淸(勁)·盛(映)·映(映)·定(徑)·令(勁)·竟(映)·政(勁)·詠(映)

51~80구(26~40련)까지 30개구(15개련)이다. 去 四十三 映, 去 四十五 勁, 去 四十六 徑을 사용하였는데, 映·勁은 동용이고, 映·徑은 合韻이고, 徑·勁은 합운이다. 徑이 映·勁과 혼용되고 있으나, 후일에는 獨用이 되어 映·勁과의 혼용을 허용하지 않았다.

제3단
卑(支)·隨(支)·儀(支)·兒(支)·枝(支)·規(支)·離(支)·虧(支)·疲(支)·移(支)·糜(支)

81~102구(41~51련)까지 22개구(11개련)이다. 모두 上平 五 支를 사용하였다.

제4단
京(庚)·涇(靑)·驚(庚)·靈(靑)·楹(淸)·笙(庚)·星(靑)·明(庚)·英(庚)·經(靑)·卿(庚)·兵(庚)·纓(淸)·輕(淸)·銘(靑)·衡(庚)·營(淸)·傾(淸)·丁(靑)·寧(靑)·橫(庚)·盟(庚)·刑(靑)·精(淸)·靑(靑)·並(淸)·亭(靑)·城(淸)·庭(靑)·冥(靑)

103~162구(52~81련)까지 60개구(30개련)이다. 下平 十二 庚, 下平 十四 淸, 下平 十五 靑을 사용하였는데, 庚·淸은 동용이고, 庚·靑은 합운이고, 靑·淸은 합운이다. 靑이 庚·淸과 혼용되고 있으나, 후일에는 獨用이 되어 庚·淸과의 혼용을 허용하지 않았다.

---

8) 기존 논저의 압운 논의에서 혹은 첫 1聯의 黃·荒, 끝 125련의 者·也를 제외한 경우가 있는데, 이는 논의의 결여이다.
9) 이 운목은 '小川環樹·木田章義, 2009. 367~394면'을 따랐다.

제5단
穡(職)・稷(職)・陟(職)・直(職)・敕(職)・色(職)・(職)・植(職)・極(職)・即(職)・逼(職)
163~182구(82~91련)까지 22개구(10개련)이다. 모두 入 二十四 職을 사용하였다.

제6단
寥(蕭)・遙(宵)・招(宵)・條(蕭)・凋(蕭)・搖(宵)・霄(宵)
183~196句(92~98련)까지 14개구(7개련)이다. 下平 三 蕭, 下平 四 宵의 동용이다.

제7단
箱(陽)・牆(陽)・腸(陽)・糠(唐)・糧(陽)・房(陽)・煌(唐)・床(陽)・觴(陽)・康(唐)・嘗(陽)・惶(唐)・詳(陽)・涼(陽)・驤(陽)・亡(陽)
197~228句(99~114련)까지 32개구(16개련)이다. 下平 十 陽, 下平 十一 唐의 동용이다. 1단과 같은 압운이다.

제8단
嘯(嘯)・釣(嘯)・妙(笑)・笑(笑)・曜(笑)・照(笑)・劭(笑)・廟(笑)・眺(嘯)・誚(笑)
229~248句(115~124련)까지 20개구(10개련)이다. 去 三十四 嘯, 去 三十五 笑의 동용이다.

제9단
者(馬)・也(馬)
249~250句(124~125련)까지 2개구(1개련)이다. 上 三十五 馬를 사용하였다.

평성운(平聲韻)이 1단(50개구, 25개련)・3단(22개구, 11개련)・4단(60개구, 30개련)・6단(14개구, 7개련)・7단(32개구, 16개련)으로, 모두 5개단에 178개구 89개련이 되어 전체의 7/10을 넘고 있다. 그 중에 특히 양(陽)・당(唐)은 1단과 7단에 거듭 사용되어 모두 82개구 41개련으로 많이 나타나고 있다. 이와 같이 평성운이 많은 것은 근체시(近體詩)의 설명에 "평성(平聲)을 압운(押韻)으로 즐겨 씀은 평성이 장음(長音)이므로 만성가창(曼聲歌唱)에 편리하기 때문이다."10)라는 것에 선구(先驅)로 간주할 수 있을 것이다.

이들 각 단(段)을 각 장(章)에 대비시키면 다음과 같다.

제1단 / 제1장(36개구, 18개련)의 黃(1구, 1聯)~方(36구, 18련)
제1단・2단・3단 / 제2장(66개구, 33개련)의 髮(37구, 19련)~靡(102구, 51련)
제4단 / 제3장(60개구, 30개련)의 夏(103구, 52련)~冥(162구, 81련)
제5단・6단・7단・8단 / 제4장(86개구, 43개련)의 農(163구, 82련)~誚(248, 124련)
제9단 / 어조(2개구, 1개련)의 者也(249련~250구, 125련)

제1장만 제1단에서 나누어지고 나머지 각장(各章)은 모두 압운의 각단(各段)과

---

10) ≪漢詩韻律論≫, 洪瑀欽 編譯(王力 原著), 嶺南大學校出版部, 1987. 11면.

맞추어졌다. 그 중에 2장은 제1단·2단·3단, 4장은 제5단·6단·7단·8단에 걸쳐 몇 가지 운(韻)이 쓰였다. 각장이 의미에 의한 분단이라고 하면 각단은 성운(聲韻)에 의한 분단이라고 할 것인데, 압운을 바꿈에 따라 문맥(文脈)의 전환을 기할 수 있는 것이다. 이 점에서 각장은 물론 특히 2장·4장은 각각 장내(章內)에서 3~4회의 환운(換韻)을 함으로써 음성의 전환과 함께 의미의 전환을 꾀하고 있는 것이다. 나아가 압운과 각절(各節)의 관계까지도 살펴 독해한다면 ≪천자문≫을 한시(漢詩)로 이해하고 감상하는 데에 큰 효과를 거둘 수 있는 것이다.

(2) 평측(平仄)과 사성(四聲)

각련(各聯)의 운각(韻脚, 押韻字, 바깥짝 끝의 韻字)과 출구각(出句脚, 出句末字, 안짝 끝의 글자)을 평측으로 살펴보면 평(平)과 측(仄), 또는 측(仄)과 평(平)으로 대응을 상당히 이룬다. 2련부터 25련까지 '昃(仄)·張(平), 往(仄)·藏(平), 歲(仄)·陽(平), 雨(仄)·霜(平) … 覆(仄)·量(平), 染(仄)·羊(平)'의 평성운(平聲韻)은 모두 측(仄)·평(平)으로 대응을 이룬다. 이는 평운(平韻)의 고풍시(古風詩)에서 출구(出句)는 측각(仄脚)을 사용함을 원칙으로 하는 것11)에 합치되는바, 평성운각(平聲韻脚)의 측성출구각(仄聲出句脚)으로 정리된다.

그러나 그 다음부터 측성운(仄聲韻)은 출구각과 평(平)·측(仄) 대응을 이룬 것과 이루지 못한 것이 있다. 26련부터 40련까지 측성운각(仄聲韻脚)의 출구각(出句脚)의 평측은 다음과 같다.

景行維賢(平)　剋念作聖
德建名立(仄)　形端表正
空谷傳聲(平)　虛堂習聽
禍因惡積(仄)　福緣善慶
尺辟非寶(仄)　寸陰是競
資父事君(平)　曰嚴與敬
孝當竭力(仄)　忠則盡命
臨深履薄(仄)　夙興溫凊
似蘭斯馨(平)　如松之盛
川流不息(仄)　淵澄取映
容止若思(平)　言辭安定
篤初誠美(仄)　愼終宜令

---

11) 洪瑀欽 編譯, 앞의 책, 205면.

榮業所基(平)　籍甚無竟
學優登仕(仄)　攝職從政
存以甘棠(平)　去而益詠

　　출구각은 '賢(平), 立(仄), 聲(平), 積(仄), 寶(仄), 君(平), 力(仄), 薄(仄), 馨(平), 息(仄), 思(平)'로 나타나서 현(賢)·성(聲) 등에는 평(平)·측(仄)으로 대응을 이루지만, 입(立)·적(積) 등에는 측(仄)·측(仄)으로 평·측의 대응을 이루지 않는다. '賢(平), 立(仄), 聲(平), 積(仄)'의 평측평측(平仄平仄)은 "측운오언고시(仄韻五言古詩)의 출구말자(出句末字)는 평측이 서로 바뀐 것(전련출구말자(前聯出句末字)가 측성(仄聲)이면 후련출구말자(後聯出句末字)는 평(平), 그 다음 련의 출구(出句)는 측(仄), 그 다음은 다시 평(平)과 같은 식으로 된 것)",12) 즉 출구각의 평측체용(平仄遞用)이 적용된 것이다.
　　그리고 '積(仄), 寶(仄), 君(平), 力(仄), 薄(仄)'의 측측평측측(仄仄平仄仄)은 출구각의 평측체용이 매련(每聯)마다 일정하게 체용(遞用)되지는 않은 것을 보인다. 이는 우연히 두 개의 평각(平脚)13) 혹은 두 개의 측각(仄脚)을 연용(連用)한 것이다. 출구말자의 성조는 본래 자유스러웠던 것으로, 그 평측체용은 일종의 작풍(作風)이지 일정한 규율(規律)은 아니었던 것이다.14)
　　다시 평성운이 된 41련부터 81련까지는 '賤(仄)·卑(平), 睦(仄)·隨(平), 訓(仄)·儀(平), 叔(仄)·兒(平)' 등의 출구각이 끝까지 모두 측(仄)·평(平)으로 평성운각의 측성출구각의 대응을 이룬다. 특히 '교우투분(交友投分), 절마잠규(切磨箴規)'(46련)·'부라장상(府羅將相), 노협괴경(路俠槐卿)'(62련)은 평성운 규(規)·경(卿)에 측성자(仄聲字) 분(分, 정분)·상(相, 정승)이 대응되어 평성자(平聲字) 분(分, 나누다)·상(相, 서로)을 쓰지 않은 점이 주목되는바, 측·평 대응을 꾀한 자취가 뚜렷하다.
　　82련부터 91련까지 측성운에는 '農(平)·稷(仄)'이 평(平)·측(仄)으로 대응을 이루고, '畝(仄)·稷(仄)'이 측(仄)·측(仄)으로 평·측 대응을 이루지 않고, '新(平)·陟(仄)'이 평·측으로 대응을 이루고, '素(仄)·直(仄)'이 측(仄)·측(仄)으로 평·측 대응을 이루지 않았다. 이것은 출구각의 평측체용이 이루어진 것인데, 이들 출구각을 보이면 '農(平)·畝(仄)·新(平)·素(仄)·庸(平)·理(仄)·猷(平)·誡(仄)'으로 평측체용이 이어졌다. 그러나 그 다음의 '誡(仄)·恥(仄)'에서는 두 개의

---

12) 洪瑀欽 編譯, 앞의 책, 206면.
13) 측성운각의 평성출구각 연용은 '毛施淑姿(平) 工顰姸笑, 年矢每催(平) 曦暉朗曜.'(118, 119련), '束帶矜莊(平) 徘徊瞻眺, 孤陋寡聞(平) 愚蒙等誚.'(123, 124련)에 보인다.
14) 洪瑀欽 編譯, 앞의 책, 206면.

측각(仄脚)을 연용(連用)하여 평측체용이 이루어지지 않았다.(뒤의 120련부터 3련의 출구각 '알(斡)·호(祜)·령(領)'은 세 개의 측각(仄脚)을 연달아 썼다)

92련부터 114련까지 평성운에는 '處(仄)·寥(平), 論(仄)·遙(平), 遣(仄)·招(平), 歷(仄)·條(平), 翠(仄)·凋(平)' 등이 측·평으로 대응을 이룬다.

이 중에 론(論, 93련)은 정밀한 고찰을 요한다. 론(論)은 평측(平仄) 양운(兩韻)인바, 여기서는 측성(仄聲)으로 쓰였다. 론(論)의 전후 평성운(平聲韻) 23개련 중에 22개련의 출구각, 나아가 ≪천자문≫의 모든 평성운의 출구각이 측성으로 쓰이고서 론(論) 하나만 평성으로 쓰일 리는 없는 것이다. 론(論)은 '설명하다·쟁변하다.'의 동사일 경우는 평성(平聲) 원운(元韻)이고, '의견(意見)·문사(文辭)'의 명사일 경우는 거성(去聲) 원운(願韻) 즉 측성(仄聲)이다.15) 론(論)을 ≪주해≫에는 "의론할 討論 又 의론론 論議", 그리고 ≪석의≫에는 "변의(辨議)"·"변론(辨論)"으로 풀이하고 있는데, '토론·변론'은 모두 ≪패문운부(佩文韻府)≫의 평성(平聲) 원운(元韻)에 속해 있고, '논의하다.'로 이해된다. ≪주해≫에는 국어 풀이에 "의론할"의 동사, "의론"의 명사를 함께 제시하였다. 여기서 론(論)의 측성(仄聲) 즉 명사에 의한 번역을 적용하면 '심론(尋論)'은 '의논을 찾는다.'로 된다.

115련에서 124련까지는 측성운에는 '丸(平)·嘯(仄)'가 평·측으로 대응을 이루고, '紙(仄)·釣(仄)', '俗(仄)·妙(仄)' 등이 측(仄)·측(仄)으로 되어 평(平)·측(仄) 대응을 이루지 않았다. 그리고 출구각은 '紙(仄)·俗(仄)', '姿(平)·催(平)', '斡(仄)·祜(仄)·領(仄)', '莊(平)·聞(平)'로 되어 두 개의 평출구각 혹은 두 개의 측출구각을 연달아 쓰기도 하여 평측체용이 성립되지 않았다.

그러나 121련의 '祜(仄, 去)·邵(仄, 去)'로 표기된 본(本)은 문제가 있다. 이는 출구각의 측각(仄脚)을 연달아 쓴 것으로 인정할 수 있으나, 우(祜)·소(邵)가 모두 거성(去聲)으로 되어 있어서, 상구(上句) 미자(尾字)와 하구(下句) 미자가 동성(同聲) 또는 1구 미자와 3구 미자가 동성(同聲)인 팔병(八病) 중의 상미(上尾)가 되는 것이다.16) 출구말자와 운각의 성조(聲調, 四聲)가 같지 않도록 한 것, 다시

---

15) ≪平仄字典≫(林古溪, 明治書院, 東京, 昭和59年. 26版)의 "論 とく·諍ふ (元), 意見·文辭(願)"에 의거하였다. 이와 같은 兩韻 표기는 ≪字典釋要≫의 "論 의론할론·말할론·생각할론(元), 의론론(願)"이 있고, ≪增廣詩韻集成≫의 "論 討論·細論·何足論·講論…(元), 定論·高論·廷論·異論…(願)"이 있어, 論이 동사일 경우는 평성, 명사일 경우는 측성으로 나타나고 있다. 양운에 따른 평측 문제는 여러 字典에 혼동되어 있다. 그리고 尋論은 漢詩 작품에서 "洞霄雙徑傍何村, 松菊歸來想自存. 官牒推移應一笑, 桃花源上且尋論."(松雪 四庫全書 ≪潤泉集≫ 卷16), "石經猶幸護祇園, 何況因山往蹟存. 黃瓦朱垣昭聖澤, 六飛親歷更尋論."(恭和 御製望大房山作歌元韻 四庫全書 ≪松泉集≫ 卷21)의 평성 압운으로 쓰여서 '찾아 논의한다.'로 풀이된다.

論은 206韻으로는 魂(平)·慁(去)인데, 106韻으로 바뀌면서 魂은 元(平), 慁은 願(去)으로 흡수되었다.

16) 上尾의 예를 들면 梁 沈約이 말한 古詩十九首의 "青青河畔草, 欝欝園中柳."의 草·柳가 모두 上聲인

말하면 운각에 거성을 사용했으면 출구말자는 거성을 사용하지 아니한 것으로 하여 상미 병을 범(犯)하지 않아야 하는 것이다.17) 상미 문제는 출구각의 평·측만으로 살필 수 있는 것이 아니고, 평(平)·상(上)·거(去)·입성(入聲)을 분별하고 대조해야 하는 것이다. 우(祐)가 ≪석의≫에는 호(祜, 上聲 麌韻)로 되어 있어, 호(祜)로 하면 호(祜, 上)·소(邵, 去)의 이성조(異聲調)로 되어, 우(祐, 去)·소(邵, 去)의 동성조(同聲調)로 되는 상미를 피할 수 있다. 祜(복/호)는 祐(복/우)와 자형(字形)이 유사한 동의이자(同義異字)이기 때문에 혼용된 것으로 보인다. 따라서 우(祐)는 호(祜)의 오자(誤字)로 처리하고자 한다.

그리고 115련의 '포사료환(布射僚丸), 혜금완소(嵇琴阮嘯)'는 앞에서 '요환포사(僚丸布射)'가 상미를 피하기 위하여 도치되었다고 하였는바, 이 상황을 사성(四聲) 대조로 살펴본다. 운각 소(嘯)는 소운(嘯韻) 거성이고 사(射)는 마운(禡韻) 거성으로 같은 거성이다. 만약 '僚丸布射, 嵇琴阮嘯.'로 된다면 출구각 사(射, 去)와 운각 소(嘯, 去)가 같은 거성이 되어 상미를 범하게 된다. 이를 출구각 환(丸, 平)과 운각 소(嘯, 去)로 하면 상미를 피하고, 평·측의 대응도 꾀할 수 있는 것이다. 여기서 ≪천자문≫의 상미는 평성운각일 때 출구각끼리의 상미 형태는 보이지만,18) 측성운각일 때 출구각과의 상미 형태 그리고 인근 출구각끼리의 상미 형태는 회피한 모습을 보인 것이 확인된다.

특이한 성조 배열로는 일구(一句) 중의 사성체용(四聲遞用), 출구각의 사성체용을 찾아볼 수 있다. 일구 중에는 '吊(去)民(平)伐(入)罪(上)(13련), 愛(去)育(入)黎(平)首(上)(15련), 蓋(去)此(上)身(平)髮(入)(19련), 女(上)慕(去)貞(平)絜(入)(21련), 知(平)過(去)必(入)改(上)(22련), 福(入)緣(平)善(上)慶(去)(29련), 曰(入)嚴(平)與(上)敬(去)(31련), 忠(平)則(入)盡(上)命(去)(32련), 造(上)次(去)弗(入)離(平)(47련)' 등의 사성체용이 있다. 그리고 평운(平韻)의 출구각에는 '昃(入)往(上)歲(去)(2~4련), 水(上)闕(入)柰(去)(6~8련), 字(去)國(入)罪(上)(11~13련), 短(上)覆(入)染(去)(23~25련)' 등의 사성의 순서가 뒤섞인 체용이 있고, 또 '體(上)樹(去)木(入)(16~18련), 弟(上)分(去)惻(入)(45~47련), 輦(上)富(去)實(入)(64~66련)' 등의 사성의 순서가 평상거입(平上去入)으로 이룩된 사성체용도 있다. 이들은 의도한 배열이 아니라 우연히 체용된 것으로 보인다. 그렇다고 해도 이러한 사성체용 배열이 성률의 아름다움을 구사하고 후일 근체시(近體詩)에서 형식화되는 점에서 볼 때19) 선행(先行) 배열의 모습을 보이는 것이다.

경우이다.(四庫全書 ≪類說≫ 卷51)
17) 洪瑀欽 編譯, 앞의 책, 206면 참조.
18) 平韻의 출구각 '雨·水'(5·6聯)는 모두 上聲, '柰·淡·帝·字'(8·9·10·11련)는 모두 去聲 등의 上尾 형태가 있다.

위에서 살펴본바 ≪천자문≫은 환운법(換韻法)의 격구운(隔句韻)을 운용하고, 평성운(平聲韻)에서 출구각(出句脚)과 측(仄)·평(平)의 대응을 이룩하였고, 출구각의 평측(平仄) 체용(遞用)을 하였고, 두 개의 평출구각 혹은 두 세 개의 측출구각을 연달아 쓰기도 한 련(聯)이 있고, 상미(上尾)를 저촉하지 않는 등 평측과 사성(四聲) 규정에 입각하여 쓰인 사언시(四言詩)이다. 따라서 ≪천자문≫은 고시(古詩)의 성률(聲律)을 철저히 적용한 장편사언고시(長篇四言古詩)의 최고걸작(最高傑作)이라고 하겠다.

---

19) 이에 대하여 王力은 "어떤 사람들은 '一句中에 四聲이 遞用된 것'을 藝術의 最高峰이라고 생각하기도 한다. 所謂 四聲遞用이란 一句의 五個字 或은 七個字의 가운데서 平·上·去·入 四聲을 골고루 구비함을 말한다."라고 하고, 杜審言의 다음 시를 들어 설명하였다.
<和晉陵陸丞早春遊望>
獨有宦遊人(入上去平平), 偏驚物候新(平平入去平). 雲霞出海曙(平平入上去), 梅柳渡江春(平上去平平).
淑氣催黃鳥(入去平平上), 晴光轉綠蘋(平平上入平). 忽聞歌古調(入平平上去), 歸思欲霑巾(平去入平平).
<晉陵 陸丞의 <早春遊望>에 화답하다>
유독 벼슬살이하며 떠도는 사람은 경물과 기후 변화에 몹시 놀라네.
구름과 노을이 바다에서 나오는 아침이요, 매화와 버들이 강을 건너오는 봄이로구나.
화창한 기운이 꾀꼬리 재촉해 울게 하고, 환한 햇빛은 푸른 부평초에 반짝이네.
문득 그대의 古雅한 노래 들으니, 돌아가고픈 생각에 눈물이 수건을 적시려 하네.
밑줄 그은 1·3·5·7句는 모두 四聲을 갖추고 있다.(洪瑀欽 編譯, 앞의 책, 206면 참조)

4. 결론

이상은 ≪천자문≫에 대하여 구문(構文)의 대우(對偶)·도치(倒置)·생략(省略)을 살피고, 성률(聲律)의 압운(押韻) 방법(方法) 그리고 평측(平仄)과 사성(四聲)을 살펴서, 문구가 상당히 짝으로 이룩되고, 문구의 앞뒤 순서가 바뀌고, 문구에 노출되지 않아 생략된 부분이 있으며 그 중에 특히 호문생략(互文省略)이 있고, 압운(押韻)은 일운도저(一韻到底)가 아닌 환운법(換韻法)에 격구(隔句) 압운(押韻)의 9단 운용을 하고, 평성운각(平聲韻脚)의 측성출구각(仄聲出句脚)을 이루고, 측성운각(仄聲韻脚)의 출구각(出句脚)의 평측체용(平仄遞用)이 있고, 측성운각의 출구각이 두 개의 평출구각 혹은 두 개의 측출구각을 연달아 쓴 것이 있고, 상미(上尾) 회피에 의한 오자변별(誤字辨別)과 도치(倒置)를 규명한 것이다. 이를 요약하면 다음과 같다.

구문(構文)의 대우(對偶)에서는 팔자대(八字對), 사자대(四字對), 삼자대(三字對), 이자대(二字對), 일자대(一字對), 겸대(兼對)를 다루었다. 팔자대(八字對)는 양련대(兩聯對)로, 양련(兩聯) 4구 16자에서 2구 8자가 상대(相對)된 '인자은측(仁慈隱惻) 조차불리(造次弗離), 절의렴퇴(節義廉退) 전패비휴(顚沛匪虧)'(8자씩)를 제시하였다. 사자대(四字對)는 양구대(兩句對)로, 2구 8자에서 구(句)끼리 4자가 상대된 '천지현황(天地玄黃) 우주홍황(宇宙洪荒)'(4자씩)을 제시하였다. 삼자대(三字對)에서는 2구 8자에서 3자가 상대된 '척벽비보(尺璧非寶) 촌음시경(寸陰是競)'(3자씩)을 제시하였다. 이자대(二字對)에서는 단구이자대(單句二字對, 單句對), 양구이자대(兩句二字對)로 나누어 살폈다. 단구이자대에서는 1구 4자 안에서 2자끼리 상대된 '해함하담(海鹹河淡)'(2자씩)을 제시하였다. 양구이자대에서는 2구(句) 8자 중에 구(句)끼리 2자씩 반구(半句)가 짝을 이룬 대우로, 양구상반대(兩句上半對), 양구하반대(兩句下半對)를 다루었다. 양구상반대에서는 '묵비사염(墨悲絲染) 시찬고양(詩讚羔羊)'(2자씩)을 제시하고, 양구하반대에서는 '학우등사(學優登仕), 섭직종정(攝職從政)'(2자씩)을 제시하였다. 일자대(一字對)는 반구대(半句對)로, 반구(半句) 2자 안에서 1자씩 대우를 이룬 '하이일체(遐邇壹體)'를 제시하였다. 겸대(兼對)에서는 팔자대(八字對)·사자대(四字對)·삼자대(三字對)·이자대(二字對)·일자대(一字對)를 2가지 이상 겸한 대우로, '안문자새(雁門紫塞) 계전적성(雞田赤城)'과 '곤지갈석(昆池碣石) 거야동정(鉅野洞庭)'이 팔자대·사자대·이자대의 겸대이고, '제사증상(祭祀烝嘗)'이 이자대·일자대의 겸대임을 제시하였다. 논의된 대우의 명칭과 관계를 요약하면, 팔자대(八字對)는 양련대(兩聯對)이고, 사자대(四字對)는 양구대(兩句對)이고(양구대는 4자대 이외에 3자대, 2자대로도 나타남), 삼자대(三字對)

는 양구대(兩句對)이고, 이자대(二字對)는 단구대(單句對, 單句二字對)와 양구대(兩句對, 兩句二字對)로 나타나고, 일자대(一字對)는 반구대(半句對)이고, 겸대(兼對)는 팔자대(八字對)·사자대(四字對)·삼자대(三字對)·이자대(二字對)·일자대(一字對)를 2가지 이상 겸한 대우이다. 이들 대우는 ≪천자문≫에 전반적으로 나타나는 현상이다.

도치(倒置)에서는 문구의 순서가 뒤바뀐 모습을 추적하였는데, 특히 압운에 영향을 받아 도치가 많이 나타난 것, 예를 들면 '도당유우(陶唐有虞)'가 '유우도당(有虞陶唐)'으로 도치된 것 등을 살폈다. 그리고 '배련고관(陪輦高冠), 구곡진영(驅轂振纓)'이 되어야 할 것이 '고관배련(高冠陪輦), 구곡진영(驅轂振纓)'으로 련(輦, 仄)·영(纓, 平)의 측·평 상대로 도치되어 관(冠, 平)·영(纓, 平)의 평성이 상대되는 상미(上尾)를 회피한 것 등을 살폈다.

생략(省略)에서는 문구(文句)의 일부만을 제시함으로써 의미를 충족시킨 것, 예를 들면 '율려조양(律呂調陽)'의 '양(陽)'은 '음양(陰陽)'의 생략 등을 밝혔다. 특히 호문(互文) 생략의 예로는 '일월영측(日月盈昃)'이 '日(中則)昃, 月盈(則食)'의 괄호 부분이 생략된 호문에다 '日昃月盈'을 도치하여 '日月盈昃'으로 함으로써 평운각(平韻脚) 장(張)과 출구각(出句脚) 측(昃)의 평(平)·측(仄)의 대응을 이룬 것, 그리고 상구(上句)의 끝 자(盈)와 하구(下句)의 끝 자(張)가 똑같이 평성이 되거나, 1구(句)의 끝 자(黃)와 3구의 끝 자(盈)가 똑같이 평성이 되는 결함인 상미(上尾)를 저촉하지 않게 한 것 등을 밝혔다.

성률(聲律)의 압운(押韻) 방법(方法)과 운목(韻目)에서는 ≪천자문≫은 주흥사(周興嗣)가 왕희지(王羲之)의 천자(千字)를 차운(次韻)하여 지었고, 처음 1·2구인 '천지현황(天地玄黃), 우주홍황(宇宙洪荒)'의 황(黃)·황(荒)에 압운하고, 그 다음부터는 격구(隔句) 압운하고, 마지막 '위어조자(謂語助者), 언재호야(焉哉乎也)'의 자(者)·야(也)도 매구(每句)에 압운하였는데, 환운(換韻)을 하여 본문(本文) 8단 그리고 어조사 1단으로 모두 9단임을 밝혔다. 그리고 각련(各聯)의 운목(韻目)을 206운(韻)에 의해 제시하였는바, 평성운(平聲韻)이 1단(50개구, 25개련)·3단(22개구, 11개련)·4단(60개구, 30개련)·6단(14개구, 7개련)·7단(32개구, 16개련)으로, 모두 5개단에 178개구 89개련이 되어 전체의 7/10을 넘고 있음을 밝혔다. 운각(韻脚)의 각단(各段)을 각장(各章)과 대비하였는데, 제1장만 제1단에서 나누어지고 나머지 각장(各章)은 모두 압운의 각단(各段)과 맞추어졌고, 압운을 바꿈에 따라 문맥(文脈)의 전환을 기할 수 있음을 밝혔다.

평측(平仄)과 사성(四聲)에서는, 평성운각(平聲韻脚)에는 측성출구각(仄聲出句脚)을 쓴 것, 예를 들면 평성운각 장(張)에는 평성출구각 측(昃)을 사용하고, 측성출구각의 평측체용(平仄遞用)에는 측성운각의 출구각이 평측을 체용한 것, 예를 들면 '聖·正·聽·慶'(26~29련)의 운각에는 '賢(平)·立(仄)·聲(平)·積(仄)'의 평(平)과 측(仄)이 번갈아 나타나고, 측성운각의 출구각이 두 개의 평각(平脚) 혹은 두 개의 측각(仄脚)을 연달아 쓴 것, 예를 들면 '紙(仄)·俗(仄)·資(平)·催(平)'(116~119련)은 측측평평(仄仄平平)으로 평각(平脚) 혹은 두 개의 측각(仄脚)을 연달아 써서 평측체용이 매련(每聯)마다 일정하게 체용되지는 않은 것을 밝혔다. 그리고 평성운각의 출구각이 측성이라는 점에 입각하여 출구각 론(論, 93련)의 평측(平仄) 양운(兩韻)에서 측성(仄聲)으로 보아 풀이를 명사(名詞)인 '의논'으로 하고, 상미(上尾) 회피에 의한 오자변별(誤字辨別)에는 소(邵, 仄, 去) 운각의 출구각이 우(祐, 仄, 去)(121련)로 쓰인 것을 거(去)·거(去)의 상미의 저촉으로 인해 오자(誤字)로 처리함으로써 호(祜, 仄, 上)로 쓰인 것을 채택하여 상미를 회피한 것을 밝혔다. 또 상미 회피에 의한 도치에는 '포사료환(布射僚丸), 혜금완소(嵇琴阮嘯)'(115련)가 '요환포사(僚丸布射)'이 되면 사(射, 去)·소(嘯, 去)가 같은 거성이 되어 상미병(上尾病)을 범하게 되므로 출구각을 환(丸, 平)으로 운각을 소(嘯, 去)로 하여 상미를 회피하며 평·측의 대응도 꾀한 것을 밝혔다.

　이상 살펴본바 《천자문》은 구문과 성률에 입각하여 고도의 수사법(修辭法)·용운(用韻)·평측체용(平仄遞用)·상미회피(上尾回避) 등을 구사한 사언시(四言詩)이다. 이에 의하면 《천자문》은 고시(古詩)의 구문과 성률을 철저히 적용하면서 중복 글자를 안 쓴 유일한 한시(漢詩)라고 하겠다.

　《천자문》에 대한 논의는 이상의 것 외에도 여러 가지가 있다. 오자(誤字), 이체자(異體字)에 대한 본자(本字)·속자(俗字)·와자(訛字) 등에 대한 규명, 주석(註釋)의 제문제 등을 들 수 있다. 후고를 기대한다.

* 천자문각련운각여출구각지사성(千字文各聯韻脚與出句脚之四聲)

千字文出句、結句末字之聲調(千字文出句脚與韻脚之聲調)
○平聲 ◎平韻 ■上聲 ▣上韻 ◆去聲 ◇去韻 ●入聲 ◉入韻
平聲韻脚之出句脚 皆爲仄(上去入)聲
仄聲韻脚之出句脚 皆爲平仄遞用

1章(1~18聯. 18個聯)

天地玄黃◎　宇宙洪荒◎
日月盈昃●　辰宿列張◎
寒來暑往■　秋收冬藏◎
閏餘成歲◆　律呂調陽◎
雲騰致雨■　露結爲霜◎
金生麗水■　玉出崑岡◎
劍號巨闕●　珠稱夜光◎
果珍李柰◆　菜重芥薑◎
海鹹河淡◆　鱗潛羽翔◎
龍師火帝◆　鳥官人皇◎
始制文字◆　乃服衣裳◎
推位讓國●　有虞陶唐◎
弔民伐罪■　周發殷湯◎
坐朝問道■　垂拱平章◎
愛育黎首■　臣伏戎羌◎
遐邇壹體■　率賓歸王◎
鳴鳳在竹●　白駒食場◎
化被草木●　賴及萬方◎

2章(19~51聯. 33個聯)

蓋此身髮●　四大五常◎

恭惟鞠養■　豈敢毀傷◎
女慕貞潔●　男效才良◎
知過必改■　得能莫忘◎
罔談彼短■　靡恃己長◎
信使可覆●　器欲難量◎
墨悲絲染■　詩讚羔羊◎
景行維賢○　克念作聖◆
德建名立●　形端表正◆
空谷傳聲○　虛堂習聽◆
禍因惡積●　福緣善慶◆
尺璧非寶■　寸陰是競◆
資父事君○　曰嚴與敬◆
孝當竭力●　忠則盡命◆
臨深履薄●　夙興溫凊◆
似蘭斯馨○　如松之盛◆
川流不息●　淵澄取映◆
容止若思○　言辭安定◆
篤初誠美■　愼終宜令◆
榮業所基○　籍甚無竟◆
學優登仕■　攝職從政◆
存以甘棠○　去而益詠◆
樂殊貴賤◆　禮別尊卑◎

上和下睦●　夫唱婦隨◎
外受傅訓◆　入奉母儀◎
諸姑伯叔●　猶子比兒◎
孔懷兄弟■　同氣連枝◎
交友投分◆　切磨箴規◎
仁慈隱惻■　造次弗離◎
節義廉退◆　顚沛匪虧◎
性靜情逸●　心動神疲◎
守眞志滿■　逐物意移◎
堅持雅操◆　好爵自縻◎

3章(52~81聯. 30個聯)

都邑華夏■　東西二京◎
背邙面洛●　浮渭據涇◎
宮殿盤鬱●　樓觀飛驚◎
圖寫禽獸◆　畫彩仙靈◎
丙舍傍啓■　甲帳對楹◎
肆筵設席●　鼓瑟吹笙◎
陞階納陛■　弁轉疑星◎
右通廣內◆　左達承明◎
旣集墳典■　亦聚群英◎
杜稿鍾隸◆　漆書壁經◎

府羅將相◆　路俠槐卿◎	俶載南畝■　我藝黍稷⊙	晝眠夕寐◆　藍筍象床◎
戶封八縣◆　家給千兵◎	稅熟貢新○　勸賞黜陟⊙	弦歌酒讌◆　接杯舉觴◎
高冠陪輦■　驅轂振纓◎	孟軻敦素◆　史魚秉直⊙	矯手頓足●　悅豫且康◎
世祿侈富◆　車駕肥輕◎	庶幾中庸○　勞謙謹敕⊙	嫡後嗣續●　祭祀蒸嘗◎
策功茂實●　勒碑刻銘◎	聆音察理■　鑒貌辨色⊙	稽顙再拜◆　悚懼恐惶◎
磻溪伊尹■　佐時阿衡◎	貽厥嘉猷○　勉其祇植⊙	牋牒簡要◆　顧答審詳◎
奄宅曲阜■　微旦孰營◎	省躬譏誡◆　寵增抗極⊙	骸垢想浴●　執熱願涼◎
桓公匡合●　濟弱扶傾◎	殆辱近恥■　林皋幸即⊙	驢騾犢特●　駭躍超驤◎
綺回漢惠◆　說感武丁◎	兩疏見機○　解組誰逼⊙	誅斬賊盜◆　捕獲叛亡◎
俊乂密勿●　多士寔寧◎	索居閑處■　沉默寂寥◎	布射僚丸○　嵇琴阮嘯◆
晉楚更霸◆　趙魏困橫◎	求古尋論◆　散慮逍遙◎	恬筆倫紙■　鈞巧任釣◆
假途滅虢●　踐土會盟◎	欣奏累遣■　戚謝歡招◎	釋紛利俗●　竝皆佳妙◆
何遵約法●　韓弊煩刑◎	渠荷的歷●　園莽抽條◎	毛施淑姿○　工顰妍笑◆
起翦頗牧●　用軍最精◎	枇杷晚翠◆　梧桐蚤凋◎	年矢每催○　曦暉朗曜◆
宣威沙漠●　馳譽丹青◎	陳根委翳◆　落葉飄颻◎	璇璣懸斡●　晦魄環照◆
九州禹跡●　百郡秦並◎	遊鵾獨運◆　凌摩絳霄◎	指薪修祜■　永綏吉劭◆
嶽宗泰岱◆　禪主云亭◎	耽讀玩市■　寓目囊箱◎	矩步引領■　俯仰廊廟◆
雁門紫塞◆　雞田赤城◎	易輶攸畏◆　屬耳垣牆◎	束帶矜莊○　徘徊瞻眺◆
昆池碣石●　巨野洞庭◎	具膳餐飯◆　適口充腸◎	孤陋寡聞○　愚蒙等誚◆
曠遠綿邈●　巖岫杳冥◎	飽飫烹宰■　饑厭糟糠◎	
	親戚故舊◆　老少異糧◎	<u>語助(125聯. 1個聯)</u>
<u>4章(82~124聯. 43個聯)</u>	妾御績紡■　侍巾帷房◎	謂語助者■　焉哉乎也■
治本於農○　務茲稼穡⊙	紈扇圓絜●　銀燭煒煌◎	

* 참고문헌(叄考文獻) 및 약호(略號)

- ≪增解≫ : ≪千字文釋義增解≫, 時習學舍 編著, 도서출판 다운샘 발행. 2021.(底本)
- ≪釋義≫ : ≪千字文釋義≫, 淸 汪嘯尹 纂輯, 孫謙益 叄注, 吳蒙標點, 上海古籍出版社, 上海, 1989. 2次印刷.(≪千字文釋義≫・≪三字經≫・≪百家姓≫이 합본되어 있음)
- ≪註解≫ : ≪註解千字文≫, 洪聖源 著, 洪泰運 新刊.(≪千字文≫, 檀國大學校出版部, 1984. (≪註解千字文≫・≪光州千字文≫・≪石峯千字文≫이 합본되어 있음)
- ≪註解千字文≫ : 成白曉譯註, 傳統文化硏究會, 2000.
- 敎授用指導書≪註解千字文≫ : 李忠九著, 傳統文化硏究會, 2010.
- ≪白話千字文≫, 天津市古籍書店影印, 新華書店天津發行所發行, 1990.
- ≪新譯增廣賢文・千字文≫, 馬自毅注譯, 三民書局股份有限公司, 2010.
- ≪千字文譯注≫, 蔡國根譯注, 上海古籍出版社, 2018.
- ≪千字文集註≫, 山本喜和藏, 國立中央圖書館. 古書, 古古5-03-18.(汪嘯尹先生纂輯, 孫呂吉註, 蔡汪琮校. 刊寫者未詳, 刊寫年未詳)
- ≪千字文考正≫, 茅原東學(刪定幷譯文), 京東學社. 昭和11年(1936).
- ≪千字文≫, 小田準・安本健吉(注釋), 岩波書店, 東京. 昭和15年(1940). 第3刷.
- ≪千字文≫, 小川環樹・木田章義注解, 株式會社岩波書店, 東京. 2009. 16刷.
- ≪檀≫ : ≪漢韓大辭典≫(16冊), 檀國大學校東洋學硏究所, 檀國大學校出版部, 서울, 2008. 初版.
- ≪說文≫ : ≪說文解字注≫(段注本), 上海古籍出版社, 上海, 1995. 7次印刷.
- ≪段注≫ : ≪說文解字注≫(段注本), 上海古籍出版社, 上海, 1995. 7次印刷.
- ≪中≫ : ≪中文大辭典≫(10冊), 中文大辭典編纂委員會, 中國文化學院華岡出版有限公司, 臺北市, 民國 68年. 4版.
- ≪中華≫ : ≪中華字海≫(1冊), 冷玉龍 等, 中國友誼出版公司, 北京. 1994.
- ≪漢≫ : ≪漢語大辭典≫(13冊), 漢語大辭典編輯委員會漢語大辭典編纂處, 漢語大辭典出版社, 上海, 1993. 1版.
- ≪漢字典≫ : ≪漢語大字典≫(9冊), 漢語大字典編輯委員會, 湖北辭書出版社・四川辭書出版社, 湖北省・四川省, 1990. 1版.
- ≪形≫ : ≪正中形音義綜合大字典≫, 高樹藩, 正中書局, 臺北市, 民國18年, 增訂3版.
- ≪和≫ : ≪大漢和辭典≫(13冊), 諸橋轍次, 大修館書店, 東京, 昭和 43年. 縮寫版第2刷.
- ≪人≫ : ≪中國歷代人名大辭典≫(2冊), 張撝之・沈起煒・劉德重 主編, 上海古籍出版社, 2006.
- ≪康熙字典≫, 文化圖書公司, 臺北市, 民國 67年. 再版.
- ≪新字典≫, 朝鮮光文會, 新文館, 1915.
- ≪字典釋要≫, 池錫永, 亞細亞文化社, 1976.
- ≪平仄字典≫, 林古溪, 明治書院, 東京, 昭和59年. 26版.
- ≪古典詩韻易檢≫ 附≪詩韻集成≫, 許淸雲, 文津出版社有限公司, 台北, 民國87年. 2刷.

- ≪朝鮮語辭典≫(影印本), 亞細亞文化史, 1976.
- ≪百種詩話類編≫(上·中·下), 臺靜農, 藝文印書館, 台北, 民國63年. 初版.
- ≪漢詩韻律論≫, 洪瑀欽編譯(王力原著), 嶺南大學校出版部, 1987.
- 朴萬圭, ≪千字文≫과 그 用韻現象, ≪중국학연구≫ 17, 중국학연구회, 1999.12.
- 林東錫, ≪千字文≫의 原流, 內容 및 韓國에서의 發展 狀況 考察, ≪中國語文學會論集≫ 第56號, 中國語文學硏究會, 2009.6.

○ 編譯者 時習學舍

主編　李忠九　시습학사 대표
校閱　李斗熙　시습학사 고문
　　　權奇甲　시습학사 고문
　　　金奎璇　선문대학교 교수
飜譯　李在亨　시습학사 회원
　　　黃鳳德　시습학사 회원
　　　宣美賢　시습학사 회원
　　　李承容　단국대학교 동양학연구원 연구교수
　　　金炫在　한국고전번역원 연구원
　　　金甫省　성균관대학교 대동문화연구원 선임연구원

시습고전총서 7
國譯 千字文釋義增解

2021년 11월 26일 초판1쇄 인쇄
2021년 12월 04일 초판1쇄 발행

편역자 ｜ 시습학사
발행인 ｜ 김 영 환
발행처 ｜ 도서출판 다운샘

05661 서울특별시 송파구 중대로27길 1
전화 02) 449-9172　팩스 02) 431-4151
E-mail : dusbook@naver.com
등록 제1993-000028호

ISBN 978-89-5817-502-5　94710
ISBN 978-89-5817-255-0 (세트)

값 18,000원